华东政法大学65周年校庆文丛

法律史与法治建设

王立民 / 著

法律出版社
LAW PRESS·CHINA

崛起、奋进与辉煌
——华东政法大学65周年校庆文丛总序

2017年，是华东政法大学65华诞。65年来，华政人秉持着“逆境中崛起，忧患中奋进，辉煌中卓越”的精神，菁莪造士，棫朴作人。学校始终坚持将学术研究与育人、育德相结合，为全面推进依法治国做出了巨大的贡献，为国家、为社会培养和输送了大量法治人才。一代代华政学子自强不息，青蓝相接，成为社会的中坚、事业的巨擘、国家的栋梁，为社会主义现代化和法治国家建设不断添砖加瓦。

65年栉风沐雨，华政洗尽铅华，砥砺前行。1952年，华政在原圣约翰大学、复旦大学、南京大学、东吴大学、厦门大学、沪江大学、安徽大学、上海学院、震旦大学九所院校的法律系、政治系和社会系的基础上组建而成。历经65年的沧桑变革与辛勤耕耘，华政现已发展成为一所以法学为主，兼有政治学、经济学、管理学、文学、工学等学科的办学特色鲜明的多科性大学，人才培养硕果累累，科研事业蒸蒸日上，课程教学、实践教学步步登高，国际交流与社会合作事业欣欣向荣，国家级项目、高质量论文等科研成果数量长居全国政法院校前列，被誉为法学教育的“东方明珠”。

登高望远，脚踏实地。站在新的起点上，学校进一步贯彻落实“以人为本，依法治校，质量为先，特色兴校”的办学理念，秉持“立德树人，德法兼修”的人才培养目标，努力形成“三全育人”的培养管理格局，培养更多应用型、复合型、高素质的创新人才，为全力推进法治中国建设和高等教育改革做出新的贡献！

革故鼎新，继往开来。65周年校庆是华东政法大学发展史上的重要里程碑，更是迈向新征程开创新辉煌的重要机遇。当前华政正抢抓国家“双一流”建设的战略机遇，深度聚焦学校“十三五”规划目标，紧紧围绕学校综合改革“四梁八柱”整体布局，坚持“开门办学、开放办学、创新办学”发展理念，深化

"教学立校、学术兴校、人才强校"发展模式，构建"法科一流、多科融合"发展格局，深入实施"两基地（高端法律及法学相关学科人才培养基地、法学及相关学科研究基地）、两中心（中外法律文献中心、中国法治战略研究中心）、一平台（"互联网 + 法律"大数据平台）"发展战略，进一步夯实基础、深化特色、提升实力。同时，华政正着力推进"两院两部一市"共建项目，力争到 21 世纪中叶，能把学校建设成为一所"国际知名、国内领先，法科一流、多科融合，特色鲜明、创新发展，推动法治文明进步的高水平应用研究型大学和令人向往的高雅学府"。

薪火相传，生生不息。65 周年校庆既是对辉煌历史的回望、检阅，也是对崭新篇章的伏笔、铺陈。在饱览华政园风姿绰约、恢弘大气景观的同时，我们始终不会忘却风雨兼程、踏实肯干的"帐篷精神"。近些年来，学校的国家社科基金法学类课题立项数持续名列全国第一，国家社科基金重大项目和教育部重大项目取得历史性突破，主要核心期刊发文量多年位居前茅。据中国法学创新网发布的最新法学各学科的十强排名，学校在法理学和国际法学两个领域排名居全国第一。当然我们深知，办学治校犹如逆水行舟，机遇与挑战并存，雄关漫道，吾辈唯有勠力同心。

为迎接 65 周年校庆，进一步提升华政的学术影响力、贡献力，学校研究决定启动 65 周年校庆文丛工作，在全校范围内遴选优秀学术成果，集结成书出版。文丛不仅囊括了近年来华政法学、政治学、经济学、管理学、文学等学科的优秀学术成果，也包含了华政知名学者的个人论文集。这样的安排，既是对华政 65 华诞的贺礼，也是向广大教职员工长期以来为学校发展做出极大贡献的致敬。

65 芳华，荣耀秋菊，华茂春松，似惊鸿一瞥，更如流风回雪。衷心祝愿华政铸就更灿烂的辉煌，衷心希望华政人做出更杰出的贡献。

华东政法大学 65 周年校庆文丛编委会

2017 年 7 月

目　　录

自序　1

第一篇　中国法律史专题　1

一、中国古代的法律伦理　3

中国古代法律伦理的体现　3

中国古代法律伦理形成的条件　5

中国古代法律伦理中的一些重要侧面　10

二、中国古代的道德建设立法及其启示　15

中国古代重视道德建设立法的主要原因　15

中国古代道德建设立法的主要体现　19

中国古代道德建设立法中所得到的启示　21

三、中国传统律学研究方法　27

中国传统律学的研究方法借鉴于传统经学的研究方法　27

中国传统律学的两种主要研究方法　28

中国传统律学研究方法中解释的主要依据有多种　31

中国传统律学研究方法中的其他相关问题　33

四、中国传统法典条标的设置与现今立法的借鉴　36

中国现今的法律中都不设条标是立法中的缺憾　36

可以从中国传统法典条标的设置中得到的借鉴　38

中国现今法律设置条标的立法建议　40

五、清末中国法文化转型的现代思考　43

清末中国法文化转型的表现　43

清末中国法文化转型的条件　47

清末中国法文化转型的成效影响与意义　51

六、辛亥革命与中国现代法制 57
辛亥革命时期现代法制与中国古代法制的比较 57
辛亥革命时期现代法制的作用 61
辛亥革命时期现代法制与中国租界现代法制的比较 65
辛亥革命时期现代法制中值得关注的方面 68
七、中国近代法制自主性诸问题 72
中国的法制自主性遭到破坏 72
领事裁判权与中国近代法制自主性 76
租界与中国近代法制自主性 80
香港和澳门割让与中国近代法制自主性 84
八、法制不统一是中国近代法制的一个重要特点 88
中国近代法制不统一的具体表现 88
形成中国近代法制不统一的主要原因 95
九、马锡五审判方式是成功的审判方式 100
马锡五审判方式的成功之处 100
马锡五审判方式获得成功的原因 103
马锡五审判方式成功之处的现实价值 105
第二篇　上海法律史专题 109
一、辛亥革命时期上海华界立法探析 111
辛亥革命时期上海华界立法产生、发展的三个阶段 111
辛亥革命时期上海华界立法的主要特性 118
辛亥革命时期上海华界立法的其他问题 123
二、上海律师公会与中国近代法制 129
上海律师公会是中国近代法制的产物 129
上海律师公会随着中国近代法制的发展而发展 132
上海律师公会为中国近代的法制事业作出了贡献 136
三、上海的现代法制与现代城市发展 140
上海是一个先有现代法制后有现代城市的地方 140
20 世纪初上海华界的法制和社会也开始了现代化的进程 143
近 30 年来上海的法制与城市发展都呈现出强大的活力 146

在上海现代法制与城市发展中所得到的法制启示 149
四、上海高校的第一个听证规则 152
《听证暂行规则》诞生的背景 152
《听证暂行规则》的结构、内容和特色 154
《听证暂行规则》的运作效应 157
《听证暂行规则》的前瞻 160
第三篇　中国法制史学史专题 163
一、中国法制史学史三十五年 165
成果的分类与内容 165
取得的成就与原因 172
存在的问题与出路 181
二、中国唐律研究三十年 187
唐律研究成果的三大类别 187
唐律研究涉及的内容 191
唐律研究取得的主要成就及其成因 197
存在的问题和解决途径 202
三、中国租界法制研究的检视与思考 209
中国租界法制研究成果的分类 209
中国租界法制研究的主要内容 221
中国租界法制研究的方向 233
四、中国地方法制史研究的"前世"与"今生" 243
中国地方法制史研究的意义 243
中国地方法制史研究成果的分类 248
中国地方法制史研究成果所涉及的主要内容 257
取得成绩的原因分析、存在的问题与进一步研究的展望 263
第四篇　中国法治建设专题 269
一、法治建设与和谐社会 271
法治在构建和谐社会中的重要作用 271
法治要与构建和谐社会相适应 273
目前我国的法治在构建和谐社会中遇到的主要困难 275

我国加强法治建设的迫切任务 277
二、中国的转型与法治建设 279
中国正在进行的转型 279
转型时期法治遇到的困难 281
转型时期法治建设的任务 284
三、中国在依法治国中实现的跨越 288
中国在依法治国中实现了三大跨越 288
中国在依法治国中实现跨越背后的深层原因 292
中国在依法治国中实现跨越的法治启示 298
四、群众工作的法治路径 304
法治路径在群众工作中的功能优势 304
群众工作存在的问题及其与法治的关联 306
运用群众工作中法治路径需要把握的一些关节点 308
五、完善中国特色社会主义法律体系任务艰巨 311
完善中国特色社会主义法律体系的立法任务繁重 311
完善中国特色社会主义法律体系会遇到不少困难 313
完善中国特色社会主义法律体系的具体工作 315
六、中国管犬规定探析 319
中国古代管犬规定 319
中国近代的管犬规定 321
中国当代的管犬规定及其思考 323
七、完善司法公开制度与提高司法公信力 326
完善司法公开制度是提高司法公信力的必由之路 326
中国在建立和完善司法公开制度方面有了长足的进步 328
进一步完善司法公开制度与提高司法公信力的途径 331
八、法律与法律智慧 334
法律转化为法律智慧的内在因素 334
法律转化为法律智慧的条件 338
法律智慧的作用 342
提升法律智慧所需开展的工作 346

九、卓越法律人才的培养与诊所法律教育 351
卓越法律人才的培养需有诊所法律教育的支持 351
诊所法律教育在卓越法律人才培养中的作用 355
卓越法律人才培养中诊所法律教育与中国现有法学教育的衔接 357

附录　2011年至2016年王立民公开发表的主要论文一览表 361
后记 364

自　序

今年恰逢我校65周年校庆，也给了我再次出版新文集的机会，喜上加喜。我留校任教以来，已经出版了两本个人文集，这是第三本了。第一本为《法律思想与法律制度》，由中国政法大学出版社2008年出版，内容是2001年以前发表的部分论文的汇总，分为中国历史上的法律思想、法律制度与古代东方法三个专题。这是我1985年留校任教至2001年主要的研究领域与论文成果。其他成果集中于《唐律新探》（1993年）和《古代东方法研究》（1996年）、《上海法制史》（1998年）三本著作。综合这些著作与论文，已能反映出我研究体系的一个基本框架。从低到高的层级，分别是：地方法制史（上海法制史）、中央法制史（唐律）、古代东方法研究三个领域。在这三个领域中，我都有了自己的研究成果，也有了与其他同人进行交流的本钱。同时，也为以后的进一步研究打下了基础。

第二本为《中国法制与法学教育》，由法律出版社2011年出版，内容是自2001年至2010年发表的部分论文的集中，分为中国古代法制、中国现代法制、中国近现代司法、中国法学教育四大专题。与中国法律史相关的是前面三个专题，重点是对中国中央法制史作扩充性研究，跳出唐律的圈子，把中国的新儒学与法制、古代律中条标的演进、古代刑法与佛道教、古代司法公正的考察与分析、马锡五审判方式、中国法制现代化等一些问题纳进了研究范围，做了专题研究。另外，还有一些关于现行法制与法学教育的论文，那是因为处在管理岗位，要应对各种学术会议、约稿与管理工作的需要而撰写的论文。这本文集中的成果也从一个侧面反映出我在这10年中，对以往形成的法律史研究体系没有大的突破。主要原因是因为管理事务缠身，无充足精力、心力去大力开拓新的研究领域。

现在展现的是第三本文集，内容是从2011年至2016年发表的部分论文的总和（除了个别论文以外）。2011年1月我正式从管理岗位上退下来，成了一位全职教师，有了更大的自由度与时间，可以全身心从事教学与科研，特别是科研。于是，我就利用这一点，拓展新的研究领域。除了继续扩展唐律的研究外，还对中国租界法制与中国法制史学史加大了研究力度，产出了一些成果。其中，唐律研究的成果汇入了《唐律新探》（2016年版）一书，中国租界法制研究的成果编入了《中国租界法制初探》（2016年版）一书，剩余的主要成果便汇集于此本文集。内容可以分为中国法律史、上海法律史、中国法制史学史和中国法治建设四个专题。与中国法律史相关的是前三个专题，最后一个专题则是一些有关中国现行法治的研究成果。从2011年至2016年我的研究成果可以看到，我的研究领域除扩充唐律的研究外，还加大了对中国租界法制与中国法制史学史的研究力度，产出了比以往更多的研究成果，以至于足以单独成书或编入文集。也就是说，我在原来研究的中国地方法制史、中央法制史和古代东方法三个主要领域的基础上，又新增了两个领域，即中国租界法制和中国法制史学史，扩充与丰富了我的研究领域。

这本文集的四个专题相对独立，每个主题中的每篇论文也相对独立。中国法律史专题汇集了一些研究中国古、近代法律史的成果，其中共有9篇论文，内容涉及中国古代的法律伦理、道德建设立法、律学研究方法和律典中的条标，近代的法文化转型、辛亥革命时期的法制、法制自主性、法制特点和马锡五审判方式等。上海法律史专题汇总了一些研究上海近、当代法律史的成果，其中共有4篇论文，内容是关于近代上海在辛亥革命时期华界的立法、上海律师公会，当代上海的立法、上海第一个高校的听证规则等。中国法制史学史专题包含了一些研究中国法制史学与史学史的成果，其中共有4篇论文，1篇是研究自改革开放以来的中国法制史学史；3篇是研究中国法制史学，研究对象分别是中国的唐律、地方法制史、租界法制。中国当代法治建设专题涵盖了研究中国当代法治建设的成果，其中共有9篇论文，内容是关于中国的法治建设与社会和谐、社会转型，依法治国中实现的跨越，群众工作的法治路径，完善中国社会主义法律体系，提高司法公信力、法律智慧和法学教育等。总的来说，此文集主要包括了4个专题，27篇论文。

这些论文的研究方法主要是两种，即社会科学与人文科学的研究方法。中国法律史本身就是中国法律与中国史的交叉，可以从中国法律角度进行研究，也可以从中国史的角度进行研究。对中国法律进行研究需要使用社会科学的研究方法，对中国史进行研究则需要运用人文科学的研究方法。我使用这两种方法研究中国法律史，因此这些成果可以在法学与社会科学类的刊物上发表，如《法学研究》《中外法学》《现代法学》《法学》《东方法学》和《浙江社会科学》等；也可以在史学类刊物上发表，如《史林》等；它们也都可以在综合类期刊上发表，如《学术月刊》《探索与争鸣》等。其中，以使用社会科学的研究方法为多，故文集中的大量成果均发表于法学类与综合学类期刊，只有少量成果发表于史学类期刊。另外，在中国当代法治建设专题中，我运用的主要是社会科学的研究方法。运用这两种研究方法产出的成果不仅为期刊所接受，还为转载类期刊所认可，这些成果中就有被《新华文摘》(数字版)、人大复印资料《法理学法史学》、《中国近代史》、《红旗文摘》等转载。这两种研究方法的使用，不仅拓宽了我的研究路子，也拓展了自己论文发表的渠道，论文发表的瓶颈有所缓解。

此文集中的论文原来都有自己的标题、内容、史料和注释，而且都以论文的要求进行安排，现在以著作的形式来体现，为了要符合著作的要求，不得不对其进行相应的调整。这样，文集中的论文就与原来独立发表时的论文有了差异。另外，由于原为独立的论文，现在集结于一书，个别内容与史料的重叠也在所难免，还望读者见谅。文集的最后是一个附录，罗列了自2011年至2016年我公开发表的主要论文目录。这一方面，可以反映出我在这一时间段里，公开发表论文的基本状况；另一方面，也可以与文集中的论文作个对照，便于查找原论文。

长期以来，我的学术成长得到了老师、同人们的关心、关照，希望这本文集继续得到大家的关心与关照，如有不足、错误之处，不吝赐正。谢谢大家！

王立民

2017年2月于华东政法大学

第一篇　中国法律史专题

一、中国古代的法律伦理

中国古代也存在法律伦理并通过法律原则、制度、具体内容等表现出来。《唐律疏议》是中国现存第一部内容完整保存下来的法典，也是中国古代法典中的善者和中华法系的代表作。以它为中心来审视中国古代的法律伦理，有其一定的代表性。

中国古代法律伦理的体现

中国古代的法律中同样存在法律伦理。它是法律的基础之一，也是法律具有伦理性的主要原因。这一伦理主要是主流伦理，《唐律疏议》中的法律伦理是以儒家伦理为基础的法律伦理，通过儒家经句等直接体现出来。它隐藏在法律原则、制度和具体内容之中，并通过它们表现出来。

1. 法律原则中有法律伦理

法律原则是法律的重要组成部分，对整个法律具有指导意义，也是所有法律制度、内容等所应遵循的规则。法律原则中存在法律伦理。《唐律疏议》是一部刑法典，其中有关于老小及疾有犯而可减免用刑的原则。它规定："诸年七十以上、十五以下及废疾，犯流罪以下，收赎。八十以上、十岁以下及笃疾，犯反、逆、杀人应死者，上请；九十以上，七岁以下，虽有死罪，不加刑。"此规定对老小及疾的不同情况，分别作出了减免刑罚的不同处理。其中，七十岁以上和十五岁以下、八十岁以上和十岁以下、九十岁以上和七岁以下，还有笃疾、废疾者，都可以享受不同减免用刑的待遇。决定这一原则的是儒家恤刑即"矜老小废疾”的伦理，而且以《周礼》《礼记》中的儒家经句为依据。其中主要是三句，此条“疏议”还专门作了引用。“周礼：‘年七十以上及未龀者，并不为奴。’”“周礼：‘三赦’之法：一曰幼弱，二曰老耄，三曰戆愚。”“礼云：‘九十曰耄，七岁曰悼，悼与耄虽有死罪不加刑’。”[1]可见，这一原则背后的法律伦理就是以儒家的恤刑即“矜老小废疾”伦理为基础，并与法律原则结合在一起的法律伦理。

2. 法律制度中有法律伦理

法律制度也是法律的重要组成部分，是法律构成的要素之一，法律中就包含了一些相关的制度。《唐律疏议》的刑法典性质决定了其中的大量制度是一些刑事制度，这些制度中也蕴含了法律伦理。这里以《唐律疏议》中的“八议”制度为例。“八议”制度是《唐律疏议》中的一项重要制度，并在《名例律》中作了专门规定。这一制度通过对亲、故、贤、能、功、贵、勤、宾八种人的减免刑罚来维护他们的特权，体现了维护特权的法律伦理。《唐律疏议·名例》“八议”条对享用“八议”特权的八种人员作了规定；“八议者”条则进一步对这八种人所享有的减免刑罚的特权作了规定。即“诸八议者，犯死罪，皆条所坐及应议之状，先奏请议，议定奏裁；流罪以下，减一等。”这一制度的法律伦理也是以儒家伦理为基础的伦理。“八议”条“疏议”专门引用了《周礼》与《礼记》中的内容作了说明。“周礼云：‘八辟丽邦法。’今之‘八议’，周之‘八辟’也。礼云：‘刑不上大夫。’犯法则在八议，轻重不在刑书也。”以此为基础的维护特权的法律伦理造就了《唐律疏议》中的“八议”制度。“八议”制度中包含了法律伦理。

3. 法律内容中有法律伦理

这里的法律内容是指法律中除了原则、制度等以外的一些内容。在这些内容中，同样存在法律伦理。《唐律疏议》中大量有关刑法的内容里，比如罪名、刑罚等，都存在法律伦理。这种法律伦理也以儒家伦理为基础。其中，有的罪名的设立就是以法律伦理为依据，“不睦”罪就是这样。《唐律疏议·名例》“十恶”条规定了“不睦”罪并把它作为“十恶”之一，其罪行是“谋杀及卖缌麻以上亲，殴告夫及大功以上尊长、小功尊属”。其中的法律伦理是儒家

---

〔1〕《唐律疏议·名例》，“老小及疾有犯”条。

的家庭成员要和睦相处的伦理与法律内容的结合，此条“疏议”特别为此作了解释。“礼云：‘讲信修睦。’孝经云：‘民用和睦。’睦者，亲也。此条之内，皆是亲族相犯，为九族不相叶睦，故曰‘不睦’。”经过这一解释，“不睦”罪的法律伦理便昭然若揭了。刑法中的刑罚也是刑法中的重要内容，刑法离不开刑罚。《唐律疏议》中的“五刑”是它的主要刑罚，其中亦有法律伦理存在。它所规定的“五刑”中有流刑，此刑又分为三等。《唐律疏议·名例》“五刑”条规定：“流刑三：二千里。二千五百里。三千里。”流刑的设立与儒家伦理中的慎杀有关。此条“疏议”还专门引用了《尚书》的经句来作说明。“书云：‘流宥五刑。’谓不忍刑杀，宥之于远也。”经过这样的说明，流刑的法律伦理就凸显出来了，即因为慎杀，所以一部分罪犯可以不杀，用流刑来替代，加以执行。

中国古代的法律主要由法律原则、制度和内容等组成。它们中都有法律伦理存在，可见法律伦理在中国古代的法律中普遍存在，也是这一法律生存的重要基础。从这种意义上讲，今天在研究法律伦理时，也不能忽略中国古代法律伦理的存在，相反，还应该予以足够的重视。

中国古代法律伦理形成的条件

中国古代法律中法律伦理的形成需以一定的条件为支撑，这些条件对于法律伦理的形成至关重要。这里以《唐律疏议》中法律伦理的形成条件为例，略作论述。

1. 君主重视对主流伦理的弘扬

法律伦理以一个社会的主流伦理为基础，是这一伦理与法律结合的产物。缺少这一伦理，就缺乏其与法律结合的机会，法律伦理的形成就会受挫。中国古代是个专制社会，君主掌握了国家的大权，可以利用社会的一切资源来为国家服务。因此，中国古代的君主对弘扬主流伦理往往具有决定作用。他重视了就容易得到弘扬；相反，则不容易得到弘扬。《唐律疏议》的定本是《贞观律》，制定于贞观十一年（公元637年）。在其制定以前，唐太宗就比较重视儒家学说，并以此来弘扬儒家伦理，以至于在《唐律疏议》中能较好地把儒家伦理与法律原则、制度、内容结合起来，形成法律伦理。

唐太宗通过多种途径来弘扬儒家学说。第一，设立弘文馆，招募、优待儒士。唐太宗在执政后不久便设立具有从事教育、研究儒家学说职能的弘文馆，还招募了一批儒士，给他们以优待，让他们专门从事儒家学说的教育和研究，从机构、师资上确保弘扬儒家学说的需要。“太宗初践阼，即于正殿之左置弘文馆，精选天下文儒，令以本官兼署学士，给以五品珍膳，更日宿直，以听朝之隙引入内殿，讨论坟典，商略政事，或至夜分乃罢。又诏勋贤三品以上子孙为弘文学生。”[1]

第二，大量培养儒生。唐太宗还大量培养儒生，从人才培养的角度来弘扬儒家学说。他们来自四面八方，甚至是周边国家，人数空前。经过学习，他们掌握了儒家学说的知识，提高了自己的儒家伦理水平，学习成功者还可以得到任用，入仕做官。贞观二年（公元628年）时，“国学增筑学舍四百余间，国子、太学、四门、广文亦增置生员，其书、算各置博士、学生，以备众艺”。“四方儒生负书而至者，盖以千数。俄而吐蕃及高昌、高丽、新罗等诸夷酋长，亦遣子弟请入于学。于是国学之内，鼓箧升讲筵者，几至万人，儒学之兴，古昔未有也。”“学生，通一大经已上，咸得署吏。”[2]

第三，考定儒家经典。儒家经典是儒家学说的载体，集中反映了儒家学说。为了适应国家对主流意识形态控制的需要，有必要规范儒家经典的内容，避免出现分歧，导致理解上的偏差。唐太宗于贞观四年（公元630年）先后命颜师古、孔颖达等儒士考定《五经》和《五经正义》，规范了它们的内容，并推广学习。他先为解决“经籍去圣久远，文字讹谬”问题，“诏前中书侍郎颜师古于秘书省考定《五经》”。考定后，“颁其所定书于天下，命学者习焉”。后来，他又发现“文学多门，章句繁杂”，为了统一对《五经》内容的认识，以免出现歧义，又“诏师古与国子祭酒孔颖达等诸儒，撰定《五经》疏义，凡一百八十卷，名曰《五经正义》，付国学施行”。[3]可见，由于唐太宗的重视，在《贞观律》制定之前，蕴含了儒家伦理的儒家学说就已通过多种途径，得到了大力弘扬。这对《贞观律》的制定和《唐律疏议》的制定都产生了积极影响，发挥了很大的作用，也是它们能体现以儒家伦理为基础的法律伦理的一个重要原因。

2. 立法人员具备较高的法律与伦理的素质

法律伦理存在于法律之中。立法又是人的一种活动，通过这一活动把法

---

〔1〕《贞观政要·崇儒学第二十七》。

〔2〕《贞观政要·崇儒学第二十七》。

〔3〕《贞观政要·崇儒学第二十七》。

律制定出来。在制定过程中,就需要把法律与伦理很好地结合起来。因此,立法人员的素质对于法律的制定就显得非常重要,其中包括法律与伦理的素质。他们的法律和伦理素质高,就有利于在法律中较为充分地体现法律伦理;反之,则不利于在法律中充分体现这一伦理。从这种意义上讲,《唐律疏议》制定者的法律和伦理素质和其制定有十分密切的关系。据《唐律疏议》的"进入律疏表"显示,制定《唐律疏议》的人员一共 19 人。[1]其中,有 17 人直接具有法律、法学职能,包括立法、行政执法和司法、法律监督事务和法律教育职能。有立法职能的是:柳奭(中书令)、来济(中书侍郎)、辛茂将(中书侍郎)、韩瑗(黄门侍郎)。有行政执法和司法职能的是:于志宁(尚书左仆射)、褚遂良(尚书右仆射)、刘燕客(尚书右丞)、唐临(刑部尚书)、段宝玄(大理卿)、王怀恪(刑部侍中)、路立(大理丞)、曹惠果(大理评事)、董雄(盩厔县令)、石士逵(始平县丞)。有法律监督职能的是:裴弘献(颍州刺史)、贾敏行(御史中丞)。有法律教育职能的是:司马锐(律学博士)。另外两人则地位崇高,均屡为国家立功,拥有较为丰富的治国理政经验:长孙无忌具有太尉、扬州都督、监修国史、上柱国、赵国公等头衔,李勣具有司空、上柱国、英国公等头衔。这些人中,还有人参加过《贞观律》《永徽律》的制定。其中,长孙无忌、裴弘献等参与过《贞观律》的制定,长孙无忌、李勣、于志宁、柳奭、段宝玄、贾敏行、刘燕客等参与过《永徽律》的制定。[2]可见,这些人中,有的人本身具有法律职能,有的人具有法律教育职能,有的还具有制定前律的经历,总体来讲,他们的法律素质较高。

同时,根据《旧唐书》与《新唐书》所记载的《唐律疏议》的主要制定者长孙无忌、于志宁、褚遂良、唐临、来济等人的情况来看,他们也熟悉儒家学说,具有儒家伦理素质。长孙无忌不仅博学、广涉各种人文书籍,而且还很有悟性。"(长孙)无忌贵戚好学,该博文史,性通悟,有筹略。"[3]"性通悟,博涉书史。"[4]这里的"文史""书史"均包括儒家学说。于志宁对儒家学说有较为深入的研究,参与过儒家经典《五经正义》的撰修,还会运用儒家经典中的内容

---

〔1〕 刘俊义点校:《唐律疏议》,中华书局 1983 年版,第 577～579 页。
〔2〕《旧唐书·刑法志》。
〔3〕《旧唐书·长孙无忌传》。
〔4〕《新唐书·长孙无忌传》。

介绍一些问题。“前后预撰格式律令、《五经正义》及修礼、修史等功，赏赐不可胜计。”〔1〕另外，他还曾用《春秋》中的内容来解释陨石等自然现象与社会的关系问题。〔2〕褚遂良也广涉人文书籍，而且还写就一手好隶书字。“（褚）遂良博涉文史，尤工隶书，父友欧阳询甚重之。”〔3〕“博涉文史，工隶楷。”〔4〕唐临也熟知儒家学说并将其运用在自己的工作中。永徽元年（公元649年），他在上奏中，多次使用《尚书》《周礼》的经句来解释用刑问题。〔5〕来济好学、善议论、识时务。“（来济）笃志好学，有文词，善谈论，尤晓时务。”〔6〕“（来济）笃志为文章，善议论，晓畅时务。”〔7〕在唐朝，其理论基础是儒家学说，来济的儒家学说根底不浅。正因为《唐律疏议》的制定者具备了法律素质与儒家学说的双重素质，并共同致力于《唐律疏议》的制定，才造就了《唐律疏议》中以儒家伦理为基础的法律伦理。

3. 集聚了法律伦理长期发展的成果

法律伦理会随着法律的发展而得到发展、积累。《唐律疏议》中的法律伦理也不是一蹴而就，而是集聚了其长期发展的结果。中国古代法律伦理发展过程的重要转折点是在汉武帝时期。那时开始独尊儒术，罢黜百家，儒家思想成为国家的主导思想，儒家学说变成了主流学说，儒家伦理开始进入法律，以儒家伦理为核心的法律伦理逐渐发展，礼法也开始结合了。此前，以黄老为主的主流思想便渐渐退出汉朝法律的主导地位。从汉武帝开始，中国开始实现国家主流思想的转型，法律伦理也要进行自己的转折。事实也是如此。从那以后，随着礼法结合的推进，儒家伦理大肆进入法律领域，法律伦理以一种新的面貌出现了。一些法律规定中都蕴含了儒家伦理。比如，上请规定中的法律伦理是儒家维护特权的伦理；“亲亲得相首匿”规定中的法律伦理是仁孝的伦理；八十岁以上、七岁以下的人犯罪得到宽容规定中的法律伦理是恤刑的伦理；等等。〔8〕汉朝以后的魏晋南北朝是礼法结合的旺盛期，以儒家伦理为基础

〔1〕《旧唐书·于志宁传》。
〔2〕《新唐书·于志宁传》。
〔3〕《旧唐书·褚遂良传》。
〔4〕《新唐书·褚遂良传》。
〔5〕《旧唐书·唐临》。
〔6〕《旧唐书·来济传》。
〔7〕《新唐书·来济传》。
〔8〕张晋藩主编:《中国法制史》，中国政法大学出版社2007年版，第90～91页。

的法律伦理得到了前所未有的培育，在法律规定中得到大量体现，“八议”“重罪十条”“五服以制罪”等规定中都有儒家法律伦理的影子。到了隋唐时期，礼法结合的过程完成，儒家伦理在律中得到了全面体现，其中，便包括《唐律疏议》。这一过程历经了数百年。也就是说，《唐律疏议》中的法律伦理集聚了以往数百年法律伦理发展的结果。没有以往的集聚，也不可能有《唐律疏议》的成就。

当然，《唐律疏议》在造就自己的法律伦理过程中，不是简单重复，而是有所提升。这种提升与法律联系在一起并突出表现在这样两个方面。第一方面，提升法律伦理的内涵。《唐律疏议》的制定者根据唐朝的具体情况和以往立法的经验，对法律伦理进行了调整，提升了其内涵，而不是简单照搬照抄前人立法成果。比如，《论语·子路》说：“父为子隐，子为父隐，直在其中矣。”其内涵集中在父、子关系上。汉朝在立法中确立了这一仁孝的法律伦理，并把其内涵还扩大到夫妻、祖孙之间，作出了“亲亲得相首匿”的规定。《汉书·宣帝纪》载，地节四年（公元前66年）规定：“父子之亲，夫妇之道，天性也。虽有患祸，犹蒙死而存之。诚爱结于心，仁厚之至也，岂能违之哉！自今，子首匿父母、妻匿夫、孙匿大父母，皆勿坐。其父母匿子、夫匿妻、大父母匿孙，罪殊死，皆上请廷尉以闻。”《唐律疏议》中也有这一法律伦理，但其内涵进一步提升到了同居者，包括“大功以上亲及外祖父母、外孙、若孙之妇，夫之兄弟及兄弟妻，有罪相为隐”，甚至还包括“部曲、奴婢为主隐”。[1]《唐律疏议·名例》“同居相为隐”条“疏议”还专门对“同居”作了这样的解释：“‘同居’，谓同财共居，不限籍之同异，虽无服，并是。”即允许他们“有罪者并相为隐，反报俱隐”。由此而反映的规定也改称为“同居相为隐”，不再是“亲亲得相首匿”。这是法律伦理内涵提升的一个结果。

第二方面，法律伦理支撑的规定也得到了提升。也就是说，《唐律疏议》中的法律伦理没有发生变化，但其所支撑的规定却得到了提升，使其更为完善。《唐律疏议》的制定者继承了原有的法律伦理，只使其所支撑的在法律规定有所发展。这是法律伦理的运用，使法律伦理的外在表现即法律规定得到了提升。比如，《唐律疏议》中有关恤刑的伦理及其相关规定就是如此。汉朝只是

---

〔1〕《唐律疏议·名例》，“同居相为隐”条。

不系统地规定了老、小犯罪可减免刑的内容。《汉书·宣帝纪》载:元康四年(公元前62年)规定:“自今以来,诸年八十以上,非诬告、杀伤人,它皆勿坐。”同样是运用恤刑的法律伦理,《唐律疏议》的这方面规定却得到了提升,使其更加完善,把从七、十、十五岁以下和七十、八十、九十岁以上以及笃疾、废疾情况人员都作了十分完善的规定。[1]这一规定比以往的规定更为完备,在以往的基础上得到了提升,达到史无前例的水平。从这两个方面的提升可见,《唐律疏议》中的法律伦理不仅传承了以往的法律伦理,而且还有发展。从这一意义上说,《唐律疏议》在法律伦理方面也作出了贡献,应予以充分肯定。

以上三个方面从不同角度,促进了《唐律疏议》中法律伦理的形成,缺一不可。正是这三个方面的合力,使《唐律疏议》中的法律伦理由可能变成了现实,而且还实现了飞跃。

中国古代法律伦理中的一些重要侧面

与中国古代的法律伦理相关,还有一些侧面值得关注。

1. 法律伦理的作用

中国古代的法律伦理有其一定的作用,这里还是以《唐律疏议》为例。第一,成就了礼法结合的法典。《唐律疏议》被认为是礼法结合的最终产物,也是礼法结合理想的法典。《四库全书总目·唐律疏议提要》说:“论者谓唐律一准乎礼,以为出入得古今之平,故宋世多采用之。”法律伦理在其中功不可没。《唐律疏议》中的法律伦理是以儒家伦理为基础的伦理,礼又是儒家伦理的集中体现,它的礼法结合实际上就是法律规定与法律伦理的结合。《唐律疏议》中大量有关维护君权、父权与夫权的规定,都凸显出礼法结合的成果,也都闪烁着法律伦理。比如,关于维护君权的“谋反”规定,就是忠孝与法律规定相结合的产物,强调的是“为子为臣,惟忠惟孝”。[2]因此,违反者就要受到严惩,不仅犯罪者要被处于最严厉的新刑,还要缘坐大量亲属,被没收财产等。[3]关于维护父权的规定,就是父父、子子与法律规定相结合的产物,强调的是“父

[1] 《唐律疏议·名例》,“老小及疾有犯”条。
[2] 《唐律疏议·名例》,“十恶”条“疏议”。
[3] 《唐律疏议·贼盗》,“谋反大逆”条。

为子天”。[1]因此，违犯者也要受到严罚。《唐律疏议·斗讼》“告祖父母父母”条规定：“诸告祖父母、父母者，绞。”关于维护夫权的规定，就是夫夫、妻妻与法律规定相结合的产物，强调的是“妇人以夫为天”。[2]因此，违反者同样要受到惩罚。《唐律疏议·职制》“匿父母及夫等丧”条规定：“诸闻父母若夫之丧，匿不举哀者，流二千里。”法律伦理在《唐律疏议》的规定中，时时能见其存在。

第二，社会伦理得到了有效的弘扬。法律伦理通过法律的实施，借助法律的权威，使其中的社会伦理得到有效弘扬。社会伦理借势于法律伦理得到发扬，使其更容易在社会中得到实现。法律伦理的这一作用在《唐律疏议》制定以前的贞观时期已有显现。《贞观律》颁行于贞观十一年（公元637年）。此前，贞观时期的社会伦理主要受益于《武德律》的法律伦理，此后则主要受益于《贞观律》的法律伦理。贞观时期，在包括法律伦理在内的多重调控下，社会伦理水平有所提高，社会风尚有了改变。从官吏、富人的角度来看，许多人变得清廉和安分。“官吏多自清谨。制驭王公、妃主之家，大姓豪猾之五，皆畏威屏迹，无敢侵欺细人。”[3]从大众的角度来看，社会风尚有了很大的改观。“由是二十年间，风俗简朴，衣无锦绣，财帛富饶，无饥寒之弊。”[4]“入山东村落，行客经过者，必厚加供待，或发时有赠遗。此皆古昔未有也。”[5]进入永徽时期以后，在《唐律疏议》法律伦理等共同作用之下，社会伦理仍保持着良好态势，国家也继续前行，故史称：“永徽之政有贞观风。”[6]

第三，社会治安情况良好。由法律伦理支撑的法律比较贴近人性、社会，中国古代以儒家伦理为基础的法律伦理尤其如此。它容易得到实施，实施以后，又容易对社会治安产生积极影响。贞观时期，在《武德律》《贞观律》的作用下，已表现出良好的社会治安状况。那时，“商旅野次，无复盗贼，囹圄常空，马牛布野，外户不闭”。[7]唐太宗也感觉到社会治安情况的好转，曾

〔1〕《唐律疏议·斗讼》，“告祖父母父母”条“疏议”。
〔2〕《唐律疏议·职制》，“匿父母及夫等丧”条“疏议”。
〔3〕《贞观政要·政体第二》。
〔4〕《贞观政要·俭约第十八》。
〔5〕《贞观政要·政体第二》。
〔6〕《新唐书·长孙无忌传》。
〔7〕《贞观政要·政体第二》。

说："比观百姓渐知廉耻，官民奉法，盗贼日稀，故知人无常俗，但政治有治乱耳。"[1]另外，被刑罚制裁，特别是被适用死刑的人数急剧下降，有一年仅为29人。《贞观政要·刑法第三十一》载：贞观四年（公元630年），"断死刑，天下二十九人，几致刑措"。到了永徽时期，良好的社会治安情况仍然得到维持。"百姓阜安，有贞观之遗风"[2]。从以上三个方面可见，在中国古代，法律伦理的作用不可小觑。

2. 法律伦理阐发

法律伦理是法律的基础，隐藏在法律之中，中国古代的法律伦理也是如此。帮助人们了解这一法律伦理，以至于深刻认识这一伦理的有效途径之一是将其阐发出来，做到一目了然。《唐律疏议》阐发自己法律伦理的主要途径是"疏议"。《唐律疏议》主要由律文与"疏议"两大部分构成。此"疏议"的功用在于解释、补充律文，以使读律者能准确、全面地理解律文的真正含义，便于它的实施。为此，《唐律疏议》自己作了说明："疏之为字，本以疏阔，疏远立名。"[3]以后，沈家本在《重刻唐律疏议序》中作了更为明确的说明。"名疏者，发明律及注意；云议者，申律之深义及律所不周不达。"[4]法律伦理是《唐律疏议》中的一个重要组成部分，因此在"疏议"解释、补充律文的过程时，也把它和盘托出了。

《唐律疏议》中的"疏议"阐发法律伦理的方式，主要是以下两种。第一种方式是直接引用儒家经句。《唐律疏议》中的法律伦理以儒家伦理为基础，儒家伦理来源于儒家学说，儒家学说又生存于儒家经典的经句之中，所以直接引用儒家经句能够直观反映出儒家伦理乃至法律伦理的存在，内乱罪的设定就是如此。设定此罪的伦理是儒家的性伦理，并以儒家《左传》的经句为依据。《唐律疏议·名例》"十恶"条"疏议"专门引用了《左传》里的经句来加以叙述。"《左传》云：'女有家，男有室，无相渎。易此则乱。'若有禽兽其行，朋淫于家，紊乱礼经，故曰'内乱'。"以此为出发点，《唐律疏议》规定了内乱罪的罪行。"奸小功以上亲、父祖妾及与和者。"很明显，《左传》的这一经句是确

〔1〕《贞观政要·仁义第十三》。
〔2〕《资治通鉴·高宗永徽元年》。
〔3〕《唐律疏议·名例》，前言"疏议"。
〔4〕 刘俊文点校：《唐律疏议》，中华书局1983年版，第670页。

定内乱罪的直接依据，也是设立此罪的伦理所在。第二种方式是运用了儒家伦理的精神。也就是说，《唐律疏议》虽无直接引用儒家经句，但在阐述中都渗透了儒家伦理的精神；其中有些规定就建立在这种精神之上，不孝罪就是如此。它在解释设立不孝罪时，并没有直接引用儒家经句，而是阐述了儒家伦理孝的精神，并引申出不孝罪设立的伦理依据。“善事父母曰孝。既有违犯，是名‘不孝’。”[1]以此为出发点，《唐律疏议·名例》“十恶”条具体罗列了不孝罪的罪行。它们是：“告言、诅詈祖父母父母，及祖父母父母在，别籍、异财，若供养有缺；居父母丧，身自嫁娶，若作乐、释服从吉；闻祖父母父母丧，匿不举哀，诈称祖父母父母死。”可见，这一儒家伦理精神成了《唐律疏议》中不孝罪设置的主要依据。《唐律疏议》就是通过其“疏议”来阐发其中的法律伦理，使大家心知肚明。

3. 法律伦理的影响

法律伦理依托法律，既会被继承，也会产生影响。只要法律原则、制度和内容等被以后的朝代、时期所使用，法律伦理也往往会影响以后的朝代、时期。《唐律疏议》中的法律伦理也是如此。随着它被后世立法所传承，其中的法律伦理也影响到后世，直到清末法制改革以后才发生较大的变化。《宋刑统》几乎是《唐律疏议》的翻版。《唐律疏议》中的法律伦理对《宋刑统》产生了很大的影响，几乎是它的蓝本。比如，在规定的“八议”制度中，其“疏议”也引用了《周礼》与《礼记》里的经句，而且与《唐律疏议》中的相同。[2]另外，《宋刑统》在有些表述上也有所改动，主要是删去了一些儒家经句。比如，“十恶”中不孝、不睦、内乱罪的表述中，皆略去了儒家的经句。[3]究其原因，主要是它简化了“疏议”，以至于一些儒家经句被删去了。然而，这并没给《宋刑统》中的法律伦理带来太大的影响，因为律文几乎没变，律文中的法律伦理照样得到传承，只是在表述上略显不同罢了。《大明律》和《大清律例》虽然已不再使用“疏议”，但《唐律疏议》的内容仍在其中保留有60%左右，[4]《唐律疏议》中的法律伦理还是对它们产生了影响，尤其是那些重要的原则、制度和内容大多得

---

〔1〕《唐律疏议·名例》，“十恶”条“疏议”。

〔2〕《宋刑统·名例律》，“八议”门。

〔3〕《宋刑统·名例》，“十恶”门。

〔4〕王立民：《唐律新探》，北京大学出版社2010年版，第42～43页。

到保留，“老小及疾有犯”而减免用刑原则、“八议”制度、“十恶”罪名等都是如此。[1]可见，《唐律疏议》中的法律伦理同样对《大明律》和《大清律例》产生了很大影响。

清末法律改革以后，大量西方近代的法律伦理随着法律移植也开始进入中国的立法领域，大量的中国古代法律伦理开始退出历史舞台。《大清新刑律》是中国第一部近代意义上的刑法典，其内容来自近代西方的刑法典，还由日本法学家冈田朝太郎帮助清政府制定，[2]西方近代的法律伦理随着其原则、制度、内容渗透到中国刑法，罪刑法定、正当防卫、紧急避险、数罪并罚等都是如此。与此同时，中国原来的古代法律伦理则渐渐被挤出刑法，“十恶”“八议”“老小及疾有犯”而减免用刑等都是这样。从那以后，中国的法律伦理开始走向一个新的阶段，一个近代化的阶段，中国古代的法律伦理也没有机会再重整旗鼓了。

本文原载《法制与社会发展》2012 年第 3 期。

〔1〕《大明律·名例律》和《大清律例·名例律》中的“十恶”“八议”和“老小废疾收赎”条。

〔2〕张晋藩主编:《中国法制史》，中国政法大学出版社 2007 年版，第 324 页。

二、中国古代的道德建设立法及其启示

中国古代进行过道德建设立法。从中可以得到一些启示，为今天的道德建设立法所参考，为法治中国建设所借鉴。

中国古代重视道德建设立法的主要原因

中国古代的许多朝代都进行过道德建设立法并采取了一些措施，也取得了一些成果，究其原因主要是以下一些方面。

1. 中国法的起源决定了需要进行道德建设立法

在法的起源过程中，执政者往往会把那些在原始社会末期人们已习惯使用的行为规范，上升为法律规范，以便于其实施。由于各国在原始社会末期习惯使用的主要行为规范有所不同，因此在法的起源中所引入的行为规范也就不完全相同。中国法在起源过程中，法的内容来源有自己的特殊性，与其他古代东方国家有所不同。在南亚和西亚地区，那些宗教法国家在法的起源过程中，大量吸取宗教的内容，并使其成为法律的重要组成部分，印度、希伯来、伊斯兰法都是如此。[1]有些世俗法国家在法的起源中，则把许多习惯归入法律，西亚的楔形文字法就是这样。[2]中国虽然也属世俗法国家，但与其他古代东方国家都有所不同，在法的起源过程中，特别重视吸取道德规范，并迈出了中国历史上道德建设立法的第一步。

早在原始社会的末期，中国就重视运用道德手段来调整氏族成员间的关系。《尚书·尧典》记载了尧重视使用道德规范

〔1〕 王立民：《古代东方法研究》，北京大学出版社 2006 年版，第 8 页。
〔2〕 王立民：《古代东方法研究》，北京大学出版社 2006 年版，第 9 页。

来举用贤人、团结族人的做法及其良好的效果。“克明俊德，以亲九族。九族既睦，平章百姓。百姓昭明，协和万邦。黎民于变时雍。”以后，舜也用道德来教导臣民，规范他们的行为，也取得了较好的效果。他“慎徽五典，五典克从。纳于百揆，百揆时叙”。[1]这里的“五典”是指父义、母慈、兄友、弟恭、子孝。中国在原始社会末期重视运用道德的做法和经验，十分有利于在法的起源中把道德规范渗入立法，成为法律规范的一个重要组成部分。

同时，原始社会末期也开始了道德建设立法。当时的执法者就把一些道德规范体现在立法中，成为法律规范的一个组成部分，开始了道德建设立法，不孝罪的创立即其中之一。它是夏朝刑法中的一个罪名，“五刑之属三千，罪莫大于不孝”。[2]这个罪名专门打击那些不孝的犯罪行为，以维护孝这一道德规范，是孝在立法中的一种体现。近代著名学者章太炎对此还专门作了考证，撰写了论著《孝经本夏法说》。[3]中国在法的起源中，重视道德建设立法与中国原始社会向奴隶社会发展中血缘关系的加强、家国一体的法律制度密不可分，是其的一个法律产物。[4]中国法起源的这个特殊性对以后的古代立法产生了很大的影响，道德成了立法中的一个重要部分，以至于人们认为中国的古代法就是伦理法。[5]这种情况在清末法制改革以后才逐渐得到改变，中国古代长期使用的不孝罪也在那时被废用了。可见，中国法起源的特殊性决定了在那时就离不开道德建设立法。

2. 中国古代人治的治国方式决定了需要进行道德建设立法

中国古代始终处在专制统治之下，专制制度是基本的国家政治制度。君主至上、君权神圣不可侵犯，都成了天经地义。与其相适应，人治是基本的治国方式。在这种条件下，法律不是权威，人是权威，人可以随意决定、操弄法律，法律服从个人意志，人不受法律的制约，特别是君主和那些掌握了执法、司法权的官吏。这种人治的治国方式需要有以人为权威的德治为基础，而不是以法律为权威的法治为基础。中国古代也确实对德治有过一些十分经典的

---

〔1〕《尚书·尧典》。

〔2〕《孝经·五刑》。

〔3〕张晋藩:《中华法制文明的演进》,法律出版社 2010 年版,第 37 页。

〔4〕张晋藩:《中华法制文明的演进》,法律出版社 2010 年版,第 24～25 页。

〔5〕崔永东:《中西法律文化比较》,北京大学出版社 2004 年版,第 104 页。

表述。早在西周时期，就明确提出“明德慎罚”。[1]这里的“明德”就要求执法者弘扬美德，崇尚德治，其中已包含了中国早期德治的思想。在“明德”的前提下，要做到“慎罚”，执法、司法人员都要严格、慎重用罚，避免滥罚。受“明德慎罚”思想的影响，汉朝中期进一步提出了“德主刑辅”的思想。这一思想要求执政者重视德教，推行德治，不要只用法律特别是刑法，即“务德而不务刑”[2]和“厚其德而简其刑”。[3]到了唐朝，提出了更为明确的德治的思想。《唐律疏议·名例》中既提出不要放弃使用法制，又更强调实行德治，还把它们之间的关系比喻成本用关系，“德礼为政教之本，刑罚为政教之用，犹昏晓阳秋相须而成者也。”[4]这些德治思想都为后世的封建朝代所继承，直到清末法制改革才告终止。这些德治思想成为当时道德建设立法的指导思想，并在这一思想的指导下一些立法成果也相继出台。

其中，一方面表现为矜老恤幼、维护家庭道德。西周有矜老恤幼的刑法原则。《礼记·曲礼上》记载：“八十、九十曰耄，七年曰悼。悼与耄，虽有罪，不加刑焉。”另外，还有“三赦”立法也是如此。[5]汉朝中期以后，随着儒家思想独尊地位的确立和这一思想向法律的渗透，儒家道德建设立法也开始了。“亲亲得相首匿”原则是维护家庭道德，它要求人们在亲属犯罪时，既不要告发，也不要作证。这一原则的理论基础是儒家的“父为子隐，子为父隐，直在其中矣”。[6]把儒家的这一道德用立法形式固定下来，便产生了这一原则。到了隋唐，这一原则进一步发展成为“同居相为隐”[7]，并一直沿用到清末。另一方面表现为维护君权的道德。这类道德建设在唐朝得到了充分显示。“十恶”中的“谋反”“谋大逆”“谋叛”等罪中，都有维护这一道德的内容，是其与立法相融合的产物。[8]其中的“谋反”罪要打击危害国家安全的行为，即“谋危社稷”；“谋大逆”罪要惩治有损皇权尊严的行为，即“谋毁宗庙、山陵及宫阙”；“谋逆”则要制裁叛国投敌的行为，即“谋背国从伪”。这些规定均有利于维护皇

[1]《尚书·康诰》。
[2]《春秋繁露·阳尊阴卑》。
[3]《春秋繁露·基义》。
[4]《唐律疏议·名例》，前言“疏议”。
[5]《周礼·秋官·司刺》。
[6]《论语·子路》。
[7]《唐律疏议·名例》，“同居相为隐”条。
[8]《唐律疏议·名例》，“十恶”条。

权和专制统治，而且还传承至清末。可见，中国古代的道德建设立法，十分有助于推行德治，支撑人治。

3.礼法结合的法律内容决定了需要进行道德建设立法

中国古代法律内容的一个重要特点是礼法结合。礼是指在中国古代社会中长期存在、旨在维护宗法血缘关系和等级制度的精神原则与言行规范的总称。它起源于原始社会末期的祭祀风俗。进入阶级社会以后，礼不仅带有阶级烙印，还扩大了适用范围，至西周时礼已渗透至社会生活的各个方面，成为判断人的言行是与非、合法与非法的准则与依据。它有两个核心，即“亲亲”和“尊尊”。“亲亲”是强调对自己的亲属要亲爱，主要是孝；“尊尊”则强调卑者要尊重、服从尊者，主要是忠。它们不仅具有明显的等级精神，还蕴含了忠孝这一中国古代道德的根本。[1]汉朝中期以后，随着儒家思想主流地位的确立，法律内容开始了礼法结合的过程，即礼作为精神原则与法律规范融为一体。由于礼的精神、原则中包含了大量的儒家道德元素，因此礼法结合的过程也是一个道德建设立法的过程。在这个过程中，中国古代的儒家道德大量被纳入立法轨道，这一道德法律化了。除了“亲亲得相首匿”原则以外，上请和恤刑制度等也都是这种立法的结果。上请把儒家道德中主张的等级特权与法律结合起来，是一种贵族官僚犯罪以后，一般司法官无权进行审判，而必须移送到皇帝，由他作最后的裁断，以便减免刑罚的制度。恤刑制度则是把儒家道德中宽宥有特殊生理情况人员的要求与法律结合起来，是一种对老人、小孩、妇女、残疾人等犯罪后，给予一定宽宥待遇的制度。[2]

魏晋南北朝时期是礼法结合的充分发展时期，更多的儒家道德通过立法建设与法律合为一体并在律中作出规定，成为律的一个重要组成部分，“八议”“官当”“准五服以制罪”和“重罪十条”等制度都是如此。“八议”“官当”制度在《曹魏律》《陈律》等律中都有规定，与“上请”制度属同一类型，都是对犯罪的贵族官僚减免刑罚的制度，只是在适用对象、减免程度等不同而已。“准五服以制罪”首次在《晋律》中作出规定，是儒家道德中维护父权、夫权的家庭等级与法律结合的成果，突出维护父权与夫权。“重罪十条”制度首先在《北齐律》中作了规定，重点打击那些严重侵害皇权、父权、夫权的犯罪行为，儒

〔1〕 张晋藩主编：《中国法制通史》(第1卷)，法律出版社1999年版，第372～374页。
〔2〕 张晋藩主编：《中国法制史》，中国政法大学出版社2007年版，第90页。

家道德在其中也得到了体现。[1]这些制度都为后来唐朝的立法所继承和完善。

唐朝是礼法结合过程的完成时期，也是中国古代道德建设立法的成熟时期，这一时期立法的成果比较丰硕。《唐律疏议》是唐朝的一部主要法典，也是礼法结合的结晶，史称其“一准乎礼，以为出入得古今之平”。[2]中国古代的儒家道德在其中也得到了全面反映。唐朝以后的封建朝代立法大量沿袭《唐律疏议》的内容，正如清末民初的学者沈家本所言：唐律在“宋以后皆遵用，虽间有轻重，其大段固体本于唐也”。[3]《唐律疏义》中有关道德建设立法的内容也随之影响到中国唐后各封建朝代。可见，中国古代法律内容的礼法结合需要有道德建设立法的加入，同时也促成了这一立法的存在和发展。

以上三大原因从法的起源、治国方式和法律内容三个不同角度来说明中国古代重视道德建设立法的内在动力，是它们促进了这一立法产生、发展和演变。从中亦可知，中国古代道德立法建设的存在和发展有其自身的必然性。

中国古代道德建设立法的主要体现

《唐律疏议》是中国现存第一部内容完整保存下来的法典，也是中国古代法典中的善者和中华法系的代表作。以它作为样本来审视中国古代的道德建设立法比较具有典型性。在唐律中，通过道德与法律的结合来表现道德建设立法，并主要体现在法律原则、法律制度和法律内容之中。

1.体现在法律原则里

法律原则是法律的重要组成部分，对整个法律具有指导意义，也是所有法律制度、内容所应遵循的规则。《唐律疏议》的法律原则中存在儒家道德。《唐律疏议》是一部刑法典，其中有关于“老小及疾有犯”而可减免用刑的原则。它规定：“诸年七十以上、十五以下及废疾，犯流罪以下，收赎。八十以上、十岁以下及笃疾，犯反、逆、杀人应死者，上请；九十以上，七岁以下，虽有死罪，不加刑。”此规定对“老小及疾有犯”的不同情况，分别作出了减免刑罚的不同处理。其中，七十岁以上和十五岁以下、八十岁以上和十岁以下、九十岁以上和七岁以下，还有笃疾、废疾者，都可以享受不同减免用刑的待遇。决定这一

〔1〕 张晋藩主编：《中国法制史》，中国政法大学出版社 2007 年版，第 124～127 页。

〔2〕《四库全书总目·唐律疏议提要》。

〔3〕《历代刑法考·刑制总考四》。

原则的是儒家恤刑即“矜老小废疾”的道德，而且以《周礼》《礼记》中的儒家经句为依据。其中，主要是三句，此条“疏议”还专门作了引用。“周礼：‘年七十以上及未龀者，并不为奴。’”“周礼：‘三赦’之法：一曰幼弱，二曰老耄，三曰戆愚。”“礼云：‘九十曰耄，七岁曰悼，悼与耄虽有死罪不加刑。’”〔1〕可见，这一原则背后的道德就是儒家的恤刑即“矜老小废疾”的道德，是这一道德与原则结合在一起，形成了法律原则。道德在法律原则中得到了体现。还有，《唐律疏议》里的对犯死罪、徒罪人员而家中无其他成年男子、妇女犯流罪而采用换刑的原则，也都渗透了儒家道德，是这一道德与法律原则结合的结果。〔2〕道德建设立法通过法律原则得到了体现。

2.体现在法律制度里

法律制度也是法律的重要组成部分，是法律构成的要素之一，法律中就包括了一些相关的制度。《唐律疏议》的刑法典性质决定了其中的大量制度是一些刑事制度，这些制度中也蕴含了儒家道德因素。这里以《唐律疏议》中的“八议”制度为例。〔3〕“八议”制度是《唐律疏议》中的一项重要制度，并在《名例》中作了专门规定。这一制度通过对亲、故、贤、能、功、贵、勤、宾八种贵族官僚的减免刑罚来维护他们的特权，体现维护特权的道德。《唐律疏议·名例》“八议”条对享用“八议”的八种人员作了规定；“八议者”条则进一步对这八种贵族官僚所享有的减免刑罚的特权作了规定，即“诸八议者，犯死罪，皆条所坐及应议之状，先奏请议，议定奏裁；流罪以下，减一等。”这一制度的道德也是儒家道德。“八议”条“疏议”专门引用了《周礼》与《礼记》中的内容作了说明。“周礼云：‘八辟丽邦法。’今之‘八议’，周之‘八辟’也。礼云：‘刑不上大夫。’犯法则在八议，轻重不在刑书也。”以此为基础的维护特权的道德造就了《唐律疏议》中的“八议”制度。“八议”制度里包含了道德。还有，唐律里的“请”“减”“赎”“官当”等制度也是如此，〔4〕都有道德存在，都是儒家道德与法律制度融合的成果。同时，道德建设立法也通过法律制度得到了体现。

---

〔1〕《唐律疏议·名例》，“老小及疾有犯”条。

〔2〕《唐律疏议·名例》，“犯死罪应侍家无期亲成丁”“犯徒应役家无兼丁”“工乐杂户及妇人犯流决杖”条。

〔3〕《唐律疏议·名例》，“八议”条。

〔4〕《唐律疏议·名例》，“皇太子妃”“七品以上官”“应没请减”“官当”条。

3.体现在法律内容里

这里的法律内容是指法律中除了原则、制度以外的一些内容。《唐律疏议》的这些内容中，同样存在道德。《唐律疏议》中大量有关刑法的内容，比如罪名、刑罚等，也都存在儒家道德。其中，有的罪名的设立就是以这一道德为依据，“不睦”罪就是这样。《唐律疏议·名例》“十恶”条规定了“不睦”罪并把它作为“十恶”之一，其罪行是“谋杀及卖缌麻以上亲，殴告夫及大功以上尊长、小功亲属”。其中的内容就是儒家的家庭成员要和睦相处的道德与法律规范的结合，此条“疏议”特别对其中的道德作了解释。“礼云：‘讲信修睦。’孝经云：‘民用和睦。’睦者，亲也。此条之内，皆是亲族相犯，为九族不相叶睦，故曰‘不睦’。”经过这一解释，“不睦”罪中的道德便昭然若揭了。此外，“十恶”中的“恶逆”“不义”“大不敬”等罪也都是这样，[1]都是儒家道德与法律规范相融合的表现。刑法中的刑罚也是刑法中的重要内容，刑法离不开刑罚。《唐律疏议》中的“五刑”是它的主要刑罚，其中亦有道德存在。它所规定的“五刑”中有流刑，此刑又分为三等。《唐律疏议·名例》“五刑”条规定：“流刑三：二千里。二千五百里。三千里。”流刑的设立与儒家道德中的慎杀有关。此条“疏议”还专门引用了《尚书》中的经句来作说明。“书云：‘流宥五刑。’谓不忍刑杀，宥之于远也。”经过这样的说明，流刑中的道德就凸显出来了，即因为慎杀，所以一部分罪犯可以不杀，用流刑来替代，加以执行。道德建设立法在法律内容中也得到了体现。

中国古代的法律主要由法律原则、法律制度和法律内容构成。它们中都有道德的内容，可以说明中国古代的法律已经有大量的道德成分，而且都已渗入至法律的各个方面，并能得到较为充分的体现。这也从一个侧面证明，中国古代已经进行过有效的道德建设立法，并且富有成效。

中国古代道德建设立法中所得到的启示

从中国古代道德建设立法中，可以得到一些启示，并为今天中国的道德建设立法时所参考，甚至借鉴。

---

〔1〕《唐律疏议·名例》，“十恶”条。

1. 国家需重视主流道德的弘扬

道德建设立法是以主流道德为基础，是这一道德与法律结合的产物，缺少这一主流道德，就缺少其与法律结合的机会，道德建设立法就会受挫。中国古代的君主掌握了国家的最高权力，往往以国家面目出现，因此其对主流道德的弘扬便具有了决定性作用。唐律定本于唐贞观年间，正好是唐太宗执政时期，他十分重视儒家学说的推崇，以此来弘扬儒家道德，促进道德建设立法，而唐律成功地把儒家道德与法律融为一体，使其得到了充分体现。

唐太宗通过多种途径来弘扬儒家学说，为道德建设立法奠定道德基础。《贞观律》颁行于贞观十一年（公元637年），此前唐太宗已大兴儒家学说。第一，设立弘文馆，招募、优待儒士。唐太宗在执政后不久便设立具有从事教育、研究儒家学说职能的弘文馆，还召集了一批儒士，给他们以优待，让他们专门从事儒家学说的教育和研究，从机构、师资上确保弘扬儒家学说的需要。“太宗初践阼，即于正殿之左置弘文馆，精选天下文儒，令以本官兼署学士，给以五品珍膳，更日宿直，以听朝之隙引入内殿，讨论坟典，商略政事，或至夜分乃罢。又诏勋贤三品以上子孙为弘文学生。”〔1〕

第二，大量培养儒生，从人才培养的角度来弘扬儒家学说。他们来自四面八方，甚至是周边国家，人数空前。经过学习，他们掌握了儒家学说的知识，提高了自己的儒家理论水平，学习成功者还可以得到任用，入仕做官。贞观二年（公元628年）时，“国家增筑学舍四百余间，国子、太学、四门、广文亦增置生员，其书、算各置博士、学生，以备众艺”。“四方儒生负书而至者，盖以千数。俄尔吐蕃及高昌、高丽、新罗等诸夷酋长，亦遣子弟请入于学。于是国学之内，鼓箧升讲筵者，几至万人，儒学之兴，古昔未有也。”“学生，通一大经已上，咸得署吏。”〔2〕

第三，考订儒家经典。儒家经典是儒家学说的载体，集中反映了儒家学说。为了适应国家对主流意识形态发扬的需要，有必要规范儒家经典的内容，避免出现分歧，导致理解上的偏差。唐太宗于贞观四年（公元630年）先后命颜师古、孔颖达等儒士考订《五经》和《五经正义》，规范了它们的内容，并推广学习。他先为解决“经籍去圣久远，文字讹谬”问题，“诏前中书侍郎颜师古

〔1〕《贞观政要·崇儒学第二十七》。
〔2〕《贞观政要·崇儒学第二十七》。

于秘书省考订《五经》”。考订后“颁其所定书于天下，命学者习焉”。后来，他又发现“文学多门，章句繁杂”，为了统一对《五经》内容的认识，以免出现歧义，又“诏师古与国子监祭酒孔颖达等诸儒，撰定《五经正义》，付国学施行。”[1]可见，由于唐太宗的重视，在《贞观律》制定之前，蕴含了儒家道德的儒家学说就已通过多种途径得到了大力弘扬。这对唐朝主流道德的弘扬和道德立法建设都发挥了积极作用，也为《贞观律》和以后唐朝各律能够实现道德与法律的结合奠定了基础。

2.立法人员需具备较高的法律与道德的素质

道德建设立法过程是一个把道德嵌入法律的立法过程。立法又是人的一种活动，通过这一活动把法律制定出来。在制定过程中，需要把法律与道德很好地结合起来，因此立法人员的素质就显得非常重要了，其中主要包括法律与道德的素质。从这种意义上讲，《唐律疏议》制定者的法律和道德素质就与其制定有十分密切的关系。据《唐律疏议》的“进入律疏表”显示，制定《唐律疏议》的人员一共是19人。[2]其中，有17人直接具有法律、法学职能，包括立法、行政执法和司法、法律监督事务和法学教育职能。有立法职能的是：柳奭（中书令）、来济（中书侍郎）、辛茂将（中书侍郎）、韩瑗（黄门侍郎）。有行政执法和司法职能的是：于志宁（尚书左仆射）、褚遂良（尚书右仆射）、刘燕客（尚书左丞）、唐临（刑部尚书）、段宝玄（大理卿）、王怀恪（刑部侍中）、路立（大理丞）、曹惠果（大理评事）、董雄（盩厔县令）、石士逵（始平县丞）。有法律监督职能的是：裴弘献（颍州刺史）、贾敏行（御史中丞）。有法学教育职能的是：司马锐（律学博士）。另外两人则地位崇高，屡为国家立功，拥有较为丰富的治国理政经验。他们是长孙无忌和李勣。长孙无忌具有太尉、扬州都督、监修国史、上柱国、赵国公等头衔，李勣具有司空、上柱国、英国公等头衔。这些人中，还有人参加过《贞观律》《永徽律》的制定。其中，长孙无忌、裴弘献等参与过《贞观律》的制定，长孙无忌、李勣、于志宁、柳奭、段宝玄、贾敏行、刘燕客等参与过《永徽律》的制定。[3]可见，这些人中，有的人本身具有法律职能，有的人具有法学教育职能，有的还具有制定前律的经历，总体上来讲，他们的

---

〔1〕《贞观政要·崇儒学第二十七》。

〔2〕刘俊义点校：《唐律疏议》，中华书局1983年版，第577～579页。

〔3〕《旧唐书·刑法志》。

法律素质较高。

同时，根据《旧唐书》和《新唐书》所记载的《唐律疏议》的主要制定者长孙无忌、于志宁、褚遂良、唐临、来济等人的情况看，他们也熟悉儒家学说，具有儒家道德素质。长孙无忌不仅博学、广涉各种人文书籍，而且还很有悟性。“（长孙）无忌贵戚好学，该博文史，性通悟，有筹略。”〔1〕“性通悟，博涉书史。”〔2〕这里的“文史”“书史”均包括有儒家学说。于志宁对儒家学说有较为深入的研究，参与过儒家经典《五经正义》的撰修，还会运用儒家经典中的内容介绍一些问题。“前后预撰格式律令、《五经正义》及修礼、修史等功，赏赐不可胜计。”〔3〕另外，他还曾用《春秋》中的内容来解释陨石等自然现象与社会的关系问题。〔4〕褚遂良也广涉人文书籍，而且还写就一手好隶书字。“（褚）遂良博涉文史，尤工隶书，父友欧阳询甚重之。”〔5〕唐临也熟知儒家学说并会把其运用在自己的工作中。永徽元年（公元 649 年），他在上奏中，多次使用《尚书》《周礼》的经句来解释用刑问题。〔6〕来济好学、善议论、识时务。“（来济）笃志好学，有文词，善谈论，尤晓时务。”〔7〕“（来济）笃志为文章，善议论，晓畅时务。”〔8〕在唐朝，其理论基础是儒家学说，来济的儒家学说根底不浅。正因为《唐律疏议》的制定者具备了法律与儒家学说的双重素质，并共同致力于律文的制定，才实现了《唐律疏议》中以儒家道德与法律的结合，促进了那时的道德建设立法。

3. 立法技术需高度重视

道德立法建设通过立法来实现，立法技术不仅不可或缺，而且还很重要。较高的立法技术可以使道德顺利植入法律，并使它们有机结合在一起，有利于道德建设立法；不高的立法技术则可能使道德不能顺利嵌入法律，无法紧密结合在一起，不利于道德建设立法。因此，立法技术在道德立法建设中至关重要，不能忽视。中国古代在提高立法技术的同时，也重视把其运用在道德建

〔1〕《旧唐书·长孙无忌传》。

〔2〕《新唐书·长孙无忌传》。

〔3〕《旧唐书·于志宁传》。

〔4〕《新唐书·于志宁传》。

〔5〕《旧唐书·褚遂良传》。

〔6〕《旧唐书·唐临传》。

〔7〕《旧唐书·来济传》。

〔8〕《新唐书·来济传》。

设立法中，发挥其应有的作用。《唐律疏议》具有较高的立法技术，并成为其一个特点。[1]它一方面把儒家道德与法律成功地糅合在一起；另一方面还把其中道德依据展示给人们，使这一道德建设立法一目了然。“疏议”在其中的扮演了一个很好的角色。它是对律文的解释，即“疏之为字，本以疏阔，疏远立名”。[2]《唐律疏议》利用“疏议”把其中的立法技术全盘托出，其方式主要是两种。

第一种方式是直接引用儒家经句。《唐律疏议》中的法律道德是儒家道德，儒家道德来源于儒家学说，儒家学说又生存于儒家经典的经句之中，所以直接引用儒家经句便能够直观反映出儒家道德的存在，内乱罪的设定就是如此。设定此罪的道德是儒家的性道德，并有儒家《左传》的经句为依据。《唐律疏议·名例》“十恶”条“疏议”专门引用了《左传》里的经句来加以叙述。“《左传》云：‘女有家，男有室，无相渎。易此则乱。’若有禽兽其行，朋淫于家，紊乱礼经，故曰‘内乱’。”以此为出发点，《唐律疏议》规定了内乱罪的罪行，即“奸小功以上亲、父祖妾及与和者”。很明显，《左传》的这一经句是确定内乱罪的直接依据，也是设立此罪的道德所在。

第二种方式是运用了儒家道德的精神。也就是说，《唐律疏议》虽无直接引用儒家经句，但在阐述中却渗透了儒家道德的精神；其中有些规定就建立在这种精神之上，不孝罪就是如此。它在解释设立不孝罪时，并没有直接引用儒家经句，而是阐述了儒家道德孝的精神，并引申出不孝罪设立的道德依据。“善事父母曰孝。既有违犯，是名‘不孝’。”[3]以此为出发点，《唐律疏议·名例》“十恶”条具体罗列了不孝罪的罪行，即“告言、诅詈祖父母父母，及祖父母父母在，别籍、异财，若供养有阙；居父母丧，身自嫁娶，若作乐，释服从吉；闻祖父母父母丧，匿不举哀，诈称祖父母父母死”。可见，这一儒家道德精神成了《唐律疏议》中不孝罪设置的主要依据。《唐律疏议》就是通过其“疏议”来阐发法律中存在的道德与其理论基础，充分体现道德建设立法的成果，便于人们理解和实施。

法律与道德虽分属不同的范畴，但它们之间亦有联系。重要的道德规范

---

〔1〕 钱大群：《唐律研究》，法律出版社2000年版，第362页。

〔2〕《唐律疏议·名例》，前言“疏议”。

〔3〕《唐律疏议·名例》，“十恶”条。

可以上升为法律规范，法律中往往存有道德成分。今天中国的法律中已有一些道德成分。随着法治建设的发展，社会主义核心价值的进一步弘扬，中国法律中的道德成分还会调整、发展，道德立法也会更受重视。中国古代有道德建设立法的经历和经验，其中的一些有益经验可作为一种法制文明在今天被借鉴。为了加快建设法治国家、法治政府和法治社会，这种本土经验的借鉴不可或缺，也弥足珍贵，不该被忽视。

此文系作者主持的司法部立项课题
“中国法制史学的演进与思考”（12SFB5008）的中间成果。
本文原载《江浙社会科学》2014 年第 11 期。

三、中国传统律学研究方法

法学研究方法对于法学研究十分重要。法学研究要保持健康发展，不断进步，没有正确的研究方法不行。正如一位专家所言："虽则好的方法未必出优秀成果，但是，错误的方法产生的成果却纯属偶然。"〔1〕中国有过自己传统的法学研究方法，即中国传统的律学研究方法。这一方法曾取得很大成功，并促进中国传统律学不断发展，传统的律典也因此而不断颁行。唐律是中国最优秀的传统律典之一，其中的"疏议"是对律文研究的成果，从中可以透视出律学研究方法。目前，对中国传统律学研究方法的研究不够充分，相关成果很少，有必要对其做进一步研究并为今天的法学研究方法所借鉴。

中国传统律学的研究方法借鉴于传统经学的研究方法

中国经学是一种专门研究儒家经典的学术，有其自己特有的研究方法。经学随着儒家经典的诞生而产生。汉代独尊儒术以后，经学的地位逐渐提高，以至于在文化、教育等领域均占有很高的地位。正如有的学者所说："从汉代开始，学校、教育以及统治者的科举考试、选拔人才，几乎都以经学为重要标准和基本内容。"〔2〕经学的研究方法突出表现在，对儒家经典的考证、解释、阐述，可以细化到逐字逐句的研究，而且还旁征博引，有的还从中发掘"微言大义"，借题发挥。经学的这种研究方法对律学产生了影响，传统律学借鉴其研究方法，对律文进

---

〔1〕 胡玉鸿：《法学方法论导论》，山东人民出版社 2002 年版，"序"第 1 页。
〔2〕 何耿镛：《经学概说》，湖北人民出版社 1984 年版，第 1 页。

行研究，也取得了成功。对唐律律文的研究就是如此。

唐律的"疏议"是对律文研究的成果，其研究方法借鉴了经学的研究方法。关于这一点，唐律自己就有明确表示，认为自己的"疏议"就是来自经学的"义疏"。《唐律疏议》在前言中就说："昔者，圣人制作谓之经，传师所说则谓之为传，此则丘明、子夏于《春秋》《礼经》作传是也。近代以来，兼经注而明之则谓之义疏。"〔1〕把经学的这一研究方法借鉴于律学，便产生了"疏议"，其对唐律的律文进行了深入的研究。近代学者也认为，中国古代的律学研究方法取自经学的研究方法。民国时期曾任高等法院庭长的叶在均在《中华民国新刑法判解汇编》一书的"叶序"中就说："昔日解经，凡一字一句，均旁征博引，荟萃群言，考证精详，以期能符经旨。解经如是，释法何独不然。"〔2〕这其中就包括了唐律中的"疏议"所运用的律学研究方法，对律文所进行的研究。由此可见，中国经学研究方法的影响之大和传统律学研究方法之源。

事实也是如此。自汉武帝独尊儒术以后，经学突飞猛进。他正式确立《诗》《书》《礼》《易》《春秋》"五礼"，还设立五经博士，专攻经学。到了东汉，又把五经扩展为"七经"，即在"五经"的基础上，又增加了《孝经》和《论语》两经。〔3〕不仅如此，汉代的经学还分为古文经学和今文经学等学派，运用经学的研究方法，从不同侧面研究经学，着实推进了经学的大踏步向前发展。其中，古文经学的研究方法主要是训诂、考证等，重点是明确经文的内涵；今文经学的研究方法则主要是"微言大义"，重点是结合现实，为国家、社会服务。这些都为汉后经学的进一步发展打下了坚实的基础。受到经学的强烈影响，中国最晚在晋代便有了律学。据《晋书·石勤载记》记载：石勤伪称赵五，任命"参军续咸、庾景为律学祭酒"。从此以后，律学的研究方法不断被采纳，发展到唐代已比较成熟，对唐律律文的研究方法就是一个标志。

中国传统律学的两种主要研究方法

中国传统律学借鉴经学的研究方法，对律文的研究主要采用了两种方法。第一种方法是对律文中字、词和句子进行解释的研究方法。字、词和句都是构

〔1〕《唐律疏议·名例》前言。

〔2〕郑静渠、郭羹尧：《中华民国新刑法判解汇编》，大东书局 1936 年版，第 1 页。

〔3〕何耿镛：《法学概说》，湖北人民出版社 1984 年版，第 10 页。

成律文的基本单位，也是其意思表达的主要载体。要正确理解律文，就要从正确理解律文中的字、词和句子开始。否则，还是无法正确认知律文，难免造成误读。唐律的“疏议”对律文的字、词和句子都进行了必要的研究，分别对它们作了较为精准的解释，明确它们各自含义，清除对解读律文的障碍。首先，对律文中的字进行研究的方法。唐律中的有些字十分关键，只有准确理解了这些字，才会对律文有正确地认识，不出现偏差。唐律利用“疏议”对这些字进行逐字解释。《斗讼》规定：“诸斗殴人，折齿，毁缺耳鼻，眇一目及折手足指，若破骨及汤火伤人者，徒一年。”此条“疏议”就对其中的“眇”作了解释，说：“眇，谓亏损其明而犹见物。”[1]即还没到瞎的程度，因为瞎是根本无法看见物了。眇的意思确定后，此律文的内涵也就明白了。

其次，对律文中的词进行研究的方法。唐律中的有些词很重要，只有正确把握了这些词，才能确切理解律文的内容。否则，就可能产生不正确的理解，这对官吏、百姓都会造成不幸。唐律的“疏议”同样对这些词进行了详尽解释。《名例》规定：“诸以赃入罪，正赃见在者，还官、主。”此条“疏议”便对其中的“正赃”这一次作了解释，明确其内涵，说：“在律，‘正赃’唯有六色：强盗、窃盗、枉法、不枉法、受所监临及坐赃。”[2]经过这一解释，“正赃”即指“六赃”的含义就十分明确了。

最后，对律文中的句子进行研究的方法。唐律中的有些句子也很重要，只有全面通晓这些句子的意思，才可能全面理解律文的内容。否则，也会因为错误理解这些句子而造成误判。唐律利用“疏议”对其进行专门的解释，明确其含义。《职制》规定：“诸制书有误，不即奏闻辄改定者，杖八十。”“疏议”对其中的“制书有误”这一句子作了解释：“‘制书’有误，谓旨意参差，或脱剩文字，於理有失者，皆合覆奏，然后改正、施行。”[3]经过这一解释，对整个律文的理解就不会出现偏颇了。唐律运用“疏议”对律文中字、词和句子的研究方法，精心解释了律文，使其整个内容得到精准的表达，律学的研究方法在其中得到了淋漓尽致的表现。

第二种方法是对律文中的指导思想、原则、罪名、犯罪主体、刑罚等刑法

---

〔1〕《唐律疏议·斗讼》，“斗殴折齿毁耳鼻”条。

〔2〕《唐律疏议·名例》，“以赃入罪”条。

〔3〕《唐律疏议·职制》，“制书官文书误辄改定”条。

内容进行解释的研究方法。唐律是唐朝的刑法典，也是唐朝刑事司法的重要依据。其中的指导思想、原则、罪名、犯罪主体、刑罚等都是构成刑法的要素。对它们的认识也同样十分重要，不能有所误解，否则同样会对官吏司法、百姓守法带来不便。它们在唐律中都得到充分解释，律学的研究方法功不可没。关于对指导思想的解释。唐律的指导思想是礼法并用、礼本法辅。《四库全书总目·唐律疏议提要》也说："论者谓唐律一准乎礼，以为出入得古今之平。"唐律在前言中对其作了形象的解释："德礼为政教之本，刑罚为政教之用，犹昏晓阳秋相须而成者也。"[1]

关于原则的解释。唐律中的原则就是刑法原则，对整个律文均有指导意义。唐律的"疏议"对其中的一些原则的重要内容进行了解释，确认其刑法含义，便于施行。《名例》对化外人相犯作了原则规定："诸化外人，同类自相犯者，各依本俗法；异类相犯者，以法律论。"此条"疏议"对其中的"化外人"作了解释，明确了适用对象。"'化外人'，谓藩夷之国，别立君长者，各有风俗，制法不同。"[2]可见，"化外人"即指在唐朝的外国人，唐律适用过程中就不会发生错误了。

关于罪名的解释。唐律有数百个罪名，每个罪名都有自己的内涵，而且有的罪名之间还有一定联系，经过解释才能十分明确，避免误读。《名例》对"恶逆"罪名作了这样的解释："谓殴及谋杀祖父母、父母，杀伯叔父母、姑、兄姊、外祖母、夫、夫之祖父母、父母。"同时，还专门解释了"恶逆"与"不睦"罪名间的差异，即"若谋而未杀，自当'不睦'之条"。[3]

关于犯罪主体的解释。唐律中规定了许多具体的犯罪主体，它们在刑法上的表达也要清晰，否则也会在适用中因出现不同理解而造成错判。《贼盗》规定："诸略人、略卖人为奴婢者，绞。"此条"疏议"对其中的犯罪主体"略人者"和"略卖人者"都作了解释。"略人者，谓设方略而取之。略卖人者，或为经略而卖之。"[4]关于刑罚的解释。唐律的刑罚主要是"五刑"，而且十分规范。为了依法施行，其"疏议"也作了必要的解释。《名例》中规定有"流刑

---

〔1〕《唐律疏议·名例》前言。

〔2〕《唐律疏议·名例》，"化外人相犯"条。

〔3〕《唐律疏议·名例》，"十恶"条。

〔4〕《唐律疏议·贼盗》，"略人略卖人"条。

三”，此条“疏议”溯其源作了这样的解释：“大罪投之四裔，或流之于海外，次九州之外，次中国之外。盖始于唐虞。今之三流，即其义也。”[1]此外，唐律中的犯罪客体、客观和主观因素也都有一些精准的解释，这里就不赘述了。[2]

唐律运用律学的研究方法，对律文进行必要的解释，使其内容完备、表述清晰、内涵明确，以至于被认为是中国古代律典中的“最善”者。[3]可以想象，如果没有律学的研究方法，没有“疏议”的解释结果，唐律根本无法达到这种水平。律学的研究方法功不可没。

中国传统律学研究方法中解释的主要依据有多种

中国传统的律学研究方法在对律文进行解释时，需要凭借一定的依据。从这一依据出发，去理解、推理律文，以便人们接受，乃至顺利实施。这种依据需具有合理性、知识性和权威性，并广为人知，得到首肯。否则，还是起不到应有的解释作用。在对唐律的律文进行研究和解释中，使用的解释依据有多种，包括儒家经句、令格式、公理和专业知识等。它们具有的合理性、知识性和权威性，可以起到解释依据的作用。

首先，把儒家经句作为解释律文的依据。儒家经句是儒家经典的组成部分，儒家经典是儒家思想的载体，而儒家思想在汉武帝以后就成为国家的主流、主导思想，国家对其进行广泛宣传和竭力贯彻，其合理性、知识性和权威性都毋庸置疑。唐律在“疏议”中把儒家经句作为依据来解释律文。《名例》在规定杖刑时，就引用了《尚书》里的经句，来解释设立杖刑的合理性和权威性。“疏议”说：“书云：‘鞭作官刑。’犹今之杖刑者也。”[4]除了《尚书》以外，唐律中引用的儒家经句还来自《春秋》《周礼》《礼记》《易经》《孝经》《尔雅》等儒家经典。[5]

其次，把令、格和式的规定作为解释律文的依据。唐朝的法律形式除了律以外，还有令、格和式等。它们也都由皇帝颁行，同样具有权威性。而且，它

〔1〕《唐律疏议·名例》，“流刑三”条。
〔2〕王立民：《唐律新探》（第5版），北京大学出版社2016年版，第37～40页。
〔3〕（清）薛允升：《唐明律合编·序》。
〔4〕《唐律疏议·名例》，“杖刑五”条。
〔5〕王立民：《唐律新探》（第5版），北京大学出版社2016年版，第261～263页。

们的规定往往比较详细，违反了令、格和式以后，还要“一断于律”。[1]因此，引用令、格和式的规定，同样可以起到解释律文依据的作用。《户婚》规定：“诸差科赋役违法及不均平，杖六十。”此律条的“疏议”引用了《赋役令》对合法赋役的规定，从中反映出“差科赋役违法”，便于对赋役合法性作出判断。《赋役令》规定：“每丁，租二石；絁、绢二丈，绵三两，布输二丈五尺，麻三斤；丁役二十日。”[2]违反这一令者，就要按律文的规定被追究刑事责任。

再次，把公理作为解释律文的依据。公理在日常生活中形成，得到大家的认可，成为一种大家都认同的道理。公理的产生有其一定的知识性和合理性，形成以后也就有了一定的权威性。公理在唐律中也成了一种解释的依据。《名例》对“自首”原则的规定是：“诸犯罪者未发而自首者，原其罪。”此条“疏议”对这一规定作了解释，解释的依据就是公理，即“过而不改，斯成过矣。今能改过，来首其罪，皆合得原”。[3]所以，可以不再追究刑事责任了。

最后，把专业知识作为解释律文的依据。专业知识以科学研究的结果为依据，在实践中逐渐确立起来。专业知识具有科学的背景，易被人们接受，其知识性和权威性同样十分突出。唐律把专业知识作为解释律文的依据，在“疏议”中进行阐述，使律文的内容得到确认，不被怀疑。《断狱》规定了刑讯的程序：“诸应讯囚者，必先以情，审查辞理，反复参验；犹未能决，事须讯问者，立案同判，然后拷讯。违者，杖六十。”此条“疏议”对司法官在这一程序中必须使用“五听”作了解释：“察狱之官，先备五听，又验诸证信，事状疑似，犹不首实者，然后拷掠。”[4]这里的“五听”就有专业知识的背景，它把被讯问人的心理活动与面部表情、供词等科学地结合起来，反映其供词的正确与否。这一专业知识在西周时就已被掌握，“五听”在那时已有使用。[5]唐朝的律学研究方法将其传承下来。

唐律的律文解释中，大量使用儒家经句、令格式、公理和专业知识等，并把它们作为解释的依据，针对不同需求，采取不同的依据，有的放矢，取得了较好效果，至今都有借鉴价值。

---

〔1〕《新唐书·刑法志》。
〔2〕《唐律疏议·户婚》，“差科赋役违法”条。
〔3〕《唐律疏议·名例》，“犯罪未发自首”条。
〔4〕《唐律疏议·断狱》，“讯囚察辞理”条。
〔5〕张晋藩：《中华法制文明史》（古代卷），法律出版社2013年版，第66页。

中国传统律学研究方法中的其他相关问题

在中国传统的律学研究方法中还有一些问题值得关注，它们会帮助人们对这一方法有更深入的了解。第一，中国传统律学研究方法的解释成果有所不同。中国传统律学研究方法的解释成果大致可以分为两大类，即有效解释类和无效解释类。它们都使用了传统的律学研究方法，但解释结果的法律效力有所不同，即有法律效力和无法律效力。有效解释类的解释结果具有法律效力，其得到国家的认可，作为法律的一个组成部分，被广泛实施。唐律中的“疏议”就是如此。“疏议”内容就是对律文的解释。《唐律疏议》的前言说：“疏为之字，本以疏阔、疏远立名。”这种解释使用了传统律学的研究方法，解释结果就是唐律的“疏议”部分。这一“疏议”与唐律的律文具有同等的法律效力，以至于“断狱者皆引疏分析之。”[1]往后，《宋刑统》中的“疏议”、《大明律集解附例》和《大清律集解附例》中的“集解”等都是如此，都具有法律效力。无效解释类的解释结果不具有法律效力，其结果没有得到国家的认可，只能是一种学术研究的成果，起到繁荣律学的作用。中国古代也有不少这类成果，《刑法叙略》《刑统赋解》《律解辩疑》《读律琐言》和《读律佩觿》等都是这样。当然，这两类成果还可互补，相得益彰。有效解释的成果可以成为无效解释的内容，无效解释的合理成分也可以被有效解释所吸纳。

第二，中国传统律学研究方法与现代法学研究方法有所不同。中国的这一研究方法产生、发展于本土，是借鉴于本土经学的研究方法。其中，既运用了古文经学中训诂、考证为主的研究方法，也使用了今文经学中“微言大义”、借题发挥为主的研究方法。比如，《名例》对“十恶”中“谋反”罪的解释，先引用儒家经典《春秋公羊传》与《左传》中的经句“君亲无将，将而必诛”和“天反时为灾，人反德为乱”来解释设立“谋反”罪的合理性、权威性。然后，就开始“微言大义”并借题发挥。“王者居宸极之至尊，奉上天之宝命，同二仪之覆载，作兆庶之父母。为子为臣，惟忠惟孝。乃敢包藏凶慝，将起逆心，规反天常，悖逆人理，故曰‘谋反’。”[2]而且，中国传统的律学研究方法主要针对中国古代颁行的以刑法为内容的律典而展开，基本不涉及其他部门法。现

〔1〕《旧唐书·刑法志》。
〔2〕《唐律疏议·名例》，“十恶”条。

代的法学研究方法则主要取自西方，随着西方的法制、法学传到中国，是一种外来的法学研究方法，且方法多元化，方法论学派林立，证明主义、怀疑主义、概率主义、证伪主义等层出不穷。[1]这些法学研究方法运用于宪法与所有部门法，不局限于某一部门法。可见，中国传统的律学研究方法与现代法学的研究方法差异不小。这实际上也是一种中西法文化中的差异。

第三，中国传统律学研究方法中的可借鉴之处。尽管这一研究方法已是古代的研究方法，但毕竟是一种土生土长的法文化，其中仍有可为今天法学研究所借鉴之处。首先，从字、词和句子的解释中借鉴其读懂法律之处。中国传统的律学研究方法重视对律文字、词和句子的解释，从而正确理解律文，便于其实施。今天，中国特色的社会主义法律体系已经建成，法律、法规的数量已有不少。为了便于它们的施行，首先需要正确读懂其中的内容，防止误读，然后才能不折不扣地加以实施。其中，免不了要对一些字、词和句子的内容进行精心解读，而中国传统律学的研究方法可以助一臂之力。其次，从律文的指导思想、原则、罪名、犯罪主体、刑罚等刑法内容的解释中借鉴其对部门法深入研究的方法。中国古代的律以刑法为内容，由指导思想、原则、罪名、犯罪主体、刑罚等组成，律学对其解释就是一种对刑法这一部门法的研究。今天，中国的法律体系中含有宪法、民商法、行政法、经济法、社会法、刑法和诉讼法等部门法，已不是单一刑法，律学的研究方法已经不可以解决其所有问题。但是，律学中对刑法研究的方法，特别是对刑法中相关内容的精准解释，明确其含义等做法仍可为今天所借鉴，以便推进宪法和部门法学研究。最后，从对律文中“微言大义”的借题发挥中借鉴其为法治建设服务的方法。中国传统的律学研究方法借鉴经学的研究方法，在“微言大义”中借题发挥，为那时的法制建设服务，调整社会关系，维护社会秩序。今天，中国要全面推进依法治国，也需有现代法学及其研究方法的支撑，也需要对法治作深入研究、详细解释和必要宣传，中国传统的律学研究方法同样可以有所作为。当然，这种借鉴不是照抄，而是取其精华、弃其糟粕，使其具有时代的特征，发扬光大，为今日的法治建设献力。

唐律是中国古代最优秀的传统律典之一，其中对律文进行研究的方法不

---

〔1〕 胡玉鸿:《法学方法论导论》，山东人民出版社 2002 年版，“序”第 2 页。

仅是传统律学的研究方法，而且还是中国典型的律学研究方法。对其进行研究，可以窥视出中国传统的法学研究方法。中国传统的律学研究方法源自经学的研究方法。汉武帝独尊儒术以后，经学有了大发展，经学的研究方法也齐头并进，还形成了今文经学和古文经学研究方法的差异。受到经学研究方法的强烈影响，中国最晚在晋代，律学及其研究方法就诞生了，并代代相传，不断发展。到了唐代，中国传统的律学研究方法达到炉火纯青的程度，唐律律文的研究方法即是一个标志。唐律律文的研究方法重在解释，包括解释律文中的字、句和词，律文中的指导思想、原则、罪名、犯罪主体和刑罚等。通过这种研究方法的使用，把唐律律文的真正含义揭示出来，便于其实施。这一研究方法被唐后的各封建朝代相继使用，宋、元、明、清无一不是如此。宋刑统、大元通制、大明律、大清律例等律典的制定者都以唐律为楷模，借鉴唐律的律学研究方法，制定自己的律典，使之趋向完善，中国传统的律学研究方法也因此而得以传承和发展。

中国传统的律学研究方法虽为昔日之花，可仍有借鉴价值，能为今天的法学研究方法所借鉴，特别是在对法律内容进行精心解读、运用法律为社会服务等一些方面。从这种意义上讲，中国传统的律学研究方法还有其现实意义，不要被埋没了。

本文原载《法学》2016年第4期。
被人大复印资料《法理学学史学》2016年第8期全文转载。

四、中国传统法典条标的设置与现今立法的借鉴

在中国的传统法典中，一般都设有条标，无论是《唐律》《宋刑统》，还是《大明律》《大清律例》等都是如此。[1]条标是每条法条前的标题，集中反映法条中的内容。条标的设置有其自己独特的作用。中国现今的国家立法中，还没有引用条标，是一个缺憾。借鉴中国传统法典中条标的设置经验，古为今用，是今后中国国家立法中可以改进的地方。

中国现今的法律中都不设条标是立法中的缺憾

改革开放以后，中国的法治建设不仅得到恢复，而且速度还不断加快，2010 年基本建成了中国特色的社会主义法律体系。据统计，截至 2013 年 12 月，除现行宪法以外，中国制定、有效的法律共有 241 件。[2]可是，这些包括法典在内的法律都不设条标，其结构基本是编、章、节、条、款，或者章、条、款，或者条、款的结构。它们都按内容的多少来定，内容多就层次多，内容少则层次少。《中华人民共和国刑法》内容比较多，采用的是编、章、节、条、款的结构。其第一编为总则；第一章是刑法的任务、基本原则和适用范围；第 6 条是关于刑法适用的地域；

〔1〕 本文以以下这些经典的版本为基准。刘俊文点校：《唐律疏议》，中华书局 1983 年版；吴翊如点校：《宋刑统》，中华书局 1984 年版；怀效锋点校：《大明律》，法律出版社 1999 年版；田涛、郑秦点校：《大清律例》，法律出版社 1999 年版。

〔2〕 中国法学会：《中国法治建设年度报告（2013）》，载《法制日报》2014 年 6 月 18 日。

第 6 条下设 3 款，分述不同地域的范围。《中华人民共和国商标法》的内容相对少，是章、条、款结构。其第一章是总则，第 10 条是关于不得作为商标使用标志的规定，其下有 8 个条款，分别是对这种标志的具体规定。《中华人民共和国国徽法》的内容更少，采用的是条、款结构。其第 7 条规定了应当印有国徽图案的文书和出版物，其下设有 4 款，分别对这些文书和出版物作了明文规定。如果设有条标，那么中国法律文本的结构将会有所调整，即在每条法条的内容前增加一个条标，概括反映此条规定的内容。现今中国的法律中不设条标是立法中的缺憾，并突出表现在以下三个方面。

首先，思想方面不够重视。法律中的条标有其独特的作用。由于条标用精炼的语句体现法条的内容，使读法人一目了然自己所需了解的法律知识，为读法人提供阅读的方便。条标是起到这一作用的最好办法，而且具有不可替代性，没有其他更好的办法可以替代条标的这一作用。可以说，设立条标也是立法中“以人为本”理念的一种外化形式。中国的立法主体在思想上对此不够重视，认识不足，没有把设立条标的工作放在议事日程上。中国自改革开放以来，已有 30 余年的立法历程，但在制定的法律中，至今没设条标，不能不说是一种缺憾。

其次，研究方面不够充分。条标的设置从无到有是个过程。这既是一个立法过程，也是一个研究过程。经过研究可以发现中外立法史上条标设置的基本情况和可以借鉴之处，特别是中国传统立法史上中国法典条标设置的基本情况，从中探索其一般规律，为现今的条标设置提供有益的借鉴。这是一种本土经验，特别应该引起关注。中国现存的传统法典中一般都设有条标，而且随着这种法典编撰的演进，条标也在发展，其中的导向、变化等都在可研究之列。另外，对条标设置的重要性、可能遇到困难及其解决路径、民众对条标设置的认同度等也都可在研究之列。当今，中国的立法主体对其研究不足，不仅在立法中得不到体现，而且还鲜见有高质量的研究成果面世。对条标研究是立法的一项基础性研究，如果研究不够充分，那么设置条标的工作就无法顺利进行，甚至还会拖这一工作的后腿。中国立法主体对现今条标设置的研究不够充分，也是一种缺憾。

最后，立法技术方面不够到位。应该说，30 余年来，随着中国立法的发展，立法技术也在进步。否则，中国的立法水平达不到现今的程度。然而，中国现今的立法技术还有不到位之处，存在不足，没有设置条标便是其中之一。条标的设置更多关系到立法技术，这一技术不到位，条标就不会设置，或者会设置得不成功。在这一技术的运用中，要在对整个法律的总体结构、内容都要掌握的基础上，然后再充分利用分析、归纳、抽象等技术，提炼出每个法条所包含的内容，用精练的语句进行表述。这种表述要正确反映法条的内容，准确表现其中的精神，而且字数还不能多，语句不能冗长。这还免不了逐字逐句的推敲，其中还会使用到语言文字学、法学、逻辑学等一些专业知识。现今中国的立法技术还没能成功适用于条标的设置上，还有不到位之处，也是一个立法中存在的缺憾。

随着中国法治建设的发展，立法水平的进一步提高，条标的设置不能再被忽视。从中国传统法典的条标设置中得到借鉴，为现今设置条标所用，不失为一种可取之处。

可以从中国传统法典条标的设置中得到的借鉴

中国在法典中设置条标的历史悠久。早在唐朝制定的唐律里就已经设有了条标，以后的《宋刑统》《大明律》《大清律例》等法典里也都设置了条标。这些法典都完整保存下来，可以看到它们条标的全貌，其经验可为现今中国法律条标的设置所借鉴。

首先，条标与法条的内容保持一致。以唐律为例。现存唐律有 502 条，每条都有一个条标，共 502 个条标。唐律的条标都与法条的内容相一致，看到条标便可大致知晓法条所规定的基本内容。唐律是唐朝的一部刑法典，其内容为刑法的内容，因此条标也与这一内容相统一，主要分为刑罚、重点打击的犯罪、刑法原则和罪名 4 种。关于刑罚。唐律中的刑罚以“五刑”为主，即笞、杖、徒、流和死刑。这些刑罚的法条都有条标，并标有这一刑罚的刑等。它们分别是：“笞刑五”“杖刑五”“徒刑五”“流刑三”“死刑二”等。其中的“笞刑五”条标直接反映了笞刑及其 5 个刑等，其法条是：“笞刑五：笞一十。笞二十。笞三十。笞四十。笞五十。”[1]其他 4 个条标也基本如此。关于重点打击的犯罪。唐律中重点打击的犯罪是“十恶”犯罪。唐律为此而设立了“十

---

〔1〕《唐律疏议·名例》，“笞刑五”条。

恶”条，作为警示，防止人们触犯。此条标中罗列了这10种犯罪，其法条的内容是：“一曰谋反。二曰谋大逆。三曰谋叛。四曰恶逆。五曰不道。六曰大不敬。七曰不孝。八曰不睦。九曰不义。十曰内乱。”〔1〕关于刑法原则。唐律中的刑法原则都规定在它的《名例》中，包括有：八议、请、减、赎、官当、更犯、老小及疾有犯、以赃入罪、自首、自觉举、首犯、同居相为隐、化外人相犯等原则。这些原则都设有条标。条标能直接反映法条所规定的原则的内容。比如“八议”条就反映了可以享有“八议”特权的8种官贵人员。此条的内容是：“一曰议亲。二曰议故。三曰议贤。四曰议能。五曰议功。六曰议贵。七曰议勤。八曰议宾。”其他条标也都如此，直接反映条中的内容。关于罪名。唐律除了《名例》以外的其他11篇都是分则，规定了各种犯罪及其所适用的刑罚。其中的条标大量以罪名的形式出现，分散在这11篇中。“烽候不警”“漏泄大事”“私入道”“故杀官私马牛”“擅发兵”“劫囚”“过失杀伤人”“伪写符节”“私铸钱”“在官无故亡”和“拷决孕妇”等条标都是如此。每个条标下都有相应的罪状与法定刑构成的法条。〔2〕

其次，条标的字数严格控制。这里也以唐律为例。条标是对法条内容的提炼，具有概括法条内容的作用，其字数要严格控制，避免冗长，否则便起不到条标应有的作用。唐律就是如此，严格控制了条标的字数。依据现存唐律条标的统计，其字数情况如下表所示。

唐律条标字数统计

字数	2	3	4	5	6	7	8	9	10	11	12	13
条数	16	12	61	66	128	97	54	38	22	6	1	1
占比(%)	3.19	2.39	12.15	13.15	25.50	19.32	10.76	7.57	4.38	1.20	0.20	0.20

从上表可见，唐律条标中字数在4～8个字的较多，占了总条数的80.88%；条标字数为2～3个字和11～13个字的较少，所占比例也十分低，仅为7%；在所有条标中，6个字的最多，有128条，12～13个字的最少，都各为1条。这从一个侧面说明，唐律的制定者主要把条标的字数控制在4～8个字，用这些字数就可以把唐律中多数法条的内容表述出来。同时，人们在阅读唐

〔1〕《唐律疏议·名例》，“十恶”条。

〔2〕参见王立民：《唐律条标探析》，载韩延龙主编：《法律史论集》（第2卷），法律出版社1999年版。

律条标时，也觉得方便，4～8个字比较容易在短时间内就可一目了然。

最后，条标随着法典的发展而发生变化。这里以《宋刑统》《大明律》和《大清律例》为例。中国传统法典内的条标不是一成不变，而是随着法典的发展也发生变化。不同的法典，其体例和内容也往往会不同，条标会随之而发生变化。《宋刑统》《大明律》《大清律例》与唐律的体例、内容均有不同，它们的条标与唐律的条标就有差异。同时，它们之间的体例和内容也不尽相同，其条标也发生了变化。《宋刑统》采用"刑统"体例和内容，与唐律相比条标也有所不同。首先，《宋刑统》的体例是律下分门，门下才是条，其有些门的门标是从唐律的条标转化而来，语句上基本一致。"决罚不如法""官司出入人罪""疑罪"等都是如此。这样，《宋刑统》的条标便减少了。其次，《宋刑统》有的内容与唐律不同，有所增加，于是新增了一些条标。"唱反""亡命山泽""提人为质"等都是如此，均为唐律所没有。最后，《宋刑统》还根据自己的需要，修改了唐律中的一些条标。比如，改唐律的"验畜产不实"为"检验畜产不实"，改唐律的"乘官畜产车私驮载"为"官畜产官私驮载"等。《大明律》又有发展，其条标与《宋刑统》也不一样。首先，《大明律》的条标比《宋刑统》多。《宋刑统》设立了门标后，条标大量减少，共190余条，《大明律》则不受其影响，设有460条。其次，《大明律》新增了一些《宋刑统》所没有的条标。"选用军职""奸党""交结近侍官员""上言大臣德政"等条标都是如此。《大清律例》的体例与内容虽与《大明律》比较接近，但也有发展，故它们的条标也不完全相同，存在差别。首先，《大清律例》的条标数少于《大明律》。《大清律例》的法条仅436条，少于《大明律》24条，故条标也少了24条，仅为436条。其次，《大清律例》改变了《大明律》的有些条标名称。比如，改《大明律》的"军官有犯"为"军籍有犯"等。[1]

上述这些中国传统法典中条标设置的经验可为现今中国的立法所借鉴，为中国法律条标的设立提供一个方面的依据。

中国现今法律设置条标的立法建议

中国要进一步完善立法，在法律中设置条标是其中的一个具体工作。为

〔1〕 参见王立民：《中国古代律中条标演进之论纲》，载《甘肃政法学院学报》2008年第1期。

了做好这项工作，特提出以下建议，供参考。

首先，要提高对设置条标的认识。要认识到现今中国法律不设条标是立法中的一个缺憾。为了在立法中进一步体现“以人为本”的精神，方便读法人，有必要设置条标。另外，还应认识到，设立条标是中国传统的做法。在1000多年前的唐朝，中国的前人已经在律中开始设置条标，以后的宋、明、清各朝也都仿效唐朝的做法，都在自己制定的刑统、律中设立条标。我们的前人能做到，现今也应该能做到，中国的立法主体应有这样的信心和决心。还有，同时也应认识到，设置条标是世界立法发展的一个趋势，许多国家已经迎合了这一趋势，在自己制订的法典中设置了条标。发达国家和发展中国家都有这样的先例。这里以民法典为例。德国、葡萄牙、埃塞俄比亚、马耳他的民法典中均设置了条标，尽管它们的条标不尽一致。《德国民法典》的第1、2条分别是“权利能力的开始”和“成年”。〔1〕《葡萄牙民法典》的第1、2条分别是“直接渊源”和“判例”。〔2〕《埃塞俄比亚民法典》的第1、2条分别是“原则”和“胎儿”。〔3〕《马耳他民法典》的第1、2条分别是“人”和“配偶的相互义务”。〔4〕中国的立法主体应该认识到这一点，顺应这一趋势，做好自己法律条标的设置工作。

其次，要加强对设置条标的研究。设置条标是中国现今立法中的一项新工作，有必要对其有所研究，作好前期准备。研究范围可以包括与条标相关的所有问题。比如，研究条标设置的必要性、标准、语句、字体、位置等。从研究对象来看，除了对中国传统法典与外国法典中条标的研究外，还可以对中国地方、中国台湾地区立法中设置的条标进行研究，从中汲取营养，为己所用。它们都是中国现今的本土立法资源。中国有些地方立法中就已使用条标，上海市政府制定的部分地方性规章就是如此。在20世纪90年代，上海市政府颁行的地方性规章中，就已设置条标。1994年12月上海市政府颁行的《上海市律师管理办法》中，每个法条都设有条标。比如，第1、2条的条标为“目的和依据”和“适用范围”。〔5〕中国台湾地区现今在使用的“六法”中，全部都设置

〔1〕《德国民法典译注》，杜景林等译，法律出版社2011年版，第1～2页。
〔2〕《葡萄牙民法典》，唐晓晴等译，北京大学出版社2009年版，第1页。
〔3〕《埃塞俄比亚民法典》，薛军译，厦门大学出版社2013年版，第2页。
〔4〕《马耳他民法典》，李飞译，厦门大学出版社2012年版，第2页。
〔5〕史秋波主编：《上海司法行政志》，上海社会科学院出版社2003年版，第386～387页。

了条标。比如“预算法”第1、2条的条标分别是“适用范围”和“概算、预算案、法定预算及分配预算之定义”。[1]中国现今的研究条件已经非常优越，研究手段也十分先进，无论是硬件还是软件都可为现今的条标研究提供便利，创造一个良好的研究基础。

最后，提升设置条标的立法技术。在中国现今法律中设置条标基本和重要的技术是立法技术。中国经过改革开放后30余年的立法进程，立法技术已经不低，制定的法律也已很不错。但是，这一技术至今还未能使用在条标的设置上，这需要加以弥补。中国的立法主体可以进行尝试，把这一技术也适用在条标的设立上。在尝试中，不断积累经验，吸取教训，使设置条标的立法技术逐渐成熟。中国的立法主体可以组织、协调其他各方力量，一起参与这一工作，发挥他们相关技术的作用。中国的法律虽然还没有条标，但是为了方便学习，中国的有些研究人员已经自己为有些法律添加了条标。《2014年国家司法考试法律法规汇编》中的中国刑法就有条标。第1、2条分别为“立法目的”和“任务”。[2]这是一种可以借用的力量和资源。可以相信，只要中国的立法主体牵头、负责，各方力量参与，大家一起努力，有效使用设置条标的立法技术，中国法律的条标就会早日诞生，立法也可以再上一个台阶。

本文原载《法学》2015年第1期。
本文收入何勤华主编:《民法典编纂论》，商务印书馆2016年版。

〔1〕 黄荣坚等编:《月旦简明六法》，元照出版有限公司2009年版，第20页。
〔2〕 法律考试中心:《2014年国家司法考试法律法规汇编》，法律出版社2013年版，第1页。

五、清末中国法文化转型的现代思考

清末，中国法文化大规模转型，由传统法文化转向现代法文化。这种转型通过大量引进西方现代法文化而实现，中国为此还做了大量工作。从此，中国的法文化开始融入世界现代法文化，传统因素越来越少。这是一次质变性的转型，在中国法文化史上意义重大。

清末中国法文化转型的表现

清末，中国通过翻译西方现代法律和法学著作、派人到西方国家去学习和考察、邀请外国的法学家来中国工作等途径，把西方现代的法文化引入中国，而且效果明显，主要表现在以下这些方面。

1. 中国传统的法文化遭到进一步批判

中国的传统法文化在中国生存了数千年，但与西方现代的法文化差距甚远。相比之下，有其落后的一面，因此在清末引进西方法文化的同时，中国传统法文化遭到了前所未有的批判，其代表人物是沈家本。

沈家本是20世纪初法理派的代表人物。他认为，在中国传统法文化中的诸法合体、重刑主义、司法与行政合一的理论是一种落后的法学理论，已不适合中国近代的情况。他主张，各部门法应互相独立，而不应合体，过去诸法合体的理论已不适时了，必须改变。他曾说过，法律之损益，随乎时运之递迁，往昔律书体裁虽专属刑事，而军事、民事、商事以及诉讼等项错综其间。现在兵制既改，则军律已属陆军部之专责，民商及诉讼等律钦遵明谕特别编纂，则刑律之大凡自应专注于刑事之一部。推诸穷通久变之理，实今昔之不宜相袭也。[1]沈家本还认为，中国传统法学中的重刑主义理论亦不可取。他指出，重刑主义指导下的重刑不足以治国。“未闻用商鞅之法可使尧舜之治也”；[2]就是曾用重刑治国的明太祖朱元璋也感悟重刑主义的不足，他“亦悟严刑之不足以化民，此等峻法不复用矣”。[3]近代西方的法学则强调轻刑，与中国传统的重刑主义背道而驰，而且效果还比较好。沈家本曾说：欧洲“近百数十年来，经律学专家几经讨论，逐渐改而从轻，政治日臻美善”。[4]因此，他竭力要求废除凌迟、枭首、戮尸等酷刑。沈家本非常赞赏西方三权分立的法学理论，主张司法独立，同时还认为中国传统司法与行政合一的理论已经过时，需要改革。他曾说：中国过去司法与行政“丛于一人之身”的理论有明显的缺陷，因为“人各有能有不能，长于政教者，未必能深通法律，长于治狱者，未必为政事之才。一心兼营转致两无成就”。因此，他极力主张学习“近日欧洲制度”，实行“政刑分离”。[5]此外，伍廷芳、梁启超、严复等法学家也在不同程度上批判了中国的传统法文化，宣扬外国的近代法文化。

沈家本等中国近代的法学家对中国传统法文化的批判比前人有发展。他们运用外国近代的法文化理论，批判中国传统的法文化，揭示中国传统法文化的弊端，找到它与现代西方法文化之间的差距，提出改革的设想。这比前人更符合历史发展的潮流，有力地推动着中国法文化的转型。

2. 近代法学著作期刊的大量问世

20世纪初，中国在吸收和消化了西方现代法文化以后，逐渐把它融化在自己的法文化中，于是一批由中国人自己编写的西化的法学著作和期刊问世了。这也是当时中国法文化从传统向现代转型的一种表现。其中，在法理学领域里，有湖北法政编辑社成员和陈敬弟分别编著的《法学通论》；[6]在商法学领域里，有雷光宇编著的《商法商行为》《破产法》；[7]在刑事诉讼法领域里，有张

---

〔1〕 参见张晋藩：《中国近代法律思想史略》，中国社会科学出版1984年版，第177～178页。

〔2〕《寄簃文存六·书明大诰后》。

〔3〕《历代刑法考·总考四》。

〔4〕《寄簃文存一·删除律例内重法折》。

〔5〕《历代刑法考·刑官考》。

〔6〕 湖北法政编辑社社员编著的《法学通论》于光绪三十一年（1905年）7月由湖北法政编辑社出版；陈敬弟编著的《法学通论》于光绪三十三年（1907年）6月由丙午发行。

〔7〕 雷光宇编著的《商法商行为》出版于1907年，《破产法》出版于1911年。

一鹏和熊元翰分别编写的《刑事诉讼法》[1]等。此外,还有大量的法学期刊也相继问世,其中有《译书汇编》和《政法学报》等。

在这些法学著作中,阐述的内容是西方现代的法文化理论,而不再像过去那样是中国传统法文化理论。因此,书中的结构和内容都与西方现代的法学著作比较接近,有的几乎是翻版。熊元翰编写的《刑事诉讼法》一书的结构与日本同期出版的同类书一致,也分为绪论、诉讼实体、诉讼客体、诉讼行为和裁判之执行等五编。[2]湖北法政编辑社社员编著的《法学通论》一书大量介绍西方法学派的观点与内容。此书在述及"人种别比较法学派"时,就以德国的为例,说:"人种比较法学派者,以人种之区别为基础,比较其法律而研究之者也。例如比较日耳曼人种之法律,与罗马人种之法律。研究其异同,采此方法者,以德意志黑鲁满·坡斯托(Hermann Post)为初。可列尔(Kohler)及可恩(Cohn)等继之。"[3]在讲到历史法学派及其影响时,也以德国的为例,说:历史法学派的"旗帜始挺然出现世界。沙氏(Savigny)实初祖焉。其言日:法律者,历史之产物也。由历史自然而生,非人心之理想所造成,故谓法律为制定法(亦曰认定法),必主权者直接或间接以定之。若非历史上经验得来,必不适合。今德国此派学风最盛,日本亦多实之"。[4]

这时的法学期刊也大量发表有关现代西方的法学译文,介绍现代西方的法文化并结合实际阐述自己的观点。《译书汇编》是月刊,其创刊号就发表了经翻译的德、法等国家近代的法学成果,其中有《国法泛论》《社会行政法论》《万法精理》《民约论》等。《政法学报》的主要宗旨是宣传介绍现代西方的法治思想,批判封建君主专制;设立了论说、讲演、研究资料等栏目;还在介绍国际公法的同时,揭露沙俄的侵华罪行等。

这些中国现代的法学著作和期刊都公开出版发行,产生了较大的影响,为西方法文化的本土化起了积极作用,也直接反映了中国法文化学已开始向现代转型了。

---

〔1〕 张一鹏编的《刑事诉讼法》由天津丙午社于1907年出版,熊元翰编写的《刑事诉讼法》由北京安徽法学社于1911年出版。

〔2〕 参见李贵连主编:《二十世纪的中国法学》,北京大学出版社1998年版,第92页。

〔3〕 湖北法政编辑社编著:《法学通论》,湖北法政编辑社1905年版,第28、35页。

〔4〕 湖北法政编辑社编著:《法学通论》,湖北法政编辑社1905年版,第28、35页。

3. 现代法学教育与研究大发展

中国法文化在20世纪初由传统向现代转型的另一个表现是，中国现代法学教育与研究的大发展。1902年中国厘定学制，统一创办新式教育。1904年4月沈家本与伍廷芳奏请在京师设立法律学堂。这被认为是"晚清全国开办法政学堂的先声"。[1]以后，又有二十多个省或地区要求开办法律学堂，几乎遍及中国的各个省份。[2]到1907年，全国共有法律学堂27所，在校学生达5766人。[3]

这些法律学堂的"正科"班学制为三年，每年都有新的法学课程设置。第一年的课程有大清律例、唐律、宪法、法学通论、经济通论、国法学、刑法、民法、刑事诉讼法、外国语和体操。第二年开设宪法、刑法、民法、商法、民事诉讼法、刑事诉讼法、裁判所编制法、国际公法、行政法、监狱学、诉讼实习、外国语和体操。第三年开设民法、商法、大清公司律、民事诉讼法和大清新破产律。[4]从中可见，其中绝大多数均为现代法学课程。

在法律学堂里任教的是那些熟知现代西方法学的教员。在京师法律学堂的教员中，除有两门中国传统法的课程由中国教员讲授外，其他的大部分课程均由来修订法律馆修律的日本法律顾问担任，冈田朝太郎、松冈正义、志田钾太郎和小河滋次郎等都是这个时候的教员。他们都是法学专业毕业，大多在德国等西方国家留过学，精通西方现代法文化。另外，当时课程内容的设置也是西化的。从现存的《汪辑京师法律学堂笔记》[5]来看，民法被分为总则、物权法、债权法、亲属法，刑法分为总则和分则等，都与西方国家的法学课程内容设置一致。可见，中国学生接受的是外国的西方现代法文化。这一大规模的现代法学教育始于20世纪初。它从一个侧面告诉人们，中国的法文化与传统的已经不同，开始转型了。

中国的法学研究也开始转型，突出的表现是成立法律学会和召开部门法的讨论会，现代法学研究因此而大发展了。法律学会与近代法学关系密切，它将有力地推动近代法学的发展，西方国家就是如此。正如梁启超所讲的：

---

〔1〕王健：《中国近代的法律教育》，中国政法大学出版社2001年版，第190页。

〔2〕王健：《中国近代的法律教育》，中国政法大学出版社2001年版，第211～216页。

〔3〕孙屯正：《六十年末的中国教育》，正中书局1976年版，第409页。

〔4〕参见张耕主编：《中国政法教育的历史发展》，吉林人民出版社1995年版，第52页。

〔5〕汪庚年编：《汪辑京师法律学堂笔记》(共22册)，京师法学编辑社于1911年7月至1912年4月出版。

“西人之学也，有一学即有一会”，“今欲振中国，在广人才；欲广人才，在兴学会”；在法学领域，“欲求使才，则法学会之才，不可胜用也”。[1]因此，法律学会的成立预示着中国的法文化已迈向现代之路了。

19世纪末，中国曾出现过两个法律学会，可是都仅存几十天，便因西太后发动政变而流产了。[2]1910年北京法学会成立。它是中国近代第一个全国性的法律学会，首任会长是沈家本。它主要开展了两项工作。第一项工作是设办短期法政研究所，邀请冈田朝太朗和志田钾太郎等法学家到研究所，义务讲授法学原理。第二项工作是聘用法学名流，创办了学会的刊物《法学会杂志》。[3]

一些部门法的讨论会也在20世纪初出现，较有影响的是在上海召开的两次全国性商法讨论会。第一次在1907年11月，第二次在1909年12月，发起人是上海商务总会等一些组织，讨论的主题是商议制定商法草案中出现的一些重要问题。讨论会还形成了自己起草的商法典草案决议，供立法部门参考。[4]

法律学会的成立和部门法讨论会的召开，都大大推动了法学人才的组合和现代法文化研究的开展，有助于中国法文化向现代的转型。同时，这也标志着中国法学已不再停留在传统阶段，而在向现代转型了。

20世纪初，中国传统法文化遭到进一步批判，现代法学著作期刊的大量问世、现代法学教育与研究的大发展，都史无前例，它们从不同角度反映了中国法学中已有了新的成分，原来的传统因素开始逐渐退出历史舞台，现代因素则大量增加，中国法文化开始向现代迈进了。

清末中国法文化转型的条件

中国传统法文化能在清末转向西方现代法文化，其基础是中国社会已经发出了很大的变化。也就是说，在清末中国社会已经具备了可以接受西方现代法文化的条件，这些条件包括经济、政治等方面。

---

〔1〕 梁启超:《变法通论·论学会》。

〔2〕 参见李贵连主编:《二十世纪的中国法学》，北京大学出版社1998年版，第5～6页。

〔3〕 参见李矗等主编:《中外法学之最》，法律出版社2002年版，第90～91页。

〔4〕 参见李贵连主编:《二十世纪的中国法学》，北京大学出版社1998年版，第291页。

1. 清末的中国经济已融入世界主流经济范围

1840 年的鸦片战争以后，外国列强迫使清政府签订了一系列不平等条约，加上以后的洋务运动，都为外国资本进入中国打开了方便之门。到 19 世纪 80 年代前后，外国资本已渗透到中国的广大地区。到了 19 世纪 90 年代，外国列强在中国开辟的商埠已达 34 处，其不仅分布在沿海各地和长江两岸，而且还延伸到甘肃、新疆、蒙古、西藏等一些内陆地区。在这些地方，他们一方面低价收购中国农业、手工业产品和一些矿产原料并输入自己的国家；另一方面则大量输进鸦片等一些能够带来利润的商品。这样的贸易随着时间的推移而不断增长。据统计，1865 年到 1868 年，中国每年平均进口总值为 6200 万海关两，出口总值为 5460 万海关两；到了 19 世纪 90 年代就有了很大的增长，1890 年至 1894 年，中国每年平均进口总值达 14,200 万海关两，出口也达 10,700 多万海关两。[1]进出贸易的大幅度增加从一个重要侧面证明，中国的经济日益进入世界主流市场，成为这个市场的一个组成部分。

这种进出贸易的增长与中国本身商品经济的发展密切相关。随着外国资本的大量进入，外国的企业纷纷在中国投资，银行、自来水公司、电汽公司、火柴厂、造纸厂、纺织厂、玻璃厂、卷烟厂等不断出现。而且，这种投资量不断增加。据统计，至 1894 年外国企业在华的投资总额为 1.09 亿美元，但到 1902 年这一数字已达 4.78 亿美元，短短 8 年中即增加了 3.69 亿美元，增长了近 3.4 倍。[2]与此同时，中国原来的自然经济遭到致命的打击，城乡产业很快破产。其中，首当其冲的中国的纺织业。1867 年洋纱的进口值为 161 万余海关两，到了 1869 年则高达 3183 万余海关两，增长了 20 倍。这种洋纱价廉物美，其价格要比土纱便宜三分之一左右，但质量比土纱强，故中国的纺织业一蹶不振。在山东，土纱织布几乎停顿；在浙江鄞县也是“巡行百里，不闻机声”。[3]大江南北的纺织业一片萧条。其他手工业也都逃不了这种厄运。

外国资本的进入有双重作用，一方面破坏了中国原有的自然经济，另一方面则促进了中国城乡商品经济的发展。于是，中国自 19 世纪 80 年代始有了大发展，在 19 世纪 70 年代就有民族资本工业企业 20 余个，到了甲午战争前

〔1〕 参见《近现中国史稿》编写组：《近代中国史稿》(上册)，人民出版社 1976 年版，第 339 页。
〔2〕 参见汪敬虞主编：《中国近代经济史》(上册)，人民出版社 1998 年版，第 138 页。
〔3〕《鄞志县·博物志》。

夕，已达100多个，其中包括机器制造业、缫丝业、纺织轧花业、采矿业、面粉业、火柴业、造纸业、印刷等。中国近代工业出现了。中国近代经济产生了明显的变化，为融入世界经济创造了条件。

法文化的发展和转型都与社会经济相关，都以社会经济为基础；只有当社会经济发生了变化，具备了一定条件，法文化的转型才有可能实现。清末，中国法文化的转型就是因为中国的经济已有了很大变化，开始成为世界主流经济中的一个组成部分，具备了引进西方现代法文化的经济条件。如果没有这一变化，中国还是处于原来自给自足经济的状况，这种引进不可能实现，法文化的转型也就无法实现了。

2. 清末的中国出现了前所未有的民主政治运动

鸦片战争以后，西方的现代民主思想通过各种途径，不断传入中国。英美德法等列强纷纷派出大批传教士到中国传教，兴办各类传播西方文化的学校，建立各种所谓的慈善机关等。他们在中国进行各种活动的时候，有意识地传播西方的现代民主思想，使这一思想不断传入中国，给处于封闭状态的中国人感受到了新鲜的进步思想。继而出现了维新运动，康有为、严复、梁启超、谭嗣同等维新先驱要求用西方的文化和理论来改良中国，其中就包括改良主义的政治主张。虽然，这一维新运动最后被镇压了，但影响很大，使在封建专制制度之下的中国民众看到了民主的曙光，民主运动开始高涨。

在孙中山的积极倡导下，中国资产阶级革命派树起反清革命大旗，要用民主制度取代专制制度。1900年4月，他们办起了《开智录》，大力宣传民主运动和民主革命。同年，孙中山经过努力还把广东的三合会、两湖哥老会联合起来，在香港公开了兴中会、哥老会和三合会的联合大会，准备进行武装起义。以后，由于哥老会的变卦，此次起义没有成功。可是，这一革命就是在曲折中不断成长起来。1904春，孙中山从檀香山到旧金山，组成了致公党，增强了它的战斗力，接着，孙中山又到欧洲，把在德国、比利时、法国留学的革命人士组织起来，成立了革命团体，为民主革命作准备。1905年，革命形势蓬勃发展起来，组织一个全国性的革命党已迫在眉睫。同年7月同盟会成立，这是个明确政治纲领和完整组织机构的革命党。它的成立使中国的革命党有了一个统一的领导者，可大大促进反封建民主革命运动，事实证明，它在推进民主革命运动和领导辛亥革命中起了决定性作用。孙中山领导的这一革命以“驱除鞑虏，恢复中华，建立民国，平均地权”为宗旨，深得民众的支持，也使大家看到了推翻专制统治、推行民主政治的光明前途。

与此同时，清末的群众斗争风起云涌，形成一个反帝反封建的浪潮，这一浪潮从一个侧面支持了民主政治运动。清末，广大群众因为不堪忍受清政府的压迫剥削等原因，纷纷开展各种斗争。这种斗争规模大，而且有次数增多的趋势。许多地方一天内可聚众千人，几天内可达数万人。广西全省15个府，除桂林、平乐两府外，其他各府都爆发了群众斗争。山东曹州府等地方也都如此。而且，这种群众斗争还有不断增多的趋势。据统计，这种斗争的次数在1905年为90多次，可到了1907年就增加到了190多次。[1]在这类斗争中，不仅有农民、工人、手工业者，还有一些商人。1901年山东潍县商人罢市、1904年江苏镇江各县罢市、1905年江苏清江罢市以及1907年广州钦州罢市等都是如此。在斗争中，群众采取多种形式，抗捐、抗税、捣毁商店等都是常用的方式。这些斗争都反映了广大群众对清政府及其专制统治的极为不满，说明这一统治走到了尽头，民主政治运动已不可避免。

法文化的发展和转型也与社会政治相联。它以一定的社会政治为前提，当社会政治发生了重大变化时，法文化中的某些重要方面也会随之发生变化，甚至引起转型。清末，中国的封建专制已经摇摇欲坠，来自西方的民主政治大有取代之势，而且影响的范围越来越大。反映在法文化领域里，以原来封建专制为前提的传统法文化因为渐渐失去其政治前提而受到猛烈冲击，并逐渐开始转型，向中国近代法文化靠拢。

3. 清末中国接受了大量西方近代文化

随着西方文化的大量流入，许多中国的有识之士如饥似渴地阅读西方的著作，从中接受西方的文化，正如毛泽东在《论人民民主专政》一文中讲的，那时求进步的中国人只要是西方的新道理，什么书都看；努力学习西方。[2]他们在学习了西方的文化以后，就开始宣传西方文化，批评中国传统文化。一批新兴的报刊在这时诞生了，其中有《国民报》《游学译编》《湖北学生界》《浙江潮》《江苏》《苏报》《大陆月刊》《童子世界》《中国白话报》等。它们着力宣传西方自由、平等、博爱、天赋人权等思想及其文化。中国人看到了西方文化的

---

〔1〕《近代中国史稿》编写组：《近代中国史稿》(下册)，人民出版社1976年版，第719页。

〔2〕毛泽东：《毛泽东选集》，人民出版社1967年版，第1358页。

先进性和中国传统文化的落后性，开始认识和接受来自西方的文化。

在传入西方文化的同时，中国的有些先进人士就把这种文化与革命宣传联系起来，使这种文化具有了革命性。这种革命文化对形成中国的近代法文化有很大帮助。章炳麟、邹容、陈天华、秋瑾等是他们中的杰出代表。比如，章炳麟就大肆宣扬在中国立宪的主张，还把立宪与革命结合起来，认为在中国立宪必须经过革命，不革命无法立宪和推行宪政。这对在中国传播宪政文化，推行立宪很有帮助。邹容竭力要求废除清朝的专制政府，力主在中国建立人人为国民、男女平等、自由博爱的现代社会。他把这一社会称为“中华共和国”。这种革命文化中渗透着西方法文化中民主、自由、平等、博爱的观念。秋瑾则猛烈批判男尊女卑、夫为妻纲的三纲五常传统文化，号召妇女要自立、解放，把平等意识直接融入中国近代法律文化中。

法文化的变化与转型也与社会文化有关系。它以一定的社会文化为背景，当社会文化发生了变化特别是质变以后，法文化也会跟着发生变化，甚至转型。清末中国的传统社会文化受到了史无前例的批判，渐渐失去了它所赖以生存的经济、政治基础，已岌岌可危，取而代之的是西方文化。这种文化与中国传统文化差之千里，却与西方法文化同出一辙，中国在清末大量接受了西方文化以后，为中国法文化的转型铺垫了文化道路。

清末，受到西方经济、政治、文化的决定性影响，中国经济、政治、文化都发生了重大变化，使中国传统文化赖以生存的基础动摇、质变，并因此而引起了法文化转型，从传统法文化转向接近西方法文化的中国近代法文化。

清末中国法文化转型的成效影响与意义

经过20世纪初的转型，中国法文化取得了明显的成效，也产生了很大的影响，具有较为重要的意义。

1. 转型的成效

中国法文化在20世纪初实行转型后，取得了明显的成效，形成了近代中国的法文化格局。中国传统法文化有自己的格局，其中较为突出的是，以刑法为研究对象，称呼为“律学”。这种以单一部门法为研究对象的法学格局与近代外国法学格格不入。经过转型以后，中国法文化开始形成类似西方法文化的新格局，即以学科分类的多元化格局。其中，法理学研究一般的法律现象与规律；法律史学研究法律发展的历史及其规律；宪法学研究国家的根本制度；部门法学则研究每个部门的法律规范及其相关内容等。它们各有分工，又各司其职，不再单一化，不仅限于某个部门法，而是按学科分类，不同的学科有不同的研究对象和方向，处于一种多元状况。这可从当时法律学堂开设的课程中得到证实。如上所述，法律学堂开设的法学课程都分学科来设置，不同的学科开设不同的课程。于是，便有法理学、宪法学、民法学等课程的差别。

形成这种法文化多元性的一个重要原因在于法制。西方近代法制有一个不同于中国的传统法制体系。在这个体系中，宪法是母法，也是根本法；民法、刑法和诉讼法等都是基本法，还有行政法、地方法等。根据这一体系便形成了以这一体系中法律为基础的学科，再加上法理学、法律史学等一些学科，便构成了近代法学的体系。可是，在古代中国，刑法是主要部门法，其他的部门法都处于从属地位，在诸法合体的法典中，也是以刑法为主，泛刑主义十分明显。所以，中国传统法学亦称"律学"，是研究刑法的法学。这种法学与外国近代法学相比，显得落后，必须进行改革，转型为一种新型法学，缩短与外国近代法学的距离，挤入世界近代法学队伍。从20世纪初中国法文化转型的实际情况来看，已改变了原来传统法学的格局，开始建立起近代法文化的格局，并有不小的成效。

此外，还大量使用近代法文化的语言。语言很重要，是学术研究的载体。因此，语言的变化也能反映出学术研究的变化，法律语言也是如此。中国传统法文化中有一套自己独特的语言，这些语言又往往与中国古代刑法联系在一起，"八议""十恶""五刑""出入人罪"等都是其中的常用语言。可是，到了20世纪初，随着中国法文化的转型，法律语言也出现了显著的变化，近代西方的法律语言大量被使用，原来中国传统的法律语言则渐渐退入法律史的范畴了。

20世纪初，中国近代法学中使用的法律语言来自西方，而且在创制过程中都设法与西方的法律语言相对应。在宪法性文件《钦定宪法大纲》和《宪法重大信条十九条》中，有"国民""议员""议院""议决""司法权""逮捕""纳税""义务""宪法""国会""预算""复议""权限""传唤""提议""议长""除名""细则"等用词；在商法的《公司律》和《商人通例》中，有"有限公司""股份公司""集资""合同""注册""董事""股东""商人""营业"等用词；在规定司法制度的《各级审判厅试办章程》中，有“刑事案件”“民事案件”“审判厅”“起诉”“回避”“诉讼”“管辖”“原告”“被告”“审判官”“检察官”“预审”“法庭”“证据”等。这些近代法文化中的语言仍由汉字构成，其中绝大部分我们今天仍在使用。这些语言与中国传统法文化中的都不同，是一种转型后出现的新语言。

正因为是新语言，所以对其中有些较难理解和重要者，有必要进行解释，明确其内涵，便于人们接受。为了慎重起见，有的解释还编入法典，成为法典内容的一个组成部分。《商人通例》专门对“商人”作了解释，内容是：“凡经营商务贸易、买卖、贩卖货物者，均为商人。”《各级审判厅试办章程》则专门对“刑事案件”和“民事案件”作了解释，内容为“凡因诉讼而审定罪之有无者属刑事案件”；“凡因诉讼而审定理之曲直者属民事案件”等。

形成近代中国的法文化格局和大量使用近代的法学语言，可以说是20世纪初中国法文化转型后的直接成效，它说明中国法文化已开始摆脱传统的窠臼，走向近代之路。

2. 转型的影响

20世纪初，中国法文化的转型产生过很大的影响，其中较为突出的是促进了当时的法制改革，使中国的传统法制向近代法制演变。那时，在中国近代法文化的影响下，中国法制在法律体系、法典结构和具体内容等方面都发生了很大的变化，都吸收了近代西方法制的许多成果，改革富有成效。

在法律体系方面。20世纪初，经过法制改革，中国近代的法律体系，即“六法”体系已见雏形。根据当时制订的法律和法律草案可以发现，“六法”已经具全，这就是已具有宪法、民法、民事诉讼法、刑法、刑事诉讼法和行政法等根本法和部门法。在宪法中，有《钦定宪法大纲》和《宪法重大信条十九条》；民法中，有《大清民律草案》；民事诉讼法中，有《大清民事诉讼律草案》；刑法中，有《大清新刑律》；刑事诉讼法中，有《大清刑事诉讼律草案》；行政法中，有《民政部官制章程》《学部官制》《内阁官制各省官制通则》《法官考试任用暂行章程施行细则》《州县改选章程》等。这一法律体系已与西方近代法律体系基本吻合。

在法典结构方面。通过20世纪初的法制改革以后，中国法典的结构也近代化了，一般都有总则、分则之分，与西方近代法典大同小异。《大清新刑律》

是中国近代第一部纯粹的刑法典。它被分为总则和分则两大部分。总则中规定了刑法适用的一般原则和刑罚等,其中包括“法例”“不为罪”“未遂罪”“累犯罪”“俱发罪”“共犯罪”“刑名”“自首”“缓刑”“假释”“时效”等章节。分则中规定了各种犯罪及其法定刑,其中包括“侵犯皇室罪”“内乱罪”“渎职罪”“妨害公务罪”“伪证及诬告罪”“伪造货币罪”“窃盗及强盗罪”等章节。这一结构与《德国刑法典》基本一致,实是《德国刑法典》的翻版。《大清民律草案》共为五编,分别是“总则”“债权”“物权”“亲属”和“继承”。其中,除第一编为总则,其余四编实为分则。“总则”中包括了“法例”“人”“法人”“物”“法律行为”“代理”“期间及期日”“时效”和“权利之行使及担保”等章。其他各编中也下设若干章。比如,在“物权”编中,设有“通则”“所有权”“地上权”“永佃权”“地役权”“担保物权”和“占有”等。这一结构与德国民法典也相差无几。所以杨幼炯在《近代中国立法史》一书中说:“民律草案(即指《大清民律草案》。——笔者注)仿德国潘德吞编制法(Panderkten System),计分五:第一编总则,33 条。第二编债权,654 条。第三编物权,339 条。第四编亲属,143 条。第五编继承,110 条。”此话不无道理。其他法典也都有类似情况。

在具体内容方面。中国在 20 世纪初制订的法典不仅在结构上模仿了西方近代的法典,在内容方面也是如此,大量沿用西方法典中的规定。《大清新刑律》的内容大量袭用《德国刑法典》的规定,在具体内容方面也是这一法典的翻版。比如,“法例”里“法律无正条者,不问何种行为,不为罪”的规定,“缓刑”和“假释”里的相关规定等,都来自《德国刑法典》,在中国传统刑法中均无此类规定。《大清民律草案》的内容也大量抄自《德国民法典》,在具体内容方面也是这一法典的翻版。比如,此草案“总则”第 216 条内关于代理人意思表示的效力规定、“债权”内关于受领迟缓的规定等,都同《德国民法典》如出一辙。[1]

当然,中国法文化的近代转型也不是一帆风顺,而有过争议和曲折,其中较为突出的是“礼法之争”。它因《大清新刑律》中的内容而展开、激化,其实质是用哪种法学来指导制订这一法典。以沈家本为代表的法理派坚持用西方

---

〔1〕 参见王立民:《法律思想与法律制度》,中国政法大学出版社 2002 年版,第 233 页。

的刑法理论作指导，认为需要对旧律例进行全面修改，那些传统律例中只违反道德的行为，如“无夫奸”“子孙违犯教令”等，都不可作为犯罪，也不能列入《大清新刑律》。如同沈家本所说的：“此事有关风化，当于教育上别筹办法，不必编入刑律之中。”[1]可是，以张之洞、劳乃宣为首的礼教派则主张不可放弃中国传统的律学理论，认为中国传统的礼教仍须坚持，与此相关的一些罪名，如“无夫奸”“子孙违犯教令”等，都应在《大清新刑律》中保留，即他们所说的：“礼教不可废，则新律必不可行”，“是非不能两存，礼律必期一贯”。[2]法理派会遭到礼教法的反对，其根本原因在于中国近代法文化与传统法文化是两种完全不同的法文化，因此法文化的转型就会有阻力，会有人反对，就不那么顺利。“新刑律为采取世界最新之学理，与我国传统及所持主义不同，故为我国礼教派所反对。”[3]最后，《大清新刑律》还是通过了，原来的内容没有变化，只是在最后部分增加一个《暂行章程》，作了折中。这也从一个角度说明，中国法文化的转型是一种历史趋势，不可逆转。

从以上所述可见，20 世纪当中国法文化向近代转型之际，就对当时的法制产生了影响，促进了那时的法制改革，带动了中国法制也从传统逐渐向近代转型。从这种意义上讲，当初中国法文化转型的影响是很大的。

3. 转型的意义

中国在春秋战国时期也有过一次法文化的转型。这次转型也引起了法制的变革，中国封建制法制因此便脱颖而出。但是，从以下的比较中可以发现，中国 20 世纪初的法学转型比春秋战国时期的转型更为重要。首先，法文化发展的方向不同。20 世纪初法学文化展的方向是近代法文化，它将融入世界近代法文化的大家庭，赶上世界法文化发展的大潮流。春秋战国时期法文化发展的方向则是中国传统法文化，朝这一法文化的成熟阶段逐渐接近，其最终影响范围主要在东亚地区。其次，法文化的渊源不同。20 世纪初法文化的渊源在外国，主要是西方法文化。这一法文化以西方的民主制度为基础，并为维护这一制度创造条件，贯彻的是民主、平等、公平、公正、公开的精神。它是一

---

〔1〕《寄簃文存·书劳提学新刑律草案说情后》。

〔2〕 故宫博物院明清档案部汇编：《清末筹备立宪档案史料》(下册)，中华书局 1979 年版，第 889 页。

〔3〕《政法浅说报》1911 年第 11 期。

种比封建制法文化更为进步的法文化。春秋战国时期法文化的渊源在中国国内。它以专制制度为基础，为维护这一制度服务，贯穿的是专制、特权、重刑主义等精神。这一法文化只是比奴隶制法文化进步而已。最后，法文化发展的结果不同。20世纪初法文化发展的结果是引起中国传统法文化的淘汰，并渐渐形成中国近现代法文化。这是一种比较先进、合理的法文化，它的许多原理、原则和精神，我们今天都在借鉴和使用。春秋战国时期的法文化发展的结果是中国传统法文化的最终形成。尽管这一法文化及其法制成为中华法系的基础，在世界法制史上有一定的地位，但是其缺陷也十分明显，只能适用于封建时期的东亚地区。

从以上这些比较中可以看到，20世纪初中国法文化的转型意义十分重大。首先，它走出了几千年来中国法文化封闭运行的模式，挣脱了传统法文化的桎梏，毅然走向一条与中国传统法文化截然不同的近代法文化之路，使中国的法文化因此而脱胎换骨，面貌一新，改变了落后的面貌。其次，中国法文化是世界法学的一个重要组成部分，它的转型和近代化带动了世界法文化的近代化，提升了世界法文化的整体水平，为世界法文化的发展作出了贡献。再次，中国近代的法文化成为中国法文化的新起点，在此基础上不断演化、优化，逐步发展为现代法文化。尽管发展的道路不平坦，出现过曲折，但目标明确，即不断从近代化向现代化迈进。最后，中国法文化的近代化也促进了中国法制的近代化和整个社会的近代化，推进了中国社会和历史的向前发展。因此，20世纪初的法文化转型是近代中国法文化史上的一件大事，也是一个非常重要的里程碑，应在中国法文化史上写下浓浓的一笔。

本文原载林明、马建纪主编：《中国历史上的法律制度变迁与社会进步》，山东大学出版社2004年版。

六、辛亥革命与中国现代法制

辛亥革命是中国历史上一次非常重要的革命。辛亥革命以后成立的南京临时政府也建立了自己的法制。这是一种现代法制。本文探研辛亥革命与中国现代法制中的几个问题。

辛亥革命时期现代法制与中国古代法制的比较

尽管辛亥革命持续的时间只有几个月,但其对中国近现代法制的建设却产生了重大影响。辛亥革命以后建立的现代法制与中国古代的法制相比较,有明显的差异,突出表现在以下3个方面。

1.关于法律体系方面的差异

辛亥革命后成立的南京临时政府致力于现代法制的建设,现代法律体系的建设是其中之一。中国的法制现代化主要通过移植西方的现代法制来实现。也就是说,把西方的现代法制中国化,使中国的现代法制西方化。在这移植的过程中,一方面不断引进现代的西方法制,另一方面则不断废止中国古代的法制。南京临时政府着手建立的是现代法制,其法律体系是现代的法律体系。其中,宪法性文件《中华民国临时约法》[1]具有根本法的性质,规定了中华民国的国体、政体、公民的自由权利和义务、经济制度等内容。它的第1、2条分别规定:"中华民国由中华人民组织之";"中华民国之主权属于国民全体"。它的第6条规定了人民所拥有的7种自由,第7条至第12条规定了人

---

〔1〕 郑定、赵晓耕主编:《中国法制史教学参考书》,中国人民大学出版社2003年版,第302~305页。

民享有的6种权利。第3、4、5、6条先后对参议院、总统和国务员、法院三权分立的机构作了规定。这些内容与现代宪法性文件要求的内容基本吻合。同时,它还是其他部门法立法的依据。

南京临时政府还颁布了其他法律、法令30来件,[1]涉及多个部门法。其中,有组织法,如《中华民国参议院法》《法制院官职令》《印铸局官制》和《公报局官制》等;有军事法,如《临时军律》《禁止私自招兵募饷文》和《陆军部通饬各军队严禁军人冶游聚赌文》等;还有大量行政法规。行政法规中还有多个分类,有内务警政法规,如《内务部令复南京巡警总监呈请巡警改佩刺刀并颁发拔刀规则文》《南京旅店营业取缔规则》《关于满蒙回藏各旗待遇之条件》《临时大总统改历改元通电》《内务部咨各省革除前清官厅称呼文》《大总统令内务部晓示人民一律剪辫文》《大总统令内务部通饬各省劝禁缠足文》和《大总统令禁烟文》等;有教育法规,如《普通教育暂行办法》《普通教育暂行课程标准》和《教育部通电临时宣讲办法文》等;有财政金融法规,如《财政部呈大总统饬各部办理预算文》《金库则例》《暂行印花税法》和《公债执行简章》等;有经济管理法规,如《商业注册章程》《大总统通饬各省慎重农事令》《内务部令巡警总监保护树木文》和《实业部批江安渔业公司会请准予立案呈》等;有交通管理法规,如《大总统令交通部整理宁省铁路开车时间文》《交通部致长江各都督通饬所属,保护招商局轮船电文》《交通部令各省邮局全国邮政归邮政司司长直接管辖文》和《大总统令交通部整顿电话文》;等等。[2]

这种宪法性文件与部门法构成的现代法律体系与中国古代的法律体系差别很大。中国古代法律体系中,没有宪法或宪法性文件,除了有个别部门法法典以外,没有其他部门法法典。那时,较为普遍的是诸法合体的法典,如宋刑统,其中有刑、民法等内容合编于一体。就是个别的部门法法典,如唐律,其结构也与现代刑法典不同,其内容的分类比较杂乱,不是按犯罪行为所侵犯的客体来划分。另外,那时的法律体系中,还有令、科、比、格、式、制、敕等一些组成部分,其内容有交叉,比较混杂,与现代法律体系的结构明显不同。与之相比较,辛亥革命时期的法律体系是一种现代的法律体系,比较先进和合理。

---

〔1〕 白寿彝总主编:《中国通史》(第11卷),上海人民出版社2004年版,第750页。

〔2〕 张晋藩总主编:《中国法制通史》,法律出版社1999年版,第384～411页。

2. 关于法律制度方面的差异

辛亥革命以后建立的法律制度是现代的法律制度，不再重复中国古代的法律制度。其中包括：现代的参议院制度、临时大总统制度、军事制度、内务警政制度、教育制度、财政金融制度、经济制度、交通管理制度、司法制度等。这些制度的内容体现了现代的民主、分权制衡、平等、公正等一些原则。《中华民国临时约法》采用三权分立的原则，使参议院、临时大总统和国务员、法院分别行使立法、行政和司法权，而且还互相制衡，是一种民主的制度安排。它的第16条规定，中华民国之立法权，以参议院行之。它的第19条还专门罗列了参议院的12种职权，其中包含了议决一切法律案、临时政府的预算和决算、全国之税法币制及度量衡之准则、公债之募集及国库有负担之契约；还有答复临时政府咨询事件、受理人民之请愿、得以关于法律及其他事件之意见建议于政府、得咨请临时政府查办官吏纳贿与违法事件；等等。它的立法权和制衡行政权都十分明显。它的第49条规定法院行使司法权，即"法院依法律审判民事诉讼及刑事诉讼"。现代司法制度中的司法独立、司法官职业保障等一些规定，在其中也得到了充分体现。第51条规定，法官独立审判，不受上级官厅之干涉。第52条规定，法官在任中不得减俸或转职，非依法律受刑罚宣告或应免职之惩戒处分，不得解职。这些都有利于实现司法公正。

那时的其他法律、法令也从不同角度对现代法律制度作出具体规定。《司法部分职细则》[1]对司法部这一司法行政机构下属的机构及其职责作出具体规定，丰富了司法制度的内容。它规定，司法部下属承政、法务、狱务3个司；司下分科，共设13个科。每个科都有明确的职责，如承政司下属文牍科的职责是"掌理一切公函电事项"。还有，《教育部禁用前清各书通告各省电文》则对当时的教育制度作了补充，其内容主要是在高等学校里不得再使用《大清会典》等一些清朝的书籍。它规定："本部高等以上各学校规程，尚未颁布，各地方高等以上学校，应令暂照旧章办理。惟《大清会典》《大清律例》《皇朝掌故》《国朝事实》及其他有碍民国精神暨非各学校应授之科目，宜一律废止。"[2]

---

〔1〕 郑定、赵晓耕主编：《中国法制史教学参考书》，中国人民大学出版社2003年版，第306～307页。

〔2〕 郑定、赵晓耕主编：《中国法制史教学参考书》，中国人民大学出版社2003年版，第310页。

中国古代则不是如此。当时建立的各种制度主要是为了维护专制统治、等级特权，贯彻的是专制、不平等原则，法律内容强调礼法结合，突出保障君权、父权和夫权。这些制度在唐律中就有明文规定。在唐律规定的“十恶”制度中，关于谋反、谋大逆、谋叛、大不敬的规定有利于保障君权；关于不孝的规定有利于保障父权；关于不睦、不义的规定则有利于保障夫权。[1]还有，其中的议、请、减、赎、当等一些制度为官僚贵族犯罪，提供减、免、赎刑的机会，有利于维护等级特权。[2]可见，辛亥革命时期建立的现代法律制度与以往中国古代的法律制度有天壤之别。

3. 关于法律语言方面的差异

辛亥革命以后颁行的法律、法规都使用现代的法律语言，不同于中国古代法律、法规中的法律语言，也反映出现代法制与古代法制的差异。在宪法性文件《中华民国临时约法》中大量使用现代的宪法性语言。其中，有现代的词，如“主权”“国民”“平等”“自由”“参议院”“立法权”“表决权”“临时大总统”“投票”“宣战”“媾和”“法院”“民事诉讼”“刑事诉讼”等；有现代句子，如“一律平等”“营业之自由”“迁徙之自由”“纳税之义务”“公布施行”“参议院议决”等；还有一些句子更长一些，如“人民有选举权和被选举权”“非依法律不得侵入或搜索”“法院之审判须公开之”“法官独立审判”等。

在其他法律、法规中，同样大量使用现代的相关法律语言。《司法部分职细则》中使用了“陪审员”“辩护士”“审判厅”“诉讼”“罚金”“引渡”和“没收物品”“华洋会审”“非讼事件”“变更事项”等一些语言。《大总统令内务司法两部通饬所属禁止刑讯文》中使用了“刑法”“刑罚”“民生”和“触犯法纪”“个人之利益”“互相抵触”等语言。在中国法制史上，这些法律语言只在中国的现代法制中被使用，与现代的法制相匹配，是中国现代法制的语言表现。

在中国古代的法律、法规中，不使用这些语言，使用的是古代的法律语言。比如，在中国的宋刑统中，使用的是“五刑”“官当”“化外人”“名例律”“卫禁律”“指斥乘舆”“不枉法赃”“别籍异财”等语言。[3]在一些单行法规中，也

〔1〕《唐律疏议·名例》。
〔2〕《唐律疏议·名例》。
〔3〕《宋刑统·重详定刑统目录》。

是如此。唐太宗在一个关于适用死刑程序的诏令中，使用了“大辟罪”“中书”“门下”“九卿”和“庶免冤滥”等语言。在另一个关于死刑审核程序的诏令中使用了“五覆奏”的语言。[1]可见，辛亥革命时期使用的现代法律语言与中国古代使用的法律语言也差异很大，不可同日而语。

由此可见，辛亥革命时期建立的法制已摆脱了中国古代法制的窠臼，走入现代法制行列，是中国现代法制的一个组成部分。

辛亥革命时期现代法制的作用

辛亥革命以后建立的现代法制有其独特的作用。这种作用突出表现在以下 3 个方面。

1. 废除清朝的古代法制

辛亥革命以后所建立的现代法制与清朝的古代法制格格不入，是两种性质完全不同的法制，不可同时存在，也不能为新生的革命政权所服务，必须加以废除，建立现代法制就有废除古代法制的作用。当然，国家不能无法制，故那时法制发展的道路是在不断的破旧立新中加以实现。即一方面废除清朝的古代法制，另一方面便建立起自己的现代法制，破旧与立新同时进行。这样，就可以避免出现法制真空的状况，充分发挥新建立的现代法制规范社会新秩序、维护新政权的作用。《大总统令内务、司法部通饬所属禁止体罚文》在废止清朝古代旧刑罚的同时，就建立了新的现代刑罚。这种旧刑罚包括笞、杖、枷号等，新刑罚则是罚金、拘留等。此文一开始便指出，体罚不是现代刑罚，因为近如各国刑罚，对于罪人或夺其自由，或绝其生命，体罚制度为万国所摒弃，中外所批评。因此，作出规定，要求不论司法行政官署，审理及判决民刑案件，不准再用笞杖、枷号及他项不法刑具；其罪当笞杖、枷号者，悉改科罚金、拘留。这就在法律上废止了清朝的旧刑罚，使其从合法变成了非法，不能再被继续使用了。它的出台有利于冲击清朝的旧刑罚制度，实现中国刑罚制度从古代向现代的转型。

2. 接续清末法制现代化的进程

清末的法制改革是中国法制现代化在华界的开端，也是一种开始废止古

---

〔1〕《贞观政要·刑法第三十一》。

代旧法制、建立现代新法制的过程。但是，这个过程并不顺利，遇到了很大的困难，也受到了挫折。那时制定的有些法律尽管已经生效，但是由于经费、人员配置等原因，没有实质性启动，如《各级审判厅试办章程》《法院编制法》等；有些法律虽然已经审议通过并已公布，但由于生效时间的原因，没能实施，如《大清新刑律》；有些法律虽已制定，但还属草案，没有颁行，如《大清民律草案》、《大清商律草案》、《大清刑事民事诉讼法》(草案)、《大清刑事诉讼律草案》和《大清民事诉讼法律草案》等。因此，能真正生效、实施的法律并不多，这就使这一刚开始的中国法制现代化的成效大打折扣。

辛亥革命以后的南京临时政府顺应中国法制现代化的潮流，继续清末法制改革的过程，着力推进这一现代化进程。它所颁布的有些规定就是如此，以禁止刑讯为例。刑讯在中国古代是一种合法的审判程序，但为现代法制所不齿。在清末法制改革时，有意要将其废除，但效果并不理想。那时制定的法律中涉及禁止刑讯规定的，要么还在草案中，要么不明确，要么没生效，《大清刑事民事诉讼法》(草案)〔1〕第17、18条分别对禁用刑讯作出了明确规定。第17条规定："凡审讯一切案件，概不准用杖责、掌责及他项刑具或语言威吓，交逼令原告、被告及各证人偏袒供证，致令淆乱事实。"第18条又进一步规定：凡刑讯逼供者，都要被"降革治罪"。但是，这仅是一部草案，没有生效。《各级审判厅试办章程》第33条规定："凡审判方法由审判官相机为之，不加限制，但不得非法凌辱。"〔2〕可是，这一规定没有明指不得使用刑讯，另外这部法律也没得到实质性启动。《大清新刑律》第143条规定："凡行裁判或检察、警察、监狱、其余行政之职务或为辅助者，当行职务时，对于被告人、嫌疑人或关系人为暴行或凌辱之行为者，处三等以下有期徒刑，因而致死伤时，比第三百零一条至三百零五条，从重处断。"〔3〕然而，这是一部没有实施的刑法典，其规定的内容没有法律效力。辛亥革命以后制定的法律接续了清末禁用刑讯的规定，在立法中作出明文规定，确定刑讯为非法。《大总统令内务司法两部通饬所属禁止刑讯文》明确指出："不论行政司法官署及何种案件，一概不准刑讯。

---

〔1〕《大清新法令辑览》，上海群益书社1911年版，第255～318页。

〔2〕《大清新法令辑览》，上海群益书社1911年版，第223页。

〔3〕《大清新法令辑览》，上海群益书社1911年版，第85页。

鞫狱当视证据之充实与否，不当偏重口供。其从前不法刑具，悉令焚毁。”[1]它是中国法制史上第一次以法律形式正式、明文规定禁用刑讯，克服了清末法制改革中的遗憾，有力推进了司法制度的现代化。从此，刑讯在中国的立法上不再合法，一直处在禁用之列。

3. 影响民国其他时期的法制

辛亥革命以后，南京临时政府的法制中蕴含的一些现代法制的内容，不同程度地影响到民国其他时期的法制，它的引领作用同样很突出。那时的宪法性文件《中华民国临时约法》中的一些规定，被北京政府的《中华民国约法》[2]《中华民国宪法》[3]和南京国民政府的《中华民国训政时期约法》[4]《中华民国宪法》[5]所采纳。比如，《中华民国临时约法》中规定的“中华民国之主权属于国民全体”“中华民国人民，一律平等，无种族、阶级、宗教之区别”“人民有信教之自由”等，均对北京政府的《中华民国约法》《中华民国宪法》和南京国民政府的《中华民国训政时期约法》《中华民国宪法》产生过影响，以至于它们也作出类似的规定。北京政府的《中华民国约法》也规定“中华民国之主权属于国民之全体”“中华民国人民，无种族阶级宗教之区别，法律上均为平等”“人民于法律范围内，有信教之自由”。1923年《中华民国宪法》同样规定：“中华民国主权，属于国民全体”“中华民国人民，于法律上无种族、阶级、宗教之别，均为平等”“中华民国人民有尊崇孔子及信仰宗教之自由，非依法律，不受制限”。

南京国民政府的宪法性文件和宪法也亦步亦趋，规定有类似的内容。《中华民国训政时期约法》规定：“中华民国之权属于国民全体”“中华民国国民，无男女、种族、宗教、阶级之区别，在法律上一律平等”“人民有信仰宗教之自由”。以后的1947年《中华民国宪法》也规定：“中华民国之主权，属于国民全体”“中华民国人民，无分男女、宗教、种族、阶级、党派，在法律上一律平等”“人民有信仰宗教之自由”。可见，尽管它们的政权性质有所不同，但这些规定的内容却高度一致。因为，它们都是现代法制的组成部分，这些都是必须

〔1〕 郑定、赵晓耕主编：《中国法制史教学参考书》，中国人民大学出版社2003年版，第309页。
〔2〕 王立民主编：《中国法制史参考资料》，北京大学出版社2006年版，第248～251页。
〔3〕 王立民主编：《中国法制史参考资料》，北京大学出版社2006年版，第251～257页。
〔4〕 王立民主编：《中国法制史参考资料》，北京大学出版社2006年版，第269～270页。
〔5〕 王立民主编：《中国法制史参考资料》，北京大学出版社2006年版，第270～273页。

规定的内容。辛亥革命以后颁行的《中华民国临时约法》的规定引领了民国时期法制现代化的道路，随后的北京政府和南京国民政府制定的宪法性文件和宪法也只能跟上现代法制的步伐，作出了十分相似的规定。从中可知，辛亥革命之后南京临时政府所建立的现代法制，对以后民国时期的法制都产生过很大影响。

可见，辛亥革命对于建设中国现代法制的作用之大，它上承清末法制改革，下启民国时期的现代法制发展，是其中的重要衔接点。缺少这一衔接点，中国的法制现代化进程就会中断，后果非常严重。然而，要起到这样的作用并不容易。首先，要建立民主制度。现代法制的政治基础应当是民主制度。要进一步发展现代法制，需要的是民主制度，而不是专制制度。它赖以生存的理想前提应该是现代民主国家，而不是封建的专制国家。因此，在那时必须推翻清朝的封建专制统治，改朝换代，建立民主国家，为发展现代法制营造一个良好的政治环境。辛亥革命做到了这点，它终结了清朝的专制统治，建立民主共和国，为现代法制的进一步发展，开辟了道路。

其次，要有现代的立法人员。立法是现代法制的重要组成部分，它又是人类的活动，要有相关人员的参与。现代法制需由现代的立法人员来操作。辛亥革命期间尽管熟知现代法制的人员并不很多，但已挑选、集中了一批这样的人员。除了孙中山、宋教仁以外，还有一些参议院成员，如彭元彝、张耀曾、钱树芬、谷钟秀、汤漪等人，他们不同程度地接受过现代教育，掌握了现代立法的技术。正是由于他们的参与，才使那时的现代法制得以建立起来，发展下去。

最后，要制定符合中国国情的现代法制内容。现代法制中的一个重要方面是具有现代法制的内容，这些内容既包括现代的法律体系，还包含有现代的制度和语言等。而且，它们还都必须符合中国的国情，应是现代法制与中国国情相结合的产物。一方面，它们要拥有现代法制的基本精神、原则等，缺少了它们，便不具有现代法制的性质；另一方面，也要考虑到中国的国情，以便在中国被认可和接受。辛亥革命后建立的现代法制基本做到了这一点，它适合中国的现代法律体系、制度和语言。它们既不同于中国古代的法制，又保有现代法制的基本精神与原则。可以认为，那时建立的法制是名副其实的中国现代法制，而且还来之不易。

辛亥革命时期现代法制与中国租界现代法制的比较

在辛亥革命爆发之前，中国已有租界和华界之分。那时，中国的上海、厦门、天津、镇江、汉口、九江、广州、杭州、苏州、重庆等一些城市都设有租界。辛亥革命主要发生在中国的华界，而不是在租界，辛亥革命以后建立的现代法制实际上是华界的现代法制。中国的租界独立于华界，有自己的权力机关，也有自己的现代法制，如同“国中之国”。[1]辛亥革命时期的现代法制与租界的现代法制有一定的差异。这里以上海租界的现代法制为比较对象，来反映它们之间的差异。从这种差异中，亦可反映出它们各自的特点。

1. 适用时间和地域方面的差异

辛亥革命以后建立的法制与中国租界建立的法制虽然都属于现代法制，但它们在时间和地域方面均存在差别。先从建立的时间上来看，以上海租界的现代法制为例。上海租界的现代法制建立在前，辛亥革命时期的现代法制则在后，而且两者要相差60余年。鸦片战争以后，根据1842年的《中英南京条约》和1843年此条约的附件《中英五口通商章程》的规定，上海不久便开埠了。之后，上海先后出现了英、美和法三个租界。1845年上海英租界的土地章程诞生，[2]1846年此租界地域正式勘定，其现代法制也开始建立起来了。紧跟上海英租界，上海美租界于1848年先在上海广置地皮，1863年正式确定租界的界域，其现代法制也在那时出现了。还有，上海法租界的土地章程于1849年出台，很快其地界被制定，法制也建立起来了。[3]也就是说，上海租界最早的现代法制的诞生时间是在19世纪40年代，而辛亥革命以后建立的现代法制的时间在1911年以后，前后相差60余年。中国其他城市的租界现代法制也都在20世纪以前建立起来了。这是它们的现代法制之间的一个明显差异。这一差异说明，它们发生法律效力的时间不同，租界的在前，辛亥革命时期的在后。

另外，这两种现代法制的生存地域方面也存在差异。中国租界现代法制的生存地域在城市的中心区，面积相对小；辛亥革命以后建立的现代法制的生

〔1〕 费成康:《中国租界史》,上海社会科学院出版社1991年版,第10页。

〔2〕 上海的“土地章程”又被称为“地皮章程”“租地章程”“地产章程”等。

〔3〕 王立民:《上海租界与上海法制现代化》,载《法学》2006年第4期。

存地域则在除市中心以外的华界地区，包括了市区的其他地区和广大的郊区，面积很大。以上海租界的现代法制为例。上海早期出现的英、美、法三个租界经过演变，在20世纪以前就形成了上海公共租界和法租界两个租界。这两租界面积的总和近5万亩，而且占据市中心区最繁华的地段，在苏州河和洋泾浜（今天的延安路）两边。[1]上海公共租界最著名的马路是现今的南京路，法租界最著名的马路是现今的淮海路。上海租界的现代法制仅在租界地域生效。除此以外，上海广大的地区均为华界，辛亥革命以后的现代法制则在广大华界范围生效。它们都有自己法制的生效地区。这一差异说明，这两种现代法制发生法律效力的地域不同，互不管辖，适用中国租界现代法制的地区小，适用辛亥革命后现代法制的地区大。从中也可以看到，它们所发生法律效力的空间差别，即租界现代法制适用的空间小，辛亥革命后的现代法制适用的空间大。

2. 法律体系方面的差异

辛亥革命后建立的法律体系与中国租界建立的法规体系虽属于现代法律体系的范畴，可也存在不小的差异。也以上海租界的现代法制为例。辛亥革命以后建立的现代法律体系是一种国家层面的法律体系，主要由宪法性文件和部门法构成。宪法性文件起了国家根本法的作用，规定了中华民国的国体、政体、公民的权利和义务、经济制度等一系列内容。当时颁行的《中华民国临时约法》就是这样的宪法性文件。各部门法则针对不同社会关系和调整对象作出相应的规定。那时已有组织法、行政法等部门法，还有地方性法规、规章等，共同形成了中国的现代法律体系。

中国租界只存在于中国城市中的一部分地区，地域较小，也没有各租界之上的中央政府和其他中央权力机关，不可能建立像国家层面那样的法律体系，只是地方性的法规体系。这一体系中最重要的、基础性的法规是土地章程。它是中国各租界得以存在和发展的根本性法规。失去这一法规，租界的地域便没有了，法制赖以生存的空间随之消失，变成空中楼阁了。在土地章程的基础上，中国租界还制定了其他一系列规定，形成自己的法规体系。在这一体系中，不像辛亥革命后建立的现代法律体系那样，主要由宪法性文件和部门法构成，而是一种地方性法规体系。以上海租界的现代法规体系为例。1845年上

---

〔1〕 王立民：《中国城市中的租界法与华界法》，载《比较法研究》2011年第3期。

海英租界的土地章程颁行，1849年上海法租界的土地章程出台，之后它们又制定了其他一些规定，上海英、法租界的法规体系逐渐形成。其中有组织机构、治安、通信、路政、建筑等一系列规定。[1]但是，在上海租界则不可能有宪法性文件和部门法构成的现代法律体系，与辛亥革命以后所建成的中国现代法律体系差异显著。

3. 法律内容方面的差异

辛亥革命以后，南京临时政府颁行的法律内容与中国租界颁行规定的内容虽然都是现代法制的内容，但是它们仍有很大差异。其中，非常突出的一点是，南京临时政府颁行的法律内容明显具有反封建性，而中国租界在这一时期颁行规定的内容则对辛亥革命具有抵制性。还是以上海华界和租界的一些规定为例。辛亥革命后，南京临时政府高举反封建的大旗，其制定的一系列法律具有强烈的反封建性。比如，《中华民国临时约法》规定的三权分立国家制度的内容否定了清朝的专制制度；《内务部通饬保护人民财产文电》规定的保护人民"一切私产"的内容冲击了清朝的经济制度；《临时大总统关于妥筹禁绝贩卖猪仔及保护华侨办法致外交部令》规定的"尊重人权"的内容挑战了清朝践踏人权的做法；《临时大总统关于劝禁缠足致内务部令》规定的"一体劝禁"缠足的内容改变了清朝女子缠足的恶习；《临时大总统关于革除前清官厅称呼致内务部令》规定的"各官厅人员相称，咸以官职"和"民间普通称呼曰先生、曰君"的内容废止了封建的旧称呼等。[2]

此时上海租界的规定不仅不支持辛亥革命，还对这一革命采取抵制态度。在辛亥革命期间，上海租界采取所谓"中立"的政策。英国领事发出告示，要求在华的英国人既不要参与反对清政府的战争，也不要镇压革命党人的战争，否则，一经查出，即要被处以500镑以下的罚金或监禁两年以下。[3]这种在辛亥革命时期的"中立"就是对这个革命的抵制，更有甚者竟做出了一些出格的举动。他们庇护清吏，攫夺会审公廨，劫夺关税，扣押军火等，直接有损于辛亥革命。[4]可见，在辛亥革命时期，中国租界法规的内容还与此时南京临时政

[1] 王立民：《上海租界与上海法制现代化》，载《法学》2006年第4期。

[2] 王立民主编：《中国法制史参考资料》，北京大学出版社2006年版，第234～241页。

[3] 唐振常主编：《上海史》，上海人民出版社1989年版，第463页。

[4] 熊月之主编：《上海通史》（第7卷），上海人民出版社1999年版，第20页。

府的法律内容不可同日而语。

从以上的差异也可以进一步认识到，在辛亥革命时期中国既有华界的现代法制，也有租界的现代法制，但是它们各有特点。中国华界的现代法制即南京临时政府的现代法制，制定的时间较晚、适用地域较大；建立的是国家层面的现代法律体系；法律内容具有反封建性等。中国租界的现代法制制定的时间较早、适用地域较小；建立的是地方性的现代法规体系；法律内容具有对辛亥革命的抵制性等。对它们的这些特点的把握，有利于对中国现代法制有个较为全面、正确的认识。

辛亥革命时期现代法制中值得关注的方面

辛亥革命与中国现代法制的问题中，还有一些值得关注的方面。其中包括：中央的法制与地方的法制间的关系、这一法制的实施情况和弘扬它的法制精神等。

1. 中央法制与地方法制间的关系

辛亥革命后，南京临时政府的法制是中央法，各地方权力机关及其所属机构颁行的法制则是地方法，它们之间存在一定的关系。这种关系是现代法制中中央法与地方法的关系。这里以上海沪军都督府及其所属机构颁行的法规为例，来作分析。首先，上海地方法贯彻执行中央法。辛亥革命以后，上海作为南京临时政府管辖的一个城市，应该落实中央法。为了落实中央法，上海沪军都督府以“中华民国纪元”为题专门制定相关规定，加以贯彻执行。1912年1月2日《申报》刊载了一条专门关于上海沪军都督府执行中央法的规定。这个规定开宗明义：“本日（阴历十一月十二日）奉大总统孙谕令，以本月十三日为阳历元旦，我民国百度维新，亟应及时更用阳历，期于世界各强国同进文明。”根据中央的这一规定，上海马上作出相应的规定，以便贯彻执行中央法，于是也要求：“从前行用阴历，一律变更。”从此以后，上海与全国同步，都开始使用阳历纪元了。

其次，上海地方法为中央立法提供参考。辛亥革命爆发后，上海沪军都督府依据上海革命形势发展的需要，先于中央立法，作出了一些规定，以后这些规定成为中央立法的参考，中央也作出了相应的规定。从时间上来看，上海立法在前，中央立法在后。有关剪辫的规定就是如此。1911年11月12日《时报》报道了上海的一个剪辫的规定。规定说:“凡我同胞,一律剪辫,除去胡尾,重振汉室。”以后,这规定成了南京临时政府作出剪辫规定的参考。1912年3月5日的《临时大总统关于限期剪辫致内务部令》也作出了关于剪去男性辫子的规定,其内容是:“凡未去辫者,于令到之日,限二十日一律剪除净尽,不遵者,违法论。”[1]这两个规定相差4个月时间,而且是上海地方立法在前,中央立法在后。另外,关于禁毒、禁烟的规定也是如此。

最后,上海还结合自己的实际情况,为推进辛亥革命顺利进行的需要,单独作出规定。这类规定没有与之对应的中央立法,而具有上海地方立法的特色。禁止“邪会”的规定就是这样。辛亥革命期间,上海一度出现“邪会”,其成员“号召劣徒私立邪会者,放票命名,勾结兵士,蓄意叵测”。如果放任其发展,会后患无穷,即“将来蔓延不已,既无以谋治安,更何以进化”。于是,沪军都督府及时作出规定,予以禁止。“爰自今以后,特申严禁,尔军民人等慎毋为劣徒所惑。”如果执迷不悟,一经觉察,“凡名列该会者,本都督唯有按律惩治,决不宽贷。”[2]还有,关于严禁稻米出口的规定也是如此。从辛亥革命时期中央法与地方法的关系可以看到,那时的地方法也是整个中国法制的一个组成部分,它具有补充、贯彻执行中央法的功能。因此在研究辛亥革命时期法制时,不可忽视这一法制,而应给予足够的重视。

2. 法制的实施情况

辛亥革命后法制的实施情况也是一个值得关注的问题。总体来说,可以用参差不齐来加以概括。首先,南方与北方参差不齐。辛亥革命爆发,南方的许多省积极响应,纷纷脱离清政府,宣布独立,加入这一革命。就在武昌起义爆发后的一个月内,已有鄂、湘、陕、赣、晋、滇、浙、苏、贵、皖、桂、闽、粤和上海市等先后独立,宣布脱离清廷。其他省的许多州县也纷纷爆发起义,参与辛亥革命。[3]然而,脱离清廷、宣布独立和支持、参与辛亥革命的,主要是在中国的南方地区,中国的北方则不是如此轰轰烈烈。袁世凯野心勃勃,得到英、美、俄、日、德等帝国主义的支持,实际上控制着那里的军政大权,甚至还出兵

〔1〕 中国第二历史档案馆编:《中华民国史档案资料选编》(第2辑),江苏人民出版社1981年版,第32页。

〔2〕 上海社会科学院历史研究所编:《辛亥革命在上海史料选辑》,上海人民出版社1981年版,第341页。

〔3〕 白寿彝总主编:《中国通史》(第11卷),上海人民出版社2004年版,第305页。

攻打武汉，夺取了汉口。[1]在这种南北不和的情况下，南京临时政府的法制只能在南方的一些地区施行，北方地区则加以抵制，南北双方实施的情况大相径庭。

其次，就是在南方，各法律规定实施的情况也参差不齐。有的法律实施情况比较理想，剪辫的规定是其中之一。以上海为例。由于此规定明显具有反封建、反陋习性，因此很快便得到实施，还形成了一个紧张与热闹的剪辫运动。开始时，士兵们在城厢内外，上街实施这一规定。他们“将人在路上拦住、拖住，硬剪掉人家垂于脑袋后面的发辫”。以后，又发展为自愿剪辫，实施效果更为理想。一些有利于自愿剪辫的形式出现了，公开举行义务剪辫大会是其中之一。在上海的小南门曾举行过一次义务剪辫大会，参加剪辫的人数“不下数百人”，效果较好。接着，“假座榛苓学校”，又公开了一次剪辫会。那时，剪辫后的发型分两种：一种是学生头，“概不取资”，即不收费；另一种为分头路，比较美观一些，要收少量费用，即“取资一角”。还有，用物质鼓励剪辫也是其中之一。上海的一家茶馆用赠送一碗大肉汤来鼓励大家剪辫。当时，这家餐馆告知大家，3 天内来剪辫的，“不但分文不取，而且另赠大肉面一碗，以助兴趣”。结果，收获不小，3 天下来，竟有 254 人前去剪辫。[2]从那以后，上海男性改变了过去留长辫的陋习，开始蓄短发，反封建的新社会风尚蔚然成风。

然而，有些法律的实施情况则不那么理想。这些法律的实施需要以一定的物质基础作保障，要有一定的实施时间，否则很难有成效。比如，《中华民国临时约法》中规定的“迁徙之自由”和“有选举及被选举之权”等都须以一定的物质保障为基础；《临时大总统关于禁止刑讯致内务司法两部令》规定的“一概不准刑讯”和《内务部为禁赌呈》规定的“严切禁止”赌博的内容，都需有一定的实施时间，这些自古就有的行为不会在一朝一夕就彻底改变，退出历史舞台。从这种意义上讲，那时法制的实施情况不是千篇一律，而是参差不齐。

3. 法制的精神值得弘扬

辛亥革命后法制的存续时间虽不长，其实施的情况也参差不齐，但其中的精神仍值得弘扬。这是一种现代法制的精神，包括反专制独裁、宪政、维护

---

〔1〕 白寿彝总主编:《中国通史》(第 11 卷)，上海人民出版社 2004 年版，第 309～310 页。
〔2〕 上海通社编:《上海研究资料》，上海书店 1984 年版，第 549～551 页。

人权和司法公正等。首先，关于反专制独裁的精神。辛亥革命要建立的是现代民主制度，与专制独裁格格不入。《中华民国临时约法》规定的民主共和国制度是对专制独裁制度的一种否定。它所确定的三权分立的政体，充分体现了这一法制反专制独裁的精神。这种精神既不同于辛亥革命前的封建专制精神，也不同于辛亥革命后的军阀独裁精神，是一种先进的现代民主精神。

其次，关于宪政的精神。辛亥革命以建立宪政国家为目标。南京临时政府建立前的《中华民国临时政府组织大纲》起了临时宪法的作用，以后颁行的《中华民国临时约法》是一部民主共和性质的宪法性文件，它们都为推进宪政创造了有利条件，其中的内容闪烁着宪政的光芒。根据这些文件的规定所建立的三权分立机构以及一系列的法律规定，对推进宪政提供了保证。这种以宪政精神指导下建立的法律制度与清末推出的预备立宪骗局有本质的区别。

再次，关于维护人权的精神。现代法制就是一种维护人权的法制，维护人权的精神不可或缺。辛亥革命以后颁布的一些规定中，都能体现出这种精神的存在。《内务部通饬保护人民财产文电》从保护"人民财产"的角度，体现维护人权的精神；《临时大总统关于妥筹禁绝贩卖猪仔及保护华侨办法致外交部令》和《临时大总统关于严禁贩卖猪仔致广东都督令》从禁止贩卖人口的角度，体现维护人权的精神；《临时大总统关于劝禁缠足致内务部令》从禁止妇女缠足的角度，体现维护人权的精神等。现代维护人权的精神在辛亥革命后的法制中昭然若揭，正如在这些规定中所呼吁的，要"尊重人权"。

最后，关于司法公正的精神。司法公正也是现代法制精神中一个重要组成部分。辛亥革命后，南京临时政府所建立的法制中，也蕴藏着司法公正的精神。《临时大总统关于禁止刑讯致内务司法两部令》从禁止刑讯的角度，来体现司法公正的精神。此令认为，刑讯会导致司法不公，因为"三木之下，何求不得"。因此规定，在司法中必须禁止刑讯，不重口供，而重证据，以此来保证司法公正。辛亥革命后建立的现代法制所蕴含的这些现代法制精神是现代法制的精髓，在现代社会中始终具有重要的价值，至今都应发扬光大。

本文原载《东方法学》2011 年第 5 期。

七、中国近代法制自主性诸问题

在鸦片战争以后的百余年时间里，随着西法东渐，寻求中国法制自主性的问题显得十分突出。本文将对其作些探索。

中国的法制自主性遭到破坏

自主被认为是自己作主而不受他人支配。[1]法制的自主性是法制的一种属性，指法制主体自己决定自己的法制，不受外来力量支配的一种性质。这里的法制主体包括了立法、司法、法律监督等主体，它们分别决定立法、司法、法律监督等领域的事务。这些主体的有机集合，构成法制主体。这里的外来力量是指法制以外的力量。当法制主体不受外来力量的支配、自主行使法制权利的时候，法制自主性才能得到充分发挥和体现。

中国近代的寻求法制自主性由于西法东渐和法制的情况不一，其“寻求”的表现形式也不完全相同，甚至还会有较大差异。当中国的主权受损，中国的领土上建立了非中国的法制时，这种“寻求”就强烈地表现为，在收回中国主权的同时，恢复中国自己的法制自主性。中国租界、香港、澳门等地的恢复法制自主性就是如此，而且还都与收回中国的主权联系在一起。而在中国主权覆盖区域的法制中，寻求法制的自主性便着重表现为，中国的立法、司法、法律监督等法制主体按照自己的意志开展法制活动，不受外来势力的影响，包括自主地开展立法、司法、法律监督等活动。由于中国近代的法制是以引进西

〔1〕 夏征农主编：《辞海》(下)，上海辞书出版社2000年版，第5362页。

方近代法制为主的法制，因此这一活动中亦包括了借鉴，有一个研究、吸收、消化西方近代法制的过程。这在近代中国的各个时期、各个政权里都是如此。在这一过程中，中国的法制自主性始终存在，没有丧失，也不存在要求恢复的问题。中国近代社会是一个多灾多难的社会，外国列强的入侵与中国人民的反入侵始终存在。同时，随着西法东渐，在法制领域就突出表现为法制自主性问题。对这一自主性的研究，有利于全面认识中国近代法制和法制近代化过程；有利于反映中国近代法制与古代、当代法制的差异，凸显其特点。可见，其意义不小。

法制自主性与政权的关系十分密切，以政权为存在的基础，法制主体是政权的一个组成部分。只有当政权存在时，法制主体才存在；当政权消灭时，法制主体也会消灭。从这种意义上讲，法制自主性以政权的存在为前提，并随政权的产生、变化而产生、变化。因此，要维护好法制自主性，必须保住政权。这里的政权既包括了中央政权，也包括地方政权。法制自主性既有中央层面的，也有地方层面的。中国近代长期处在单一制状况下，国家的中央及其地方政权的法制自主性都属于国家的法制自主性。可是，中国近代还在同一时期共存过两个或两个以上不同性质的政权，有的地方存在过不同于国家政权的政权，此时的不同政权都有自己的法制，也都具有了自己的法制自主性。于是，中国的法制自主性便由于政权的多样性也多元化了。鸦片战争以后，先有清政府与租界的法制及其自主性，以后又产生了太平天国政权，也有了太平天国的法制及其自主性了。它们都同存过一段时间，出现了两个以上政权的法制自主性。

在同一地域内，随着政权的变迁，法制自主性就会伴随着这种变迁而转移。只要不出现政权真空，这一地域内就不会出现法制自主性的缺失，这在国家、地方层面都是如此。从国家层面看，当旧政权被推翻、新政权建立时，旧政权的法制自主性就转移至新政权的法制自主性，后者取代了前者。如辛亥革命以后，清政府被推翻，中华民国的临时政府成立，其法制自主性随之产生并取代了清政府的法制自主性。从地域层面看，当新建立的政权占领了这一地域并推翻了其中的旧政权以后，这一地域中的法制自主性便发生了转移，即旧政权的法制自主性退出这一地域，而新政权的法制自主性则进入这一地域。根据地人民民主政权的法制自主性就是如此。在中国共产党的领导下，人民通过武装斗争，推翻了根据地内国民政府的政权和法制，建立了人民民主政权和法制，人民民主政权的法制自主性便取代了原地域内国民政府的法制自主性了。尽管它们的法制性质不同，但法制自主性都存在，只是随着政权的更迭，法制自主性也发生了转移。

如果说法制自主性与政权的关系主要涉及国内范畴，那么法制自主性与国家主权的关系则主要涉足在国际领域了。在这一关系中，国家主权便是法制自主性的基石，因为国家主权本身就是政权的一种延伸和体现。国家主权存在，法制自主性也存在；国家主权遭到侵害，法制自主性也跟着受损；国家主权丧失了，法制自主性也不复存在了。因此，在国际领域内，要保护国家的法制自主性，首先要维护好国家主权，不要使其受到侵害，更不能让其丧失，近代中国同样如此。另外，这里同样有一个法制自主性的转移问题。在同一地域内，原主权国家的法制自主性受损或部分受损，入侵国家的法制自主性往往会取代或部分取代原主权国家的法制自主性，法制自主性也伴随着这种取代而发生转移，即原主权国家的法制自主性转移为入侵国家的法制自主性了。中国近代的租界、香港、澳门等地域的法制自主性都出现过这样的转移。

与国家的主权相联系，法制具有属人、属地的效力，法制自主性的丧失也可分为属人、属地自主性的丧失。这种情况在一个主权国家的躯体还在，但其身体上已千疮百孔的时候，就表现得十分突出，中国的近代时期就是如此。从那时丧失属人的法制自主性来看，领事裁判权的施行使中国法制的自主性对这些具有领事裁判权的有约国人丧失，他们可以不受中国法制的管辖而随心所欲。[1]从那时丧失属地的法制自主性来看，中国租界、香港、澳门等地区内都曾建立过自己的政权和法制，不受中国政府、法制的掌控，中国的法制自主性对这些地区也无能为力了。这些都与中国主权的部分丧失联系在一起，是这种丧失的一个恶果。要改变这种不利状况，夺回法制自主性，首先必须恢复主权。

在鸦片战争以前的清朝，中国法制的自主性比较完整。那时的中国内忧外患并不凸显，对国家的政权、主权威胁不大，法制主体可以较为自如地行使自己的法制自主性，其中包括了可以自主地行使立法、司法和法律监督等权

〔1〕 有约国人是指那些与中国签订过不平等条约而取得在中国领事裁判权的国家在中国的侨民。

利。比如，自主制定《大清律例》《大清会典》等法律；自主进行“三法司”会审、“九卿”会审、朝审、秋审等司法审判；都察院等机构可以自主地进行法律监督；等等。因此，在鸦片战争以前的清朝，中国法制自主性的问题并不突出。

鸦片战争以后，中国迈入了近代时期，社会发生了较大变化，国力下降，内忧外患逐渐加剧，法制自主性问题就显得十分突出，其主要表现是中国的法制自主性不断被损，渐渐弱化。这种弱化又主要表现在以下3个方面。第一，国内新政权及其法制的建立，使中国原来一统的法制自主性遭到破坏。那时，由于农民起义、人民革命等原因，新政权诞生了，其中包括太平天国的政权和根据地人民民主政权等。这些政权不仅不受中央政权的控制，还与其对抗，而且，它们均建立了自己的法制，有了自己的法制自主性，中央的法制自主性因此而受损。同时，中国由于产生了多种法制及其自主性，原来一统的法制自主性被打破，多元的法制自主性面世了。第二，领事裁判权的确立，使中国的法制自主性遭到破坏。那些有约国人可以不受中国法律的管辖，中国的法制对他们无约束力，他们可以在中国为所欲为。他们受本国法制的管辖，由领事法庭、领事法院等审判。中国的法制自主性因此而受损。第三，外国列强入侵以后，占据、割让了中国的租界、香港、澳门，它们都建立了自己的政权和法制，这同样使中国的法制自主性受到破坏。外国列强占据了租界，在那里建立自己的政权及其法制，行使自己的法制自主性。它游离于中国的法制自主性之外，也损害了中国原有的一统的自主性。外国列强通过割让而取得了香港、澳门的主权，于是在那里建立了它们自己的政权、法制，形成了远离中国的法制自主性，并同时也侵害了中国的法制自主性。这些表现都是中国原来一统的法制自主性遭到损害的结果，这导致了中国法制的自主性的多元化，其问题也就十分突出了。

形成这种多元化的直接原因可以归结为国家控制力的弱化。在国内，中国近代的统治层腐败，民不聊生，社会矛盾激化，以致起义、武装斗争频发，新生政权接踵而来。国家无法有效控制这种局面，导致与这种新生政权相联系的法制自主性诞生，打破了原来一统的法制自主性的局面。太平天国和根据地人民政权的法制及其自主性的产生就是如此。在国际上，中国的综合国力下滑，国防力量薄弱，统治层无能，屡遭外国列强的入侵和蹂躏，失去对这种状况的有效控制，被迫签订了一系列不平等条约，导致租界在中国大地上滋生，香港、澳门等被割让，有约国人不受中国法制的控制，主权遭到损害，中国的法制自主性因此而对其丧失。可见，正是近代中国国家控制力的弱化催生了中国法制自主性的多元化。

中国近代国内法制自主性多元化是一种现象，也是一个过程，一种法制自主性的调整过程。在这个过程中，呈现一种优胜劣汰的趋向。生命力强的法制将会取代生命力弱的法制，其法制自主性也是如此。比如，根据地人民民主政权的法制与其所依托的政权一样，具有强大的生命力，这一法制的自主性就会随着这一根据地的不断扩大、延伸而不断巩固、扩展，最终取代南京国民政府的法制自主性，获得在全国的地位。生命力弱的法制及其自主性则会逐渐被淘汰，南京国民政府的法制及其自主性就是如此，最后只能退出中国的舞台。这种调整是一种优胜劣汰的调整，符合事物发展的一般规律。

中国近代由于在国际上主权受损，国家的法制自主性也遭到破坏。这种破坏也是“冰冻三尺非一日之寒”，是中国国力逐渐变弱的一个结果，但是其为依据的不平等条约的签订则在短时期完成。鸦片战争爆发于1840年，中英《南京条约》签订于1842年。很快中国的香港也迅速被割让，中国租界出现，其法制自主性也迅速脱离中国原有的法制自主性，中国的法制自主性也因此受损。然而，中国这一法制自主性的恢复则持续了很长时间。中国的租界前后存续了百年时间，香港、澳门被割让的时间更长，一直持续到20世纪90年代。它们的法制自主性也是如此。这告诉人们，近代中国法制自主性的失去容易，恢复难。面对强大的西方列强，需有几代人的不懈努力，坚韧不拔的意志，采用最佳策略，采取各种合法手段，方能取得最后的成功。租界的收回和香港、澳门的回归都是如此，它们法制自主性的恢复也是这样。

这里所阐述的只是中国近代法制自主性的一些一般问题，还有如领事裁判权、租界、香港和澳门各自的法制自主性问题，都是其中一些较为重大的问题，将在以下部分作专门叙述，内容涉及中国法制自主性遭到损害的直接原因、中国为恢复失去的法制自主性而进行的努力及其结果等。

领事裁判权与中国近代法制自主性

中国因领事裁判权而对那些有约国人失去法制自主性，并使中国法制自主性遭损，其直接原因是不平等条约。中国法制自主性的第一次遭损是在鸦片战争以后被迫与英国签订的《南京条约》的附件《五口通商章程》。它明文规定，当“英人华民交涉词讼”时，“其英人如何科罪，由英国议定章程、法律，发给管事官照办。华民如何科罪，应治以中国之法。”[1]这是领事裁判权在中国的滥觞。从此，中国的法制对在华的英国侨民失效，他们成为民、刑事案件的被告时，中国的法律便对其丧失了管辖权。以后，又有18个国家也先后经过与中国签订的不平等条约，同样取得了类似英国的领事裁判权。全小野在1935年发表的《撤销领事裁判权之过去与未来》一文里对此作了统计和罗列，这些国家是：美国、瑞典、挪威、法国、葡萄牙、丹麦、荷兰、比利时、意大利、秘鲁、巴西、日本、墨西哥、瑞士、西班牙、德国、奥地利、俄罗斯等。[2]加上先前的英国，中国的法制自主性一步步遭到损害，涵盖了许多西方列强，这些国家在中国的侨民都变成了有约国人。

与取得领事裁判权相配合，西方列强国家纷纷在中国建立自己的司法机构，实现自己的法制自主性，其中包括领事法庭或领事法院。在中国设立过领事法庭的国家有英国、法国、日本、意大利、比利时、丹麦、荷兰、挪威、西班牙、葡萄牙、瑞典、瑞士、巴西和秘鲁等。美国则在中国设立过领事法院，而且有18处之多，分散在厦门、安东（今丹东）、广州、长沙、烟台、重庆、福州、汉口、哈尔滨、张家口、沈阳、南京、上海、汕头、天津、济南、青岛和云南等地。[3]它们都自成体系，适用自己本国的法律，不受中国法制的统辖，中国因此而对这些有约国人失去了法制的自主性。

外国列强取得领事裁判权并使中国丧失对其的法制自主性以后，就产生了一些弊端。有中国学者对其进行了研究，还作了专门的阐述。耿习道在1930年发表的《治外法权与领事裁判权》一文中，专门对因这一权利而给中国带来的“弊害”作了罗列和说明。即破坏了中国国家最高主权的法权；扰乱了地方治安，如外人（指有约国人）在中国贩卖鸦片，私运军火，伪造钞票，贻祸中国社会；领事不懂法律，他的本国只差他来照应侨民的商业，并不问他是否具有法律的知识；适用法律太繁杂，他的判决使所在国当事人莫名其妙；领

---

〔1〕 王铁崖：《中外旧约章汇编》（第1册），三联书店1957年版，第42页。

〔2〕 何勤华、李秀清主编：《民国法学论文精粹》（第6卷），法律出版社2004年版，第247～248页。

〔3〕 孙晓楼、赵颐年：《领事裁判权问题》（下），商务印书馆1936年版，第185～201页。

事偏袒外人，所在国人民的权利易受侵害；诉讼不易进行，证据容易消灭，共犯易漏网，多夜长梦多的互讼等。[1]5 年以后，赵颐年在《撤废领事裁判权回顾与前瞻》一文中叙述了领事裁判权“不利于中国”的 6 个方面，并对《治外法权与领事裁判权》一文中的有些内容作了补充。补充的内容包含了：外人在中国领域行使司法权侵害了中国主权，也违背了近代刑法属地主义原则；领事裁判权是片面的权利与义务，有害于中国国际平等的地位；等等。[2]

从实际情况来看，也确有一些案件因领事裁判权而没能公正处理，其中包括上海的五卅惨案、四川万县案和长江一带外轮水手惨杀华人案等。郭卫在 1931 年发表的《领事裁判权于我国之现状》一文也对此作了专门研究，并得出了结论：“吾国人生命财产，处处供其蹂躏与牺牲，而吾国之法律，不能为吾国人保障，究其原因，实由领事裁判权为之后阶也。”[3]这些研究成果都较为客观地反映了领事裁判权在侵害了中国法制自主性以后所带来的不利后果，也为废除领事裁判权和恢复中国法制自主性营造了理论、舆论氛围。

中国社会各界为废除领事裁判权、恢复法制自主性作出了努力。中国的许多学者研究了在华领事裁判权后都认为要废除列强在华的这一权利，并对这一目标充满了决心和信心。耿习道在《治外法权与领事裁判权》一文中表达了废除领事裁判权的决心，提出：“必须取消领事裁判权，不达到目的不休，以洗弱小国家的耻辱，保障人类间的公理、人道、正义。”[4]赵颐年在《撤废领事裁判权回顾与前瞻》一文里也显露出这样的决心，坚决主张：“撤废领事裁判权。”[5]郭卫在《领事裁判权存于我国之现状》一文内充满了废除在华领事裁判权的信心，认为只要经过大家的共同努力，一定能达到废除的目的，即“若我国人能努力奋进，即不难告厥成功”。[6]

中国的有些组织也为废除领事裁判权而做了工作。中华民国律师协会和上海律师公会都是这样。1929 年 4 月中华民国律师协会召开会议，宣传收回领事裁判权，激发了大家收回这一权利的爱国之心。“惟幸宣传所过，民众对

---

〔1〕 何勤华、李秀清主编：《民国法学论文精粹》（第 6 卷），法律出版社 2004 年版，第 178 页。
〔2〕 何勤华、李秀清主编：《民国法学论文精粹》（第 6 卷），法律出版社 2004 年版，第 258 页。
〔3〕 何勤华、李秀清主编：《民国法学论文精粹》（第 6 卷），法律出版社 2004 年版，第 276 页。
〔4〕 何勤华、李秀清主编：《民国法学论文精粹》（第 6 卷），法律出版社 2004 年版，第 182 页。
〔5〕 何勤华、李秀清主编：《民国法学论文精粹》（第 6 卷），法律出版社 2004 年版，第 272 页。
〔6〕 何勤华、李秀清主编：《民国法学论文精粹》（第 6 卷），法律出版社 2004 年版，第 278 页。

于领判权，莫不皆裂，誓死反抗，是证我民族精神之不可侮，虽强权终不能使其服也。”同月，上海律师公会也举行了类似会议，竭力主张废除领事裁判权。会上还专门提出议案，说：“在上海一域，仍有人类不能忍受之领事裁判权，乃观审会审制度继续存在，割裂我法权，侮辱我民族，莫此为甚。”因此必须尽快废除。〔1〕

根据地人民民主政权一贯不承认不平等条约，并以此为出发点来废除领事裁判权，维护自己的法制自主性。土地革命战争时期，中央根据地人民民主政权在1931年和1934年召开的中华苏维埃第一、二次全国代表大会通过的《中华苏维埃共和国宪法大纲》、修订的《中华苏维埃共和国宪法大纲》中，都规定不承认一切不平等条约，以此来否认领事裁判权。“中国民族的完全自主与独立，不承认帝国主义在华的政治上经济上的一切特权，宣布一切与反革命政府订立的不平等条约无效。”〔2〕有的地方根据地人民民主政权在其纲领中则更明确规定要撤销、取消领事裁判权。湘鄂赣区革命根据地于1929年颁行的《湘鄂赣区革命委员会革命纲领》中规定，要废除一切不平等条约，“撤销领事裁判权”。〔3〕江西根据地人民民主政权公布的《江西省苏维埃临时政纲》里也有相似的规定。〔4〕根据地人民民主政权在废除领事裁判权、恢复法制自主性问题上，立场坚定，态度坚决。

中国政府也曾为废除领事裁判权、恢复法制自主性作出过努力，其中包括了清政府、北洋政府和南京国民政府。领事裁判权实施以后，清政府从实践中体会到领事之裁判不公，于是在自1902年以后再与这些列强签订新条约时，便透露出要废除的意向。比如，1902年签订的中英《续议通商行船条约》里就有这种意向。它规定：“中国除欲整顿本国律例，以期与各西国律例改同一律，英国先愿尽力协助，以成此举。一俟查悉中国律例情形及其审判办法及一切相关事宜皆臻妥善，英国即允弃其治外法权。”〔5〕可是，这仅停留在文本上而

〔1〕 王申：《中国近代律师制度与律师》，上海社会科学院出版社1994年版，第103～104页。

〔2〕 韩延龙、常作儒：《中国新民主主义革命时期根据地法制文献选编》（第1卷），中国社会科学出版社1981年版，第10、14页。

〔3〕 韩延龙、常作儒：《中国新民主主义革命时期根据地法制文献选编》（第1卷），中国社会科学出版社1981年版，第22页。

〔4〕 韩延龙、常作儒：《中国新民主主义革命时期根据地法制文献选编》（第1卷），中国社会科学出版社1981年版，第30页。

〔5〕 王铁崖：《中外旧约章汇编》（第2册），三联书店1959年版，第109页。

已。北洋政府在第一次世界大战以后，派代表出席巴黎和会。中国代表在会议上提出要废除领事裁判权，但却遭拒绝。[1]南京国民政府执政以后，在国力逐渐提升的同时，也加大了要求废除领事裁判权的力度并取得一些成效。在1928年到1930年，先后有苏联、德国、奥地利、墨西哥等国家撤废了在中国的领事裁判权。[2]

1941年12月的太平洋战争爆发以后，废除在华领事裁判权的努力出现了实质性的转机。英美两国为了扩大反法西斯阵营的力量，拉拢中国进一步抗日，在1942年表示愿意放弃在华领事裁判权并于1943年签订了相关协议，正式放弃了这一权利。此后，其他一些国家也先后仿效，中国的司法主权渐渐收回，法制自主性也因此而得到了恢复。[3]这一恢复来之不易，是万众一心共同努力的结果。

租界与中国近代法制自主性

如果说，领事裁判权主要是中国法制在属人方面丧失其自主性，即对在华有约国人失去了法制自主性；那么，在租界领域则是中国法制在属地方面丧失其自主性，因为它使中国法制自主性所覆盖的地域缩小，租界被排斥在外了。产生中国租界的一个直接原因也是不平等条约。首个这样的条约是中英《南京条约》及其附件《五口通商附粘善后条款》。《南京条约》规定："自今以后，大皇帝恩准英国人民带同所属家眷，寄居大清沿海之广州、福州、厦门、宁波、上海等五处港口，贸易通商无碍；且大英国君主派设领事、管事等官住该五处城邑，专理商贾事宜"。[4]《五口通商附粘善后条款》进一步规定：英国人到这5个城市居住，"中华地方官必须与英国管事官各就地方民情，议定于何地方，用何房屋或基地，系准英人租赁"，"英国管事每年以英人或建屋若干间，或租屋若干所，通报地方官，转报立案。"[5]这些规定都为英租界的设立提供了法律依据。

以后，中美《望厦条约》、中法《黄埔条约》、中英《天津条约》和《烟台条

〔1〕 何勤华、李秀清主编：《民国法学论文精粹》（第6卷），法律出版社2004年版，第260页。

〔2〕 何勤华、李秀清主编：《民国法学论文精粹》（第6卷），法律出版社2004年版，第263页。

〔3〕 张仁善：《论民国时期收复司法主权的法理抗争》，载《法学》2012年第2期。

〔4〕 王铁崖：《中外旧约章汇编》（第1册），三联书店1957年版，第31页。

〔5〕 王铁崖：《中外旧约章汇编》（第1册），三联书店1957年版，第35～36页。

约》、中日《马关条约》等一系列不平等条约，都对列强在中国开辟租界作了规定。最终，英国、美国、法国、德国、俄罗斯、日本、比利时、意大利、奥地利9个国家，在上海、厦门、天津、镇江、汉口、九江、广州、杭州、苏州、重庆10个城市设立了租界。[1]中国出现了租界以后，许多租界还呈现了一个不断扩大的趋势。比如，上海的租界最初仅为832亩，以后几经扩展，最后竟达到近5万亩。[2]

中国的租界俨然是个“国中之国”。[3]它们不仅建立了自己的立法、行政和司法等机构，还建立了自己的法制，行使自己的立法、司法等权利，中国法制自主性因此而遭到破坏。在上海，英租界的领事、租地人会议都曾行使过立法权，是立法主体；公共租界的外人纳税会也是立法主体；法租界的领事和租地人会议同样是立法主体。在1900年前后，上海租界就已制定了一系列的规定。其中，有《土地章程》(1845年)、《公董局组织章程》(1866年)、《法租界公董局警务路政章程》(1869年)、《工部局书信馆章程》(1893年)、《公共租界工部局中式新房建造章程》(1901年)、《公共租界工部局治安章程》(1903年)等。上海公共租界和法租界都有自己的行政机构，它们分别是工部局和公董局。其下，还有一些具体办事机构，如总办处、警务处、火政处、财务处、工务处、卫生处、学务处、法律处、情报处等。另外，上海英、法租界都设立过领事法庭、公共租界和法租界还设置过会审公廨，由它们来行使司法权。[4]中国租界建立自己的法制，拥有自己的法制自主性，排斥中国的法制自主性，中国的法制自主性无法辐射到这些地方，因此而受到破坏。

中国租界的存在和其对中国法制自主性所造成的破坏显而易见，有学者对其作了研究。李浩儒在1931年撰写的《司法制度的过去和将来》一文中认为，中国租界“侵害我国主权，蔑视我国民族人格，诚为奇辱大耻”。它所带来的弊端与其对中国法制自主性的破坏直接相关。“如帝国主义者，频频在我国各地，公然屠杀民众，我法院不能过问，现在流毒各地之鸦片、吗啡、海洛因、枪械、炸药，一切毒品违禁物，其制造贩卖之主干者，均为有领判权国之浪

---

〔1〕 费成康:《中国租界史》，上海社会科学院出版社1991年版，第427～430页。

〔2〕 邹依仁:《旧上海人口变迁的研究》，上海人民出版社1980年版，第92页。

〔3〕 费成康:《中国租界史》，上海社会科学院出版社1991年版，第1页。

〔4〕 王立民:《上海租界与上海法制现代化》，载《法学》2006年第4期。

人奸商，其制造所、总营业所，均在租界或使馆界。”还有其他一些恶性犯罪，比如常业票匪、强盗、贩卖人口、烟馆、赌场、暗杀等，“凡是危害民国人民之重罪，均以租界为大本营”。[1]阮笃成在1936年发表的《租界制度与上海公共租界》一文也对中国租界做了研究。他认为，租界的存在侵犯了中国的权利。“兹姑勿论各地租界之现状如何，其治理之成绩如何，但其有损于我国之权利，则不容任何人加以否认。”他还认为，中国租界的性质已发生了变化，与初衷不同了。“将租借区域内所有之一切权利，无端强占，是诚由消极之善意一变而为积极之恶意矣。”列强不愿意交出租界，是因为他们要“依附而为非法侵略之各种权利”。[2]这些研究成果既反映了客观事实，也为收回租界提供了理论支持。

中国人民和政府为收回租界作出了积极努力，这十分有利于恢复中国的法制自主性。中国学者对此作出了自己的贡献。李浩儒在研究了租界的弊端以后，极力要求收回租界。他大声疾呼：“立应收回租界或租借地。”[3]阮笃成在研究了租界的弊病以后，也认为中国应该收回租界，而且刻不容缓。“我国租界问题，不特有关于国家之独立主权，实为民族盛衰之生死关头，故租界之收回，刻不容缓。”[4]中国有些组织也积极为收回租界而工作。1925年发生了五卅惨案以后，中国掀起过收回租界的浪潮，许多组织均参与其中，特别是在北伐战争节节胜利之后。在1927年1月武汉各界组织召开庆祝北伐战争胜利和迁都武汉的大会上，专门为收回租界作了宣传。同月，武汉中央军事政治学校等校的宣传队在汉口一个码头的江汉关前华界与英租界交界处，专门作了演讲，内容与收回租界相关。在同一时期，武汉的农工商学各界组织的代表们还召开专门会议，作出了由中国政府来管理英租界等租界的8项应对办法的决定。[5]1927年3月北伐军逼近镇江。镇江民众发出了要求收回英租界的强烈呼声，此城市的商会还因此承担了接收英租界的各项任务。会长陆小波

---

〔1〕 何勤华、李秀清主编：《民国法学论文精粹》（第6卷），法律出版社2004年版，第474页。

〔2〕 阮笃成：《租界制度与上海公共租界》，载《民国丛书》（第4编），上海书店1989年版，第1～9页。

〔3〕 何勤华、李秀清主编：《民国法学论文精粹》（第6卷），法律出版社2004年版，第478页。

〔4〕 阮笃成：《租界制度与上海公共租界》，载《民国丛书》（第4编），上海书店1989年版，第8～9页。

〔5〕 费成康：《中国租界史》，上海社会科学院出版社1991年版，第404页。

率领商团的团员 100 人进入英租界，接收了工部局、巡捕房等机构，即接收了它们的管理权。[1]

中国根据地人民民主政权为收回租界作出了重要贡献，在制定的宪法性文件和地方性法规中，就有收回租界的内容。1931 年颁行的《中华苏维埃共和国宪法大纲》是当时根据地的宪法性文件。它明文规定，不仅不承认帝国主义在华的特权，与反革命政府签订的不平等条约无效，还要把“帝国主义的租界、租借地无条件地收回”。[2]1934 年修改了这一宪法性文件，但其中关于无条件收回租界的内容得到了保留，没有变化。[3]在有的根据地人民民主政权规范性文件中，也有要收回租界的内容。《湘鄂赣边革命委员会政纲》明文规定：“自动废除一切不平等条约，收回租界占领地。”[4]中国根据人民民主政权在收回租界问题上立场鲜明，态度坚决。这十分有利于中国恢复自己的法制自主性。

中国政府也曾为收回租界、恢复法制自主性作出过努力。第一次世界大战以后，北洋政府利用协约国胜利的机会，多次提出收回租界的要求，并在 1917 年至 1924 年先后收回了德、奥、俄三国在天津、汉口的 5 个租界，[5]有了第一次成功收回中国租界的实践。上海五卅惨案的发生和北伐战争的不断胜利，力推了收回租界的浪潮，南京国民政府与英国政府开展了收回汉口、九江两地英租界的谈判，并在 1927 年 3 月正式收回了它们。[6]

太平洋战争爆发以后，世界反法西斯阵营形成，中国成为其成员，收回租界也进入了最后的冲刺阶段。出于加强盟国间联盟的需要，美英两国于 1943 年 1 月分别与中国签订了《关于取消美国在华治外法权及处理有关问题之条约》和《关于取消英国在华治外法权及其有关特权条约》。根据这两个条约的规定，美英两国把上海、厦门的公共租界归还给中国，英国把天津、广州的英

---

〔1〕 费成康：《中国租界史》，上海社会科学院出版社 1991 年版，第 409 页。

〔2〕 韩延龙、常作儒：《中国新民主主义革命时期根据地法制文献选编》（第 1 卷），中国社会科学出版社 1981 年版，第 10 页。

〔3〕 韩延龙、常作儒：《中国新民主主义革命时期根据地法制文献选编》（第 1 卷），中国社会科学出版社 1981 年版，第 15 页。

〔4〕 韩延龙、常作儒：《中国新民主主义革命时期根据地法制文献选编》（第 1 卷），中国社会科学出版社 1981 年版，第 22 页。

〔5〕 费成康：《中国租界史》，上海社会科学院出版社 1991 年版，第 402 页。

〔6〕 费成康：《中国租界史》，上海社会科学院出版社 1991 年版，第 408 页。

租界归还给中国，同时终止在租界中的各种权利。[1]接着，比利时等国也相继与中国签订了类似条约。与此同时，日本为了拉拢中国汪伪政府与盟国决战，也于1943年1月与汪伪政府订立了《日华关于交还租界及撤废治外法权之协定》，把在华的日租界归还给汪伪政府。以后，日本又把在上海、天津、汉口、广州等地已被占领的法国、意大利等租界交给汪伪政府。到1944年时，中国所有剩余的租界均被汪伪政府"收回"。但是，实际上这些被收回的地区都变成了沦陷区，在日本的控制之下。[2]直至抗日战争结束以后，中国的租界才真正被中国政府收回，中国的法制自主性才真正得以恢复。其中，凝聚了举国上下的共同智慧和奋斗，实不容易。

香港和澳门割让与中国近代法制自主性

香港和澳门的割让同样使中国的法制自主性遭受破坏，因为这同样缩小了这一法制自主性所覆盖的地域范围。它们被割让的直接原因也是不平等条约。中英《南京条约》约定："今大皇帝准将香港一岛给予大英国君主暨嗣后世袭主位者常远据守主掌，任便立法治理。"[3]从此，香港的主权和法制权利都被英国攫取，中国的法制自主性随之在那里丧失了。澳门早在16世纪就开始被葡萄牙殖民者所占领，可在近代以前中国仍在那里行使主权。鸦片战争以后，葡萄牙政府于1887年3月胁迫清政府签订了不平等的《里斯本议定书》，使强占合法化。此议定书规定："定准由中国坚准，葡国永驻、管理澳民以及属澳之地，与葡国治理他处无异。"[4]同年10月中葡《和好通商条约》又重申了这个规定。"前在大西洋国京都理斯波阿所订预立节略内，大西洋国永居，管理澳门之第二款，大清国仍允无异。"[5]从那以后，澳门的主权和法制权利皆被葡萄牙政府完全控制，中国的法制自主性也在那里丧失了。

香港、澳门取得主权和法制权以后，建立了自己的法制机构并进行运作，不受中国法制的管辖。在香港，它有一套自成体系的法制机构和法律体系。港督代表英国女王，具有指导香港政务的最高权力，立法局通过的法案需经他

〔1〕 王立民：《上海法制史》，上海人民出版社1998年版，第188～190页。
〔2〕 费成康：《中国租界史》，上海社会科学院出版社1991年版，第417～421页。
〔3〕 王铁崖：《中外旧约章汇编》（第1册），三联书店1957年版，第31页。
〔4〕 王铁崖：《中外旧约章汇编》（第1册），三联书店1957年版，第505页。
〔5〕 王铁崖：《中外旧约章汇编》（第1册），三联书店1957年版，第523页。

同意后才可生效。立法局是香港的立法主体，可以制定、修改、废除法律。市政司署是行政机关，行使行政执法权。香港的法院行使司法权。[1]香港的法律渊源有：适用于香港的英国成文法和判例法、香港自己制定的成文法、形成于香港的判例法、部分适用于香港的清朝法律和习惯、适用于香港的国际条约等。[2]香港还建立了自己的法律体系，其中的部门法有：合同法、财产法、侵权行为法、婚姻家庭法、刑法等。[3]据统计，仅1885年至1896年香港新制定的法律就有184项，修改原有的法律也有845项。[4]

澳门也有一套自己的法制机构。澳门总督与立法会分享澳门的立法权，都是立法主体。澳门总督是澳门的行政首脑，可以制定较低层次的法令规章。澳门的立法会是独立的立法机构，有权制定法律、法令、条例等，还可解释、停止、撤销澳门的法律。总督之下，设有各政务司，行使行政执法权。[5]澳门的法院行使司法权，但只有初审权，其上诉、终审案件都需由设在里斯本的法院受理。[6]澳门的法律渊源有：法律、法令，习惯、判例、司法解释等。澳门的法律体系中包含有：民商法、刑法、行政法等。这些法制机构都在运作。比如，据统计，自1888年至1892年，澳门总督就颁行法令和规范性文件432件；立法会在1876年到1896年制定了311部法律。[7]

失去了香港与澳门的主权和法制自主性以后，中国政府和人民都作出努力，要收回这两地的主权，同时恢复那里的法制自主性。清政府被推翻以后，中国历届政府均不承认中英之间的不平等条约。比如，抗日战争时期，南京国民政府曾向英国政府提出关于收回香港的要求，并于1943年与其达成协议，在战后重新考虑香港的新界问题。可是，在战争时期，此协议被搁置。中华人民共和国成立以后，一贯坚持香港地位的原则立场。即清政府与英国政府于19世纪签订的有关香港地位的不平等条约非法、无效，应从根本上予以推翻；香港是英国非法占有的中国领土，不是英国殖民地；不承认英国关于涉及香港

---

〔1〕 李泽沛主编：《香港法律概述》，法律出版社1987年版，第8～16页。
〔2〕 赵秉志主编：《香港法律制度》，中国人民公安大学出版社1997年版，第35页。
〔3〕 徐静琳：《演进中的香港法》，上海大学出版社2002年版，第46页。
〔4〕 徐静琳：《演进中的香港法》，上海大学出版社2002年版，第219页。
〔5〕 杨贤坤主编：《澳门法律概论》，中山大学出版社1994年版，第4～6页。
〔6〕 杨贤坤主编：《澳门法律概论》，中山大学出版社1994年版，第35页。
〔7〕 刘海鸥：《澳门法律史纲要》，吉林大学出版社2009年版，第88～92页。

地位的任何立法。[1]中国领导人也代表中国政府和人民一再强调香港是中国的领土，必须收回。周恩来总理就多次表达了这个意思。1954 年 8 月他就说："香港的居民绝大多数是中国人，大家都认为香港是中国的。"1957 年他又说："香港的主权总有一天我们要收回的，英国也可能这样想。"中英建交和恢复中国在联合国的合法席位后，他在一次会见英国客人时再次强调，香港的未来一定要确定，"从中国拿走的领土必须归还"。[2]十一届三中全会以后，香港回归问题有了实质性推动，邓小平概括和明确提出的"一国两制"理论，为香港回归提供了独辟蹊径的解决方案。1984 年 2 月他在会见美国乔治城大学战略与国际问题研究中心代表团时讲，"香港问题也是这样，一个中国两种制度"。[3]在这一理论指导下，经过 10 余年的奋斗，1997 年 7 月 1 日香港终于回到祖国的怀抱。从此，中国恢复对香港行使主权，同时中国的法制自主性也在那里得以恢复了。

自从中国失去对澳门的主权和法制自主性以后，中国人民和政府都坚持不渝，要将它们恢复。《里斯本条约》签订后，包括澳门人民在内的中国人民要求收回澳门的呼声不断，特别是在发生了一些重大事件以后，这一呼声变得更为强烈。1910 年发生了路环惨案，大批澳门无辜村民惨遭澳葡军人杀害。于是，广东民众、海外华人纷纷猛烈抨击澳葡当局的暴行，要求收回澳门。[4]1922 年又发生了"五二九事件"，驻澳门的葡萄牙军人又打死打伤大批中国工人和市民。这再次激起广大中国民众的愤怒，全国许多团体先后集会、通电，抗议澳葡当局的暴行，要求中国政府尽快收回澳门。[5]1925 年闻一多发表了《七子之歌》，第一章就是《澳门》。其中的"请叫儿的乳名，叫一声'澳门'！母亲！我要回来！母亲！"充分反映了广大中国人民要求收回澳门的愿望。[6]

中国政府也为收回澳门而努力。1924 年 11 月孙中山发起召开国民议会和废除一切不平等条约运动，其中包括要收回澳门。1925 年 6 月北洋政府外

---

〔1〕 赵秉志主编:《香港法律制度》，中国人民公安大学出版社 1997 年版，第 9～10 页。
〔2〕 张学仁主编:《香港法概论》，武汉大学出版社 2006 年版，第 2 页。
〔3〕《邓小平文选》(第 3 卷)，人民出版社 1993 年版，第 49 页。
〔4〕 费成康:《澳门四百年》，上海人民出版社 1988 年版，第 375 页。
〔5〕 费成康:《澳门四百年》，上海人民出版社 1988 年版，第 379 页。
〔6〕 闻一多:《七子之歌》，载《现代评论》1925 年第 2 卷第 30 期。

交部正式照会葡萄牙有关各国,要求修改不平等条约。1928年7月南京国民政府外交部告知葡萄牙政府,与中国所签订的条约至1928年4月28日已到期。但是,在同年12月新签订的中葡《友好通商条约》则没有提及澳门的法律地位,这说明它缺乏收回澳门的决心和信心。[1]实质性推动澳门回归的是在十一届三中全会以后。邓小平的"一国两制"理论同样为澳门回归铺平了道路。他曾讲:"我们的社会主义制度是有特色的社会主义制度,这个特色,很重要的一个内容就是对香港、澳门、台湾问题的处理,就是'一国两制'。"[2]经过10余年的谈判和努力,1999年12月20日终于恢复了对澳门的主权,澳门收回了,中国的法制自主性也同样在那里得到了恢复。

中国的法制自主性曾因领事裁判权、租界的收回和香港、澳门的回归而得以恢复,然而道路十分漫长,均超过百年。而且,是在全国上上下下的共同努力下,形成一股合力,才最终实现几代人的愿望,来之不易。这在中国近代法制史上,留有不可磨灭的一页。

本文系作者主持的上海市哲学社科项目"西法东渐"与"近代中国寻求法制自主性研究"(2011BFX005)的中间成果。
原载《华东师范大学学报》(哲学社会科学版)2013年第3期。

〔1〕 费成康:《澳门四百年》,上海人民出版社1988年版,第379~380页。
〔2〕《邓小平文选》(第3卷),人民出版社1993年版,第218页。

八、法制不统一是中国近代法制的一个重要特点

与中国古代法制相比较，中国近代法制有一个特点，即法制不统一。中国古代长期处在单一制状况下，多数时间中国的法制都统一，除了少数割据时期外。中国近代也是单一制，其法制则不然。在鸦片战争后的109年时间中，只有前5年法制是统一的，即上海英租界法制产生前的5年。其他时间法制都不统一，不统一占了绝大多数时间。在这一时间里，中国大地上同时存有两种以上不同法制。法制不统一成了中国近代法制的一个特点。本文对这一特点作些探索。

中国近代法制不统一的具体表现

在中国近代法制产生、发展的过程中，绝大多数时间都处于一种不统一状态。这种不统一状态主要表现为以下几种情况。

1. 租界法制与华界法制的不统一

中国大地上自从1845年出现了上海英租界以后，就有了租界与华界的区别。从大的范围来说，中国除了租界以外的地区都属于华界。租界有自己的法制而且与华界的法制不同，造成了中国法制的不统一。租界法制在中国存续了百年时间。这是一种近代法制。在清末法制改革前，租界法制与中国华界的传统法制并存；清末法制改革以后，租界法制又与中国华界的近代法制同存。它们在法制体系、内容、司法等方面均有差异。

在清末法制改革以前，中国华界的法制还是以传统法制为主，还没脱胎换骨成为近代法制。它在法制体系、内容、司法

等方面均与租界的近代法制差别甚大。华界的法制体系中，主要由律、例、会典等构成。其中，律是主要法典，先后颁行过《大清律集解附例》《大清律例》等；例是一种较为灵活的法律形式，“或因例破律，或一事设一例，或一省一地方专一例”。[1]乾隆五年（1740年）《大清律例》定型以后，律文相对固定，例文则不断进行修改，以适应形势发展。乾隆十一年（1751年）定制，例文5年一小修，10年一大修。而且，经过修改以后，例文不断增加。乾隆五年时才1049条，到了同治九年（1871年）时已增加至1893条。[2]除了律、例以外，清朝还有《大清会典》。它具有行政法典性质，康熙、雍正、乾隆、嘉庆、光绪等时期都编撰过会典。[3]清朝的法制内容大量沿袭自唐朝以来的法制内容，五刑、十恶、八议、同居相为隐、良贱不得为婚等都是这样。那时的司法制度还是保持了传统的特色，大量的行政官兼掌司法权，禁止越诉，允许直诉，使用刑诉等都是如此。

中国租界的法制则是一种近代法制，与华界的法制很不相同。以上海租界的法制为例。上海租界在20世纪初以前就建立了自己的近代法制体系，由土地章程和组织、治安、邮政、路政、建筑等方面的规定构成，每部法规都有自己相对独立的调整对象，不再使用华界律、例、会典的体系。[4]法制内容涉及政治、经济、交通、城市规划与管理、医疗卫生、文艺出版、教育等一些方面，没有像华界传统法制那样的内容。[5]在司法制度方面，上海租界采用了近代的司法制度，司法官职业化，不由行政长官兼任；使用近代司法程序，审判公开进行；废用刑讯，维护人权；体现公平，律师参与诉讼等；不存在华界传统司法制度中的规定。[6]从本质上讲，此时中国租界法制与华界法制的差异是近代法制与中国传统法制的差异。

在清末法制改革以后，中国华界的法制也逐渐走上近代化的道路，直到1949年中华人民共和国成立为止。尽管这租界法制与华界法制都是近代法制，但是由于华界法制具有国家法性质，而租界法制则仅是城市中的地方法性

---

〔1〕《清史稿·刑法志(一)》。

〔2〕张晋藩：《中华法制文明的演进》，法律出版社2010年版，第768页。

〔3〕张晋藩：《中华法制文明的演进》，法律出版社2010年版，第769～771页。

〔4〕王立民：《上海租界与上海法制现代化》，载《法学》2006年第4期。

〔5〕王立民：《上海法制史》，上海人民出版社1998年版，第165～235页。

〔6〕王立民、练育强主编：《上海租界法制研究》，法律出版社2011年版，第13～15页。

质，因此它们仍有区别。这种区别同样存在于法制体系、法制内容和司法制度等方面。中国华界法制体系的成熟形态是“六法全书”体系。其中，宪法是根本法，民法、民事诉讼法、刑法、刑事诉讼法和行政法都属于部门法。它们都由法典（除行政法以外）、关系法规、判例、解释例构成。中国租界的法制体系与其仍不同。比如，它没有宪法这一根本法。虽然，租界法中的土地章程也被认为是根本法，但此根本法不同于彼根本法。华界的宪法规定的是国体、政体、公民的权利和义务、经济制度等，而租界的土地章程规定则是租界的地域租地程序、居住格局、租金、城市建筑与管理等。[1]又如，华界的法制体系中由法典、关系法规、判例、解释例构成；租界则仅有法规，更没有判例、解释例。在法制内容上也有许多不同。华界法制除了大量引进西方法制以外，还存有一部分中国特色，如民法中的维护父权、夫权的痕迹；[2]刑法中仍保留了一些与礼教有关的内容等。[3]这些内容在租界法制中都不存在。

同时，租界法制中的有些内容华界法制中也没有，比如，禁放花爆就是其中之一。[4]还有，在司法制度中也有差别。比如，华界法院中的法官全为华人，而租界会审公廨中的法官则有洋人。总之，此时华界法制与租界法制的区别依然存在，而且实际上是一种国家法制与城市地方性法制的区别。这种区别又形成了租界法制与华界法制的不统一，而且在时间上持续了40余年时间，直到1945年租界全部收回，这一不统一才告结束。[5]

2. 太平天国法制与清政府法制的不统一

还在中国的华界与租界法制并存之时，太平天国农民起义于1851年1月便在广西金田爆发，以后太平天国也建立了自己的法制。直到1864年7月南京陷落，太平天国起义失败，其法制也随之退出历史舞台，前后存续了14年。由于太平天国起义只发生在清政府控制的华界，其法制也建立在华界。于是，华界中便出现了太平天国与清政府两种法制。而且，这两种法制也不同，在它们同时并存时期，中国的法制同样处于一种不统一状态。

此时，清政府的法制就是与租界法制并存时华界清末法制改革前的传统

---

〔1〕 王立民：《上海法制史》，上海人民出版社1998年版，第167～169页。
〔2〕 张晋藩主编：《中国法制史》，中国政法大学出版社2007年版，第367～368页。
〔3〕 张晋藩主编：《中国法制史》，中国政法大学出版社2007年版，第370页。
〔4〕 王立民：《论上海租界法制的差异》，载《法学》2011年第7期。
〔5〕 史梅定主编：《上海租界志》，上海社会科学出版社2001年版，第109页。

法制。太平天国法制与清政府法制相比，也有诸多不同。第一，法制体系不同。太平天国的法制体系由纲领性法律文件与一些部门法内容的规定构成。纲领性法律文件主要是两部，即前期的《天朝田亩制度》和后期的《资政新篇》。《天朝田亩制度》颁布于1853年，是太平天国前期的纲领性法律文件，其内容以土地制度为核心，从政治、经济、婚姻、宗教、诉讼审判制度等方面规划社会，起了根本法的作用。〔1〕《资政新篇》制定于1859年，是太平天国后期的纲领性法律文件，其内容集中于政治、法律、经济、社会、外交等改革措施与规定，明显具有近代法制倾向，反映了其制定人洪仁玕向西方学习的思想结晶。〔2〕另外，太平天国法制体系中，还有一些部门法。这些部门法中包括有刑法、婚姻法、经济法等。〔3〕清政府的法制体系则是律、例、会、典等，与太平天国的法制体系有天壤之别。

第二，法制内容不同。太平天国的法制内容有两个方面与清政府的法制内容差别很大。一方面，它具有反封建的内容。它规定，耕者有其田，即"凡分田，照人口，不论男妇"；"凡天下田，天下人同耕"。也就是说，全国的土地平均分配，只要是耕者，就有与其他人一样的一份土地，以此来达到较为平等的社会。"天下人家处处平均，人人饱暖矣。"还有，它还规定婚姻不论财，即"凡天下婚姻不论财"。〔4〕这些都明显反映出反对、否定清政府法制中维护封建土地、婚姻的内容。另一方面，它具有了近代法制的因素。比如，从促进近代生产力发展需要出发，作出了"兴牛马之利""兴舟楫之利""兴器皿技艺"等的规定；从推进近代社会机构建设出发，作出了"兴银行""兴邮亭""兴各省新闻官"等的规定；从鼓励现代科技进步出发，作出了"准自专其利，限满准他人仿做"等的规定。〔5〕这在当时清政府的法制中都还没有规定。它还拘泥于传统法制中的五刑、十恶、八议、同居相为隐、良贱不得婚等规定。

---

〔1〕 翦伯赞、郑天挺主编:《中国通史参考资料》(近代部分，上册)，中华书局1980年版，第164～168页。

〔2〕 翦伯赞、郑天挺主编:《中国通史参考资料》(近代部分，上册)，中华书局1980年版，第169～182页。

〔3〕 张晋藩总主编:《中国法制通史》(第9卷)，法律出版社1999年版，第20～50页。

〔4〕 翦伯赞、郑天挺主编:《中国通史参考资料》(近代部分，上册)，中华书局1980年版，第164～165页。

〔5〕 翦伯赞、郑天挺主编:《中国通史参考资料》(近代部分，上册)，中华书局1980年版，第176～179页。

第三，司法制度也不同。与清政府的传统法制相比较，太平天国的司法制度也有其自己的特色。首先，诉讼程序简单。太平天国起义以后，始终处于战争状态，战争是主要任务，不能因为诉讼来拖累战争的进程。因此，太平天国的诉讼程序曾规定得比较简单一些。比如，死刑的决定权可由郡的长官总制来行使，不必交由天王来决定；在交战地区，军事长官就有权处断死刑。它没有了清政府诉讼程序中的秋审、朝审等一些死刑会审制度。其次，审判公开。太平天国的审判一般公开进行，允许旁听。对于一些重大的案件，甚至还采用公审形式，可以有更多的人来观看。这与清政府的审判不公开进行显然不同。[1]最后，禁用刑讯，允许辩论。太平天国的司法制度重视调查证据，废用刑讯，而且还允许辩论。呤唎曾经在《太平天国革命亲历记》中作过这样的描写："我们首先要加以颂扬的论题就是太平天国的法庭。这些法庭毫无例外地是最严格、最公正的"；"施于原告、被告、犯人的酷刑之类，全被废除"；"囚犯和诉讼人全都具有依法进行辩护的权利"。[2]这些在清政府的司法制度中也都不存在。它推行的是司法专横，没有辩论制度，却有刑讯制度。可见，同在华界，那时还有太平天国法制与清政府传统法制的不同。这种不同也造成了中国近代法制的不统一。实际上，这是一种农民起义军法制与中央政府法制的不统一。

3. 根据地人民民主政权法制与南京国民政府法制的不统一

中国革命的道路是一条先在农村建立根据地，然后农村包围城市，夺取城市，最后在全国取得胜利的道路。其中，根据地人民民主政权就十分重要，其法制也是如此。这一政权在20世纪20年代就开始出现，一直存续至全国解放以前。这决定了其法制也是中国近代法制，不是中国传统法制。这一法制也出现在中国华界，不涉及租界，与其并存的是南京国民政府的近代法制。它们有许多地方不一样。这种不一样也造成中国近代法制的不统一。第一，法律体系不一样。根据地人民民主政权的法制体系也是一种中国近代的法制，但与南京国民政府的法制体系相比，仍有不一样之处，其又集中表现在以下一些方面。根据地人民民主政权的法制体系由宪法与民商法、经济法、刑法、行政法、民事诉讼法、刑事诉讼法等部门法构成，但没有"六法"概念；这些法律

---

〔1〕 王立民主编：《中国法制史》，上海人民出版社2003年版，第375页。

〔2〕 呤唎：《太平天国革命亲历记》（下册），中华书局1961年版，第438页。

中，多数没有内容比较完整、系统的法典，主要由一些应时的规定构成，比如《井冈山土地法》《山东省婚姻条例》《矿山开采出租办法》《肃反条例》等。[1]另外，基本不用判例、解释例这类形式，在法制体系无这两个组成部分。南京国民政府的法制体系是另一种情况，而且与根据地人民民主政权法制体系不一样。它的成熟法制体系即"六法"体系，以"六法全书"著称，其中因为贯彻"民商合一"的原则，不设商法，另外也没有经济法；这"六法"中，除行政法外，全都有内容比较完整、系统的法典；另外，在其法制体系中，除法典之外，另有关系法规和判例、解释作为补充。可见，它们的法制体系中，有不少不同之处。

第二，法制内容不一样。出于革命形势的需要，根据地人民民主政权的法制内容更注重反映广大人民的权益，特别是工、农、兵及一切劳苦民众的权益。1931年颁行的宪法性文件《中华苏维埃共和国宪法大纲》明文规定，苏维埃全部政权属于工人、农民、红军及一切劳苦民众，"所有工人、农民、红军兵士及一切劳苦民众都有权选派代表掌握政权的管理"，而军阀、官僚、地主、豪绅、资本家、富农、僧侣及一切剥削人的人和反革命分子，"没有选派代表参加政权和政治上自由的权利的"。另外，此大纲还规定了工、农、兵及劳动大众可以享有的法律面前人人平等、言论、出版、集会、结社等一些权利和自由。[2]同时，革命根据地人民民主政权法制还把惩治对象集中于反革命犯罪。1934年公布的《中华苏维埃共和国惩治反革命条例》认定，凡是一切图谋推翻或破坏苏维埃政府及工农兵民主革命所得到的权利，意图保持或恢复豪绅地主资产阶级的统治者，"不论用何种方法，都是反革命行为"。它还规定了27种反革命罪，包括了武装侵犯苏区、组织反革命团体、破坏革命法令、投降敌人等。[3]这些规定都对以后根据地人民民主政权的法制产生了很大影响。南京国民政府法制的内容则与其很不一样，很突出国民党的一党统治和对共产党等进步力量的打击。生效了10余年的宪法性文件《中华民国训政时期约法》对国民党的一党统治作了明确规定。"训政时期，由中国国民党全国代表大会代

---

〔1〕 张晋藩主编:《中国法制史》，中国政法大学出版社2007年版，第385～404页。

〔2〕 韩延龙、常兆儒编:《中国新民主主义革命时期根据地法制文献选编》(第1卷)，中国社会科学出版社1981年版，第9～11页。

〔3〕 张希坡、韩延龙主编:《中国革命法制史》，中国社会科学院出版社2007年版，第265～267页。

表国民大会行使中央统治权”,“中国国民党代表大会闭会时,其职权由中国国民党中央执行委员会行使之”。[1]其用越俎代庖的方式,使国民党的一党专政变得合法化了。另外,它还制定了一些特别刑事法规,专门打击共产党和进步力量。比如,1928年公布的《共产党人自首法》、1937年公布的《危害民国紧急治罪法》、1947年公布的《戡乱时期危害国家紧急治罪条例》等。可见,这两种法制在法制内容上差别不小。

第三,司法制度不一样。根据地人民民主政权的司法制度也有诸多方面与南京国民政府的司法制度不一样。比如,为了服从战时的需要,根据地人民民主政权的司法机构比较简单,有的时期还实行审判权和行政权合一原则,在苏区时就是如此。那时,省、县、区的司法机构均设于同级政府之内,是同级政府所属的一个部门,接受同级政府主席团的领导。[2]又如,为了便于民众诉讼,减少讼累,及时解决纠纷,还创立了“马锡五”审判方式。这是一种很适合革命根据地的实际情况的巡回审判方式。它的创立人是抗日战争时期陕甘宁边区高等法院陇东分庭庭长马锡五同志。他通过巡回审判,深入农村进行调查研究,实地了解案情;依靠群众,尊重群众的意见,公开依法审判案件;方便民众诉讼,不拘形式,手续简便;等等。因此,收到了很好的效果,为此他还被誉为“马青天”。[3]南京国民政府的司法则与其不一样。它建立了一套独立、系统的三级审判机构,推行三级三审制;实行烦琐的诉讼程序,在民事诉讼中的“一告九不理”即是如此。[4]这种不一样的法制同样发生在中国的华界,也造成了中国法制的不统一。

在中国近代法制中,除了上述的法制不统一情况外,还有在日伪满洲国时期的法制、汪伪政权的法制等也都与华界南京国民政府的法制不相同;还有,不同租界之间的法制也会有所不同,都存在不统一。[5]在此处就不赘述了。

---

〔1〕 郑定、赵晓耕主编:《中国法制史教学参考书》,中国人民大学出版社2003年版,第345页。

〔2〕 张希坡、韩延龙主编:《中国革命法制史》,中国社会科学院出版社2007年版,第346页。

〔3〕 张希坡、韩延龙主编:《中国革命法制史》,中国社会科学院出版社2007年版,第437~441页。

〔4〕 王立民主编:《中国法制史》,上海人民出版社2003年版,第485~487页。

〔5〕 王立民:《论上海租界法制的差异》,载《法学》2011年第7期。

形成中国近代法制不统一的主要原因

形成中国近代法制不统一的主要原因是不同政权的存在。每个政权建立以后，都会通过立法来构建自己的法制，以规范人们的行为，造就有利于自己的社会秩序，巩固、发展已经建立的政权。由于各种政权的性质不同，有的还处于对立状态，于是各为其主的法制不仅会并存于同一时期，还会出现差异，以致中国近代法制长期处于不统一状态。总结起来，主要有以下这些原因。

1. 因为条约的规定，产生了租界政权，构建了自己的法制，造成了中国近代法制的不统一

这类情况主要出现于中国租界。中国租界的产生和中国与外国签约的不平等条约直接相关。有了这些条约，才有了中国的租界，然后，才有了租界法制和这一法制与华界法制的并存，乃至中国法制的不统一。从这种意义上讲，这些不平等条约是造成中国法制不统一的一个重要原因。

鸦片战争以后，中国与英国政府于1842年签订的中英《南京条约》以及于1843年签订的此条约附件《五口通商附粘善后条款》，直接导致了上海、宁波、广州、福州、厦门这些城市租界的出现。《南京条约》先是原则规定，这5个城市允许英国人来居住，进行贸易通商。之后的《五口通商附粘善后条款》则对租界的设立作了进一步的约定。它不仅允许英国人携家眷在这5个城市"居住"，还要求"中华地方官必须与英国管事官各就地方民情，议定于何地方，用何房屋或基地，系准英人租赁"。[1]于是，这些城市先后出现了英租界。其中，上海的英租界建立最早，也发展最快。1845年上海的《土地章程》把上海英租界地域划定，1846年上海英租界正式诞生。它东靠黄浦江，北至李家场（今北京东路），南至洋泾浜（今延安东路），西至界路（今河南中路），面积达832亩。有了这一先例，其他列强也亦步亦趋，与中国政府签订条约，取得了在中国的租界。1844年中国与美国签订的《望厦条约》和中国与法国签订的《黄埔条约》使美国人、法国人也取得了类似于《南京条约》中英国人的权利，可以在中国设立租界。于是，美、法租界也在中国出现了。在上海，1848年美国圣公会主教文惠廉到上海，先在苏州河北岸的虹口一带广置地皮、设立教

〔1〕 王铁崖：《中外旧约章汇编》（第1卷），三联书店1982年版，第35页。

堂，然后又向上海道台吴健彰提出把虹口一带作为美租界的要求，至1863年英、美两租界合并为上海英美租界时，其地域正式划定。1899年上海英美租界更名为上海公共租界。1849年法国领事敏体尼与上海道台麟桂也签订了租地协议，法租界也很快登场了。以后，上海的这些租界面积还逐渐扩大。〔1〕最终，因为条约的原因，中国的上海、厦门、天津、武汉、镇江、汉口、九江、广州、苏州和重庆10个城市都设立了租界；在中国设立过租界的国家有英国、美国、法国、德国、俄国、日本、比利时、意大利和奥地利9个国家。〔2〕

中国的租界如同“国中之国”，有自己的立法、行政、司法机构，行使自己的立法、行政执法和司法权。以上海租界为例。在上海英租界建立之初，英国领事便有了自治权，可以决定租界内的一些立法、行政、司法事务。比如，在英租界内要建房、租房、屯物，都要事先征得英国领事同意；违反了英租界的规定，英国领事可以决定是否给予处罚；英国领事法庭按照领事裁判权的规定，可以在租界内审判案件；等等。以后，这一自治权得到扩展，在租界内设立了工部局，形成一整套行政管理机构，立法、行政、行政执法权得到了加强。1869年还专门成立了纳税外人会（又称“外人纳税法”“纳税西人会”等），成为上海英美租界的议决机构，类似“市议会”。同年，上海英美租界还专门设置了会审公廨，受理租界中发生一些案件。上海法租界也建立了类似于上海英美租界的一些立法、行政、司法等机构，独立运作。〔3〕中国租界要依照自己的意志来进行管理，建立了自己的法制，而这一法制又与华界的法制有区别，于是造成了中国大地上的法制不统一。

2. 因为农民起义，产生了农民起义军政权，构建了自己的法制，造成了中国近代法制的不统一

这类情况主要出现于中国华界的太平天国农民起义。这一起义以反抗清政府的统治为目的。在其起义过程中，建立了农民政权，创建了自己的法制。这一法制与清政府的法制不同，所以也造成了中国法制的不统一。也就是说，太平天国农民起义及其所建立的政权是造成中国近代法制不统一的又一个重

---

〔1〕 王立民：《上海租界与上海法制现代化》，载《法学》2006年第4期。

〔2〕 费成康：《中国租界史》，上海社会科学院出版社1991年版，第427～430页。

〔3〕 王立民：《中国城市中的租界法与华界法——以近代上海为中心》，载《比较法研究》2011年第3期。

要原因。

中国自鸦片战争失败以后，多种原因导致国力渐弱。其中，大量割地、赔款，以致中国财富外流；有些列强大量推销纺织品及其他工业产品，破坏了一部分中国的手工业，剥夺了有些从事农业、手工业者的生计；大量鸦片流入中国，不仅毒害人民，而且还引起白银流失；黄河、长江流域和广西等地自然灾害严重，天灾人祸也使广大民众陷入困境。于是，人民反抗清政府统治的斗争风起云涌，在鸦片战争后的10年中便有100多起。[1]1851年这一斗争汇成了一股强大的洪流，一下子迸发出来，这就是洪秀全领导的太平天国农民起义。

太平天国起义爆发于广西金田，1851年洪秀全攻占了广西东乡后，登极任天王。1853年太平天国起义军还攻破南京，并建都南京，称其为天京。1864年天京被攻陷，太平天国农民起义失败。这一起义是中国近代史上规模最大的一次农民起义，提出了鲜明的反封建纲领，共坚持14年，攻克600余城，席卷了大半个中国。[2]与此同时，还建立了自己的政权，推出了自己的法制。那时的天王掌控着太平天国的所有大权，实行的是专决独断的国家制度。因此，他具有最高的立法、司法权，[3]天王作出的决定就是法律，作出的判决就是最终的判决。太平天国先后颁行了《天朝田亩制度》《资政新篇》《十款天条》《太平条规》《太平刑律》等，涉及的法律部门有刑法、经济法、行政法、婚姻法、诉讼法等。[4]而且，它们的内容与清政府法制的内容又很不相同，形成了那时中国华界法制的不统一。

3.因为中国革命，产生了根据地人民民主政权，构建了自己的法制，造成了中国近代法制的不统一

这类情况主要出现于中国华界的根据地人民民主政权。中国革命的道路决定了建立根据地人民民主政权的必然性。这一政权是人民民主政权，与南京国民政府的政权不一样，其所创建的法制也不一样了。这种不一样的法制同样造成了中国华界法制的不统一。

大革命失败以后，中国共产党的力量受到很大的削弱，各地的武装起义也

---

〔1〕 白寿彝总主编:《中国通史》(第11卷)，上海人民出版社2004年版，第146页。
〔2〕 白寿彝总主编:《中国通史》(第11卷)，上海人民出版社2004年版，第190页。
〔3〕 张晋藩总主编:《中国法制通史》(第9卷)，法律出版社1999年版，第34～35页。
〔4〕 王立民主编:《中国法制史》，上海人民出版社2003年版，第357～375页。

遭受到挫折，中国共产党为了取得中国革命的胜利，开始探索符合中国国情的革命道路。1927年毛泽东发动秋收起义，随后进入井冈山。在井冈山根据地人民民主政权建设的过程中，中国共产党探索出了一条符合中国国情的革命道路。在这一道路中，必须首先在农村建立根据地，建立自己的革命政权，其次扩大这一政权，从农村包围城市，最后夺取全国的政权。[1]中国革命的实践证明，这一道路是正确的。它历经了土地革命战争、抗日战争和解放战争时期，最终取得了全国的胜利，成立了中华人民共和国。

在中国革命的推进和根据地人民民主政权建设的过程中，根据地人民民主政权的法制也建立、发展起来了。在土地革命战争时期，根据地人民民主政权颁行了宪法性文件《中华苏维埃共和国宪法大纲》以及一系列部门法《中华苏维埃共和国土地法》《中华苏维埃共和国婚姻法》《中华苏维埃共和国惩治反革命条例》《中华苏维埃共和国劳动法》《中华苏维埃共和国司法程序》等。在抗日战争时期，根据地人民民主政权颁行了宪法性文件《陕甘宁边区施政纲领》和一系列部门法《陕甘宁边区土地条例》《陕甘宁边区婚姻条例》《晋察冀边区婚姻条例》《陕甘宁边区继承条例》《抗战时期惩治汉奸条例》《破坏坚壁财物惩治办法》《劳工保护暂行条例》《陕甘宁边区高等法院组织条例》等等。在解放战争时期，根据地人民民主政权又颁行了宪法性文件《陕甘宁边区宪法原则》和一系列部门法《中国土地法大纲》《惩处战争罪犯的命令》《东北公营企业战时劳动保险条例》《关于废除国民党〈六法全书〉与确立解放区司法原则的指示》等。[2]这一法制与当时华界南京国民政府的法制很不一样，于是中国的法制也就不统一了。

中国近代因为出现过不同性质的政权，这些政权又都建立了自己的法制，结果造成了中国近代法制的不统一。这种不统一贯穿于整个中国近代，甚至还出现过三个不同法制同存的时期。比如，租界法制与清政府法制、太平天国法制的共存，租界法制与根据地人民民主政权法制、南京国民政府法制的并存就是如此。从这种意义讲，中国近代法制有其一定的复杂性。

法制不统一是中国近代法制的一种现象；与中国古代法制相比较，它还是一个特点。中国古代在单一制的大一统情况下，除春秋战国、魏晋南北朝、五

---

〔1〕 卢先福、王长江主编：《中国共产党建设80年》，上海人民出版社2001年版，第52～53页。
〔2〕 王立民主编：《中国法制史》，上海人民出版社2008年版，第349～383页。

代十国等割据时期外，法制保持着统一。中国近代法制则不然。自从 1845 年诞生了上海英租界法制以后，中国近代的法制统一性就遭到破坏，直到 1949 年中华人民共和国成立，这一法制统一性才逐渐得到恢复。中国近代法制不统一所造成的后果不能一概而论，因为消极与积极并存。消极是给进入租界华人的生活带来了不便，因为他们不知租界的法制，不意之中便会违法。积极是给根据地人民民主政权建设提供了支撑，最后中国革命的胜利、中华人民共和国的诞生，都曾得益于根据地人民民主政权的法制。可见，革命战争时期，革命政权及其法制都不可或缺，法制统一性遭到破坏不可避免。中国近代法制史已经作了证实。今天，中国处在和平发展时期，法制的统一需要得到维护，以保证法治建设顺利进行。尽管中国现在也有区域法制，但这是主权完整与统一法制之下的区域法制，与中国近代的法制不统一完全不同。

本文系作者主持的 2012 年司法部专项课题“中国法制史学的演进与思考”(125FB5008)的前期成果。原载汪世荣、闫晓君、陈涛主编:《中国边疆法律治理的历史经验》(下)，法律出版社 2014 年版。

九、马锡五审判方式是成功的审判方式

马锡五审判方式是一种在我国抗日根据地产生、发展并广泛传播的巡回审判方式。它与能动司法联系在一起，是一种成功的审判方式。本文拟对其中的一些问题作些探索。

马锡五审判方式的成功之处

1. 能够及时、公正地解决纠纷

马锡五审判方式以巡回审判见长。在巡回审判过程中，法官可以及时发现、公正地处理纠纷，审判案件，宁事息讼，防止矛盾激化，维护一方平安。马锡五审判方式的创建人马锡五就及时、公正地处理过一些案件，华池县的封棒儿婚姻案便是其中之一。1928 年华池县温台区的农民封彦贵将自己 3 岁的女儿封棒儿与同区另一个乡的农民张金才的儿子张柏儿订了娃娃亲。由于当地是山区，交通又不便，故封棒儿与张柏儿在此后一直无缘见面。以后，华池县成了抗日根据地，受陕甘宁边区高等法院管辖，一些封建的婚姻制度被废除，现代的婚姻制度被建立起来，于是便提倡婚姻自由。1942 年封彦贵接受了张宪芝家的重金，企图把女儿嫁给张宪芝的儿子，退去与张金才的前约。不久，封棒儿和张柏儿在一次偶然喝村民的喜酒时相见，两人一见钟情，互有好感，于是便暗中往来。封彦贵得知此事后，加紧操办女儿的婚事。在这种紧急情况之下，封棒儿把此消息告知张柏儿，想办法应对。于是，张金才纠集 20 余人乘夜幕降临之时，闯入封家，抢走封棒儿，与张柏儿成婚。人才两空的封彦贵到县司法处控告。司法处人员偏听他的诉说，作出了封棒儿与张柏儿婚姻无效的判决。对于这一判决，他们都不服，周围群众也不满，纠纷已经产生，矛盾正要激化。在这关键时刻，马锡五巡回到当地，受理了这起案件。经过走访附近群众，掌握更多的真实情况，听取当事人的意见，也说法说理，最后马锡五作出了公正判决。听到判决后，群众高兴地认为非常恰当；封彦贵和张金才也都心悦诚服；封棒儿和张柏儿更是皆大欢喜。[1] 可以说，马锡五的审判方式十分有利于案件及时、公正地处理，这正是这种审判方式的成功之处。

2. 能够受到广大人民群众的欢迎

由于马锡五的努力和创新，马锡五的审判实践有口皆碑，马锡五审判方式也大受欢迎。特别是当他破解了错案以后，他那审判方式的认同度便有了更大的提升，也更受人民群众的欢迎了，于是"马青天"被广泛传颂。这里以苏发云杀人案的破解为例。一天，马锡五在路上碰到了苏发云，他来自陕甘宁边区陇东专区下属的一个县，因为家中有人被司法处判错了，来找马锡五申冤。他诉说道："当时我们三兄弟都不在一起，怎么会杀人？我们实在是冤枉啊！"秋收结束以后，马锡五主动查阅了全部案卷，"发现三人口供对不到一起，疑点很多"。其中，有 3 点特别突出。第一点，苏发云虽然曾与被害人同行，但以后他们两人都分道而走，未把被害人带回家，这些都有证人可以证明。第二点，苏发云的家距杀人现场有 20 多里路，以时间来算，苏发云不可能把尸体移至这么远的地方。第三点，经过化验证明，苏家坑上的血迹是产妇生孩子留下的血迹，地下的血迹是苏家有人流出的鼻血，斧头上的血迹是羊血，均不是被害人的血迹。再经过仔细研究，苏发云三兄弟杀人作案的可能性被彻底排除了。同时，另一个犯罪嫌疑人杜老五浮出水面，他是一个流窜到当地的木匠。有人证明，在案发的前 3 天，被害人与杜老五曾一起同行。而且，杜老五有不良记录，曾有过诈骗行为。再经进一步侦查取证，此案水落石出。于是，在区政府召开的群众大会上，宣布苏发云兄弟三人无罪，审判了谋财害命、杀死被害人的真凶杜老五。最后，"处决了谋财害命的凶犯杜老五"。会后，人民群众纷纷表示："马专员（指马锡五）真是'马青天'！"从此，"马青天"的美誉便在边区广为传播了。[2] 马锡五以自己的司法实践保证了司法公正，马锡五审判方

〔1〕 参见侯欣一：《马锡五与马锡五审判方式》，载《法学家茶座》2009 年第 5 期。

〔2〕 赵崑坡等编：《中国革命根据地案例选》，山西人民出版社 1984 年版，第 22～25 页。

式不能不说是一种成功的审判方式。

3. 能够不断被发扬光大

马锡五审判方式适合当时抗日根据地的司法需要，也有利于根据地的建设和发展，因此当其被推广以后，立即在广大抗日根据地生根、开花、结果，不断被发扬光大。这从另一个侧面说明，马锡五审判方式是一种成功的审判方式。它的发扬光大过程大致可以分为三个阶段。第一阶段是马锡五审判方式被周围的同事们所接受，形成了一个马锡五审判方式的团队。马锡五成功的审判方式，为周围的同事们耳濡目染，都觉得其确实有效，而且成效很不错，于是大家在自己的工作实践中也学习和效仿，一个马锡五审判方式的团队建立起来了。石静山法官便是其中之一。他“依照马锡五审判方式，走出分庭，到当地干部群众中作调查”，用马锡五审判方式处理了一起近 10 年的积案。他的审判同样得到好评，人们称赞他“真是清官断案啊”。[1]

第二阶段是马锡五审判方式被推广到马锡五所在专署和整个边区，成为边区司法战线上的一个榜样。马锡五审判方式的优越性被陕甘宁边区政府发现和重视，开始推广。1944 年边区政府主席林伯渠明确说：“诉讼手续必须力求简单轻便，提倡马锡五同志的审判方式，以便教育群众。”[2]同年，陇东分区专署也号召：“把马锡五同志的审判方式推行到各县司法工作中去！”[3]从此，马锡五审判方式在边区广泛被使用，还取得了明显效果。甘肃合水县县长兼裁判处处长王士俊运用马锡五审判方式，成功地处理了一起发生在 20 多年的土地纠纷案。[4]

第三阶段是马锡五审判方式在整个抗日根据地弘扬光大，成为根据地广泛采用的一种审判方式。1944 年以后，马锡五审判方式超越陕甘宁边区抗日根据地范围，在全国的抗日根据地被运用。远离陕甘宁边区的山东革命根据地滨海专署的司法人员就是如此。那年，他们在处理一起久拖的鸡山土地纠纷案中，“决定按着马锡五同志的审判方式，对此案重新审判。他们派专人前往鸡山，深入群众，周密地进行调查”。最后，这件久拖的土地纠纷案终于得

---

〔1〕 赵昆坡等编：《中国革命根据地案例选》，山西人民出版社 1984 年版，第 32～33 页。

〔2〕 参见杨永华等：《陕甘宁边区法制史稿》（诉讼狱证篇），法律出版社 1987 年版，第 131 页。

〔3〕 参见王立民：《也论马锡五审判方式》，载《东方法学》2009 年第 6 期。

〔4〕 参见赵昆坡等编：《中国革命根据地案例选》，山西人民出版社 1984 年版，第 213 页。

到了妥善处理。人民群众称赞说:“民主政府真是为人民办事,断案公道。”[1]马锡五审判方式如星星之火,在全国的根据地燎原了。

马锡五审判方式获得成功的原因

1. 弥补了抗日根据地司法资源的不足

在抗日根据地中,首推陕甘宁边区的抗日根据地。它的地理位置在陕西北部、甘肃陇东、宁夏东南部地区,最多时共有26个县,总人口200万。[2]1937年7月陕甘宁边区高等法院建立,司法机构开始设立起来了,可是却存在司法资源明显不足的情况。一是因为管辖的区域大,地形复杂,人们诉讼不便。那里,从北到南有约900里,自东至西有约800里;而且,地形复杂,虽是平坦地,可被无数深沟所切割;再加上交通不便,边区人民要到法院去诉讼,极不方便,有的地区少则走几天,多则要走10多天。[3]二是因为法官数量不足,难以满足边区人民的诉讼需求。由于当时处于战争状态,中心工作是夺取抗日战争的胜利,边区的司法机关都不可能很庞大,法官的配置就比较少了。1938年时,陕甘宁边区高等法院的编制中,院长、庭长、检察长、检察员、法官、书记长、书记等均为1人,加上其他管理人员和工勤人员,共45人。[4]之后人数虽有增加,但经过1942年和1943年的“精兵简政”和整编,其包括法官在内的行政人员人数仍不多。[5]高等法院在分区设有分庭,分庭的人数更少,只有庭长、法官各1人,书记1~2人。[6]各县则设立司法处,法官人数同样很少,仅设处长、法官和书记员各1人,法警1~2人。[7]这样少的法官要受理这么大区域的案件,司法资源捉襟见肘。正如侯欣一教授所言:“边区司法人员短缺,特别是符合条件的司法人员短缺是一个不争的事实。”[8]马锡五审判方式是一种巡回审判的方式,法官主动到边区各地,为边区人民提供诉讼方便,及时审理案件,尽快解决纠纷,在一定程度上弥补了司法资源的不足,缓

[1] 赵崑坡等编:《中国革命根据地案例选》,山西人民出版社1984年版,第206~208页。
[2] 参见侯欣一:《从司法为民到人民司法》,中国政法大学出版社2007年版,第12页。
[3] 参见杨永华等:《陕甘宁边区法制史稿》(诉讼狱政篇),法律出版社1987年版,第25页。
[4] 参见侯欣一:《从司法为民到人民司法》,中国政法大学出版社2007年版,第86页。
[5] 参见杨永华等:《陕甘宁边区法制史稿》(诉讼狱政篇),法律出版社1987年版,第20页。
[6] 参见杨永华等:《陕甘宁边区法制史稿》(诉讼狱政篇),法律出版社1987年版,第27页。
[7] 参见杨永华等:《陕甘宁边区法制史稿》(诉讼狱政篇),法律出版社1987年版,第29页。
[8] 参见侯欣一:《从司法为民到人民司法》,中国政法大学出版社2007年版,第109页。

解了边区人民诉讼不便的困难。

2. 提供了优质的司法服务

很多抗日根据地长期处在封建军阀专制统治之下，地主、军阀牢牢控制着政权，文化落后，人们缺乏法律知识，不懂得用法制手段维护自己的合法权益。陕甘宁边区的文盲率达99%，经过1946年的扫盲运动，虽文盲人数有所减少，可文盲还是占了大多数。据统计，边区淳耀县一区三乡东梁村的64人中，只有4个人识字；房家山60人中，只有2人识字。[1]在这样的情况之下，要建立一种法制秩序，实现社会公平，司法透明和公开就显得更为重要了。这样，不仅可以使人民群众在公开的审判中体会到法制的现实性和公正性，也可以使他们受到法制的教育和启示，树立法制的权威，提高自己的法律素质。马锡五审判方式可以做到这一点，向根据地人民提供一种适合根据地情况的优质司法服务。包括马锡五在内的法官们不拘泥于坐堂办案，而是深入基层调查、审案；不仅坚持政府的法制和政策，还照顾到人民群众的公序良俗；不单不拘形式，手续简单便捷，还把调解与审判相结合，最终使案件得到公正、及时的处理。1943年12月陕甘宁边区政府的秘书长在了解了马锡五审判方式后，这样描述了马锡五的审判情况："他问案子，就到区上去，把区长乡长和老百姓都召集来，在中间放一个桌子，一问就解决了。"因此，他主张："我们要提倡司法人员到群众中去，露天审判。"[2]以后，马锡五在延安大学回答学生提问时，把马锡五审判方式归结为"就地审判，不拘形式，深入调查研究，联系群众，解决问题"。[3]这样的审判方式有利于普及法律知识，也有利于形成法院的公信力，而这些在当时的抗日根据地都十分需要，是一种优质的司法资源。

3. 帮助实现抗日根据地的安定与和谐

马锡五审判方式为根据地的安定和发展提供了有力的司法保障，营造了一个较为理想的司法环境。可以想象，如果没有马锡五审判方式，没有马锡五巡回审判并及时、公正地解决纠纷，就有可能酿成更大纠纷甚至冲突事件，造成社会的不安定和不和谐。马锡五审判方式的运用避免了这种情况的出现，达到了新的安定与和谐。在封棒儿婚姻案的一审中，当事人和当地群众对华

---

〔1〕 参见侯欣一:《马锡五与马锡五审判方式》，载《法学家茶座》2009年第5期。

〔2〕 参见侯欣一:《马锡五与马锡五审判方式》，载《法学家茶座》2009年第5期。

〔3〕 张希坡:《马锡五审判方式》，法律出版社1983年版，第41页。

池县司法处的判决很不满意，而且有情绪激动的表现。“判决下达，封、张两方均不服判，附近群众更是议论纷纷，很为不满。”当马锡五“路过华池县一个村庄休息，结果被群众拦住”，要求他“查明实情，正确处理”。于是，马锡五“深入调查”，“听取群众的意见”，最后还“在当地村公所举行了群众性的公开审理”。参加的人员不少，“除了双方当事人之外，很多老百姓也纷纷起来参加”。作出判决后，得到了广泛的认同，大家“十分高兴，认为入情入理，非常恰当”。[1]因此避免了矛盾的激化，妥善地解决了纠纷，实现了新的安定与和谐。马锡五审理的其他案件也都是如此。马锡五审判方式有利于抗日根据地造就一个安定、和谐的大后方环境，推动抗日战争朝着胜利的方向发展，符合广大民众的意愿。这也是其能成功的又一个原因。

马锡五审判方式成功之处的现实价值

1. 具有理念的价值

马锡五审判方式的成功，首推其理念。它把人民利益放在首位，通过自己的审判方式来维护人民的合法利益。在抗日根据地，人民是根据地的主人，人民掌握着根据地政权，人民的利益高于一切。抗日根据地的存在和发展，是为了取得抗日战争的胜利，实现人民的最根本利益。因此，维护了人民的利益，也就是维护了抗日根据地的利益。马锡五深知这一点，把人民利益作为自己司法工作的出发点和落脚点，形成了为民司法的理念。他根据抗日根据地的实际情况，设计了巡回审判，用这一审判方式，弥补司法资源的不足，提供优质的司法服务，切实维护了人民的利益。

在办案中，他进行必要的调查研究，开展有效的法制宣传，如实掌握案件的情况，公开进行审判，使当事人和人民大众都从中受益。要做到这一点，对马锡五来说不容易。他在从事司法工作以前，并没有受过专门的法律训练。马锡五 1899 年出生在一个贫苦的农民家庭，祖籍在陕西延川，长大后曾随父亲落荒到陕西的保安县（现陕西志丹），那里曾是陕西最贫穷的地区。1930 年参加刘志丹领导的革命队伍，1935 年加入了中国共产党，以后长期从事后勤等工作，认真为人民服务，历任军需和南梁根据地军事委员会管理科长、陕甘

〔1〕 赵崑坡等编:《中国革命根据地案例选》，山西人民出版社 1984 年版，第 180～182 页。

省苏维埃粮食部长、国民经济部长、陕甘省苏维埃主席、陕甘宁边区庆环专区和陇东专区的副专员等。[1]1943年3月在任陇东专员时，还兼任陕甘宁边区高等法院陇东分庭庭长，开始从事司法工作。在长年的工作实践中，他既来自人民，又热爱人民，服务于人民。“他熟悉陕北的风土人情，深深扎根于人民群众”，“虚心学习，勇于实践，群众的智慧哺育了他，他也把自己的心血和精力献给了人民的革命事业”。[2]特别是到了司法岗位以后，他更是处处以人民利益为重，并依据抗日根据地司法的需要创立了马锡五审判方式，用它来为人民谋利。这正如他在1946年回答一位法律学者时所讲的：“毛泽东同志常常号召我们全心全意为人民服务，当人民的勤务员，就要虚心向群众学习，甘于当群众的小学生。”[3]执法为民，人民利益至上的理念仍是今天的重要司法理念，马锡五审判方式中的理念在今天仍有其价值。

2. 具有审判方式的价值

审判是司法的核心。审判方式在审判过程中举足轻重。正确的审判方式有助于审判的顺利进行，反之则会给审判带来不利影响。马锡五审判方式的基本形式是巡回审判。在巡回审判中，法官深入基层，联系群众，调查研究，查清案情，公开庭审，对症下病，解决纠纷，缓解矛盾，促进和谐。这种审判方式很适合当时的许多抗日根据地。这些根据地远离城市，幅员辽阔，人口分散，交通不便，诉讼困难，诉讼资源很贫乏。一旦发生纠纷，人们需要诉讼时，往往会因此而得不到应有的满足。长此以往，矛盾积聚，极易酿成不测。这对于抗日根据地的建设和抗日战争的顺利进行都很不利。马锡五审判方式就是在这样的情况下应运而生，因此其十分适合抗日根据地的实际情况，能够解决这一根据地的实际困难，受到了广大人民群众的欢迎，得到了广大人民群众的赞赏。1945年1月13日《解放日报》发表的《新民主主义的司法工作》一文，把马锡五审判方式的特点归纳为8点。分别是：走出窑洞，到出事地点解决纠纷；深入群众，多方调查研究；坚持原则，掌握政府法令；请有威信的群众做说服解释工作；分析当事人的心理，征询其意见；邀请有关的人到场评理，共同断案；审案不拘时间地点，不影响群众生产；态度恳切，使双方乐于接受

〔1〕 参见侯欣一：《马锡五与马锡五审判方式》，载《法学家茶座》2009年第5期。
〔2〕 张希坡：《马锡五审判方式》，法律出版社1983年版，第24页。
〔3〕 张希坡：《马锡五审判方式》，法律出版社1983年版，第25页。

判决等。[1]

今天，我国的司法资源大量集中在城市，特别是在沿海大城市和经济发达的城市。许多农村、边远和经济欠发达地区仍缺乏足够的司法资源。但是，这些地区也会发生纠纷，也需要司法审判。马锡五审判方式可以助一臂之力，在一定程度上弥补它们司法资源的不足。事实也是如此。有些地区、地方的人民法院运用巡回审判的形式，派出自己的法庭，推行能动司法，到基层去审案。例如，2008年7月，江苏如皋市人民法院的法官到袁桥镇袁桥村，为年近八旬的老人袁书富与妻子范钦凤起诉儿子的赡养费案开庭审案；[2]同月，陕西省高级人民法院把刑庭开到社区，审判一起系列抢劫强奸案；[3]2009年7月，海南省陵水县人民法院到有4000渔民常年居住在"浮动村庄"里的新村镇渔港开庭审案，人们称其为"渔排法庭"；[4]等等。可见，马锡五审判方式对今天的司法仍有影响，仍有其存在的价值。

3. 具有审判结果的价值

马锡五审判方式不仅在于方便人民群众诉讼，而且还在于其审判结果的公正。抗日根据地的人民群众不只是认同其审判方式，更认可其公正的审判结果。他的审判方式与审判结果具有一致性。没有这种审判方式，抗日根据地人民群众的纠纷就得不到及时解决，司法公正也无法实现；没有审判结果的公正，其审判方式也同样失去了实质性意义。而且，司法追求的目标就是公正。不能实现公正，司法也就失去了其最重要的价值。在马锡五亲自审理过的案件中，每件的审判结果都十分公正。除了上述的封棒儿婚姻案的审判是这样，其他案件的审理也是这样。在"骑骡人的尸体"一案中，马锡五坚决主张："没有找到尸体决不能定案"，最后终于在一棵树底下挖出骑骡人的尸体，依法作出了公正的判决，犯罪人被"执行了死刑"。[5]在"重归于好"一案中，马锡五仔细分析案情，认真审案，最后使一起拖近了数年的潘文治与潘焕文同族弟兄土地纠纷案得到了公正的处理，"从此，消除了多年来互相仇视的心理，潘

---

〔1〕 张希坡：《马锡五审判方式》，法律出版社1983年版，第41页。

〔2〕 孟大庆等：《村院调解》，载《法制日报》2008年7月16日。

〔3〕 台建林：《陕西省高院首次将刑事法庭搬进社区》，载《法制日报》2008年7月17日。

〔4〕 赵颖全：《"渔排法庭"海上开庭》，载《法制日报》2009年7月31日。

〔5〕 赵崑坡等编：《中国革命根据地案例选》，山西人民出版社1984年版，第9页。

氏弟兄重归于好”。[1]另外，运用了马锡五审判方式以后，抗日根据地的其他法官也公正地审结了一些案件。“县长断案”便是其中之一。1944 年合水县的县长兼裁判处长王士俊与区助理员、乡农会主任等人实地查验，认真审理了一起发生在 20 多年前签约、20 多年后发生纠纷的土地买卖案件。双方当事人对最后的结果都感到公正和满意，此案顺利告终。“王（士俊）县长调解将二十四亩河湾地由两家均分，立写合同各执为据。一场诉讼遂告平息。”[2]

马锡五审判方式追求公正审判结果的司法目标至今仍有其十分重要的价值。当前，由于各种原因，在我国的有些司法审判中，其审判结果不尽如人意，甚至出现错案，佘祥林、赵作海等案都是这样。因此，今天仍需弘扬马锡五审判方式的成功之处，包括其公正审判结果的价值，以使当今的审判方式水平更高、司法更为公正。

本文原载《法学杂志》2010 年第 10 期。

〔1〕 赵崑坡等编：《中国革命根据地案例选》，山西人民出版社 1984 年版，第 210 页。
〔2〕 赵崑坡等编：《中国革命根据地案例选》，山西人民出版社 1984 年版，第 213 页。

第二篇　上海法律史专题

一、辛亥革命时期上海华界立法探析

辛亥革命是中国历史上的一次重大革命。它推翻了封建专制统治，赶走了皇帝，建立了共和国，从此中国的历史翻到了新的一页。随着这一革命的进行和中华民国临时政府（以下简称临时政府）的建立，中国的法制也发生了翻天覆地的变化，其中亦包括地方立法。那时，上海已有华界、公共租界和法租界之分，而且各自为政，是一种“一市三治”的格局。辛亥革命只发生在上海的华界。本文拟对辛亥革命时期上海华界的立法作些探析。

辛亥革命时期上海华界立法产生、发展的三个阶段

辛亥革命的时间虽不算长，但从上海华界立法产生、发展的情况来看，仍可划分三个阶段，即开创、发展、影响阶段。每个阶段都有其自己的特色。

1. 开创阶段

这一立法阶段的时间从 1911 年 11 月 3 日上海起义始，到 1912 年 1 月 1 日中华民国成立以前止，前后不到两个月时间。这一阶段立法的主要特色是，在废除上海清政府立法的基础上，开创辛亥革命时期上海华界立法的新篇章，并以此来进一步推进这一革命的开展。因此，其立法内容很多都具有创新性，目的在于确认上海华界的辛亥革命成果，建立社会的新秩序。

第一，政治方面的立法。1910 年 10 月 10 日，辛亥革命爆发以后，上海的革命人士积极响应，于 1911 年 11 月 3 日举行

了上海起义。起义成功后，11 月 7 日正式成立上海华界的新生革命政权沪军都督府，陈其美任都督。[1]这是上海华界辛亥革命的新成果，中国资产阶级民主共和国的组成部分。对于这一新成果，需要用立法进行确认，使其合法化。那时，也确实用形式来确认这一新生的革命政权，对于这一政权的机构设置、职责和办事规则等都作了规定。这是建立新生革命政权的法制保障。有了这些规定，沪军都督府便可以合法地行使职权，建立新的社会秩序，建设一个新的社会。这类规定包括：《沪军都督府条例》《沪军都督府办事简章》《值日规则》《会议规则》《会客暂行规则》《都督府编制职员表通告》《沪军都督府问事处规则》等。其中，《沪军都督府条例》对都督府的机构及其职责作了明文规定。[2]它下设司令、参谋和军务 3 个部，每个部又下设一些部门。比如，军务部下设有军事、人事、军械、军需、执法、训练和总务 7 个科，每个科都有自己的职责。比如，执法科的职责是"关于军事司法、监及一切事项"。训练科的职责则是"关于军队之教育、演习事项；校阅军队之精粗"。同时，对新生政权的运作也作了规定。比如，沪军都督府的办事规则也有明文规定。《沪军都督府办事简章》共 10 条，分别对办事时间、人员出勤、缺席情况、纪律要求和会议时间等都作了规定。[3]比如，办事时间"以上午九时起，至下午六时止"。但是，办事人员"务于办事时间前三十分到齐"。经过立法的创建，辛亥革命时期上海新生的革命政权不仅具有了合法性，而且还可以按照相关规定进行运作，发挥其作用，使辛亥革命的新成果在上海得到实实在在的体现。

第二，经济、金融方面的立法。沪军都督府在执政期间，十分重视营造新的经济秩序。这一秩序的建立关系到上海华界经济的发展、民生的保障和社会的稳定，非常重要。上海华界人民曾饱受清政府的苛捐杂税之苦，沪军都督府首先废除这些苛捐杂税，营造新的经济秩序，认为"暴征苛税，是皆满清之虐"，所以特废除"一切恶税，尽行豁免，以抒我父老之难"。[4]针对部分商店闭门停业的情况，沪军都督府要求店主开门营业，维护正常的经济秩序，并保

---

〔1〕 唐振常主编：《上海史》，上海人民出版社 1989 年版，第 469 页。

〔2〕 上海社会科学院历史研究所编：《辛亥革命在上海史料选辑》，上海人民出版社 1981 年版，第 298～302 页。

〔3〕 上海社会科学院历史研究所编：《辛亥革命在上海史料选辑》，上海人民出版社 1981 年版，第 295～296 页。

〔4〕 上海通讯社编：《上海研究资料续集》，上海书店 1984 年版，第 159 页。

证他们的营业安全。“所有各该店主生命财产，本军政府力任保护，不使扰及分毫。”“吾民其各安居乐业，各守秩序”，“所有本埠居民人等，俱可各安生业，开市贸易。”[1]另外，为了解决上海华界的金融问题，营造新的金融秩序，沪军都督府督促上海的投资者，在上海创设“中华银行”。它具有“国家银行之性质”，从事各种银行业务，发行公债票及军用钞票，还“兼收商民助饷等款”。同时规定：“所发各种钞票，务须一律通行，流行无滞”，“不得有故意克扣压抑情事”。[2]

第三，社会治安方面的立法。上海华界的新生革命政权在辛亥革命爆发以后，用立法创建新的治安秩序，维护华界的良好社会治安，保证人民的生命与财产安全。其中，采取了一些有力的立法措施。比如，打击抢劫犯罪，规定：“如有匪徒造谣生事，希图抢劫等情，一经拿获，当以军法从事”；[3]有偿收缴失散在社会上的枪械，规定：“自今日收缴洋枪，凡新枪刺刀、皮件全备者，给洋八元；旧枪刺刀、皮件全备者，给洋四元”等；[4]禁止赌博，规定无论何人“设台聚赌情事，一经梭巡查见，立即严拿，从重惩办，决不姑宽”。[5]

第四，军事方面的立法。上海华界经过起义取得辛亥革命的胜利，军队发挥了决定性作用。上海华界新生的革命政权建立后，重视用立法来营造新的军事秩序，维护正常的军队纪律，保证军队的战斗，塑造在人民心中的良好形象。其中，较为重要的立法是“军律十一条”“刑赏条例”和“军规赏罚十八条”。[6]主要内容聚焦于赏和罚的规定。比如，“军律十一条”中，有五条是赏，其中包括了临阵冲锋勇敢者、擒获敌军将领者、捕获敌军间谍者、恪守纪律者和能招降敌军者等；有六条是罚，其中包括了奸淫掳掠者、招摇撞骗者、加害外人生命财产及扰害租界者、反抗上官命令者、泄露军机及降而复叛者、散布谣言者等。

---

〔1〕 王立民：《上海法制史》，上海人民出版社 1998 年版，第 72 页。

〔2〕 《中华银行之可信》，载《民立报》1911 年 11 月 29 日。

〔3〕 上海社会科学院历史研究所编：《辛亥革命在上海史料选辑》，上海人民出版社 1981 年版，第 316 页。

〔4〕 《缴还枪械者注意》，载《时报》1911 年 11 月 15 日。

〔5〕 上海社会科学院历史研究所编：《辛亥革命在上海史料选辑》，上海人民出版社 1981 年版，第 524 页。

〔6〕 上海社会科学院历史研究所编：《辛亥革命在上海史料选辑》，上海人民出版社 1981 年版，第 364～370 页。

第五，其他方面的立法。上海华界的革命政权还进行了其他方面的一些立法。这些立法同样具有开创性，有利于革命成果的巩固和新秩序的形成。其中主要有：不再使用清朝的宣统纪年，规定"即日起用黄帝纪元，不准再用'宣统'字样"；[1]男性不得继续留辫，需一律剪辫，规定："仰各团体苦口实力，辗转相劝，务使豚尾悉捐，不惹胡儿膻臭，众心合一，还我上国衣冠"；[2]强调通过诉讼来解决纠纷，规定："嗣后如有民、刑诉法，以及关于民政案件，可经向本属司法或行政等署分别呈诉，不必由本府间接办理，以省无穷繁重之手续。"[3]这些立法成果都是新的立法成果，随着辛亥革命在上海的兴起而产生，具有开创性。同时，在上海华界辛亥革命时期立法中，还具有奠基意义，为以后两个阶段的立法发展打下了坚实的基础。

2. 发展阶段

这一立法阶段的时间从1912年1月1日中华民国成立始，到1912年4月1日孙中山正式卸任临时大总统前止，前后时间是三个月。这一阶段立法的主要特色是，在原有立法的基础上，不断向前推进，立法内容有所深化，使其与中华民国开创的新时代相匹配，也使临时政府的意志和愿望在上海华界的立法中得到体现。这一立法发展突出表现在以下一些方面。

第一，根据出现的新情况，作出新的规定。中华民国成立以后，上海华界出现了一些新情况。对于这些新情况，需要作出新的规制，以维护社会的安定。其内容主要是禁止一些有害于社会、民众的行为。当时，出现了一些非法分子，对民众进行欺诈，以图非法之利。"有奸诈无耻之徒，乘此时机，谋为不法，或冒名而行诡计，或假公以使私图。愚民无知，往往受其欺诈，贻害匪浅。"因此，沪军都督陈其美便发布"禁例五条"，规定，凡冒称官长者、僭用官府服饰和徽章者、伪造民国通用货币者、伪造官府印章者、伪造官府文书者"一经觉察，本都督当按军法从事，决不宽贷。"[4]另外，当时还发现吸食鸦片

---

〔1〕《改易徽号》，载《民立报》1911年11月8日。

〔2〕上海社会科学院历史研究所编：《辛亥革命在上海史料选辑》，上海人民出版社1981年版，第324页。

〔3〕上海社会科学院历史研究所编：《辛亥革命在上海史料选辑》，上海人民出版社1981年版，第377页。

〔4〕上海社会科学院历史研究所编：《辛亥革命在上海史料选辑》，上海人民出版社1981年版，第327～328页。

死灰复燃的情况，“现自民军建义以来，军务倥偬，不暇顾及，而吸烟者来此时会，有死灰复燃之势。”这对民众十分有害。“凡我同胞沉溺于鸦片之中，废时实业，败产荡家者以数百千万计。”于是，沪军都督府又及时作出规定，严令禁止。“为此特布禁令，如有私卖灯吸者，一经察出，财产立即发封，本犯严行惩办。”〔1〕

第二，根据出现的新问题，作出新的规定。南京临时政府执政期间，上海曾出现过一些新问题。这些新问题如果得不到及时解决，就会对新建立的政权和秩序产生消极影响，于是上海华界的革命政权及时采取措施，用立法加以规范，着力解决这些问题。那时，出现了有些军人在妓院、戏馆混闹的问题。这有损于军人形象，需要及时得到解决。“访闻军界中，有身穿戎服，出入于花天酒地之中，结队成群，毫无顾忌，丧失军人资格，实贻民国之羞。”于是，沪军都督府马上作出规定，防止这一问题的再度出现。“凡有见穿军服之人在妓院、戏馆混闹者，许即扭解来府，即以军法从事。扭解之人，立予重赏。”〔2〕还有，当时另发现有人造谣惑众，危害民国。“本都督访闻，有宗社党党员到处煽惑，希图破坏民国。上海及五方（杂）处，良莠不齐，难保无该党党员，混迹造谣，惑我人心。”对于这一新出现的问题，沪军都督府也及时作出规定，加以禁止，并要求“各商团、各区巡警严密防查，谨慎防守外，合亟令行各军队一体遵照”。〔3〕

第三，根据现代社会发展的新需求，作出新的规定。中华民国是民主共和国，是以“三民主义”为指导的现代国家，需要体现现代文明，贯彻现代精神。于是，上海革命政权在其施政期间，根据现代社会发展的新需求，作出了一些新规定。上海作为一个大都市，华界也应清洁卫生，这是一种趋势。“举办清洁，系地方行政卫生要图，事在必行。”如果有人要反对，进行干扰，那就要法办。“擅行聚众集议抵抗，意在扰乱，实属大干法纪”，有必要“先将聚众为首

---

〔1〕 上海社会科学院历史研究所编：《辛亥革命在上海史料选辑》，上海人民出版社 1981 年版，第 338 页。

〔2〕 上海社会科学院历史研究所编：《辛亥革命在上海史料选辑》，上海人民出版社 1981 年版，第 381 页。

〔3〕 《严防匪党》，载《民立报》1912 年 3 月 7 日。

之人，提交司法署严讯”。[1]还有，受现代法制和司法文明的影响，规定开始在军队中废除肉刑，取而代之以“新法”即现代刑罚。“现闻该营军士，每犯过失，有治以割耳、插耳箭等毒刑情事。查此种军律，乃从前之恶习，刻正改良新法，不宜袭用。嗣后各军队均应按照现行新律，不得擅用旧律。”[2]这些新规定都为中华民国成立以后，临时政府执政时期上海华界的革命政权所制定、颁行，对于上海华界的稳定和发展均具有进步意义，应该得到肯定。

3. 影响阶段

这一立法阶段的时间从1912年4月1日孙中山正式卸任临时大总统始，到1913年7月28日郑汝成任上海镇守使前止，时间持续了一年多。孙中山卸任临时大总统以后，临时政府夭折，北京政府掌控国家政权。可在此时，陈其美仍控制着上海华界的政权，上海华界的立法还受到以前立法的影响，作出了一些有利于上海华界社会发展的规定。但是，1913年7月28日北京政府任命郑汝成为上海镇守使后，情况发生了较大的变化。他在击败了讨袁军之后，又取消了带有资产阶级民主色彩的上海市政厅，同时加强了对上海华界的专制统治。[3]此后的立法也发生了很大变化。这一阶段上海华界立法的主要特色是，尽管临时政府已经不复存在，但受其法制的影响，上海华界的立法仍具惯性，没有完全改变民主共和国的色彩，其立法内容对上海华界的发展和稳定仍具有积极意义。而且，其规定的内容都有一定的针对性，有的放矢。

第一，稳定米价。大米是上海华界民众的主要食粮，它的涨价会直接影响到民众的生活，因此米价需要稳定，不可随意上涨。可在1912年5月上海华界一度米价大涨，“近来米价昂贵，已在十元以外”。为了平抑米价，沪都督府作出了相应的规定。“须知目前地方人民生计困难，米价已至十元以外，若再增贵，其何以堪？此后但可减低，不可再涨。该商等务当顾念大局，共体时艰，切勿居奇，致酿变故。其各遵照。”[4]

第二，维护城市环境和饮水卫生。在此时的立法中，还有一些维护城市环

〔1〕 上海社会科学院历史研究所编：《辛亥革命在上海史料选辑》，上海人民出版社1981年版，第500～501页。

〔2〕 上海社会科学院历史研究所编：《辛亥革命在上海史料选辑》，上海人民出版社1981年版，第389页。

〔3〕 唐振常主编：《上海史》，上海人民出版社1989年版，第491页。

〔4〕 《米价不可再涨》，载《申报》1912年5月24日。

境和饮水卫生的内容,这都有利于上海华界向现代化城市发展。当然,作出这些规定均有一定的针对性,即针对出现的一定情况而作出了相应的规定。当时,有厂家生产硝磺、镪水且又无环保设施,以致上海华界民众受害。“据公民袁尽之等呈称,前清禁闭之药水厂旧基,近又开设协昌硝磺、镪水厂二家,日夜烧炼,气秽酸臭,实与就近居民大有妨碍等因。”于是,上海华界便及时作出规定,命其立即停业,限期迁走。“速令该两镪水厂立即停工,限期迁去。如违,发封严办。”〔1〕以后,有人发现一种卫生泡水柜,可以使水易开而卫生,于是就用立法形式,推广使用。据1912年7月24日的《申报》报道:“余宝生以市间老虎灶所售之水,俱系半滚半冷,食之有碍卫生,今别创一种卫生泡水柜,使水易滚而洁净,且用煤又省。”因此,沪军都督府作出规定:推广使用。“自应饬老虎灶仿造置用。”〔2〕

第三,禁止伪造军用钞票。那时,出于维护上海华界金融秩序的需要,曾发行过军用钞票。“适当金融阻滞,市面恐慌,不得已发行军用钞票,由中华银行兑收,无非为应对军需、维持市面起见。”可是,一些不法分子竟伪造假钞,从中渔利。“有罔法之徒,大胆妄为,竟敢伪造前项军用钞票到处混用。”对于这种非法行为,沪军都督府及时作出规定,禁用这种假钞,并对制造假钞的不法分子“严密侦缉,尽法惩办”。〔3〕

第四,把匿名信控告作为无效处理。那时的匿名信控告不仅时有发生,而且还内容不实。“近来匿名控告不一而足,甚且有隐名假托者。”对于这些匿名信,沪军都督府认为:“匿名书函,事不足凭;诬告挟嫌,罪当反坐。”为此,作出把其作为无效处理的规定。“为此通告,仰沪地各界人等一体知悉,此后如有告密、控诉等事,须将原告、姓名、住址详确开明,以便传案质讯。否则无从根究,作为无效,其各遵照毋违。”〔4〕可见,这一阶段的立法内容受前两个阶段立法内容的影响,基本保持了原有的风格,比较健康,对上海华界的发展仍具有积极意义。

---

〔1〕《勒闭妨碍卫生之工厂》,载《申报》1912年7月2日。

〔2〕上海社会科学院历史研究所编:《辛亥革命在上海史料选辑》,上海人民出版社1981年版,第452页。

〔3〕上海社会科学院历史研究所编:《辛亥革命在上海史料选辑》,上海人民出版社1981年版,第446~447页。

〔4〕上海社会科学院历史研究所编:《辛亥革命在上海史料选辑》,上海人民出版社1981年版,第398页。

辛亥革命时期上海华界立法的主要特性

辛亥革命时期，上海除了有华界以外，同时还存在两个租界，即上海公共租界和法租界。它们占据上海市的中心区，周边都是华界。华界不仅与这两个租界同时存在，而且其立法也同时并存。与当时上海租界的立法相比较，比较容易反映出辛亥革命时期上海华界立法整体上的主要特性，其突出表现在以下三个方面。

1. 从法规体系和单个法规方面来审视，辛亥革命时期上海华界的立法缺乏系统性，上海租界的立法则不具有这一特性

与上海租界当时的立法相比较，上海华界的立法不论是在法规体系，还是在单个法规方面，都缺乏系统性。从法规体系来看，辛亥革命时期上海华界的法规体系缺乏系统性。它缺少一个带有根本法性质的法律文件，去统领整个法规体系。同时，在法规体系中，部门法也残缺不全。从其涉及的部门法来论，相关的部门法主要是组织法、军事法、经济法、行政法等。而且，这些部门法中内容也不完整，只是规定了其中一些急需规定的内容。组织法规定的主要是有关辛亥革命后在上海建立的新政权沪军都督府的一些内容，包括组织机构、编制、职责等，另外由此还引申出值日和会议规则等。军事法规定的主要是有关军队的纪律和一些需惩治的越轨行为，包括“军律十一条”“刑赏条例”“军规赏罚十八条”和要惩治军人进入妓院和戏馆行为等内容。经济法规定的主要是免除捐税、使新的公债票军用票和钞票等内容。行政法规定的主要是有关禁止赌博和吸鸦片、要求剪辫等内容。其他部门法及其涉及的内容均很少或根本没涉及，法规体系缺口较大。

从单个法规方面来看，其内容也缺乏系统性。辛亥革命后，沪军都督府大量颁行的一事一议的单行法规，很少有像《沪军都督府条例》那样内容相对较多的规定。这种一事一议的单行法规一般字数都非常少。比如，收缴枪支的告示仅有 50 余字；禁止军人在妓院、戏馆混闹的规定也只有 100 余字。这样的单行法规的内容不具有系统性。另外，像《沪军都督府条例》那样内容相对较多的法规，也只有 5 章 26 条，其中的第 5 章是附则，仅 3 条。前 4 章分别是都督府、司令部、参谋部和军务部，平均每章才 6 条不到。它们规定的内容仅涉及机构和下属部门及其职责。比如，第 2 章司令部共 5 条，分别规定了司令

部长由都督兼任和下属秘书科、政掌科、传令科三个部门的职责。每项职责仅一句话，少则 4 个字，多则 10 余个字。这一法规也无法系统化。

与其相比，当时上海租界的立法就比较系统一些。从法规体系来看，已形成了从土地章程到许多部门法内容的体系。上海租界的土地章程又称为“地皮章程”“地产章程”等，[1]被视为上海租界的“根本大法”。[2]它集中规定了租界的地域、租地办法、租界管理的原则等一些内容，是这一租界存在和发展的根本性规定。上海公共租界前身的上海英租界的土地章程颁布于 1845 年，上海法租界的土地章程制定于 1849 年。以后，在 1854 年、1869 年和 1893 年等，上海租界的土地章程又作了补充、修改，内容有了发展。[3]土地章程颁行以后至辛亥革命时期，上海租界出于管理的需要又制定了不少法规。仅上海公共租界就已有：书信馆章程（1893 年）、治安章程（1903 年）、巡捕房章程（1903 年）、中式新房建造章程（1901 年）等。可见，上海租界的法规体系在辛亥革命前就已逐渐建立起来了。另外，从单个法规来看，其内容也比较系统，以上海公共租界的治安章程为例。[4]此章程共有 25 款，款下分条，少则 6 条，多则 14 条。涉及的内容涵盖了租界治安的方方面面，包括有：西客栈及大餐馆、大小弹子房、驳船、渡船、火车、豢犬、出卖洋酒店铺、马车行、机器车、自用马车、自用东洋车、大餐馆、小火轮、戏馆、华式船、东洋车行、客栈、出卖烟膏店铺、烟馆、当押铺、杉板、茶馆、小车和酒馆等。其他单个法规的内容也都大致如此，比较系统。这种情况与上海华界在辛亥革命时期华界颁行的规定差别明显。

形成辛亥时期上海华界立法缺乏系统性特点的原因有多个，其中主要是这样两个。第一，上海华界立法是单一制立法体制下的地方性立法。辛亥革命时期，上海是中国单一制政体下的一个地方性城市，其立法也是单一制立法体制下的地方性立法，不可能制定一个根本法性质的法律文件。这由立法权限所决定。这种文件只能由当时的中央立法机关来制定，中国也确实制定过这样的文件。1912 年 3 月 8 日南京临时政府的参议院通过的《中华民国临时约法》就是一部辛亥革命后施行于全国的宪法性文件。它颁行以后，上海

[1] 熊月之主编：《上海通史》（第 3 卷），上海人民出版社 1999 年版，第 21～22 页。
[2] 唐振常主编：《上海史》，上海人民出版社 1989 年版，第 139 页。
[3] 史梅定主编：《上海租界志》，上海社会科学院出版社 2001 年版，第 91～101 页。
[4] 史梅定主编：《上海租界志》，上海社会科学院出版社 2001 年版，第 690～699 页。

华界应以此宪法文件为依据来制定自己的法规。然而,上海租界的情况则不同。它们相对独立,如同“国中之国”,[1]有自己的立法、行政和司法机关,不受中国中央政府的管辖,也不在其母国的直接统辖之下。在这种情况下,要建立自己的现代法规体系,没有根本法性质的文件不行,于是土地章程便应运而生,其法规的系统性也就有了基础。第二,上海华界立法的时间太短。辛亥革命自 1910 年 10 月 10 日爆发至 1912 年 3 月南京临时政府结束,前后只有不到 6 个月的时间。而且,战争是主要任务,占据了很多时间。上海的新生政权要在这么短的时间制定系统的法规,实无可能,就是中央政府也困难重重。南京临时政府也就制定了《中华民国临时约法》那样的宪法性文件,其他均是单行法规,也没有制定内容系统的部门法法典,何况是上海华界的地方立法了。可是,上海租界立法的情况则不同了。从上海租界诞生之日起,到辛亥革命时期,已走过了 60 余年的路程,立法也有了 60 余年的历史与经验的积累,可以很从容地制定一些内容比较系统的法规。时间的延续和经验的积累在立法中举足轻重。

2. 从立法内容方面来分析,辛亥革命时期上海华界的立法具有革命性,上海租界的立法则不具备、不拥有这一特性

革命性也是辛亥革命时期上海华界立法的一个特性。这里的革命性是指反封建性,包括:推翻封建政权,建立民主共和的新政权;废除封建制度,创建新生政权的制度;改革封建的风俗习惯,推行现代风俗习惯;等等。辛亥革命时期上海华界的立法在这几个方面都有突出表现。武昌起义爆发以后,消息很快传到上海。1911 年 11 月 3 日在中国同盟会、光复会上海支部的共同领导下,由革命党人领导的敢死队、上海商团、起义后的上海军警等武装力量一起参与后,很快取得胜利,同月 7 日沪军都督府成立。[2]随后,《沪军都督府条例》《沪军都督府办事简章》《值日规则》《会议规则》《会客暂行规则》《都督府编制职表通告》和《沪军都督府问事处规则》等规定先后被制定、运作,辛亥革命以后的上海新生政权不仅诞生,而且还开始规范行使权力了。上海起义和沪军都督府的成立都是辛亥革命的重要成果,是对清朝上海旧政权的革命,并达到了推翻这一旧政权并建立自己新政权的目的,其立法对沪都督府作了肯

〔1〕 费成康:《中国租界史》,上海社会科学院出版社 1991 年版,第 203 页。
〔2〕 唐振常主编:《上海史》,上海人民出版社 1989 年版,第 469 页。

定与规范，革命性十分突出。还有，沪军都督府用立法废除了清朝及其上海地方政府施行的苛捐杂税等一系列规定，是对清朝政府法制的否定，也是一种革命性的表现形式。另外，沪军都督府用公布单行法规的形式，改革清朝流传下来的用阴历、留长辫等一些旧风俗习惯，同样是一种在风俗习惯方面的革命。可见，在辛亥革命后上海华界的立法中，革命性表现得非常明显。

可是，在当时的上海租界则是另一种情形，其不具有立法的革命性。在上海，租界诞生之时，没有旧的清朝立法存在，其建立的直接是现代法制，而且是从西方移植的现代法制，没有一个废止旧封建法制的任务。在建立租界以前，那里是一片滩地，没人居住。“满目的荒滩芜地，到处是河汉纵横，茅草偕芦苇共生，江鸥伴蚊蝇齐翔”，还“野田旷地之余，累累者皆冢墓也”。[1]在这些地方划出界域，建立了上海租界。而且，上海租界实行相对独立的管理，是一种“由外国人统治的中国领土”，[2]于是他们便直接引进西方的现代法制，建立了自己的现代法制。[3]与上海华界不同，这种法制本身就在反封建的资产阶级革命胜利后所制定，不存在立法的反封建革命性。它们的这种革命性在18世纪以前的资产阶级革命时期已经体现过了。因此，在辛亥革命时期，上海租界的立法不具有革命性。另外，上海租界在辛亥革命时期也没有制定支持辛亥革命的法规，其立法也不可能具有革命性。相反，辛亥革命时期上海租界采用的是“中立”的政策。英国领事曾奉命发出告示，要求在华的英国人既不要参与反对清政府的战争，也不要参加镇压革命党人的战争；否则，一经查出，即要被处500镑以下的罚金或监禁两年以下。[4]这一政策名为“中立”，其实在辛亥革命时期就是一种不支持这一革命的消极态度，上海租界立法的革命性也就无从谈起了。

形成辛亥革命时期上海华界立法革命性的主要原因是辛亥革命只在上海的华界发生，上海租界没有经历辛亥革命的过程。这样，上海华界的立法便是中国辛亥革命立法的一个组成部分，而上海租界则不是，其不可能在这一时期具有立法的革命性。辛亥革命是中国历史上的一次重要革命，结束了延续

---

〔1〕 姜龙飞:《上海租界百年》，文汇出版社2008年版，第9页。
〔2〕 费成康:《中国租界史》，上海社会科学院出版社1991年版，第203页。
〔3〕 王立民:《上海租界与上海法制现代化》，载《法学》2006年第4期。
〔4〕 唐振常主编:《上海史》，上海人民出版社1989年版，第463页。

2000 多年的封建专制，建立了共和制；使民主观念深入人心，从此民主主义成了正统，取得了神圣不可侵犯的地位；解放了封建专制统治禁锢下的生产力，为资本主义经济的发展开辟了道路。[1]这次革命必然引起立法上的革命，辛亥革命时期中国不能再墨守、套用清政府的法制，相反必须开展自己的革命立法，支持、促进、发展革命，中央是这样，上海华界也是这样。中央的立法是全国性的立法，具有全国普遍的适用性；上海华界的立法则是地方性立法，具有地方的特定适用性。而且，上海华界的立法也必须与中央立法保持革命性的一致性，共同推进辛亥革命。事实也是如此。当 1912 年 3 月 2 日发布了《临时大总统关于革除前清官厅称呼致内务部令》，作出不得再用“前清官厅，视官等之高下，有大人、老爷等名称”，而要在“各官厅人员相称，咸以官职；民间普通称呼曰先生，曰君，不得再沿前清官厅恶称”的规定以后，[2]上海华界的沪军都督府也作出了相应的规定。“嗣后各官厅人员相称，咸以官职；民间普通称呼，则曰先生、曰君，不得再沿前清官厅恶习。”[3]辛亥革命时期中央立法的革命性也决定了上海华界立法的革命性。

3. 从民国立法史方面来考察，辛亥革命时期上海华界的立法具有开创性，上海租界的立法则不具备这一特性

在中国，民国的历史从辛亥革命时期开始，民国的立法史也从辛亥革命时期开始。辛亥革命时期的立法在民国立法史上具有开创性，上海华界在这一时期的立法也同样如此。这种开创性表现得十分明显，建立新政权、运用新钞票、改用阳历、推行剪辫、使用新称呼等的立法都是如此。这些规定在清朝上海的华界立法中从来没有出现过，也不可能出现，因为它们都是反封建的产物，是随着辛亥革命的展开和新政权沪军都督府的建立而诞生的，是一种新生事物，其开创性不言而喻。从此以后，上海华界的立法开始了一个新纪元，即民国时期立法的历史。这一历史的后续时期包括北京政府和南京国民政府立法的时期。尽管这个历史过程比较曲折，1912 年 3 月孙中山辞去了临时大总统，同年 4 月北京政府掌控了政权，政府所在地也从南京迁到了北京，民主共

---

〔1〕 白寿彝总主编:《中国通史》(第 11 卷)，上海人民出版社 2004 年版，第 311 页。

〔2〕 中国第二历史档案馆编:《中国民国史档案资料汇编》(第 2 辑)，江苏人民出版社 1981 年版，第 31 页。

〔3〕 《不必称大人老爷》，载《时报》1912 年 3 月 4 日。

和政权逐渐沦为军阀独裁政权，可是民国时期的上海华界的立法仍朝着现代立法的方向发展，体系和内容也日趋完臻。

到了南京国民政府时期。上海华界的法规体系已经成熟，其内容包括了政治、组织、经济、社会、教育、文化、医疗卫生、治安等社会生活的各个领域。[1]另外，制定的单个法规也系统化了，仅以关于教育方面的立法为例。那时制定的《上海特别市政府奖学金规程》(1930年)、《上海市私立特殊学校立案规程》(1932年)、《上海市市立民众学校办法大纲》(1933年)、《上海市中山学教职员服装统一办法》(1934年)和《上海市中小学生制服统一办法》(1934年)等都很系统。[2]而这一立法史的源头则在辛亥革命时期上海华界的立法，其在上海华界民国立法史中的地位独占鳌头。

在辛亥革命时期，上海租界的立法则不具有开创性的特性。它们的开创性是在辛亥革命以前。那时，上海租界植入西方的现代法制，开始现代立法并逐渐形成自己的体系，实现了上海租界立法从无到有的开创。到了辛亥革命时期，上海租界的法制已趋于成熟，内容也比较完备了，它们的立法已过了开创期。另外，辛亥革命也没有发生在上海租界，其立法也不可能因为无此革命而出现新的开端，提升到一个新的高度。

形成上海华界立法开创性这一特性的原因，主要在于民国华界的立法史与中央立法史一样，都是从辛亥革命时期开始，它是这一立法史的开创期。在此以前，上海华界的立法是清朝的地方立法，其内容以维护封建专制制度为主导，大量表现为征收苛捐杂税、限制海外贸易、实行保甲制度等，[3]与辛亥革命时期上海华界的立法有本质上的差异。有了辛亥革命时期上海华界的立法，便有了民国以后其他时期上海华界的立法，这一开创性便显露出来了。

辛亥革命时期上海华界立法的其他问题

在辛亥革命时期，上海华界的立法还有一些其他问题也值得关注。

1. 立法后的实施问题

立法只是在文本上作出规范性规定，目的是要通过实施而在现实生活中

---

〔1〕 王立民:《上海法制史》，上海人民出版社1998年版，第104～131页。

〔2〕 王立民:《上海法制史》，上海人民出版社1998年版，第118～121页。

〔3〕 王立民:《上海法制史》，上海人民出版社1998年版，第52～67页。

发生影响，使其成为人们行为的规则，得到切实的落实，形成一个良好的社会秩序和氛围。辛亥革命时期上海华界的立法也是如此。从这一立法的实施的总体情况来看，整体情况较好。大量反封建的规定得民心，深入人心，绝大多数上海人民都十分拥护并贯彻执行。这里以实施剪辫的规定为例。沪军都督府作出剪辫的规定以后，很快便加以实施，而且还被形成了一个称为紧张与热闹的剪辫运动。开始时，士兵们在城厢内外，上街实施规定，“将人在路上拦住、拖住，硬剪掉人家垂于脑袋后面的发辫”，以后发展为自愿剪辫，“严禁强迫”，于是义务剪辫等形式出现了。1911 年 12 月 28 日在小南门开了一次义务剪辫大会，去剪辫者“不下数百人”。因为效果比较好，同月 31 日又“假座榛苓学校”，再开了一次剪辫会。剪辫后的发型分两种：一种是学生头，“概不取资”即免费；另一种为分头路，比较美观一些，要“取资一角”。还有的茶馆附设了一个义务剪辫会，3 天内来剪辫的，“不但分文不取，而且另赠大肉面一碗，以助兴趣”。结果，3 天下来，竟有 254 人前去剪辫，成绩不凡。[1]从此以后，上海的男人逐渐习惯了不留长辫，开始蓄短发，新的风俗习惯蔚然成风了。它的开端则是在辛亥革命时期上海华界的剪辫规定与因此而形成的剪辫运动。

2. 立法的意义问题

辛亥革命时期上海华界的立法具有重要意义，表现在多个方面，然而仅从立法角度来观察，有两个方面非常突出。一方面，从上海华界现代立法的阶段性来观察，辛亥革命时期上海华界的立法实现了成功转型，即从清朝的封建专制立法转型为资产阶级民主共和国立法，具有转型的意义。包括清朝在内的封建时期，其上海地方立法的各方面都打下深刻的封建烙印，包括立法机构、立法内容等都是如此。在专制制度之下，中国的地方行政长官掌握有当地的立法、行政和司法权，并以行使行政权为主，因此地方立法权由地方行政长官兼使。在清朝，上海县的立法权就由上海知县行使。《清史稿·职官三》记载说：“知县掌一县治理，决讼断辟，劝农赈贪，讨猾除奸，兴养立教。凡贡士、读法、养老、祀神、靡所不综。”雍正八年（1730 年）苏松道从苏州迁至上海，便有了“上海道”的说法。从此，上海道的长官道台也参与上海地方立法了。[2]那

〔1〕 上海通讯社编：《上海研究资料》，上海书店 1984 年版，第 549～551 页。

〔2〕 王立民：《上海法制史》，上海人民出版社 1998 年版，第 12 页。

时的立法内容也竭力维护封建专制制度，镇压人民的反抗，以使用严刑酷法为特征。清末虽进行了法制改革，但是维护专制制度仍无根本改变。

辛亥革命以后，上海华界的立法在废除上海原有封建立法的同时，开创了上海华界资产阶级民主共和国立法的先河。从此，上海华界立法开始摆脱长期以来封建地方立法的窠臼，走上了资产阶级民主共和国地方立法的道路。上海华界开始重视民主立法，立法内容也大量废除旧规定、创制新规定，使立法发生了翻天覆地的变化。这就是一种上海华界立法的转型，而且这一转型还取得了成功，上海华界的立法没有再回到原来封建立法的状态。那时，上海华界的立法顺应了民意，也顺从了历史发展的潮流，在上海华界立法史上留下了光辉的一页。

另一方面，从上海华界现代立法的整个过程来观察，辛亥革命时期上海华界立法做到了承前启后，即上承清末法制改革开始走出的现代立法道路，下启北京、南京国民政府继续进行的现代立法，具有承前启后的意义。清末在内外交困之下，清政府开始"新政"，包括进行立宪和法制改革，中国开始走立法现代化的道路。但是，这次改革并不顺利，民法典、商法典、诉讼法典等均未生效，法院编制法等生效后也无法得到实施。上海华界立法作为全国立法的一个组成部分，效果也不明显。这一立法现代化进程需由后续的政府进一步推进。辛亥革命以后，南京临时政府和上海华界的沪军都督府都在实现立法转型的同时，仍然推动着中国立法现代化的进程。那时，上海华界的立法是一种现代立法，其内容是现代法制的内容，与以前的旧法制有非常大的区别。辛亥革命以后，北京、南京国民政府的立法也属于现代立法的范畴，而且在20世纪30年代南京国民政府还完成了"六法全书"，中国的立法现代化基本实现。此时，上海华界的立法也同步进入了中国法制现代化时期。清末出现的现代立法与北京、南京国民政府立法之间的连接点便是辛亥革命时期的立法，其中包括上海华界的立法。这一时期上海华界的立法在上海华界立法现代化中起了承前启后的作用，在上海华界立法史上意义重大，留下了不可磨灭的印痕。

3. 与中央立法的关系问题

辛亥革命时期上海华界的立法属于上海的地方立法，不仅与中央立法共同构成了那时的法律体系，而且还关系密切。首先，上海华界立法强调、贯彻中央立法。辛亥革命以后,孙中山等以中央的名义制定了法律,这些法律要在全国生效、施行。上海华界根据实施这些法律的需要,专门制定法规,强调中央的规定,以便在本地得到贯彻。关于改用阳历、禁止冒充军人进行勒索等的规定属此类。1912 年 1 月 2 日的《申报》以"中华民国新纪元"为题,专门登载了根据大总统孙中山的谕令而由沪军都督府所作出的一个规定。它开门见山就讲:"本日(农历十一月十二日)奉大总统孙谕令,以本月十三日为阳历元旦,我民国百度维新,亟应及时更用阳历,期于世界各强国同进文明,一新耳目等因。"然后,再规定在上海华界也同样施用阳历,即"从前行用阴历,一律变更"。[1]除了贯彻孙中山大总统的谕令外,还有为了执行中华民国军政府的规定而制定上海华界的规定,禁止冒充军人进行勒索即是如此。1911 年 11 月 10 日的《民立报》以"查办匪徒"为题,专门刊载了依据中华民国军政府的规定而上海华界重申并作出的相应规定。此规定开始便说:"中华民国军政府为晓谕事:照得本军政府此次起义,专门革除满清苛政而来,故兵到之处,丝毫无犯。查近有匪徒手缠白布,冒充民国军式样,在民间假名筹饷,恐吓敲诈,大干军律。合行出示晓谕。"接着,上海华界便相应作出了自己的规定:"为此,示仰城厢内外各色人等一律知悉,倘日后再有此等勒索情事,即将其人立拿相送,尽法惩办,以安地方,而肃军纪。"

其次,上海华界立法结合上海华界的具体情况,为推进辛亥革命而作出了自己的规定。上海华界在辛亥革命的过程中,根据本地的实际情况,为有利于这一革命的顺利进行作出规定并加以执行。这类规定在中央立法中往往找不到对应的内容,明显具有上海华界立法的特殊性。禁止运米出口和私立"邪会"的规定属于此类立法。辛亥革命期间,发现上海的有些奸商私运粮食到外地,即"有嗜利奸商,私运米石出口"。为了避免由此而造成接济敌军的严重后果,沪军都督府作出了严禁米石出口的规定。"照得起义以来,需粮孔亟,深恐奸商运米出口,接济敌军",故作出了规定。其内容是:"仰各米商及各关口执事人员知悉,此后如有私运米石情事,一经察出,从重惩治,其各自爱。切切特示。"[2]以后,发现上海华界出现了"邪会",其成员"号召劣徒私立邪会

〔1〕《中华民国新纪元》,载《申报》1912 年 1 月 2 日。

〔2〕上海社会科学院历史研究所编:《辛亥革命在上海史料选辑》,上海人民出版社 1981 年版,第 418 页。

者,放票命名,勾结兵士,蓄意叵测"。如果任凭"邪会"蔓延,会后患无穷。"将来蔓延不已,既无以谋治安,更何以论进化。"于是,沪军都督府及时作规定。"爰自今日始,特申严禁,尔军民人等慎毋为劣徒所惑。"如果执迷不悟,"一经觉察,凡名列该会者,本都督唯有按律惩治,决不宽贷"。[1]这些都是结合推进上海辛亥革命而作出的规定,其重要性不可小觑。

最后,上海华界立法为中央提供了借鉴。辛亥革命爆发后,上海华界视革命发展的需要,先于中央立法而制定一些规定。以后,这些规定的内容被中央立法所借鉴,中央因此也作出了类似的规定。从时间来看,上海华界的立法在前,中央立法在后。剪辫、禁赌、禁烟等一些规定都是如此。

第一,关于剪辫的规定。辛亥革命时期,上海华界第一次作出剪辫的规定是在 1911 年 11 月。此月 12 日的《时报》刊载了上海华界作出的一个剪辫规定,内容是:"凡我同胞,一律剪辫。除去胡尾,重振汉室。"中央作出剪辫规定的时间是 1912 年 3 月 5 日的《临时大总统关于限期剪辫致内务部令》,其主要内容也是要求中国的男性限期剪辫。"凡未去辫者,于令到之日,限二十日一律剪除净尽。有不遵者,违法论。"[2]这两个规定的主要内容相似,在时间上则相差 4 个月左右,而且是上海华界立法在前。

第二,关于禁赌的规定。辛亥革命时期,上海华界第一次作出禁赌的规定是在 1912 年 2 月。此月 21 日的《民立报》记载了沪军都督府陈都督的一个关于禁止赌博告示。它说,赌博危害很大,现在"民国新立,旧染污俗,悉行蠲除",因此要"严禁赌博"。中央立法禁赌则是在 1912 年 3 月 5 日。此日的《内务部为禁赌呈》认为:"窃维赌博陋习,最为社会之害,律法在所必禁",故规定"无论何项赌博,一律禁除"。[3]这两个规定的主要内容也相似,可在时间上则有先后,也是上海华界的在前,中央的在后。

第三,关于禁烟的规定。辛亥革命时期,上海华界作出的第一个禁烟规定是在 1912 年 2 月。此月 22 日的《民立报》报道了沪军都督府陈都督的一

〔1〕 上海社会科学院历史研究所编:《辛亥革命在上海史料选辑》,上海人民出版社 1981 年版,第 341 页。

〔2〕 中国第二历史档案馆编:《中国民国史档案资料选编》(第 2 辑),江苏人民出版社 1981 年版,第 32 页。

〔3〕 中国第二历史档案馆编:《中国民国史档案资料选编》(第 2 辑),江苏人民出版社 1981 年版,第 33 页。

个禁烟的告示。告示明示，吸食鸦片烟危害很大，故“特布禁令”，“本都督非欲以强迫手段施之同胞，赏（实）欲除恶务尽，不欲留污点以贻民国前途之隐患”。中央立法禁烟则是在1912年3月2日颁行的《临时大总统关于禁烟令》。[1]此令也认为吸食鸦片危害很大。“失业废时，耗财殒身，浸淫不止，种姓沦亡，其祸盖非敌国外患所可同语。”因此，“由内务部转行各省都督，通饬所属官署重申种吸各禁，勿任废弛。”这个规定的内容同样十分相似，主题也是禁烟，可时间上也存在先后，而且还是上海华界早于中央，其间相差10天左右。可见，那时，上海华界的立法中有些规定，还为中央政府所重视，成为其立法的参考，为其立法提供了一个方面的依据。

本文原载《史林》2012年第6期。
被人大复印资料《中国近代史》2013年第5期全文转载。

---

〔1〕 中国第二历史档案馆编:《中国民国史档案资料选编》(第2辑)，江苏人民出版社1981年版，第31～32页。

二、上海律师公会与中国近代法制

2012年是上海律师公会成立一百周年。回顾上海律师公会产生、发展的过程，与中国近代法制关系密切。本文就上海律师公会与中国近代法制问题作些论述。

上海律师公会是中国近代法制的产物

一百年前成立的上海律师公会并非无因之果；相反，其产生具有一定的必然性，其中与中国近代法制的关系特别密切，是这一法制的产物。

1. 鸦片战争以后中国租界最早出现了中国近代法制

1840年鸦片战争爆发，以中国的失败而告终。英国与中国分别于1842年和1843年签订了不平等的《南京条约》和附件《五口通商章程》。根据这些条约，上海的英租界产生了。之后，法、美、德、俄、日本、意大利、奥地利、比利时8个国家也分别通过不平等条约在中国设立了租界。设立租界的城市除了上海以外，还有厦门、天津、镇江、汉口、九江、广州、杭州、苏州、重庆9个城市。[1]中国租界产生后，中国大地上的近代法制在19世纪便随之出现了。

中国租界会出现中国近代法制主要基于两个方面的原因。一方面原因是中国租界建立了自己的近代法制。中国的租界是一个由外国列强管理的特殊地区，它们逐渐建立起自己的立法、行政、司法等机构，制定自己的规定，实施自己的法制，而

---

〔1〕 费成康：《中国租界史》，上海社会科学院出版社1991年版，第427～430页。

这一法制与中国传统法制不同，是一种近代法制。以上海租界为例。上海自设立了英租界以后，又相继建立了美、法租界，之后英、美租界又合并成立了公共租界。这些租界都有自己的立法机构，称为“西人纳税会”或“外人纳税会”等，行使立法权；有自己的行政机构，称为“工部局”或“公董局”，还有下属机构如巡捕房等，行使行政执法权；有自己的司法机构，先后出现过领事法庭、会审公廨等，行使司法权。它们建立的法制是近代法制，在法规体系、法规结构、法制语言、审判制度、监狱制度等方面均具有近代法制的特征，不是中国传统法制。[1]

另一方面原因是中国租界行使领事裁判权。中国在鸦片战争以后，因为不平等条约，承认了外国在华领事裁判权，先后有英、美、法、日、德、俄、意大利、瑞典、挪威、葡萄牙、丹麦、荷兰、比利时、秘鲁、巴西、墨西哥、瑞士、西班牙、奥地利 19 个国家在中国取得了这一权利。[2]这些国家在中国的侨民被称为“有约国人”。他们在中国成为民、刑事案件的被告时，中国的法制与法院对他们无管辖权，而由他们所在国的法制和在中国的领事管辖。中国因此而丧失了对这些有约国人的司法权。这些取得领事裁判权国家的法制是近代西方法制，对有约国人适用的就是这种近代法制。由于那时的领事多在租界办公，领事馆、领事法庭也设在租界，于是租界便成了实施近代法制的地区了。

近代法制离不开律师制度，因此中国租界在中国大地上最早出现了执业的律师。首先出现的是洋律师，他们为有约国人服务，进行刑事辩护和民事代理。洋律师人数不多，增加也不算快。以上海租界为例，1872 年时仅有 7 人，1900 年时增为 15 人，1909 年增到 43 人，1912 年时才形成 46 人的规模。洋律师中，以英美律师为多。据 1909 年的统计，英美律师有 31 人，占律师总数的 72% 有余。[3]中国租界的律师制度对华人也产生了影响，以至于最晚在 19 世纪 70 年代，华人也开始聘用洋人律师为自己进行诉讼。在 1875 年英国“澳顺”轮撞沉中国“福星”轮的赔偿案中，中国当事人就聘请了英国律师担文进行诉讼。[4]中国租界的近代法制给中国人带来了一种新鲜感，看到了它的先

---

〔1〕 王立民:《上海租界与上海法制现代化》，载《法学》2006 年第 4 期。

〔2〕 孙晓楼、赵颐年:《领事裁判权问题》(下)，商务印书馆 1936 年版，第 185 页。

〔3〕 陈同:《近代社会变迁中的上海律师》，上海辞书出版社 2008 年版，第 43 页。

〔4〕 陈同:《略论上海外籍律师的法律活动及影响》，载《史林》2005 年第 3 期。

进性，也体会到中国传统法制的落后性，使中国产生了要在华界也建立近代法制及其律师制度的冲动。

2. 清末法制改革以后，中国开始大规模建立起自己的近代法制

1900 年八国联军侵入北京，朝廷西迁，这迫使清政府不得不进行反思和推出"新政"，于是拉开了中国大规模法制改革和法制近代化的序幕。这一近代化的路径是大量引进西方的近代法制，不断废除中国传统法制，以使中国的法制西方化，西方的法制中国化。为此，清政府作了一系列准备。其中包括：设立修订法律馆，制定近代法制草案；翻译西方的法学著作与法律，用以借鉴；选派中国学生到西方国家留学，学习近代法制；聘请西方法学专家来中国讲学和帮助制定法律草案；等等。

清末法制改革从 1901 年开始，10 年间产出了一些近代法制的成果。其中，有宪法性文件《钦定宪法大纲》《十九信条》；有刑法典《大清新刑律》；有商事法规《商人通则》《公司律》《破产律》等；有法院组织法《大理院审判编制法》《各级审判厅试办章程》《法院编制法》等。还有一些法典虽然没有生效，但草案已经拟成。其中有:《大清民律草案》《大清商律草案》《大清刑事诉讼律草案》和《大清民事诉讼律草案》等。从中可知，在清末法制改革以后，中国开始走上了法制近代化的历程。

就这些法律而言，其内容也都具备了近代的性质而与中国传统的法律体例和内容明显不一样。以《大清新刑律》为例。它的体例是近代刑法典的体例，分为总则、分则两部分，与中国传统法典名例和卫禁、职制、户婚等分篇结构不一样；它的内容只有刑法，与中国传统法典的诸法合体内容不一样；它使用了近代的罪刑法定等原则，与中国传统的有罪推定等原则不一样；它规定的刑罚是近代刑罚，主刑为罚金、拘役、有期徒刑、无期徒刑和死刑，与中国传统的笞、杖、徒、流和死刑不一样；等等。可见，那时近代法制在中国除租界以外的地区也开始出现了。

中国的这一近代法制诞生不久，律师的合法性就被确认了。《法院编制法》从有一定年限的律师可以成为法官、检察官的角度，来确认律师的合法性，这为以后律师制度的发展奠定了基础。它规定，已经工作满 3 年以上律师的人员可以免试，成为候补推事、候补检察官；已经工作满 5 年以上律师的人

员可以免试成为推事、检察官等。[1]这些生效的规定是中国律师制度的肇始，对以后中国律师制度的发展和上海律师公会的产生都具有积极意义。

3. 上海成立了律师公会

中国律师的诞生依托于中国近代法制，中国近代法制又催生了中国律师公会。那时，中国律师是自由职业者，需有自己的行业组织来进行联络、协调、交流，使之更能成为一个行业统一体。从这种意义上讲，律师公会是中国近代法制的产物，包括上海律师公会。中国最早成立的律师公会是江苏律师总会，成立的时间在 1911 年年底前。从 1912 年 2 月 10 日《申报》刊登的《江苏律师总会广告》中获知，它于旧历十月成立。与这个旧历相对应的公历时间应是 1911 年 11 月 21 日至 12 月 19 日。因此，可以推定它在 1911 年年底前就成立了。苏州律师公会紧随其后，成立时间是 1912 年 1 月 8 日。[2]再后，上海律师公会也成立了，时间定格在 1912 年 12 月 8 日。成立的第 2 天，《申报》还专门刊载了成立消息。但是，上海的律师组织应该成立更早。有学者研究后认为，实际上，上海地区的律师组织在 1912 年年初就成立了，而稍后成立的上海律师公会与 1912 年 1 月成立的中华民国律师总会有着密切的亲缘关系。[3]上海律师公会的成立是中国律师史乃至中国近代法制史中的一件大事。它为上海律师乃至中国律师业的大发展，提供了组织基础和发展契机，功不可没。

上海律师公会随着中国近代法制的发展而发展

中国大规模的法制近代化过程是在清末法制改革以后，其步伐始终没有停止，不断向前发展，其中包括律师制度。上海律师公会随着这一法制的发展也在不断发展。

1. 中国的近代法制逐渐建成

清末中国法制改革以后，中国开始迈入了大规模法制近代化过程，其范围已突破租界。可是，这仅仅是个开始，有些法律只停留在草案阶段，需有后续朝代的接续，之后的南京临时政府和北洋政府仍然坚持走法制近代化的道路。

---

〔1〕 陈同:《近代社会变迁中的上海律师》，上海辞书出版社 2008 年版，第 43 页。

〔2〕 陈同:《近代社会变迁中的上海律师》，上海辞书出版社 2008 年版，第 168 页。

〔3〕 陈同:《近代社会变迁中的上海律师》，上海辞书出版社 2008 年版，第 173 页。

南京临时政府颁行了中国历史上第一部民主共和的宪法性文件《中华民国临时约法》;还制定了一系列具有进步意义的近代规定,比如有禁止刑讯、体罚、吸烟(毒)、妇女缠足等规定。北洋政府除了也颁布过宪法性文件以外,还逐渐形成了由法典、单行法规和判例、解释例构成的法律体系。这一体系在之后的南京国民政府时期有了进一步的发挥。

到了20世纪30年代,中国近代法制基本建成,其体系被称为"六法体系"。这个"六法"定型为宪法、民法、民事诉讼法、刑法、刑事诉讼法和行政法。"六法体系"由法典(除行政法外)、相关法规、判例和解释例构成,其中的内容也都逐步近代化了。这里以《中华民国民法》为例。此法典的体系和内容大量来自大陆法系国家的民法典。它的体系由总则、债、物权、亲属和继承5编构成;它的基本精神是自由、公平、博爱;它的原则是平等、互利、诚实信用等;它的内容着重调整平等主体的财产关系,也重视对社会公益的保护,这些都是近代民法典的体系和内容。其他法律也基本如此。20世纪30年代以后,这一法制逐渐完善化,也更加成熟了。

2. 中国近代的律师制度逐渐趋于完善

中国近代的律师制度作为中国近代法制的一个组成部分,也在逐渐的发展过程中趋向完善。南京临时政府曾致力于律师法的制定,也拟成了《律师法草案》,可惜这一政府的执政时间太短,此草案最终没能兑现成法律。[1]之后的北洋政府颁行了一系列有关律师的规定,逐渐建立起中国近代的律师制度。其中,有关于律师登记的《律师登录暂行章程》(1912年),关于惩戒违规律师的《律师惩戒会暂行会则》(1913年),关于律师惩戒会决议书格式的《律师惩戒会决议书式令》(1914年)、关于复核惩戒律师结果的《复审查律师惩戒会审查细则》(1917年)、关于律师考试的《律师考试令》(1917年)等。这些规定综合起来,基本形成了中国近代的律师制度,内容涉及律师考试、律师资格的取得、违规律师的惩戒及其组织、惩戒结果的复审等。[2]

南京国民政府在这一基础上,又把中国近代的律师制度再向前推进了一步,使其内容更为完善。1941年1月《律师法》颁行,此后一系列关系规定又相继出台。其中有:《律师法施行细则》(1941年)、《律师登录规则》(1941

〔1〕 徐家力:《中国民国律师制度史》,中国政法大学出版社1998年版,第39页。
〔2〕 王申:《中国近代律师制度与律师》,上海社会科学院出版社1994年版,第42~44页。

年)、《律师惩戒规则》(1941 年)、《律师检核办法》(1945 年)等。这些规定使中国近代的律师制度体系比较完善。它由律师法及其施行细则和律师登录、惩戒、检核等关系法规构成,基本涵盖了与律师制度相关的一些领域,能够基本满足规范、调整律师行为的需要。同时,这一制度的内容也比较完善,涉及与律师相关的方方面面,包括律师资格的取得及其限制;律师执业的条件、方式与范围;律师办案的回避和惩戒;律师的收费与谢金;律师的义务;等等。而且,每个方面的内容也都比较周全。以《律师法》对律师回避制度的规定为例。在这一法律规定以前,法制上一直以训令形式对律师回避的内容作出规定,其位阶不高,内容也不够全面。《律师法》把其作为一项制度作了规定,而且内容比较完整。它规定,司法人员从离职之日起的 3 年之内,不得在曾经任职的法院管辖的区域内执行律师职务;律师在注销登录后的 1 年内,不得在曾经执行职务区域内的法院担任司法官;律师与法院院长或首席检察官有配偶 5 亲等内血亲或 3 亲等内姻亲关系者,不得在该法院登录;等等。[1]其他制度也同样如此。

综观中国近代的律师制度,其具体制度的逐渐发展、完善过程也十分明显。这里以律师资格方面的规定为例,来审视这一过程。根据《律师暂行章程》的规定,只要具备以下条件之一的,便可直接成为律师。这些条件是:在外国大学或专门学校、国内国立公立大学或专门学校学习法律 3 年以上并取得毕业文凭;在外国大学、专门学校学法政学 3 年以上并取得毕业文凭;在国立、公立、私立大学、专门学校讲授《律师考试章程》中的主要科目之一满 3 年;在外国专门学校学习速成法政 1 年以上,取得文凭,并曾经担任推事、检察官、巡警官,或者曾在国立、公立、私立大学或专门学校讲授《律师考试章程》内重要科目之一满 1 年。之后,《律师法》对这一规定作了较大的修改,使之更能适应中国近代律师业的发展需求,也使中国近代的律师制度更为完善。它对直接可以成为律师的资格作了更为完善的规定,集中体现在以下几个方面。第一,强调实践经历。把仅在国内外大学毕业但无实践经验者都排除在外,因此只有曾任推事、检察官、学习法律 3 年以上毕业并办理民刑事件 2 年以上或任立法委员 3 年以上者,才能直接任律师。第二,缩小了可以直接任律

〔1〕 王申:《中国近代律师制度与律师》,上海社会科学院出版社 1994 年版,第 64 页。

师的教师范围。只有在大学、专门学校讲授主要法律科目 2 年以上，并具有讲师以上职称者，才能任律师。无这一经历和职称者即被排除在外了。[1]这一修改既强调实践的重要性，又考虑到教学的经验和水平，更能适应律师工作必须理论与实践相结合的需求。中国近代的律师制度就是在不断探索、修改中不断发展，趋于完善。

3. 上海律师公会也不断发展

随着包括律师制度在内的中国近代法制的发展和完善，上海律师公会也不断发展。这种发展突出表现在以下 3 个方面。第一，规模逐渐扩大。中国近代律师尽管是自由职业者，但是自己的同业组织律师公会对律师本人和律师业的发展都有不可替代的重要作用，因此参会律师人数的增加和律师公会规模的扩大，便具有其必然性了。另外，之后的律师法也对律师必须加入律师公会作了强制性规定，这同样促使律师公会人数的增加和规模的扩大。上海律师公会也是如此。开始时，律师自愿参加，之后律师法又规定律师必须加入律师公会后才能执业。《律师法》明文规定，律师非加入律师公会的，不得执行职务。这就使上海律师公会的参会律师越来越多，律师公会的规模也随之扩大了。据统计，1913 年不到 40 人，1921 年时增至 198 人，1931 年时为 816 人，1939 年达到 1204 人。抗日战争胜利以后，上海律师公会的人数仍保持在 1000 人以上。[2]

第二，律师队伍结构趋向合理。这里主要是指女律师。开始时，上海律师公会中没有女律师。这是由法律规定造成的，《律师暂行章程》曾把女子排斥在律师队伍之外。它规定，律师资格的年龄必须在 20 岁以上，女子不能充任律师。这一规定排除了女律师产生的可能性，人为地使律师队伍结构不合理，即只有男律师而无女律师。这种性别歧视的规定被取消以后，女律师的人数就有所增加，所占比例也有所提升。据统计，在上海律师公会名录中，1939 年有女律师 53 名，占律师总人数的 4.4%；1948 年则增加为 70 名，所占比例也提升为 6%。[3]其中，不乏著名律师，史良便是其中的杰出代表。女律师的加盟，使上海律师公会中律师队伍的结构趋向合理。

---

〔1〕 徐家力：《中国民国律师制度史》，中国政法大学出版社 1998 年版，第 62～63 页。

〔2〕 陈同：《近代社会变迁中的上海律师》，上海辞书出版社 2008 年版，第 185～192 页。

〔3〕 陈同：《近代社会变迁中的上海律师》，上海辞书出版社 2008 年版，第 185～192 页。

第三，领导机构集体化。上海律师公会自成立起至1927年止，领导机构实行的是会长制，设会长和副会长各一人，均由律师大会选举产生。随着上海公会中律师的增加，工作压力加大，会长制已不能适应管理的需要，于是在1927年9月举行的改选大会上，决定改会长制为委员制，从个人领导转型为集体领导。其管理体制为：上海律师公会的会员大会是议决机关，下设监察委员会和执行委员会两个组织。监察委员会负责监察公会中的事务，由三人构成。执行委员会主持公会中的日常事务，由15人的执行委员构成，其中3人为常务委员。执行委员会下设庶务和书记各1人，从事具体工作。抗日战争胜利后，上海律师公会恢复，继续采用委员制。由于律师人数的增加，上海律师公会中两个委员会的组成人员也有所增加。监察委员增加到10人，执行委员也增至34人。[1]从会长制发展为委员制以后，上海律师公会在律师的管理上，实行集体化领导，更有利于集中大家的智慧，发挥集体的力量，把公会工作做得更好。

上海律师公会为中国近代的法制事业作出了贡献

上海律师公会成立以后，便利用自己的专长，积极为中国近代的法制事业作贡献。这一贡献分为上海律师公会组织的贡献和上海律师公会成员个人的贡献两大部分。

1. 上海律师公会组织的贡献

上海律师公会作为一个组织，积极为中国近代的法制事业作出了贡献。主要表现在3个方面。第一，为维护中国近代法制的完整性，在废除领事裁判权方面作出了贡献。自鸦片战争以后，19个外国列强先后在中国取得了领事裁判权，中国的司法权因此而受损，中国近代法制的完整性也遭到破坏。中国的司法权受损以后，有约国人在中国为非作歹，无视、损害中国人民的合法权益。这使中国人民愤怒，于是要求废除领事裁判权的呼声一浪高过一浪，特别是在上海的“五卅”惨案发生以后。上海律师公会以组织的名义，站在广大民众一边，利用专业知识，维护正义，积极开展废除领事裁判权的活动，以收回失去的司法权。这里仅举两例。1925年上海律师公会组织律师赴京请愿，面

---

〔1〕 王立民：《上海法制史》，上海人民出版社1998年版，第310～311页。

陈当时的北洋政府，强烈要求废除领事裁判权，维护司法权。1929 年上海律师公会在举行春季定期的总会时，再次要求政府收回租界的司法权，废除领事裁判权，掀起了上海律师界又一次维护国家司法权的高潮。[1]上海律师公会为维护中国近代的司法权和完善中国近代法制作出了一次又一次的努力。

第二，为完善中国近代法制，在建立冤狱赔偿制度方面作出了贡献。冤狱赔偿制度是西方近代法制中的一个组成部分。18 世纪末的欧洲曾开展了冤狱赔偿的运动，19 世纪的法国、意大利、德国等国家先后建立了冤狱赔偿制度。中国政府对这一制度的建立比较消极。这不仅有损于人权，而且还使中国近代法制留下缺口，不够完善。1931 年中国的法律人开展了中国的冤狱赔偿运动，上海律师公会积极参与其中。1935 年 5 月上海律师公会在中国冤狱赔偿运动委员会召开的第一次会议后，便招待各界人士，作为此委员会主席的上海律师沈钧儒专门向大家报告了这一运动的意义与经过，动员社会力量支持此运动。翌年，在全国举行的第二届冤狱赔偿运动周年之际，上海律师公会也召开了全体会员会议，邀请上海各社会团体负责人和各界代表与会。会上，大家揭露国民政府"攘外必先安内"的错误方针，强烈要求政府建立冤狱赔偿制度，切实维护冤狱赔偿权。[2]这种大力反映民意呼声的活动为中国之后建立这一制度、完善法制作出了贡献。

第三，为实现中国近代法制的实质平等，在积极开展维护法律救助权方面作出了贡献。中国近代法制不仅要求在形式上的平等，而且还应该在实质上实现平等。实现实质平等就少不了维护法律救助权，这也是中国近代法制中不可或缺的一个组成部分。过去的上海是一个贫富不均的城市，贫者往往是弱者，特别需要法律的救助，否则就无法实现实质平等。上海律师公会深知这一点，积极组织律师开展一系列法律救助活动。1924 年在上海律师公会的倡议下，上海成立了"上海律师援助会"，专门开展对贫困民众的法律援助活动。1928 年上海律师公会又专门设立了一个法律援助机构，进行法律援助工作。这一援助工作的内容包括：解答法律问题、证明法律行为、代办诉讼等。上海律师公会开展的这一法律救助活动还得到了中国其他地方律师组织的积极响

---

〔1〕 王立民：《上海律师公会的维权活动》，载《新民晚报》2008 年 4 月 27 日。
〔2〕 王立民：《上海法制史》，上海人民出版社 1998 年版，第 313～314 页。

应，这类活动在其他地方也兴起了。[1]

2. 上海律师公会成员个人的贡献

上海律师个人作为上海律师公会的成员，在公会的领导下，通过开展各种律师业务，维护当事人的合法权益，努力实现社会的公平正义，为中国近代的法制事业作出了贡献。这又突出体现在以下 3 个方面。第一，为进步人士和共产党人进行辩护。上海是中国工人阶级的集中地，也是进步人士和共产党人的活动地。他们开展进步、革命活动很具风险，当他们中的有些人被捕以后，上海律师公会的有些律师会以律师的身份，挺身而出，进行辩护，而且还留下了成功辩护的案例。史良律师曾经为左翼作家艾芜作过成功辩护。1933 年 3 月艾芜在上海曹家渡一家丝绸厂与工人同胞们商量事宜时，被特务抓获，同时被捕的还有 6 位工人，涉嫌的罪名是"危害民国罪"。史良接受了"左联"的委托，担任了艾芜的辩护人，她有力的辩护，使他们最终全都被释放。上海律师胡凯声曾经为陈赓作过成功的辩护。1933 年 3 月当时任全国总工会秘书长的王其良被特务抓获并叛变投敌，陈赓因此在上海被捕。消息传出后，中共上海地下组织立即与宋庆龄联系，并委托她聘请律师为陈赓辩护。宋庆龄最终选定了胡凯声律师，认为他比较合适。他虽为国民党党员，但拥护共产党的抗日主张，而且在 1928 年时还为共产党人陈延年作过辩护。胡凯声在法庭上有理有节地陈词，最终使陈赓脱险，并于同年秋天回到了中央根据地。[2]

第二，为正义事业服务。上海律师公会的许多律师都站在正义事业一边，为社会伸张正义而服务，并成为佳话。为"救国会七君子"辩护就是如此。1936 年 11 月，上海的沈钧儒、史良、沙千里、王造时、章乃器、邹韬奋和李公朴因在上海发起成立"全国各界救国联合会"而遭到逮捕，并于第二年 4 月被江苏省高等法院检察处起诉，指控的犯罪行为是"共同以危害民国为目的而组织团体""发起救国运动"等。对此，上海人民和律师都义愤填膺，上海律师还自己组建了一个由 21 位律师组成的辩护队伍，赴江苏为"七君子"伸张正义，为正义事业服务。他们尽心履职，从容应对，提交了长达 2 万字的答辩状，全面反驳了起诉书中的指控，为"七君子"主持正义。律师们的辩护为"七君子"

---

〔1〕 王申：《中国近代律师制度与律师》，上海社会科学院出版社 1994 年版，第 114～115 页。
〔2〕 王立民：《上海法制史》，上海人民出版社 1998 年版，第 315～316 页。

赢得了法理和政治上的胜利，也为最终开释他们创造了极为有利的条件。[1]

第三，为劳苦民众解难。旧上海既是个国际大都市，又是劳苦民众的聚集地。他们为了谋生，背井离乡，来到上海。在上海，他们人地生疏，又常受欺侮，还没钱进行诉讼，无法利用法律保护自己。上海律师公会的不少律师会出于正义感和同情心，帮助他们解难。朱榜生律师就是如此。据记者包笑天《钏影回忆录续编》的记载，一天有个女孩到律师事务所向在所的律师朱榜生哭诉，自称自己是南京人，9 岁时以 80 元的价格被卖到上海的妓院，受尽折磨，现在要脱离这个罪恶之地；另外，还讲了与一个叫郑大可的杭州人相好等事。朱榜生律师听完后，很“可怜她”，决定相助，帮她解难。他从两个方面着手，一方面联系郑大可，由其准备资金，作为那位女孩的赎身金；另一方面与妓院老板娘谈解救那位女孩事宜。在交谈中，朱榜生律师历数这个老板娘的违法行径，对她施加压力，最后她只得同意放人，解救之事总算有了个满意的结局，那女孩也获得了新生。从那以后，朱榜生律师名声大震，赢得了“护花律师”的美誉。[2]其实，上海还有不少这样的律师，朱榜生律师只是其中的一员。

本文原载《探索与争鸣》2012 年第 11 期。

---

〔1〕 王立民：《“七君子”的律师辩护团》，载《新民晚报》2008 年 11 月 30 日。

〔2〕 包天笑：《钏影楼回忆录续编》，大华出版社 1973 年版，第 105～110 页。

三、上海的现代法制与现代城市发展

上海是中国最早具有现代法制的城市，也是最早形成现代城市的地方。上海现代法制的产生、演进与上海现代城市的形成、发展关系密切，本文对其中的四个问题作些探索。

上海是一个先有现代法制后有现代城市的地方

与中国的许多城市不同，上海是个先有现代法制，然后才有现代城市的地方。它有一个产生、发展的过程。

1. 上海英租界 1845 年的土地章程是上海现代法制的开端

在中国租界中，土地章程十分重要，是租界存在、发展的基础性法律依据，有人把它称为租界的“根本法”“大宪章”等。[1] 鸦片战争以后，根据中英《南京条约》及其附件《五口通商章程》的相关规定，1845 年被称为“上海地皮章程”的《土地章程》出现了。[2]它一共 23 条，内容涉及英租界的界域、租地程序、居留地格局、管理权和司法权等一些重要问题。[3]这个《土地章程》在名称、结构、语言等方面都与现代法规一致，而与中国传统的法律明显不同。它使用“章程”的名称，在结构上设“条”；语言上使用“备案”“租金”“年租”“契约”“处罚”等一些现代法律语言。这些与中国传统法典中使用的“律”“刑统”等名称，运用律、门的结构和“十恶”“五刑”“六赃”等语言都有显著不同。继上海英租界以后，上海又出现了美、法租界，它

〔1〕 参见王鹏程等:《上海史研究》，学林出版社 1984 年版，第 100 页。

〔2〕 参见《上海公共租界史稿》，上海人民出版社 1980 年版，第 43 页。

〔3〕 参见《上海公共租界史稿》，上海人民出版社 1980 年版，第 44～50 页。

们也制定、使用现代法规。[1]1863年上海英、美两租界合并，成立公共租界，形成了上海公共租界与法租界两大租界并存的局面。至20世纪初，这两大租界都已建立了自己的法规体系，颁布了一系列法规，其中包括：上海公共租界的《工部书信馆章程》（1893年）、《工部局中式新房建造章程》（1901年）和《工部局治安章程》（1903年），上海法租界的《公董局组织章程》（1866年）和《公董局警务路政章程》（1869年）等。[2]可见，上海的现代法制率先出现在租界，最早的是上海英租界1845年《土地章程》。

2. 1846年上海英租界的出现是上海现代城市的开始

根据1845年的《土地章程》，1846年上海英租界出现了。它的界域位置是：东靠黄浦江，西至界路（今河南中路），北到李家场（今北京东路），南达洋泾浜（今延安东路），此时的总面积为832亩。它为上海的现代城市发展奠定了地域基础，为上海朝着现代城市的发展提供了一个空间。1848年上海英租界当局利用“青浦教案”，[3]通过扩大英租界协议，使英租界的西面从界路延伸到泥城浜（今西藏路），北面从李家场延长到吴淞江（今苏州河），净增土地近2000亩。[4]1848年和1849年美、法租界也分别产生了。上海美租界在英租界的北面、虹口一带，法租界则在洋泾浜的南面。几经扩张，至1914年上海租界的总面积达48,653亩。[5]此时，上海地理位置最理想、最繁华的区域都在租界范围之中了。上海租界是个现代城市。在那里，现代议政组织得以建立和运行，现代法制得到制定和实施，现代行政管理机构得以设立和施行，现代司法得到推行和运作，现代的经济、文化与教育也得以产生和发展。[6]人们在租界里首先过上现代的城市生活。他们在家里使用电灯、肥皂、自来水、抽水马桶、热水瓶，可乘公共汽车、有轨电车，穿胶鞋，逛现代商店，吃西餐，走进娱乐场所可看到西方话剧、电影、马戏表演、魔术，还可以溜冰、跳舞、赛马、跑狗等。[7]难怪有学者在研究了上海租界以后认为，以租界为中心的上海地区“为

---

〔1〕 参见王立民：《上海租界与上海法制现代化》，载《法学》2006年第4期。

〔2〕 参见王立民：《上海租界与上海法制现代化》，载《法学》2006年第4期。

〔3〕 参见唐振常主编：《上海史》，上海人民出版社1989年版，第146～147页。

〔4〕 参见邹依仁：《旧上海人口变迁的研究》，上海人民出版社1980年版，第92页。

〔5〕 参见邹依仁：《旧上海人口变迁的研究》，上海人民出版社1980年版，第92页。

〔6〕 参见王立民：《上海租界的现代法制与现代社会》，载《华东师范大学学报》（哲学会社学版）2009年第5期。

〔7〕 参见汤伟康：《租界100年》，上海画报出版社1991年版，第167～168页。

远东屈指可数的大都市”。[1]也有人甚至认为:“一部租界史,就把上海变成了世界的城市。”[2]这个城市就是现代城市,其起源于1846年出现的上海英租界。

3. 上海城市实现了从传统向现代的转变

上海出现了租界并形成了现代城市以后,整个上海城的主体部分逐渐实现了从传统向现代的转变。上海城原来与中国的其他传统城市一样,是政治中心、富人居住的地方、兵营、官营工商业的集聚地、消费性城市,处在封闭状态。原来的上海县城就是如此。上海在南宋咸淳三年(公元1267年)建镇,元至元二十九年(公元1292年)建县。明嘉靖三十二年(公元1553年)开始修筑城墙,城墙的中心位置是县衙,县衙的东西两面有南北走向的主干道3排楼街和4排楼街;除了这些主干道外,还有10条街巷。到了清康熙年间,上海县城内的街巷数已增至25条,比嘉靖年间增加了一倍多。[3]城里驻扎着军队,居住着大量的富人,也有一些官营的工商业等。可是,上海的租界出现以后,情况发生了较大的变化,逐渐向现代城市演变。现代城市起源于西方,是工商业城市,私营工商业与工商业者的集中地,是生产性城市,具有开放性。上海租界就是这样一种城市,并且还带动了整个上海城的转型。到了20世纪30年代,上海已不仅是近代中国对外贸易和对内埠际贸易的中心,还是近代中国的金融中心,成为国内最大的轻纺工业基地和交通运输枢纽,由此而赢得了“大上海”的显赫称号。[4]从此,上海不仅进入了现代城市的行列,而且渐渐成为东方的大都市。

4. 上海租界的现代法制和城市都具有两重性

上海租界的现代法制和社会均具有明显的双重性,即一方面是现代化的过程,是世界发展的一种趋势;另一方面则具有不可避免的弊端,甚至病态。在法制方面,立法、执法和司法中均有较大弊端。在立法中,存在压制反侵略活动、歧视华人、纵容丑恶现象等规定。在执法和司法中,存在巡捕时常侵犯人权、警匪勾结犯罪、审判时有不公等现象。[5]这里仅以巡捕时常侵犯人权为

---

〔1〕 费成康:《中国租界史》,上海社会科学院出版社1991年版,第270页。

〔2〕 曹聚仁:《上海春秋》,上海人民出版社1996年版,第9页。

〔3〕 参见熊月之主编:《上海通史》(第5卷),上海人民出版社1999年版,第49页。

〔4〕 参见熊月之主编:《上海通史》(第8卷),上海人民出版社1999年版,第1页。

〔5〕 参见王立民:《上海租界的现代法制与现代社会》,载《华东师范大学学报》(哲学社会科学版)2009年第5期。

例。上海租界的巡捕是现代警政人员，应以维护租界内的治安和人权为己任，可他们中的有些人则不是这样。他们时常侵犯人权，用暴力殴打租界的华人居民，甚至导致他们的死亡。1942年的法租界就发生多起类似案件。据1942年4月28日的《新中国报》报道："最近法捕房华、越捕对于平粜时，维护秩序，不时越轨妄行，对籴米贫民，拳打脚踢，不足为奇，平民之因而受伤者，不计其数。"同年8月，有"赵姚氏，在跑马厅路（今武胜路）当佣工，因有病送伊（她）至南京路来看，看毕送回租界，行之十六铺铁门口，遇有法捕不准出去，并用藤条将赵姚氏周身打伤"，被人送到医院后，因伤势过重，"至院身死"。[1]在城市生活方面则存在病态，具体表现为：洋、华人之间的贫富两极分化严重、社会丑恶现象泛滥、黑社会组织活动触目惊心、绑票贩毒和人口的犯罪猖獗等。[2]这里仅以黑社会组织活动触目惊心为例。上海租界里的黑社会组织活动十分猖狂，无恶不作。一位曾经加入过青帮的人员承认，他们"深入到社会各个角落，开设赌场、妓院，划地称霸，为非作歹，欺压良民，成为社会上的一股恶势力"。[3]百姓因此而遭殃。

20世纪初上海华界的法制和社会也开始了现代化的进程

晚于上海租界半个世纪左右的时间，上海华界的法制与社会也逐渐开始了现代化的进程。

1. 20世纪初清政府推行了改革

20世纪初，即1901年至1911年的10年中，清政府迫于国内外的压力推行了改革，进行预备立宪，试图用以夷制夷的办法，增强国力，改变中国颓废的走势。改革的范围涉及中国社会的许多方面。这是上海华界在法制和城市发展方面开始走向现代化的一个大背景。当时的清政府在改革和预备立宪的口号下采取了一系列的改革措施。在机构改革方面，建立了一些现代政府机构，如邮传部等；在军事方面，除了建立新军以外，还建立了现代海军；在教育方面，新式的现代学堂开始建立起来，用现代科学作为教育的内容，留学生也

〔1〕 存上海市档案馆，全宗号R18，案卷号427。

〔2〕 参见王立民：《上海租界的现代法制与现代社会》，载《华东师范大学学报》（哲学社会科学版）2009年第5期。

〔3〕 上海市政协文史资料工作委员会编：《旧上海的帮会》，上海人民出版社1986年版，第67页。

陆续派往海外；在文学方面，白话文得到传播，现代文学逐渐萌生；在新闻方面，《现代女报》《神州日报》《民立报》等现代报纸也面向社会发行；等等。同时，清政府还进行了法制改革。其中包括：派留学生到西方国家学习现代法制和法学；派政府官员到西方国家考察、了解现代法制；翻译、出版西方国家的法律和法学著作；邀请西方国家的法学专家来中国讲学、帮助制定中国的现代法律；等等。[1]这一改革也取得了一些成效，宪法性文件和一批现代法律在当时颁布，主要有：《钦定宪法大纲》《宪法重大信条十九条》《大清新刑律》《商人通则》《公司律》《破产律》《法院编制法》等。[2]这些改革措施和现代法律都有利于现代城市的发展，也有利于中国华界的城市实现由传统向现代的转变。

2. 20世纪初上海华界的法制和城市发展开始走向现代化

上海华界作为中国华界的一部分，在20世纪初也开始走上了法制和城市的现代化历程。在法制方面，一方面，上海华界跟着中央政府的做法，亦步亦趋。1904年清政府在中央设立了巡警部，开始建立现代的警政制度。翌年，上海随即成立了"警察总局"，不再使用原来的巡防保甲局，现代警政制度也开始在上海落脚了。1907年上海华界还将原来官办的上海北市马路工巡总局改组成为"上海巡警总局"，现代警政制度有了进一步的发展。[3]另一方面，仿效租界的规定，制定适用华界的新规定，征收包车捐就是如此。1901年以前，上海华界有包车，但不征包车捐。1901年上海华界规定要开征这一捐税，其理由就是在上海租界中的车辆都要征收捐税，所以上海华界有必要向租界效仿，也征收这种捐税，即"沪北英美法之租界未尝有一车无照者，南(市)马路事同一律，自应仿照办理。"[4]

同时，现代的城市发展也在华界展开，涉及城市发展的方方面面。1905年上海华界把兴办现代路政作为自己的一项工作，依照上海租界的现成办法，把"开拓马路""清洁街道"列为市政建设的重要内容，一条条新式马路与大家见面，兴办现代路政逐渐成风。[5]同时，在水、电等现代公

[1] 参见李贵连：《中国法制现代化简论》，载《比较法研究》1991年第2期。
[2] 参见王立民主编：《中国法制史》，上海人民出版社2007年版，第387～390页。
[3] 参见王立民：《上海法制史》，上海人民出版社1998年版，第237页。
[4] 参见熊月之主编：《上海通史》(第5卷)，上海人民出版社1999年版，第147页。
[5] 参见熊月之主编：《上海通史》(第5卷)，上海人民出版社1999年版，第146页。

用事业方面，上海华界的建设成绩也十分显著，1911年上海华界的闸北水电公司建成投产。[1]上海华界的居民也渐渐开始过上现代城市的生活了。

3.20世纪30年代上海华界的法制和城市发展水平都接近于租界

上海华界的法制和城市的现代化进程虽起步晚于租界近半个世纪，但在20世纪初以后的现代化过程中奋起直追，到了20世纪30年代时，也已基本实现了现代化，接近租界了。其中，法制方面的重要标志是上海特区法院的建立，这一法院是租界内的中国审判机构。自《五口通商章程》签订后，上海也被迫接受领事裁判权制度，英、美、法三个租界里先后都实行了这一制度。凡是有约国人在上海成为被告的，上海的中国审判机关和中国的法律均对其无管辖权，而由这些有约国人的领事按照他们自己国家的法律进行审判。之后，经过观审，直到建立会审公廨，上海租界的审判权实际上都掌握在租界当局手中。到了20世纪30年代，中国的法制现代化有了重大发展，上海现代地方法制也有了长足的进步。就其内容而言，涵盖了政治、组织、经济、社会、教育、文化、治安和医疗卫生等各领域，[2]已能基本适应包括租界在内的整个上海现代城市的运行需要了。

此时，上海租界原来的审判机构会审公廨，经过临时法院的过渡，于1930年正式在上海公共租界成立了特区法院。1931年因为上海法租界也成立了特区法院，作为区别，上海公共租界的特区法院改称为上海第一特区法院，上海法租界的特区法院便称为上海第二特区法院。这两个特区法院内的法官都是中国人，使用的也是中国法律。这就是说，从那个时候起，上海的审判机构，无论是在租界，还是在华界，都在任用中国的法官和使用中国法律了，而前提则是上海华界、租界的法律都是现代法律，都实现了法制现代化。上海在城市发展方面也有了很大的进步。1927年上海特别市成立并隶属于中央政府以后，城市面积扩大，原来宝山、松江、青浦、南汇等县的一些地区划归上海特别市管辖，使它的面积达到了494.67平方公里，堪称“大上海”了。[3]与此同时，城市的其他方面也逐步实现了现代化。上海华界的现代道路在这个时期

---

〔1〕 参见熊月之主编:《上海通史》(第4卷)，上海人民出版社1999年版，第410页。

〔2〕 参见王立民:《上海法制史》，上海人民出版社1998年版，第104～131页。

〔3〕 参见唐振常主编:《上海史》，上海人民出版社1989年版，第651～652页。

有了大发展，中山北路、其美路（今四平路）、黄兴路、浦东路等相继建成。[1]现代公共汽车也在上海华界道路上行驶。[2]上海华界的居民也过上了现代生活，由华人建立的水电公司向华界居民供应水、电，他们也开始使用自来水和电灯等。[3]尽管那时上海华界的城市现代化程度还落后于上海的租界，但这只是现代化发展程度的差异。

近30年来上海的法制与城市发展都呈现出强大的活力

近30年是上海发展最具活力，也是最成功的30年。上海的法制与城市均有了前所未有的大发展。

1. 地方立法成果丰硕

这30年来，上海市人大和市政府都积极开展立法活动，其成果丰硕。据统计，上海市人大在这30年里共制定了地方性法规199件，现行有效的有142件；修改165件（次）；作出废止决定15件；作出有关法律性决定79件。[4]上海市、区县政府建章立制的成就也不逊色。有段时间，上海市、区县两级政府机关每年制定的规定、规范性文件达1600件。[5]上海市政府在1990年至1996年，制定的规章就达283件，平均每年制定40余件。其中，1994年制定了73件，数量不少，被称为"行政立法年"。[6]上海的这些地方性法规和规章、规范性文件的涉及范围十分广泛，包括了政治、组织、经济、文化、治安、城市规划、交通、教育、卫生、外来人员的管理等各个领域。

当上海的城市建设发展到关键时刻，上海的地方立法总能助其一臂之力，破解其中的难题，促进其进一步发展。比如，改革开放以后，当上海的城市建设面临大的发展的时候，1995年上海市人大及时推出了《上海城市规划条例》。这一条例对城市规划管理体制、规划原则、规划的编制、审批程序、建设

〔1〕 参见熊月之主编：《上海通史》（第8卷），上海人民出版社1999年版，第192页。

〔2〕 参见熊月之主编：《上海通史》（第8卷），上海人民出版社1999年版，第189页。

〔3〕 参见熊月之主编：《上海通史》（第8卷），上海人民出版社1999年版，第212～214页。

〔4〕 参见沈国明等：《上海法治建设与政治文明：实践与经验》，上海社会科学院出版社2008年版，第21页。

〔5〕 参见上海市法学会等编：《上海法治建设蓝皮书（2003～2005）》，上海人民出版社2006年版，第72页。

〔6〕 参见顾长浩：《在思考中追寻历史，在行动中面向未来》，载《上海法学研究》2009年第5期。

用地、工程规划管理、监督检查和法律责任等一系列问题作了明文规定。它的实施对理顺上海城市规划管理体制，进一步健全规划管理制度，明确依法行政的各项要求，都起到了积极作用，使上海城市规划管理工作总体上得到了加强，促进了城市开发建设和管理的跨越式发展。[1]又如，随着上海城市的建设和发展，上海的市容问题显得越来越突出，于是在2001年上海市人大又通过了《上海市市容环境卫生管理条例》。这个条例对市容环境卫生管理的总则、责任区、市容和环境卫生、废弃物、作业服务、环境卫生设施管理等一系列相关内容都作了详细的规定。在条例实施过程中，上海的相关部门制定了配套文件、广泛进行宣传、开展了执法培训工作和其他创造市容环境卫生新面貌的活动。在条例实施后，效果比较明显。比如，2007年上海全市的生活垃圾无害化处理规模达到9300万吨，一次性塑料饭盒基本实现源头控制管理等。[2]这些都为上海成为国际大都市起了积极作用。上海市的地方立法不仅丰硕，而且还十分具有活力。

2. 有些法规、规章在全国具有创制性

改革开放以后，上海的城市发展朝着又好又快的方向迅速发展，于是许多其他城市没有出现的问题首先在上海出现了。这些问题也需要用法律来加以规范的解决。上海市人大和市政府采取积极态度，用现代法制手段，从容面对，一些法规、规章便率先在全国出台，具有创制性。这些规定在数量上还不少，包括：《上海市土地使用权转让暂行办法》(1987年)、《上海市青少年保护条例》(1987年)、《上海市外商投资企业清算条例》(1991年)、《上海市人民警察巡察条例》(1993年)、《上海市民用机场地区管理条例》(1999年)、《上海市精神卫生条例》(2002年)、《上海市政府信息公开规定》(2004年)，还有一些有关世博会的规定等。其中有些规定为我国的中央立法提供了有益的经验，起了先导作用。1996年经国务院批准、对外贸易合作部发布的《外商投资企业清算办法》，基本上吸收了《上海市外商投资企业清算条例》的主要内容。[3]

---

〔1〕 参见沈国明等：《在规则与现实之间》，上海人民出版社2009年版，第363～364页。

〔2〕 参见沈国明等：《在规则与现实之间》，上海人民出版社2009年版，第398～399页。

〔3〕 参见沈国明等：《上海法治建设与政治文明：实践与经验》，上海社会科学院出版社2008年版，第24页。

更重要的是，它们对上海城市的现代化发展起了十分重要的引导、规范作用。比如，《上海市土地使用权转让暂行办法》率先以规章的形式进行了土地利用从资源占有型向资产拥有型转变的制度创新；这也是新中国第一次出现与国际通行惯例一致，与市场经济体制相适应的土地使用权出让制度，由此开始了土地产权体制与管理体制从计划经济向市场经济的全面转换。这一转换揭开了上海房地产业大发展、现代城市建设大发展、城市化大提速的序幕，为20世纪90年代“一年一个样，三年大变样”目标的实现，奠定了法律基础。〔1〕又如，《上海市民用机场地区管理条例》作为中国第一部关于民用机场地区法制化综合管理的地方性法规，对加强地区的管理，促进机场的建设和发展，保障机场的安全运行，维护驻场单位、旅客和货主的合法权益起到了积极推动作用。〔2〕从中可见，上海的地方立法在中国的地方立法中处于一定的领先地位。这种领先性同样增添了它的活力。

3. 地方立法进一步推进了城市朝现代化方向发展

上海地方立法的总体效应进一步推动了上海整体的城市现代化建设，为上海建设“两个中心”和国际化大都市发挥了很大的推动作用。30年来随着上海地方立法的展开和不断完善，法治不断深入人心，法治环境日益改善。“社会各界对法治的认识，与三十年前，也就是改革开放前相比，已经完全不可同日而语。现在，法律日益受到重视，法治观念逐步为社会成员所接受。”〔3〕

与此同时，法制又为上海的城市发展保驾护航，使上海快速发展起来。《2009年上海社会报告书》显示，从经济发展的总体上看，上海已经进入“后工业化阶段”；上海的经济结构已经实现了“三二一”(指三大产业发展顺序)；尽管2008年面临全球金融系统的剧烈震荡，上海金融市场的国际地位仍得到了进一步的巩固和提升，外资金融机构年内新增82家，其中，银行业机构12家，保险业机构30家；上海港口的能力大幅提升，2008年上海港货物吞吐量已达5.8万吨，集装箱吞吐量也有2800万标准箱，已成为世界第一大货运港和第二大集装箱港。〔4〕上海“两个中心”的建设正在加速。上海社会职业结构

〔1〕 参见顾长浩:《在思考中追寻历史，在行为中面向未来》，载《上海法学研究》2009年第5期。

〔2〕 参见沈国明等:《在规则与现实之间》，上海人民出版社2009年版，第383～384页。

〔3〕 周慕尧主编:《立法中的博弈》，上海人民出版社2007年版，第1页。

〔4〕 参见王荣华主编:《2009年上海社会报告书》，上海社会科学出版社2009年版，第2～5页。

正在进一步向现代都市型转变。到2008年,以农业为主的第一产业从业人员仅有53万人,只占上海市全部从业人员的6%以下;第二产业从业人员有340余万人,占从业人员的37%左右;从事第三产业的人员超过半数,达到56%以上。[1]上海城市的总体社会治安形势处于平衡、可控状态,治安情况有所好转。2007年上海各级公安机关侦破刑事案件同比增加2.1%,侦破各种经济犯罪案件同比增加5.5%。上海公众的安全感指数也有上升,2007年为72.45,比2006年上升了2.52个分值。[2]总之,整个上海正朝着现代国际大都市方向发展,而且越来越具有活力,形势也越来越喜人了。

在上海现代法制与城市发展中所得到的法制启示

纵观一百余年来上海的现代法制与城市发展,我们至少可以获得如下三点启示。

1. 要重视现代城市的现代法制建设

在中国,现代城市与传统城市差别很大。现代城市需要现代法制,而不是传统法制。传统法制只能适合传统城市的发展需要,其内容不适应现代城市的发展。比如,中国古代有些法律就是维护封闭式的传统城市秩序。它规定,城市都有城墙,越城的行为是犯罪行为,要受到刑罚的制裁。“诸州及镇、戍之所,各自有城。”“越县城杖九十。”[3]城内则要实行宵禁,晚上人们一般不可外出,外出者即属“犯夜”,也要受到刑罚的追究。“诸犯夜者,笞二十。”[4]这些都不适合在现代城市中使用,要发展现代城市就需要有现代法制与之相配套。在上海,先有现代法制,然后才有现代城市,现代法制引导、规范了上海现代城市的产生与发展。之后,上海的现代法制与现代城市发展产生了互动,现代法制的发展促进了现代城市的演进,现代城市的演进也推动了现代法制的发展。近30年来,上海现代法制与城市发展的互动呈现出史无前例的良好态势,上海法制建设和城市发展都取得了巨大的成就,这为上海早日建成“两个中心”和现代化大都市描绘了一幅美好的前景。当然,在上海历史上,也有过

〔1〕 参见王荣华主编:《上海社会发展报告(2009)》,社会科学文献出版社2009年版,第4页。

〔2〕 参见王荣华主编:《2009年上海社会报告书》,上海社会科学出版社2009年版,第265~266页。

〔3〕《唐律疏议·卫禁》,“越州镇戍等城垣”条。

〔4〕《唐律疏议·杂律》,“犯夜”条。

不太理想的时期，这需要引以为戒。那时的法制与城市发展都处于低潮，社会发展缓慢，“文化大革命”时期就是如此。那10年里，上海基本没有法制，城市发展也非常缓慢，人们的生活在计划经济条件下低水平地徘徊。改革开放给上海带来了生机，法制与城市发展都走上了快车道，都得到了快速发展，人们的生活水平也节节攀高。今后，上海仍需重视现代法制建设，使上海的城市发展始终处于可持续发展的状态。

2. 要使现代城市的现代法制成为善法

现代法制也有善法与恶法之分。善法符合广大民众的意愿，维护他们的合法权益，促进社会的安定和城市的发展。恶法则相反，违背广大民众的意愿，损害他们的合法权益，破坏社会的安定和城市发展。世界历史上，现代法制也出现过恶法，以至于给国家、城市和广大民众带来了灾难，第二次世界大战期间德、意、日的法制就是如此。这些国家的法制虽然也是现代法制，可与法西斯联系在一起，成为法西斯主义的帮凶，为实行法西斯统治推波助澜。结果，不仅使被侵略的城市和广大民众遭殃，而且连本国的城市和民众也都难逃厄运。这一教训极其深刻。在上海历史上，也出现过恶法，租界当局制定的有关压制反侵略活动、歧视华人、纵容丑恶现象等规定，也都属于恶法范畴。这些恶法的存在，使租界的法制明显具有瑕疵和两重性。今天，上海正在为建设“两个中心”和国际化大都市而努力，不能出现恶法，只能颁行善法。幸运的是，我们有优越的人民代表大会制度，有广大市民的参政议政，有行之有效的法律监督机制，也有初步形成的社会主义法律体系，这些都有利于阻碍恶法的产生。当前，上海法制建设的任务仍然很重，还有许多现代法规、规章需要制定，以适应上海城市的进一步发展。为了使新制定的法规、规章尽可能地完善，有必要认真倾听广大市民的意见，特别是在一些与他们切身利益关系较大的民生方面的立法。在这里，笔者提出，可以使用立法听证程序，由市民广泛参与、集思广益、去粗取精，提高立法质量，保证上海向着现代化目标不断前进。

3. 要不断创新城市的现代法制内容

现代城市必定是不断发展的城市，尤其是上海目前正处在快速发展的时期。在这一时期，会出现许多新情况、新事物、新变化。为了应对这些新情况、新事物、新变化，没有创新的法制内容是不行的，墨守成规往往只会适得其反。

上海法制与城市发展的历史，特别是近30年来的历史已经用事实证明了这一点。创新的法制内容会在上海城市发展的关键时刻助其一臂之力，推动其顺利向前迈进，《上海市土地使用权转让暂行办法》《上海市民用机场地区管理条例》等都是如此。今后，上海应该依然如此，用不断创新的现代法制内容，持续推进上海城市现代化建设。2010年是上海的世博年，上海是举行世博会的城市。为了使世博会的主题“城市，让生活更美好”变成现实，有必要制定一系列与世博会要求相适应的上海地方性法规、规章。这些法规和规章都应当具有创制性，因为这是上海历史上第一次举办世博会。据报道，上海至少要制定30件法规和规章来支持世博会。现在，上海已出台了一些相关的法规、规章，包括《上海市志愿者服务条例》《上海市公共场所控烟条例》《上海世博会园区管线综合管控管理办法》等。还有一些法规和规章将要出台。上海市政府正在抓紧制定10余件规章和临时性行政管理措施，比如，有关社会治安、爆炸剧毒危险品、出入境、地下建筑、娱乐休闲的规定等。[1]这些都属于创制性法规、规章，内容具有明显的创新性。可以相信，上海明天的法制建设将会更加辉煌，上海明天的城市发展也将会更加灿烂。

本文原载《政治与法律》2010年第4期。
被上海世博会事务协调局等主编:《城市与法治》，
法律出版社2010年版全文转载；
被《高等学校文科学术文摘》2010年第3期转摘。

〔1〕 参见罗菁:《本市制定30件法规保驾世博会》，载《劳动报》2009年12月27日。

四、上海高校的第一个听证规则

2002 年 10 月，华东政法大学的《听证暂行规则》诞生并开始运作，学校的听证工作也就更为规范了。这是上海高校制定的第一个听证规则，其影响深远。

《听证暂行规则》诞生的背景

华东政法大学《听证暂行规则》的诞生有其特定的背景，不是突然凌空而降，而是当时的背景造就了这一规则。其中，主要是以下这 3 个方面。

1. 中国确立了依法治国的治国方略

十一届三中全会以后，中国开始恢复社会主义法制，走上了建设社会主义法制的轨道。经过 20 年的努力，中国在法制建设方面取得了巨大的成就，并为中国推行社会主义法治奠定了坚固的基础。1997 年党的十五大适时提出要建设社会主义法治国家的治国方略。十五大报告明确提出："依法治国，建设社会主义法治国家。"1999 年第九届人大第二次会议又及时修改《宪法》，把十五大提出的这一治国方略载入《宪法》，其第 5 条明文规定："中华人民共和国实行依法治国，建设社会主义法治国家。"从此，中国把依法治国作为自己的治国方略，走上了依法治国的道路。这就要求中国在各个领域都需做到依法办事，包括教育领域中的高校工作。依法办事的基础是有法可依，因此全国各高校都应根据宪法、法律的规定和本校的实际情况，制定出适合自己管理需要的各种规定，为依法治校提供必要的依据。当时，华东政法大学还缺少听证规则，需要加以制定，以弥补这一依法治校中的缺陷。这在依法治校中，不可或缺。

2. 华东政法大学比较重视依法治校工作

华东政法学院成立于 1952 年，隶属于司法部，是一所以法学见长的政法高等院校。2000 年在全国大学体制改革过程中归属到上海市，由上海市与司法部共建。法学是它的传统专业，许多教师、学生每天都要接触、学习法律，法律环境比较好。2007 年华东政法学院改名为华东政法大学，已发展成为一所多科性大学，但法学仍为强势专业。同时，那时的校领导中多数成员都毕业于法学专业，都有学习法律甚至教学法学的经历，大家的法律意识比较强，法学知识也比较丰富。当十五大报告正式提出依法治国的治国方略和《宪法》对这一方略作出规定以后，全校上下都有一种愿望，即学校应该利用自己的法学资源优势，率先在全国实现依法治校，推进民主管理，切实维护师生员工的合法权益，提高自己的办学水平；同时，取得的经验也可为其他学校所借鉴。这正如《华政应成为依法治校的表率》一文中所言："依法治国方略的实施，对高校的改革和发展提出了新的要求。作为从事法学教育的高等院校，我校理应成为依法治校的领头羊，并通过自身的努力，为其他高校依法治校工作积累经验。"[1]校领导十分重视大家的愿望，成立了在校党委领导下的依法治校领导小组，由一位副校长担任组长，负责领导全校的依法治校工作。2001 年以后，笔者便担任了这个小组的组长。依法治校不能没有听证规则，因为，它在规范听证工作、保障广大师生员工的合法权益中不可缺少。

3. 华东政法大学已有了听证会的初步实践和经验

自 2000 年起，华东政法大学已开展了听证，至《听证暂行规则》颁行以前，已举行过关于 4 位学生处分问题的听证会，有了一些初步的实践和经验。但是，因为没有听证规则，听证急需规范，需要有明文规定，以便以后的听证工作更加顺利地开展。这 4 位学生都因为涉嫌违纪违规而将要受到处分，在处分前学校为他们举行了听证会。他们涉嫌的违纪违规分别是：数门课程考核不及格、在体育比赛中打架斗殴、晨跑作弊和考试作弊等。听证会上，职能部门人员、学生代表、教师和听证申请人等都充分发表了自己的意见，然后形成 3 种不同的听证意见。最后，1 位同学的处分维持所拟决定；另外 3 位同学

---

〔1〕 薛文：《华政应成为依法治校的表率》，载《华政报》2001 年 3 月 31 日。

的处分则得到改变，用补考、重修方式来取代。2002 年 3 月 6 日的《人民日报》“华东新闻”版，以“华东政法学院就一学生是否作弊举行听证会”为题，对为其中一位涉嫌考试作弊的学生而举行的听证会作了报道。报道的内容包括了听证的原因、出席听证会的人员、听证程序、听证结果等。这些尝试都很有意义，但听证需要进一步细化和规范，听证规则的制定已刻不容缓。

华东政法大学利用本校的法学资源，邀请学校比较熟悉听证制度的行政法学教师邹荣负责起草《听证暂行规则》，其他教师一起参与了修改。草案成熟后，于 2002 年 10 月 28 日经校党委会讨论通过，并于同月开始运行。上海高校第一个听证规则就在这样的背景合力之下产生了。

《听证暂行规则》的结构、内容和特色

华东政法大学制定、运作的《听证暂行规则》是上海高校中面对师生员工的第一个听证规则，它的结构、内容和特色都十分引人注目。

1.《听证暂行规则》的结构

华东政法大学的《听证暂行规则》由 6 章、33 条构成。这 6 章分别是：总则、听证的适用范围、听证组织部门和听证人员、听证准备、听证会的程序、附则等。除附则 3 条以外，其余 30 条都有自己的条标，以便阅读者一目了然。比如第 1 条是“目的和宗旨”，第 5 条是“听证会的任务”，第 8 条是“听证组织部门”等。在这一规则的结构中，总则是对一般原则的规定，对整部规则都有指导意义；最后的附则只是对一些相关的问题，如生效、解释等作了补充规定。它们中间有 4 章，都属于此规则的分则部分，并依照听证发展的逻辑排列其相关内容，即从听证适用范围开始到听证会的程序。这样的结构安排比较符合制定法的要求，其中的逻辑性很强，适用起来也很方便。

2.《听证暂行规则》的内容

综观《听证暂行规则》，主要对以下一些内容作了明文规定。第一，规定了听证的目的和宗旨、原则和听证会的任务。其中，听证的目的和宗旨是，规范我校对师生员工实施的纪律处分行为，保证和监督我校有关职能部门依据校纪校规实施纪律处分，维护师生员工的权益，保证学校职能部门行使职权。听证的原则是：对师生员工作出纪律处分，受处分的师生员工要求听证的，应当召开听证会；听证遵循公正、公开的原则，除涉及当事人隐私或当事人申请

不公开之外，听证会应当公开举行，允许师生员工旁听。听证会的任务是，就学校职能部门所调查、认定的违纪事实进行质证，并对调查人员所调查和收集的证据的真实性作出评议意见，这一意见又是作出纪律处分决定的依据。

第二，规定了听证会的参与人。这里的参与人包括听证会的主持人、申请人、评议人、调查人等。听证会的主持人由校长或经过授权的副校长指定，但对师生员工的违纪违规事实进行调查的人员不能担任这一主持人。听证会的申请人是被认为违纪违规的师生员工。听证会的评议人由教师、工会成员、工会组织工作人员、学生、学生会成员、相关部门的正式工作人员担任；每次听证会都根据需要，由3名或5名评议人参加，申请人所在的部门应当有人参加；但是，对听证申请人进行调查的职能部门人员不得担任这一评议人。违纪违规行为的调查人应当参加听证会，而且还需在会上出示说明所调查的有关事实和相关证据以及调查经过。听证会参与人的总人数在10人左右，他们各司其职，行使自己的权利和履行自己的义务，保证听证会顺利进行。

第三，规定了听证准备。师生员工违纪违规以后便成了被调查人，相关职能部门在作出违纪违规处分前，要用书面形式告知被调查人有要求举行听证会的权利。被调查人在收到告知书后，应在回执上签字确认；不签字，视为放弃听证权利。被调查人在接到告知书的3日内，作出是否要求听证的决定，由本人或委托他人向校长办公室提出书面申请书。听证会主持人应在收到听证申请的5日内，确定听证的时间、地点，并通知其他听证会参与人。决定举行听证会后，校长办公室应把有关听证会的信息进行公示，便于听证会参与人出席和其他师生员工旁听。

第四，规定了听证会的程序。听证会的程序依照其过程进行设计，主要是以下几个步骤。在听证会参与人均到场以后，主持人宣布听证会开始；调查人提出违纪违规事实、证据和处分依据；申请人进行陈述和为自己辩解，也可以提供有利于自己的相关证据和证人；主持人或经过主持人同意的评议人员对调查人员和申请人、证人进行询问和质证；进行互相辩论；主持人宣布听证会参与人的陈述、质证、辩论结束，进入评议程序。评议程序仍由主持人主持，就听证事宜作出评议。如果评议意见一致，由主持人形成评议书面意见，各位评议员在评议书上签名；如果不一致，则由评议人员分别写出评议意见，然后签名。校长办公会议根据评议意见，对听证申请人作出处理决定。以上内容符合听证规则的一般要求，实践证明也行之有效。整个《听证暂行规则》的专业性很强，是专业人员的拟制成果，值得充分肯定。

3.《听证暂行规则》的特色

在华东政法大学颁行《听证暂行规则》之前，上海市已颁布过多个不同的听证规则。其中，有 1996 年 8 月上海市政府制定的《上海市行政处罚听证程序试行规定》、2001 年 5 月上海市人大常委会第 36 次会议通过的《上海市人民代表大会常务委员会立法听证规则》(暂行)、2001 年 8 月上海出台的《政府价格决策听证暂行办法》、2001 年 11 月上海市商委和计委发布的《开设大型超市听证办法》等。[1]与这些听证规则及其实施情况相比较，华东政法大学的《听证暂行规则》具有自己的特色，主要有两大不同。

第一，听证的宗旨和结果不同。根据华东政法大学《听证暂行规则》的规定，它的听证宗旨是要规范对师生员工的纪律处分，维护他们的合法权益。也就是说，要通过听证保障对校内师生员工违反校纪校规的处分依规进行，不出偏差。听证的结果是给校长办公会议对听证申请人作出是否给予纪律处分和怎样处分的主要参考依据。实践证明，听证结果主要出现过这样 3 种情况：同意职能部门提出的处分意见、不同意职能部门提出的处分意见、修改职能部门提出的处分意见。校长办公会议均能尊重这些听证的结果意见。上海市其他听证规则的宗旨和结果则不是如此。比如，《上海市行政处罚听证程序试行规定》的宗旨是为维护广大在沪人员的合法权益，使行政处罚依法进行。而且，实践证明，听证的结果可以分为维持行政处罚、从轻处罚和免于行政处罚 3 种。[2]它们均与我校《听证暂行规则》所规定的宗旨和结果不同。

第二，听证会的参与人也不同。华东政法大学的《听证暂行规则》规定的听证参与人，不论是主持人，还是听证申请人、调查人、证人等其他听证参与人，都是我校的师生员工，没有超出我校的范围。可是，上海市其他听证规则所规定的听证参与人则来自上海市的四面八方，而且听证人数也较多。比如，在制定《上海市劳动合同条例》的立法听证会中，参与人除了主持人以外，还有职工 2 人，用人单位 11 人，工会 9 人，律师 7 人，专家 1 人，法官 3 人，检察

〔1〕 顾长浩：《中国听证制度研究》，法律出版社 2007 年版，第 237～238 页。

〔2〕 顾长浩：《中国听证制度研究》，法律出版社 2007 年版，第 13 页。

院1人，劳动仲裁部门1人，总人数为35人。[1]与《听证暂行规则》所规定的听证参与人不同，而且参与人数也比较多，大大超过10人。从中亦可见，华东政法大学的《听证暂行规则》特色明显，比较适合其实际情况。

《听证暂行规则》的运作效应

华东政法大学的《听证暂行规则》自开始运作至今已有11余年了。这11余年来，随着这一听证规则运作，其效应也逐渐显现出来了，主要是以下3点。

1. 维护了学生的合法权益

华东政法大学的《听证暂行规则》运作以来，主要适用的对象是学生涉嫌违纪违规的案件。据统计，自2004年5月至2012年3月，学校共举行过听证会20次，涉案学生47人。其中，2005年3月举行的听证会涉案人数最多，有6人；2009年2月第6次举行的听证会涉案人数较少，只有1人；平均每次涉案学生数为2.3人有余。在47人的案例中，因涉嫌研究生入学考试而替人代考的有1人，占2.1%；因六级英语考试涉嫌作弊的人数有6人，占12.8%；其他的40人 均涉嫌在期末考试中作弊，占85.1%。与相关职能部门所拟处分相比，申请听证人通过听证会后，维持所拟处分决定的人数有33人，占70.2%；改变所拟处分决定的人数为14人，占29.8%。在改变所拟处分的14人中，有6人改为不构成作弊，占42.9%；其余8人均为减轻处分，占57.1%。可见，《听证暂行规则》的运作十分有效，有超过1/3的涉嫌违纪违规学生被减轻处分或不再处分，切实维护了学生的合法权益。学生也有如此感受。

2007年上半学期，小唐同学参加了《国际公法》课程考试，涉嫌期末考试作弊，当其仔细看了《听证暂行规则》以后，"如获至宝，在相关部门通知他有权就其违纪处分行为要求听证时，毫不犹豫地递交了听证申请"。听证会认定小唐不构成作弊，他激动地表示："心中一块压抑多日的大石头终于落地，感觉前所未有的轻松。"其他学生得知这一消息也表示："学校展开的听证会让我在学习阶段就看到了法律的公正。"这不仅改变了所拟处分同学的感受，也使维持所拟处分决定的同学心服口服。"这一制度的实行有效地维护了师生员工的合法权益，即使申诉被驳回，当事人在接受处分时也能心平气和。"[2]这改变

---

〔1〕 顾长浩：《中国听证制度研究》，法律出版社2007年版，第135页。

〔2〕 谢海阳：《听证会帮大学生卸下"作弊"包袱》，载《文汇报》2007年11月30日。

了“一些学校处分学生一般是‘先处分，后告知’，忽视了学生的陈诉权、申辩权”的做法，[1]实实在在地维护了学生的合法权益。

2. 提高了依法治校的水平

为了切实提高依法办学的水平，“十五”期间华东政法大学采取了一系列措施，其中包括：成立依法治校领导小组、教代会定期会议制度、公示制度、职工仲裁制度、听证制度等。它们以不同角度来规范校职能部门的工作，公开、公平、公正地处理工作问题，切实维护师生员工的合法权益，使学校的各项工作均依法进行。听证制度是其中的一项重要措施。这正如校党委书记杜志淳教授所言：“听证制度只是学校依法治校工作体系的众多亮点之一。”[2]听证制度以《听证暂行规则》作为表现形式，由其加以规范，它的制定和运作从3个方面切实提高了依法治校的水平。

首先，通过避免错判、误判违纪违规师生员工，来提高依法办校水平。它从严格依规处理违纪违规师生员工，特别是违纪违规学生的视角，避免错判、误判情况的发生，有效维护了他们的合法权益，来实现依法治校。有超过30%的所拟处分被改变，已能说明这一点。

其次，通过规范职能部门的工作，来提升依法治校的水平。听证不仅能有效维护师生员工的合法权益，还能发现学校职能部门在日常管理中存在的问题，甚至是校现行规章制度中的缺陷和不足，从而解决这些存在的问题，完善这些规章制度，提升依法治校的水平。这正如《被处分学生有权申诉》一文中所讲的：“举办听证会也是对学校职能部门的工作起到了规范促进作用，促进各部门在处理有关事件时严格按照规章办事或采取更加慎重的态度。同时，通过听证会，学校还发现了现行规章制度存在的缺陷和不足，并有针对性地加以完善。”事实也是如此，在一次有一位研究生涉嫌违纪违规的听证会上，发现了校研究生处内部管理的规章制度存在问题，会后就“责令研究生处完善内务管理，健全有关规章制度”。[3]另外，值得关注的是，在47名听证的学生中，改变所拟处分者均在2008年3月以前，此后的16位听证同学均未改变所拟处分。这从一个方面说明，华东政法大学通过7年的听证以后，职能部门的管

〔1〕 华巨锋：《大学生受处分，向谁申诉？》，载《解放日报》2004年2月3日。
〔2〕 谢海阳：《听证会帮大学生卸下“作弊”包袱》，载《文汇报》2007年11月30日。
〔3〕 陈默：《被处分学生有权申诉》，载《新闻晨报》2004年1月4日。

理工作已有所改进，工作更为规范，疏漏减少，作出的所拟处分能够依规而行。这也是一种依法治校水平的提升。

最后，通过听证会，提高了师生员工的法律素质。学校的听证会不仅维护了听证申请人本人的权益，还起到了教育广大师生员工的作用，提高了他们的法律素质。实践是提高公民法律素质的最佳途径之一，这种自己亲历的活动会产生感性体验并留下深刻印象，从而改变自己的理念，提高自己的法律素质。听证的实践也是如此。它可“达到教育广大师生自觉学法、用法、守法、护法，正确处理情、理、法的关系的目的”。[1]这也就在一定程度上，提高了他们的法律素质。

3. 提供了听证的经验

在依法治国的大背景下，华东政法大学在上海高校中率先出台了《听证暂行规则》，首先开展了听证工作，这为在教育系统推行听证制度提供了经验。学校颁行的听证规则引起上海教育行政部门的重视，并采取了相应措施。“市教委明确将探索‘本市高校学生违纪违规处理申诉裁决机制’列入了 2004 年高等教育工作的要点，据悉有关部门目前正着手搜集案例，对违纪违规处理中的矛盾焦点、成功做法等进行研究。”[2]后来，这一机制建立起来了，华东政法大学的听证规则为其提供了一个方面的依据。鉴于学校取得的包括听证制度在内的依法治校的突出成绩，教育部在 2005 年把华东政法大学认定为全国首批“教育部依法治校示范单位”之一。那一年，整个上海仅有 2 所高校获此殊荣，实不容易。当然，这不仅是一种肯定和鼓励，也是一种鞭策，对学校的依法治校提出了更高的要求。

这里还要提及的是，华东政法大学听证的影响不断扩大，还在中学里得到执行，它的附中即是如此。此校把听证运用到中小学生营养午餐管理中，还专门拟制了一个相关条例递交到市教委。“几天前，一万字的校园午餐立法听证会建设报告递交给上海市教委，其中包括一份有着 6 章 39 条的《上海市中小学校学生营养午餐管理条例》。这份翔实报告是华东政法大学附属中学学生在经历几次听证之后，总结学校、家长、学生、餐饮公司、食药监局等方观点后写出的。市教委基础教育处有关负责人表示，将仔细阅读这份报告，作为校园

---

〔1〕 谢海阳:《听证会帮大学生卸下“作弊”包袱》，载《文汇报》2007 年 11 月 30 日。
〔2〕 华巨锋:《大学生受处分，向谁申诉？》，载《解放日报》2004 年 2 月 3 日。

午餐改进的参考。"[1]学校的听证出现了以点带面的发展之势，华东政法大学在其中功不可没。

《听证暂行规则》的前瞻

《听证暂行规则》带来的收获可喜可贺，然而审视这一规则，还有进一步改进的空间，主要体现在以下 3 个方面。

1. 提高对听证的认识

华东政法大学的《听证暂行规则》是在十五大以后诞生，其法律背景是刚提出"依法治国"的治国方略不久。为了配合国家的"依法治国"，华东政法大学制定了这一规则，以便把这一治国方略能在学校得到贯彻、执行。然而，任何规则都是特定历史条件下的产物，随着形势的变化，同样需要与时俱进。如今，十八大已经召开，提出的法治目标是要加快建设社会主义法治国家和全面推进依法治国，这对学校的依法治校工作提出了更高的要求。学校师生要克服自满思想，不能停留在原来成绩之上沾沾自喜，而应自我加压，对新形势下的听证有新的认识。要清醒地意识到，当前应当完善听证规则，加大维护师生员工合法权益的力度，对职能部门的权力作更有效的监管，确保其依法办事，在校内形成一个较为理想的依法治校环境，为中国加快建设社会主义法治国家和全面推进依法治国添砖加瓦。只有提高了对听证的认识，才会积极完善这一规则，认真运作这一规则，把其提高到一个新的高度。

2. 完善《听证暂行规则》

经过 11 年来的听证实践证明，华东政法大学的《听证暂行规则》切实可行，总体运作情况良好，值得充分肯定。可是在新形势下，有些地方还有完善的空间。主要是以下 3 个方面。第一方面，补充一些内容。一是关于听证原则的补充。可以把拟受处分的师生员工对学校职能部门所调查、认定的违纪违规事实供认不讳的，可以不予受理这一层意思补充进去，以便降低听证成本，避免不必听证而再举行听证的情况发生。二是关于适用对象的补充。可以把已入学，但尚未注册、取得学籍的学生参照本规则执行的意思补充进去，还可以把学校使用的人事派遣人员如合同制工作人员参照本规则执行的意思

---

〔1〕 李雪林:《校园听证，在碰撞中知法明礼》，载《文汇报》2012 年 5 月 10 日。

表达进去。这样，可使他们也享有维护自己权益的机会，更能体现法律面前人人平等。三是关于听证程序的补充。可以把将听证告知书的回执递送校长办公室的含义补充进去，便于能及时掌握听证的进展情况。

第二方面，修改一些内容。一是关于听证会主持人的修改。把原来不能担任这一主持人的人员是对师生员工违纪违规事实进行调查的人员，改为是对师生员工违纪违规事实调查部门的人员，以便增大回避力度，保证其公正性。二是关于确定听证会评议人员的时间。把原来的3日改为1周，以便有充足的时间来选择确定较为合适的评议团人员。

第三方面，删除一些内容。其中，把评议组成人员中申请人所在部门应当有人参加这一条款删去，因为在实践中发现有的申请人所在部门涉及两个以上，较难确定，还是对此不作规定为好。经过这3个方面的完善，华东政法大学《听证暂行规则》的内容将会更为成熟一些。

3. 扩大听证的适用范围

目前，华东政法大学设定的听证仅适用于师生员工的违纪违规的处分，《听证暂行规则》也是作了如此规定。随着社会主义民主建设进一步的发展和依法治校的深入开展，可以考虑扩大听证的适用范围，使校内重大问题的决策都以听证为前置程序，即经过听证以后，再作出决策。这更有利于集思广益，避免或减少决策错误。关于这一点，华东政法大学附属中学已先行一步，有了试验。它把听证适用于学校中与学生相关而又存在争议的热点话题之中。"在华政附中，凡是与学生学习、生活息息相关而又存在争议的校园热点话题，都采取听证会形式，让学生在模拟听证中找到最好的解决办法。"〔1〕华东政法大学已有了11年的听证实践，把其中的经验运用到校内其他重要问题的决策上，应该不会太难。需要做的工作则是规则的定位问题，这可以从两个方案进行考虑，并选择其中之一。一是修订现行的《听证暂行规则》，扩大其适用范围，不仅规定对违纪违规师生员工进行听证，还要规定对重要问题决策的听证。如果是这样，其中的内容应有所增加，篇幅也会大一些。二是另行制定一个新的适用于重要问题决策的听证规则。如果是这样，其内容和适用范围也都会相对单一一些。这两个方案都有可行性，但第一个方案似乎更适合华东

〔1〕 李雪林：《校园听证，在碰撞中知法明礼》，载《文汇报》2012年5月10日。

政法大学的实际情况。可以相信，华东政法大学既然能制定出上海高校的第一个听证规则，也一定能够把这一规则修订好。

本文原载中共上海市教育卫生工作委员会党史办公室编：《上海市教育卫生改革创新亲历记（2002—2012）》，上海浦江教育出版社2014年版。

第三篇　中国法制史学史专题

一、中国法制史学史三十五年

中国法制史学史就是中国法制史学的学说史或学术史。它以中国法制史学的成果为主要研究对象，揭示中国法制史学的产生、演变与发展规律。近35年来，中国法制史学的研究成果大量涌现，中国法制史学史的成果也随之产生。然而，中国法制史学界的关注点仍集中在中国法制史学，对中国法制史学史的研究十分不够，还未见有专门研究近35年来中国法制史学史的成果，这不能不说是中国法律史研究领域中的一个缺憾。本文以公开出版、发表的著作、论文为依据，对这35年来的中国法制史学史的成果作个较为全面、系统地梳理与研究，为以后进一步研究、发展中国法制史学史作些铺垫。

成果的分类与内容

以研究对象的时间、范围来作分类，近35年来中国法制史学史的成果主要可以分为综合史学史类、通史学史类、断代史学史类、专题史学史类和其他史学史类等。它们均有自己不同的研究对象和范围，也有自己内容的独到之处。

1. 综合史学史类成果与内容

综合史学史类成果包括了中国法制史学史的通史学史、断代史学史、部门法史学史、专题史学史等多种研究的成果，综合体现了中国法制史学史的研究状况。其中，既有著作，也有论文，数量上以论文为多。《中国近代法制史学史研究》[1]一书

---

〔1〕 周会蕾：《中国近代法制史学史研究》，上海人民出版社2013年版。

和《中国法制史学四十年》(上、下)、[1]《中国法制史学的十年回顾与前瞻》、[2]《中国法制史学建设的辉煌20年》、[3]《五十年来的中国法制史研究》、[4]《中国法律史研究世纪回眸》、[5]《总结过去　开拓未来——中国法制史学六十年》[6]等论文都是属于这类成果。《中国近代法制史学史研究》一书系统梳理了中国近代对中国法制史学的通史学、断代史学、部门法史学和专题史学等的研究成果,并进行较为深入地研究;另外,还对研究群体、研究贡献与局限等作了必要的论述。[7]《中国法制史学四十年》(上、下)一文对中华人民共和国成立来的中国法制史学进行了较为综合地反映,内容涉及断代史学、部门法史学、中国少数民族法制史学和出土文献法制史学等的研究,同时还对中国法制史学科、中国法制史的教材建设、法史借鉴问题作了阐述。《中国法制史学的十年回顾与前瞻》一文对改革开放后10年的中国法制史学情况作了较为全面地爬梳,内容涵盖了古代、近代和当代中国法制史学的主要成果,其中既有通史学、断代史学,也有专题史学的研究成果,同时还前瞻了中国法制史学的发展。《中国法制史学建设的辉煌20年》一文对改革开放20年来的中国法制史学作了系统回顾,通史学、断代史学、部门法史学、比较法史学等都包括在内了,还有中国法制史学的学术交流与研讨、学术争鸣等也都涉及了。

《五十年来的中国法制史研究》一文较为全面地回顾了自中华人民共和国成立以来50年的中国法制史学状况并进行了论述,其中的内容与通史学、断代史学、部门法史学和海外中国法制史学等都有关,最后还专门展望了研究中国法制史学的前景。《中国法制史研究世纪回眸》一文对整个20世纪的中国法制史学作了概述,内容中有古代史、专题史的研究成果,还有研究进程的分期、指导思想、研究方法和学科体系等一些内容。《总结过去　开拓未来——中国法制史学六十年》一文则对新中国成立60年来的中国法制史学作了整体检视,内容涉及中国法制史学中的通史学、断代史学、部门法史学、专题史学、

[1] 张晋藩:《中国法制史学四十年》(上、下),载《政法论坛》1989年第4、5期。
[2] 曾宪义:《中国法制史学的十年回顾与前瞻》,载《法律学习与研究》1990年第6期。
[3] 郭成伟:《中国法制史学建设的辉煌20年》,载《政法论坛》1998年第5期。
[4] 刘海年、马小红:《五十年来的中国法制史研究》,载韩延龙主编:《法律史论集》(第3卷),法律出版社2001年版,第1~49页。
[5] 陈晓枫、柳正权:《中国法制史研究世纪回眸》,载《法学评论》2001年第2期。
[6] 张晋藩:《总结过去　开拓未来——中国法制史学六十年》,载《政法论坛》2009年第5期。
[7] 周会蕾:《中国近代法制史学史研究》,上海人民出版社2013年版,第1~4页。

少数民族法制史学等,通史学中还对这60年中国法制史学的发展阶段进行了划分,对以后的发展提出了设想。还有,《中国法制史学发展历程的反思与期望》[1]和《回顾与展望——中国法制史研究三十年综述》[2]等论文也都属于此类成果。这类成果均综合性地体现了近35年来的中国法制史学的研究状况,反映了中国法制史学的总体面貌,内容涵盖中国法制史学的研究成果、研究队伍、研究方法、学科建设、重要会议和对以后研究的期望等一些领域,涉及面较宽,信息量较大。

2. 通史学史类成果与内容

通史学史类成果显示的是中国法制史学史中通史学史的研究情况。35年来的这类成果中,既有中国古代的法制史学通史学史类成果,也有古、近代都涵盖在内的中国法制史学通史学史类成果。中国法制史学史的古代通史学史类成果把中国古代主要的法制史学成果都容纳在内,其内容较为系统地揭示了中国古代法制史学的产生、变化与演进的状态。《中国古代法制史学史研究——以历代古籍为中心》一书是此类成果。它以中国的古籍为依据,对中国古代的法制史学成果作了较为系统、全面地整理。时间从先秦时期直到清朝,以各朝代的成果为基本线索,展开论述,其变化、演进的脉络十分清晰。在此基础上,此书还涉及中国古代法制史学中的史家、重要事件、影响等一些内容,使中国古代法制史学的整体面貌得到了较为充分地显现。[3]

中国法制史学史的另一种成果则把近35年来研究中国古代与近代的法制史学成果都容纳在内的成果,其内容贯通了古、近代的通史学研究成果。《中国法制史研究综述》一书是此类成果。它把1949年至1989年关于中国法制史学的著作与论文等成果作了全面地梳理,按照朝代排列,从夏朝直至民国时期,包含了整个古、近代,是一部贯穿中国古、近代的中国法制史学史通史学史著作。在每个朝代的成果中,还划分了立法、司法、法制特点等部分。每一部分中,还有一些具体研究内容,比如立法中就包括了刑法、民法、行政法等

---

〔1〕 张晋藩:《中国法制史学发展历程的反思与期望》,载张中秋主编:《法律史学科发展国际学术研讨会文集》,中国政法大学出版社2006年版,第3～10页。

〔2〕 林明:《回顾与展望——中国法制史研究三十年综述》,载李玉福主编:《中华法系的形与魂》,中国人民公安大学出版社2010年版,第93～99页。

〔3〕 张维新:《中国古代法制史学史研究——以历代古籍为中心》,上海人民出版社2012年版,第1～9页。

一些研究成果，内容归纳十分恰当。中国古、近代的法制史学产生、发展状况因此而较为真实地跃然纸上。这些通史学史类成果只是在研究时间和范围中存在一些差异，通史学史类的性质则保持一致。这类成果内容的广度十分明显，整体性和连贯性也比较强，是中国法制史学史中的重要组成部分。

3. 断代史学史类成果与内容

断代史学史类成果反映的是对中国法制史学中断代史学史的研究情况。其中，既包括古代的断代，也包含近代的断代，其所含的内容也不相同。古代的中国法制史学史断代史学史成果以研究中国古代某个朝代的法制史学为己任，近代的中国法制史学史断代史学史成果则以研究中国近代某个时期的法制史学为目标。它们都有自己表达的内容。论文是这类成果的主要表现形式，其中，有的论文对中国古代某一朝代的法制史学作了较为全面的研究。《20世纪宋代法律制度史研究的回顾与反思》是这样的论文。它对中国在20世纪中公开发表的宋代法律制度史学成果作了较为全面地研究，内容涉及宋代的立法学、刑事法学、民事法学、其他法学等，涵盖了宋代法制史学的主要部分。[1]

多数论文则对断代史中法制的某个方面进行了研究。《近年来宋代监察制度研究述评》《学术与变革：清末的唐明律研究与评价》《南京国民政府金融法制研究述略》和《民国司法史研究述评》等论文都是这样的成果。《近年来宋代监察制度研究述评》一文聚焦于改革开放以后，宋代的监察制度的研究情况，其中纳入了对监督机构的设置、运作、效果等一系列相关内容的研究。[2]《学术与变革：清末的唐明律研究与评析》一文对清末时期对唐明律的研究作了较为全面地介绍与评析，重点论述了薛允升、沈家本对唐明律的评价，强调薛允升有批判精神，而沈家本又继承了这一精神。[3]《南京国民政府金融法制研究述略》一文首先述评了近10年来海内外对南京国民政府金融法制研究的状况，接着还论及了与这一法制相关问题的研究及其研究的理论价值和现实

〔1〕 戴建国：《20世纪宋代法律制度史研究的回顾与反思》，载《史学月刊》2002年第8期。

〔2〕 贾玉英：《近年来宋代监察制度研究述评》，载《中国史研究动态》1992年第6期。

〔3〕 赵晓耕、王平原：《学术与变革：清末的唐明律研究与评价》，载《浙江社会科学》2004年第4期。

意义。[1]《民国司法史研究述评》一文以多篇重要论文为出发点，对民国司法史的研究价值、研究范式等都作了深入研究。中国法制史学史的断代史学史以断代的法制史学成果为研究对象和范围，强调的不是广度而是深度。它们可以对断代的中国法制史学史放大，对其作深入研究，同时，对中国法制史学史的通史学史作补充，弥补其不足，优势十分明显。

4. 专题史学史类成果与内容

专题史学史类成果反映的是对中国法制史学史中一些专题研究的情况。这类成果较多，既有著作也有论文，既有古代的专题也有近代的专题。他们都对中国法制史学中的专题作了深入研究，但内容因专题不同而有所不同。其中，《中华法系的回顾与前瞻》一书对一百多年来研究中华法系的成果作了较为全面、深入地研究，内容包括各个时期对中华法系研究的述评、与世界其他法系的比较、中华法系的价值与深入研究的思考等。[2]大量的专题类论文对中国法制史学作了更为广泛地研究。其中，有对中国法制史料学进行专题研究的成果。此类成果凸显对一些新发现的中国法制史史料研究的状况与进展。《20世纪甲骨文法律史料的整理及其研究》[3]《敦煌法制文书研究综述》[4]《2002、2003年张家山汉简研究综述》[5]《近年来〈二年律令〉与秦汉法律体系研究述评》[6]和《二十世纪简牍文书法制研究的回顾与展望》[7]等论文都属于此类成果。

也有对中国古代某个法律进行专题研究的成果。此类成果显示了这35年来对中国古代法律研究的最新研究成果与动态，涉及的法律包括了秦律、唐

〔1〕 黄震：《南京国民政府金融法制研究述略》，载曾宪义主编：《法律文化研究》（第2辑），中国人民大学出版社2006年版，第168～174页。

〔2〕 张晋藩主编：《中华法系的回顾与前瞻》，中国政法大学出版社2007年版，第1～5页。

〔3〕 李力：《20世纪甲骨文法律史料的整理及其研究》，载韩延龙主编：《法律史论集》，法律出版社2002年版，第1～24页。

〔4〕 马克林：《敦煌法制文书研究综述》，载《中国史研究动态》1999年第5期。

〔5〕 蔡万进、张小锋：《2002、2003年张家山汉简研究综述》，载《中国史研究动态》2004年第10期。

〔6〕 徐世虹：《近年来〈二年律令〉与秦汉法律体系研究述评》，载中国政法大学法律古籍整理研究所编：《中国古代法律文献研究》（第3辑），中国政法大学出版社2007年版，第215～235页。

〔7〕 曾代伟、郑军：《二十世纪简牍文书法制研究的回顾与展望》，载汪汉卿等主编：《法律史论丛》（第8辑），法律出版社2001年版，第75～91页。

律、天圣令和大清律例等。《秦律研究综述》[1]《睡虎地秦律研究综述》[2]《二十世纪之唐律令研究回顾》[3]《中国唐律研究三十年》[4]《新史料、新观点、新视角——天圣令国际学术研讨会综述》[5]《〈大清律例〉百年研究综述》[6]《大清律例草案签注研究综述》[7]和《1997—2007年我国法制史研究综述——以〈法学研究〉为中心的考察》[8]等论文都是如此。

也有对中国古代司法学进行专题研究的成果。此类成果表现了学者们对中国古代司法中的一些问题进行研究所作出的综合性评析。对汉代开始的"春秋决狱"研究的评析就是如此,《百年以来的"春秋决狱"研究评析》[9]一文就属这类成果。还有对中国古代变法进行专题研究的成果。此类成果从中国古代一些著名变法的研究来反映法制的变迁。这里的变法包括了商鞅、王安石、忽必烈等人主持的变法。《近年来商鞅变法研究述评》[10]《近年来王安石变法问题讨论述评》[11]和《近年来忽必烈改行汉法研究综述》[12]等论文都是这样。

还有对中华法系进行专题研究的成果。除《中华法系研究的回顾与前瞻》一书外,还有一些论文也对中华法系的研究作了评价。《中华法系研究的回顾与前瞻》[13]和《中华法系研究评析》[14]等论文都是如此。另有对家族法规进行专题研究的成果。这类史学史的成果不多,集中反映对中国历史上家族法规研

〔1〕 曹旅宁:《秦律研究综述》,载《广东教育学院学报》2002年第1期。

〔2〕 曹旅宁:《睡虎地秦律研究综述》,载《中国史研究动态》2002年第8期。

〔3〕 周东平:《二十世纪之唐律令研究回顾》,载范忠信、陈景良主编:《中西法律传统》(第2卷),中国政法大学出版社2002年版,第91～107页。

〔4〕 王立民:《中国唐律研究三十年》,载《法学研究》2014年第5期。

〔5〕 牛来颖:《新史料、新观点、新视角——天圣令国际学术研讨会综述》,载《中国史研究动态》2010年第4期。

〔6〕 张家红:《〈大清律例〉百年研究综述》,载《法律文献信息与研究》2008年第2期。

〔7〕 高汉成:《大清律例草案签注研究综述》,载渠涛主编:《中外法律文献研究》(第2卷),北京大学出版社2008年版,第202～212页。

〔8〕 闫文博:《1979—2007年我国法制史研究综述——以〈法学研究〉为中心的考察》,载《法律文献信息与研究》2008年第3期。

〔9〕 朱宏才:《百年来"春秋决狱"研究评析》,载《攀登》2007年第2期。

〔10〕 张东刚:《近年来商鞅变法研究述评》,载《中国史研究动态》1989年第11期。

〔11〕 霍春英:《近年来王安石变法问题讨论述评》,载《中国史研究动态》1989年第6期。

〔12〕 赵永春:《近年来忽必烈改行汉法研究综述》,载《中国史研究动态》1989年第12期。

〔13〕 张晋藩:《中华法系研究的回顾与前瞻》,载张晋藩:《张晋藩文选》,中华书局2007年版,第816～832页。

〔14〕 马小红:《中华法系研究评析》,载马小红、刘婷婷主编:《法律文化研究》(第7辑),社会科学文献出版社2014年版,第1～23页。

究的一般情况。《我国大陆30年有关家族法规研究文献综述》[1]一文是这类成果中的代表作。以上这些专题研究成果重点显现的是对中国古代法制史学专题研究的态势，在此类成果中还有少量能体现以研究中国近代法制史学为主的专题研究成果。

《三十年来中国法制现代化研究观点综述》[2]《中国租界法制研究的检视与思考》[3]和《中国地方法制史研究的前世与今生》[4]等论文都是这样的成果。这类成果内容涉及的面不宽，仅以专题为限，但发掘的深度很深，把整个专题研究对象的方方面面都揭示得一清二楚。比如，《百年来的"春秋决狱"研究评析》一文就对20世纪百年中发表的"春秋决狱"成果作了较为深入地研究，把从汉朝到魏晋时期实施的这一决狱作了较为彻底地检讨，内容包括了对"春秋决狱"的各种评价、研究人员的构成、海外的相关研究、研究特点、结合研究的切入点等。中国法制史学史的专题史学史研究类成果以专门研究某个专题为特色，从纵向反射出中国法制史学中一些值得研究的内容，为其他类成果所不及，也丰富了中国法制史学史的内涵。

5. 其他史学史类成果与内容

在这35年中，除了中国法制史学史的通史学史、断代史学史和专题史学史类成果以外，还另有些其他史学史类成果，其中包括了中国少数民族法制史学史成果、海外中国法制史学史类成果等。由于涉及的领域不同，它们内容差别较大。这类成果相对较少，故集中在此阐述。关于中国少数民族法制史学史成果。这类中国法制史学史的成果凸显了对中国一些主要少数民族法制史的研究状况，不过这类成果非常罕见，《略论中国少数民族法制史学的发展》[5]一文是其代表作。此文引用了近30年来中国一些主要少数民族法制史学的著作与论文，对其作了清理，还专门指出了进一步研究所应采用的研究方法，预测了今后的研究趋势。

---

〔1〕 袁兆春、张洁:《我国大陆30年有关家族法规研究文献综述》，载霍存福、吕利主编:《中国法律传统与法律精神》，山东人民出版社2010年版，第462～467页。

〔2〕 郝东升:《三十年来中国法制现代化研究观点综述》，载《法制时空》2009年第5期(下)。

〔3〕 王立民:《中国租界法制研究的检视与思考》，载《当代法学》2012年第4期。

〔4〕 王立民:《中国地方法制史研究的前世与今生》，载《中外法学》2013年第5期。

〔5〕 朱艳英、罗家云:《略论中国少数民族法制史学的发展》，载《玉溪师范学院学报》2008年第2期。

关于海外中国法制史学史类成果。中国大陆学者对中国大陆以外的海外中国法制史学史的研究比较欠缺，成果也非常少，现有的也只限于日本的中国法制史学史的成果。《日本对中国法制史研究的现状与特色》[1]和《日本有关元代法制史研究概述》[2]等是其中较为突出的成果。它们都对日本研究中国法制史学的情况作了简要地介绍，并指出了存在的问题，提出了可以深入研究的方向。

以上这些近35年来中国法制史学史的成果只是依据其时间、范围作了大致地分类，不能绝对切割，有些成果的内容有交叉。有的通史类成果中，包括了部门法史学史类、断代史学史类、专题史学史类的内容，《中国法制史研究综述》一书就是如此；有的断代史学史类成果中，包含了专题史学史类的内容，《民国司法史研究述评》一文就是这样。本文这样分类只是为了反映这35年来中国法制史学史的基本状况，也为了便于读者寻找现有的中国法制史学史的成果，为以后的研究提供一些依据与参考。当然，这些成果同样是这35年来中国法制史学史研究取得可喜成绩的一种客观反映。

取得的成就与原因

35年来，中国法制史学史取得了可喜的成就，在这一成就背后也有其一定的原因，正是这些原因大力推进了中国法制史学史的向前发展。

1. 中国法制史学史取得的成就

中国法制史学史在这35年中取得了可喜的成就，突出表现在以下几个方面。

首先，形成了一支产出中国法制史学史成果的研究队伍。

中国法制史学史是一门专业性很强的学科，它把中国法制史、中国法制史学和史学史都交叉在一起。只有通晓了中国法制史、中国法制史学和史学史，才能做通中国法制史学史。这一任务主要由研究过中国法制史、中国法制史学的成果和熟悉史学史的人员来完成。对其他未从事过此类研究的人员来说则难度比较大，因为专业不对口而往往会事倍功半，甚至无功而返。这35年来，随着中国法制史学研究队伍的扩大，中国法制史学史越来越受到重视，还

---

〔1〕 林明：《日本对中国法制史研究的现状与特色》，载《烟台大学学办》(哲学社会科学版)1999年第4期。

〔2〕 刘晓：《日本有关元代法制史研究概述》，载《中国史研究动态》1996年第1期。

实现了从无到有的突破，形成了一支产出中国法制史学史成果的队伍。从已公开发表的相关著作、论文来看，这支队伍至少有30余位成员。

这些成员包含有多个不同层次。从年龄层次来看，以出版、发表成果时间的年龄来论，既有老年成员，也有中、青年成员。其中的张晋藩、刘海年、曾宪义、王立民等人属于老年成员；郭成伟、赵晓耕、徐世虹等人都属于中年成员；周会蕾、张维新、朱艳英、孙家红、曹旅宁、王平原、朱宏才等则属于青年成员。多数学者、专家在中年阶段。这从一个侧面说明，这支研究队伍是一支老、中、青相结合的队伍，而且有梯队，结构有一定的合理性。

从资历层次来看，既有教授、博士研究生导师，也有博士研究生。其中的教授、博士研究生导师是研究中国法制史学的核心力量，老年和多数中年成员都是如此。他们的成果比较多，质量也较高，是开创中国法制史学史局面的主力军。十分可喜的是有些博士研究生也加入了中国法制史学史研究的队伍，而且产出了成果，孙家红、王平原、朱艳英等人都是这样。他们在博士研究生在读期间便公开发表了关于中国法制史学史的论文。还有个别博士研究生与教授、博士研究生导师一起共同研究、产出了相关成果，王平原与赵晓耕合作的《学术与变革：清末的唐明律研究与评价》一文就是如此。这从一个角度告诉人们，中国法制史学史研究后继有人，其学术研究的路径已为有些年轻人所掌握，其学术研究的兴趣也为一些年轻人所具备。这些都是中国法制史学史得以进一步发展的希望所在。

从这些成员的成果出版、发表的载体层次来看，既有著作，也有期刊和文集。著作可以承载的内容比较多，也比较厚重。一些内容含量较多的中国法制史学史成果便以著作形式出现，而且论和述都可充分展开。《中国法制史研究综述》《中华法系的回顾与前瞻》《中国古代法制史学史研究——以历代古籍为中心》和《中国近代法制史学史研究》等著作都是这样。一些内容相对简要，论述并重的成果则以论文形式出现。由于期刊和文集都可刊载论文，所以有大量的中国法制史学史成果发表在期刊和文集上。其中，又以期刊为多。在期刊中，既有法学类期刊，如《法学研究》《政法论坛》《中外法学》《法学评论》《当代法学》等；也有非法学类期刊，如《史学月刊》《中国史研究动态》《烟台大学学报》《玉溪师范学院学报》《浙江社会科学》《社科纵横》等。另外，还有一些文集中也刊有中国法制史学史的成果，如《法律史论集》《法律史学科发展国际学术研讨会文集》《中西法律传统》《法律文化研究》《思学集——张晋藩先生执教六十周年暨八十华诞纪念文集》等都是这样。这些载体都发表过中国法制史学史研究人员的成果，是中国法制史学史的重要学术园地。

在中国法制史学史的研究队伍中，张晋藩是领军人物。他研究中国法制史学起步早、成果多、质量高。早在1989年他就在《政法论坛》上发表了《中国法制史学四十年》一文，翌年又出版了其主编的《中国法制史研究综述》一书，为中国在这35年中的中国法制史学史的研究开了先河，也打下了基础。之后，张晋藩的中国法制史学史成果继续问世，其中既有著作，也有论文。他主编的《中华法系的回顾与前瞻》一书和《中国法制史学发展历程的反思与期望》《总结过去开拓未来——中国法制史学的六十年》等论文都在其中。不仅如此，他的中国法制史学史成果质量都很高，能够较为客观地反映出中国法制史学研究的实际情况、演进过程和发展规律。张晋藩不仅是中华人民共和国的中国法制史学的重要"奠基人"和"集大成者"，[1]也是中国法制史学史的奠基人和集大成者。

中国法制史学史学科造就了这样一支研究队伍，没有这样一门学科，也不会有这样一支队伍。这支队伍又反哺了中国法制史学史学科，没有这样一支队伍，中国法制史学史还会默默无闻。这35年来，这支队伍从无到有，从小到大，从弱到强，不能不说是这35年来中国法制史学史的一大成就。

其次，中国法制史学史的成果逐渐丰硕、内容渐渐丰富。

经过这35年的积累，中国法制史学史的成果丰硕起来，内容也逐渐丰富。中国古代没有史学史学科，也没有中国法制史学史专门的研究成果。到了近代，随着西学东渐，中国才有了史学史学科，可是独立的中国法制史学史发育太慢，到民国时期时都不见有专门、有影响的研究成果。中华人民共和国成立以后，前30年的法学研究受到抑制，中国法制史学史无法充分成长，也不见有独立、专门的成果面世。[2]近35年来，中国的改革开放和法治发展，给法学带

〔1〕 王人博：《张晋藩先生与中国宪政史研究》，载朱勇主编：《思学集——张晋藩先生执教六十周年暨八十华诞纪念文集》，中国政法大学出版社2010年版，第354页。

〔2〕 赵九燕、杨一凡：《百年中国法律史学论文著作目录》（上册），社会科学文献出版社2014年版，第115页。

来了新生，中国法制史学史应势而大发展，其成果如雨后春笋，数十篇独立、专门的相关成果涌现出来，实现了中国法制史学史的“大跃进”，为以往任何时期都不可比拟。

这些中国法制史学史成果内容比较丰富，涵盖了其中的一些重要领域。从成果的分类情况来看，既涉及综合史学史类、通史学史类、断代史学史类、专题史学史类的成果，也包括了中国少数民族法制史学史类、海外中国法制史学史类在内的其他史学史类成果，基本能反映出中国法制史学研究成果的一个总体面貌。在每类成果中，也往往也涉及多个方面，使其内容丰富起来。比如，关于通史学史类成果，其中就有先秦、秦汉至清朝、近代的中国法制史学史的成果，而且，这类成果还不断发表，从时间段来看，既有10年、20年、40年、60年的中国法制史学史成果，还有100年的相关成果。其中，除了有中国法制史学的著作与论文外，还包含有研究队伍、研究方法、学科发展、重要事件、学术争鸣等。这不仅使中国法制史学的研究成果得到不断总结、昭示，也使中国法制史学史不中断，呈现出一种连续性，表现出一种较强的生命力。从这种意义来说，这35年来的中国法制史学史的成就已不算小了。

从这35年来的中国法制史学史成果还可以透视出中国法制史学史的两大演进阶段，其中的时间节点是2000年。此前为第一阶段，即中国法制史学史的起步阶段；此后为第二阶段，即中国法制史学史的发展阶段。在第一阶段的20年中，较为突出的是这样三点。第一点，中国法制史学史成果的数量较少。主要的成果数只有10余项，仅为这35年成果总数的三分之一左右。第二点，中国法制史学史成果的涉及面较窄。此时的成果以综合史学史类、通史学史类的成果为主，其他种类的成果很少，成果涉及的面还不宽。第三点，中国法制史学史的成果形式以综述为主，研究深度有限。综述以整合、梳理中国法制史学的成果为主，展开论述较少，研究不够深入。尽管如此，但这一阶段是中国法制史学史作为一个新生事物从无到有，迈出了从幼稚到成熟演变的一步，同时还为第二阶段的发展奠定了基础，难能可贵。

在第二阶段的15年时间里，较为突出的也是三点。第一点，中国法制史学史成果数量增多。主要的成果数达到20余项，占了这30年成果总数的三分之二左右。虽然这一阶段的时间短于第一阶段，但成果数却有明显增加。第二点，中国法制史学史的成果涉及面较第一阶段为宽。除了综合史学史类、通史学史类成果外，还有断代史学史、专题史学史等类的成果，研究领域在拓宽。第三点，中国法制史学史的成果出现了新的形式。主要是向述评、反思、前瞻等转变，同时论述部分的含量增加，研究深度在加深。中国法制史学史在这一阶段中取得了长足的发展。从中国法制史学史成果来划分这两个演进阶段可以看到，这 35 年来中国法制史学史在进步，不断向前运行，没有停滞不前。

在这 35 年的中国法制史学史的成果内容中，还有一点十分可贵，即开展了学术争鸣。学术的生命在于争鸣。有争鸣，学术才可充分发展；没有争鸣，学术就失去了生命力。中国法制史学史也是如此。这 35 年来的中国法制史学史内容还集中烘托出中国法制史学中的争鸣问题，推进学术争鸣，繁荣学术研究。争鸣问题不少，不同时期有不同的争鸣问题。这 35 年的前 10 年中，已有争鸣成果发表，对中华法系特点的争鸣就是如此。那时不仅对中华法系的特点进行过较为深入地研究，而且还有过不同观点，出现过争鸣。其中，一种观点认为，中华法系具有 3 个特点，分别是：重视成文法典；把天理作为法的理论依据；礼法并重。另一种观点则认为，中华法系具有 6 个特点，分别是：以儒家学说为基本指导思想和理论基础，也融合了道、释的某些教义；出礼入刑，礼法结合；家族本位的伦理法占有重要地位；礼法与司法始终集权于中央，司法与行政基本合一；法典形式上的诸法合体、民刑不分与法律体系上的诸法并存、民刑有分；融合以汉民族为主体的各民族的法律意识和法律原则等。[1]这两种观点差别很大，各执一词，均能自圆其说。

之后，便有更多的中国法制史学的争鸣问题在中国法制史学史中得到反映。其中，包括《法经》是否是法典的争鸣；“隶臣妾”属性问题的争鸣；《大元通制》性质与内容的争鸣等。这些争鸣观点鲜明，甚至还挑战传统定论，关于《法经》是否是法典争鸣就是如此。传统观点认为，《法经》是战国时期李悝制定的一部较为系统的封建成文法典。但是，在这期间就有学者提出异议，认为《法经》并非法典，而是私人传世之作。对此，还提供了相关依据，指出先秦和两汉史籍均无关于《法经》的记载等。[2]一家之言也给学术争鸣带来了生机。中国法制史学史的成果反映这些争鸣，也为表现学术争鸣提供了一

〔1〕 张晋藩：《中国法制史学四十年》(上)，载《政法论坛》1989 年第 4 期。
〔2〕 郭成伟：《中国法制史学建设的辉煌 20 年》，载《政法论坛》1998 年第 3 期。

个平台。

最后，丰富了中国法律史学科。

中国法律史学科是中国法学中的一个重要组成部分，也是法学的一门基础性学科。它主要反映中国的法律、法学产生、演变和发展规律。这一学科中既包括了中国法制史、中国法律思想史、中国法文化史学等，也包括了它们的史学史。中国法律史的史学史反映中国法律史学的历史与现状、演变路径、发展的方向与规律等，是中国法律史学中不可缺少的一个组成部分。缺少中国法律史学史，中国法律史学科就不完整、有缺口。中国法制史学史又是中国法律史学史中的一个不可缺少的领地。它告诉人们中国法制史学的历史与现状、演变形式与路径、以后的发展方向与规律等。缺少中国法制史学史，就使中国法律史学乃至中国法学都不完整、有缺陷。可见，中国法制史学史也举足轻重。

中国长期以来，就是在中华人民共和国成立以后的前 30 年里，中国法制史学史始终是一块未被开垦的处女地。那时，虽有少量的中国法制史学成果，但没有对其进行深入研究，缺乏中国法制史学史的成果。据《百年中国法律史学论文著作目录》的统计，中华人民共和国成立后的前 30 年大陆产出的中国法制史学的成果共有 76 个，其中中国古代法制史学成果 55 个，近现代法制史学成果 21 个。[1]与此同时，中国法制史学史成果的数量则是零。[2]中国法制史学史大大落后于中国法制史学，在这前 30 年中还是一片空白。近 35 年来，中国法制史学史不仅从无到有，而且还有了可喜的发展，一批成果与世人见面。这些成果中的大多数质量不错，有的成果质量还非常高，如张晋藩的一些成果。与此同时，一支研究中国法制史学史的队伍也已形成，其中的领军人物是张晋藩。中国法制史学史不仅实现了从无到有的突破，还进入了良性循环的阶段。

中国法制史学史的诞生和发展，弥补了原来中国法律史学中的不足，使其内涵丰富起来，所含内容也更完善一些。这是中国法制史学史在这 35 年中的

---

〔1〕 赵九燕、杨一凡：《百年中国法律史学论文著作目录》（上册），社会科学文献出版社 2014 年版，第 127～128、209～210、219、239、275～276、315～316、354～355、372、419、446～447、484～485、528～529、546 页。

〔2〕 赵九燕、杨一凡：《百年中国法律史学论文著作目录》（上册），社会科学文献出版社 2014 年版，第 115 页。

成就之一。中国法律史学科乃至整个中国法学都从中受益,更加繁荣。

2. 中国法制史学史取得成就的主要原因

中国法制史学史在这35年中取得了可喜的成就。在这些成就背后有其一定的原因,正是这些原因直接造就了中国法制史学史的成果。

首先,学术研究环境比较宽松。

中华人民共和国成立后的前30年,学术环境很不理想,学术研究受到抑制。各种政治运动接踵而来,人们的思想受到禁锢,造成了一种万马齐喑的局面。特别是在10年"文化大革命"期间,许多无辜者受到迫害,基本人权得不到有效保障,学术没有自由。在这种背景之下,对中国法制史的研究几乎处于停顿状态,中国法制史学死气沉沉,研究成果凤毛麟角。以中国法制史学为研究对象的中国法制史学史,也因为缺少研究对象而无用武之地,无法正常发育、成长。

改革开放以后,中国走上了民主法治道路。这35年既是改革开放的35年,也是民主法治建设的35年。于是,中国学术研究的春天来到了,学术研究的环境比较宽松,大家的思想也得到了解放,过去的学术禁区被打破,这使包括中国法制史学、中国法制史学史在内的中国法学研究有了一个大发展的机遇。这正如一个专家所言:"思想解放使法学工作者勇于打破禁区,全方位地开展法学研究;思想解放也使法学工作者能够以科学的态度面对现实和理论研究中存在的问题,理性地思考解决问题的办法。思想解放更为广大法学工作者营造了一个从事法学研究的宽松环境,而这正是中国法学能够顺利发展的养分所在。"〔1〕比较宽松的学术环境使从事中国法制史学研究的人员可以更加放手地投入中国法制史学的研究中去,产出更多中国法制史学的研究成果。事实也是如此。这35年中国法制史学的成果蜂拥出现。这里以中国法制通史类成果为例。改革开放前30年这类成果仅有11个;近35年这类成果增长到2000多个。〔2〕其他类成果的情况也有相似之处。在中国法制史的研究不断向前推进、中国法制史学的研究成果大量涌现的情况下,中国法制史学史便有了用武之地,其发展也有了现实的基础,脱颖而出也成了必然。

---

〔1〕 朱景文主编:《中国法律发展报告》,中国人民大学出版社2007年版,第523页。

〔2〕 赵九燕、杨一凡:《百年中国法律史学论文著作目录》(上册),社会科学文献出版社2014年版,第128～209页。

其次，有中国法制史课程的支持。

这35年来，中国法制史学史的研究队伍逐渐形成、壮大，其中一个重要原因是有中国法制史课程的支持。它被列入法学类的核心课程，中国法学专业的本、专科生和部分研究生都要学习这门课程，甚至还把其列入国家司法考试之中。这就要求每个学校的法学专业中都要配置从事中国法制史教学的教师。这些教师都具有教学与科研的双重任务，进行中国法制史学的研究和产出中国法制史学的成果往往成了他们的义务。随着中国大学的扩招和法学院及其学生的增加，这支教师队伍也在壮大。1977年全国法学院校有4所，在校的法学本专科学生431人。1998年中国开始扩招，那年全国的法学院校增加到214所，在校的法学本、专科学生增加到85,565人。[1]进入21世纪以后，中国的法学院校和在校本专科学生都有大幅增加。据统计，2011年时，中国的法学院校超过600所，在校普通法学类本科生501,979人，普通专科法律大类在校生126,758人。[2]随着法学专业学生的增加，从事中国法制史教学的教师人数也在增多，现在这一支教师队伍已达数百人。

这支数百人的教师队伍，除了进行正常的中国法制史教学外，还要进行中国法制史学的研究，出版、发表中国法制史学的研究成果。其中，有些人员在从事中国法制史学研究的同时，也把注意力投向中国法制史学史并进行一些研究，也有成果发表、出版。这35年中产出中国法制史学史成果的人员基本上都是从事中国法制史教学和中国法制史学研究的人员。张晋藩、曾宪义、刘海年、郭成伟、赵晓耕、李力、林明、马小红、张维新、周会蕾、周东平、袁兆春、王立民等，无一不是如此。这支队伍是进行中国法制史学研究的人才力量，没有这支队伍，中国法制史学史是还会沉睡，这块处女地还不会被开发。中国法制史学史有今天，一个重要原因就是中国法制史课程的支撑，没有这一核心课程，没有这么多专业教师，中国法制史学和中国法制史学史的发展都不会这么顺利。

最后，进行中国法制史学史研究的意识在逐渐增强。

进行中国法制史学史的研究也是一项人的学术活动，其受到研究人员意

---

〔1〕 霍宪丹：《中国法学教育的发展与转型》，法律出版社2004年版，第326页。

〔2〕 唐波、张毅、黄超英、张丽君：《法学专业标准研究——走向“卓越教育”》，上海人民出版社2014年版，第3页。

识的支配。没有研究中国法制史学史的意识，不进行这一研究，就不会出现这种研究活动并产出成果。只有当研究人员在研究中国法制史学史的意识逐渐增强的情况下，才有可能进行相关研究，产出成果，渐渐推进中国法制史学史的发展。在这35年中，一批成员具备了这一意识并产生了成果。张晋藩是其中较早具有中国法制史学史研究意识的专家，他十分重视中国法制史学史的研究，还认为建立和发展中国法制史学史学科具有多重意义。朱勇在《筚路蓝缕，但开风气之先——张晋藩先生的学术活动与贡献》一文中，专门提到这种意义。张晋藩认为，中国法制史学史的研究可以明了过去，开拓未来。“对于法律史学学术史，先生常加以整理与总结，由此可以明了法律史学发展的脉络与取向的成就，并能在未来更加开拓。”他进一步认为，中国法制史学史的研究可以为同人们找到自己的研究方向。“治学先治史，先生做这项工作的目的，实际上是为有志于研习法律史学的同仁们提供一个入门的阶梯，继而找到自己研究的方向。”他还认为，中国法制史学史的研究可以促进学科的发展。“发挥各专家的专业所长，总结他们在创建法制史学上的经验，对于促进这门科学的发展，是很有意义的。”〔1〕张晋藩的这种中国法制史学史的研究意识，还转化为研究实践，发表、出版了研究成果。

之后，有更多学者、专家具有了这种意识，从不同角度来认识中国法制史学史的意义。韩秀桃在《中国法律史学史——一个学科问题的透视》〔2〕一文中，专门论述了中国法律史学史的一些重要问题，其中包括了史学史的学科门类、任务、地位、发展路数等。与此同时，有一批人员同样拥有了这种意识，投身到中国法制史学的研究中去，形成了一支老、中、青相结合的队伍，产出中国法制史学史的成果，着实推进中国法制史学史的建设。如果没有这种意识，不会形成这样一支研究队伍，也不会产出中国法制史学史的成果了。

以上这三个主要原因分别从学术环境、学术队伍和学术意识对中国法制史学史发力，共同铸就了中国法制史学史在这35年中取得的成就，实现了中国法制史学史前所未有的突破与发展。

---

〔1〕 朱勇主编：《思学集——张晋藩先生执教六十周年暨八十华诞纪念文集》，中国政法大学出版社2010年版，第50～51页。

〔2〕 韩秀桃：《中国法律史学史——一个学科史问题的透视》，载《法制与社会发展》2003年第6期。

存在的问题与出路

回首这35年来的中国法制史学史，已取得了可喜的成就，也存在一些问题。只有找到解决这些问题的出路，对症下药，中国法制史学史才会有个大发展。

1. 研究队伍有薄弱环节，需要进一步加强

目前，已有一支中国法制史学史的研究队伍，但这支队伍仍有薄弱环节，需要进一步加强，方能促进中国法制史学史的进一步发展。中国法制史学史的研究队伍的形成起步较晚，大大落后于中国法制史学的研究队伍。中国法制史学研究起步较早，中华人民共和国成立前后都有研究成果见世，研究队伍始终存在。中国法制史学史的研究则起步较晚，直到改革开放以后才逐渐生成。因此这支研究队伍也形成较晚，至今也就35年。这支新队伍当前存在的薄弱环节主要是三个。第一个是总人数偏少。与从事中国法制史学研究的人员相比，从事中国法制史学史研究的人员要少许多，只是其二十分之一左右。研究人员少，往往就是研究力量不足，研究成果不够丰富，总体的研究质量也受到影响。第二个是人均研究成果偏少。在中国法制史学史的队伍中，虽有像张晋藩那样的杰出专家，研究成果也较为丰硕，但多数研究成员的中国法制史学史成果则较少，大多仅有1～2篇论文，没能持续产出研究成果。这样的队伍就不太稳定，比较松散，变动性也较大，这就缺少一种研究的连贯性，不易形成研究体系，也会影响到研究质量的提高。第三个是年轻人偏少。目前中国法制史学史研究队伍虽是一种老、中、青相结合的队伍，有一定的合理性，但年轻人偏少，中、老年人占了大头。这虽能维持一段时间的研究，但要可持续发展，还需有更多年轻人的加入，使其具有强大后劲，也使研究始终处于一种强劲态势，少起伏，更不衰弱。否则，中国法制史学的研究队伍就会后继无人，研究前景也会堪忧。

要弥补这三个薄弱环节，加强中国法制史学史的研究队伍建设，其出路在于以下两个路径。首先，要进一步提高对中国法制史学史重要性的认识。只有提高对中国法制史学史重要性的认识以后，中国法制史学史的队伍才能充分发挥其积极性与创新性。要使更多人员充分认识到中国法制史学史的重要性，把其作为一门必不可少的独立学科加以认识。要认识到缺少了这门学科，

中国法律史学科就不完整，有欠缺，认识到这门学科有不可替代的作用。第一，它可以总结以往中国法制史学的成果，明了其研究状况，探寻其发展规律。掌握和利用这一规律，顺利开展以后的中国法制史学研究，少走弯路，多产有质量的成果，繁荣中国法制史学园地。第二，它可以借鉴以往中国法制史学的研究成果与经验，进一步明确以后的研究方向。这可避免往后研究中的重复和失误，提高研究中国法制史学的效率，使中国法制史学健康发展。第三，它可以丰富中国的法制文化，建设中国的社会主义法治文化。中国法制史学史还是中国法制文化的一个组成部分。中国的法制史学史发展了，中国的法制文化也就丰富了。现在，中国正在加快建设社会主义法治，不能没有社会主义法治文化，而法制文化中的有些内容可以转化为社会主义法治文化，如调解制度的研究等。可见，中国法制史学史还是一门十分重要的学科、可以有作为的学科，不可或缺。其次，要使更多志同道合者加入中国法制史学史的研究队伍中来。现在虽然已有了一支中国法制史学史的研究队伍，但还有不足，还不能满足中国法制史学史发展的需求。因此，要促使更多志同道合者加入中国法制史学史的研究队伍，使其更为壮大，投入更多中国法制史学史的研究力量。其中，特别要注重青年学者的加入。他们有自己的优势，学历层次较高，有较好的研究基础；有闯劲，可以开拓更多研究领域；精力充沛，能够投入更多精力与时间进行研究；等等。充实年轻力量，研究基础就会更扎实一些，研究力量的配备也可更充分一些。当然，在此基础上，还需形成一支较为固定的中国法制史学史研究队伍，改变目前松散的状况，保持这支队伍的相对稳定性，保证研究具有连贯性，产出系统的研究成果，不断推进中国法制史学史向前发展。

2. 研究内容有“瓶颈”，需要进一步拓展

目前，虽然已有一些中国法制史学史的成果，而且还可以分为多个种类，可是有些研究领域还存在“瓶颈”，可拓展的余地仍然很大。首先，在中国法制史学史的通史学史领域中，还缺少通贯中国法制史学史古、近、当代在内的系统性成果。当前，已有分别反映中国古代、近代与当代的中国法制史学史的通史学史成果，还缺少把古、近、当代都总合起来的通史学史类成果。缺少这一成果就很难全面、系统反映中国法制史学的演进状况与相关的一些内容，在中国法制史学史的研究中留下缺憾。其次，对中国法制史学史中部门法史学

史的研究也十分不足，不见有专门、系统的研究成果。现有的成果只在一些综合史学史类、通史学史类的成果中点到而已，其内容没有充分展开，不能系统、完整地反映其基本面貌。再次，中国法制史学史的断代史学史内容也有缺陷，需要拾遗补阙。虽然目前已有这类成果，但大多集中于断代史学史中的宋代、民国时期等，许多时期的法制史学史没有涉及，内容缺口依然很大，断代的中国法制史学史也需进一步开拓。最后，海外中国法制史学史的研究成果更稀缺，更需扩大、深入研究。目前，中国学者、专家的海外中国法制史学史的成果很少，研究相当不够。实际上，海外的学者、专家对海外中国法制史学已有一定的研究，也有一些中国法制史学史成果问世。比如，日本学者冈野诚的《日本之中国法制史研究现况》[1]、西英昭的《日本之中国近代法史研究概况》[2]等。还有，中国台湾地区桂齐逊的《五十年来台湾有关唐律研究概况》[3]等。可是，缺乏对他们成果的研究，也缺乏对其整体情况的了解。这些研究中的"瓶颈"之处在今后的研究中都应及时加以解决。

前瞻中国法制史学史的研究内容，近期内可以在这些领域加以拓展。首先，要进一步加强研究中国法制史学史的通史学史。要在已有研究的基础上，整合现有的研究成果，填补空白，使古、近、当代的中国法制史学史都贯通，把中国法制史学史的整体、基本面貌展现出来。最好是使用著作形式，这样容量可以大一些，论述也可充分一些。其中，除了有中国法制史学的重要成果、人物、思想以外，还要有研究方法、重要的事件、学科建设、学术争鸣等，内容尽可能地完善一些。这就能把中国法制史学史的演进脉络客观、系统、全面地显示出来，为后人的进一步研究夯实基石，做好铺垫。其次，要进一步加强研究中国法制史学史的部门法史学史。部门法史学史是中国法制史学史中的重要组成部分，反映的是中国部门法史学的产生、演进的状况与发展规律。中国法制史学史中不能缺失部门法史学史。然而，这是当前中国法制史学史中的一个弱项，需要加强研究，使其得到弥补。中国现在已有不少中国部门法史学

---

〔1〕［日］冈野诚：《日本之中国法制史研究现况》，载（台湾）中国法制史学会、"中央研究院"历史语言研究所：《法制史研究》2000年创刊号。

〔2〕［日］西英昭：《日本之中国近代法史研究概况》，载（台湾）中国法制史学会、"中央研究院"历史语言研究所：《法制史研究》2001年第2期。

〔3〕桂齐逊：《五十年来台湾有关唐律研究概况》，载（台湾）中国法制史学会、"中央研究院"历史语言研究所：《法制史研究》2000年创刊号。

的研究成果，内容涵盖民法史学、刑法史学、行政法史学、司法史学等，可是要对其作进一步研究并综合起来，较为系统、完整地组合进中国法制史学史还需作进一步努力。[1]这一研究工作已刻不容缓，因为中国法制史学史不能长期缺失部门法史学史。再次，进一步加强研究中国法制史学史的断代史学史。要改变目前仅有少量断代史学史成果的情况，大力研究中国古、近代的断代史学史，把缺少的断代史学史填补起来，使中国法制史学史的体系趋于完整。这35年来，有关中国法制史的断代史学的成果非常多，已有进一步研究断代史学史的基础，如能刻苦研究，定会产生有质量的成果。[2]最后，进一步加强研究海外中国法制史学史。由于中国法制史在世界法制史中的重要地位，这35年来也有一些海外学者、专家专心研究中国法制史学和中国法制史学史，也有相关论文发表。在他们研究的基础上，可以进一步研究海外中国法制史学史，较为充分地了解海外学者、专家研究中国法制史学史的真实情况，从中得到借鉴，避免简单的重复研究，促进学术交流，共同发展中国法制史学史。

3. 研究方法比较简单，需要进一步改进

从这35年来的中国法制史学史成果中可以发现，中国法制史学史的研究方法还是比较简单，主要集中于归纳、分析、推理的方法，其他研究方法用得较少。这些方法固然重要，也是常会使用的方法但每种研究方法都有其长处与短处，综合使用才能取得事半功倍的效果。特别是在当前，中国法制史学的成果越来越多，涉及的领域越来越广泛，研究手段越来越多样化，获取和处理信息的途径越来越便捷，再拘泥于以往的这些方法就显得不合时宜了。为了保证中国法制史学史的不断发展，有必要找到出路，改进研究方法，采用一些新的研究方法，与原来的研究方法互相补充，相得益彰。

可以采用的研究方法有多种，只要对研究中国法制史学有利，对发展中国法制史学史有助，都可使用，实证、比较、考古与训诂等方法都在其中。实证的方法在过去的中国法制史学史成果中很少使用，这是一个遗憾。它以定量分析为基础，然后再下定性的结论，这样得出的结论比较有说服力，也易令人

〔1〕郭成伟：《中国法制史学建设的辉煌20年》，载《政法论坛》1998年第5期。

〔2〕赵九燕、杨一凡：《百年中国法律史学论文著作目录》（上册），社会科学文献出版社2014年版，第209～418页。

信服。近35年来，中国法制史学的成果以万计，使用这一方法的时机已经成熟，可以在中国法制史学史中广泛使用。[1]比较的方法以往使用得更少。它可以把不同的中国法制史学成果进行比较，然后发现异同，最终找到特点。没有比较，无法找到特点，或者不能发现准确的特点。比较的方法是反映中国法制史学史特点不可或缺的一种方法。在以往中国法制史学史成果中，有一些关于特点的描述，但都没有进行比较的阐述，这样得出的特点就不易被人所接受，其学术价值也打了折扣。这种比较可以有多种视角，可以是不同时期中国法制史学史的比较，可以是同一时期不同领域中国法制史学史的比较，也可以是中国法制史学史与外国法制史学史的比较等。这可根据不同的专题和内容来决定，但都需有可比性，这是使用比较方法的前提。不具可比性，也就没有比较的必要与可能了。考古与训诂的方法在现有的中国法制史学史成果中几乎没有被使用。其实，这些方法在中国法制史学史中同样不可缺少。近35年来，战国、秦、汉等简都有新发现，其中亦有不少法律内容，是中国法制史研究不可多得的珍贵资料。因此，研究中国法制史不能没有考古、训诂的方法，否则，就不能辨别其真伪，也不能正确理解简中的内容。中国法制史学史是对中国法制史学研究成果的研究与提升，同样不能缺失这些研究方法，否则就无法判断中国法制史学成果的真伪、正确与否。考古、训诂的研究方法不能在中国法制史学史中长期缺位。

改进中国法制史学史的研究方法，采用一些新的研究方法，是为了把中国法制史学的状况客观地反映出来，把其发展规律揭示出来，最终是要推进中国法制史学的研究，使中国法制史学史得到进一步发展。现在，中国法制史学史大大落后于中国法制史学，需要迎头赶上，特别是在研究方法上要有大的突破，以使中国法制史学史与中国法制史学并驾齐驱，共同繁荣中国法律史园地。

35年来，中国法制史学史从零开始，逐步演进，走过了不平凡的历程，也取得了不小的成绩。展望未来，随着中国法治建设的推进与法学的繁荣，中国法制史学史应该有个大发展，现有的一些盲点需要得到填补。这个任务比较艰巨，唯有进一步加强研究队伍，进一步拓展研究内容，进一步改进研究方法

〔1〕 赵九燕、杨一凡：《百年中国法律史学论文著作目录》(上册)，社会科学文献出版社2014年版，第1页。

等，才能奏效。可以相信，只要经过大家的共同努力，用不了太长时间，中国法制史学史定会面貌大变，变得更为繁荣和成熟，成为中国法律史学家族中一位强壮的成员。

本文系作者主持的司法部立项课题“中国法制史学的演进与思考”（12SFB5008）的中间成果。原载《浙江学刊》2016年第4期。被《新华文摘》（数字版）2017年第1期全文转载。

二、中国唐律研究三十年

三十年来，中国的唐律研究队伍逐渐壮大，成果颇丰，影响不小，超过对中国古代任何其他法典的研究。本文对唐律研究的主要学术成果作一回眸和前瞻，以期总结其经验，探求其不足，寻找打开研究新局面的方向。

唐律研究成果的三大类别

30 年来，中国公开出版、刊发了不少专门研究唐律的学术成果，包括著作 19 部、论文 476 篇。[1]如果加上其他著作中论及唐律的内容，数量就更多。这些成果，分别从不同视角、深度对唐律进行了梳理、解读和论述，大致可分为以下三大类。

1. 对唐律条文的注释

这类成果以专著为主。它们以注释唐律条文中的相关字、词、句为己任，帮助读者作现代汉语的解读，使大家能够正确理解唐律的原意。没有这种研究，许多人或许看不懂唐律的原意，或产生歧义。这些著作又可分为三种：第一，对唐律中律条的解释，只涉及唐律的律条，不涉及唐律中的“疏议”，如《唐律译注》。[2]第二，对唐律中“疏议”的解释，只针对唐律中的“疏议”，而不针对唐律中的律条，如《唐律疏议译注》[3]和《唐律疏议笺解》。[4]第三，对唐律中的律条和“疏议”都作解

---

〔1〕 2014 年 2 月 8 日在“中国知网”数据库，以“唐律”为篇名关键词进行搜索，在这 30 年中的期刊上公开发表的唐律研究论文已达 476 篇。

〔2〕 钱大群：《唐律译注》，江苏古籍出版社 1988 年版。

〔3〕 曹漫之主编：《唐律疏议译注》，吉林人民出版社 1989 年版。

〔4〕 刘俊文：《唐律疏议笺解》，中华书局 1996 年版。

释，对唐律作全面解释，唐律中的律条和“疏议”都在解释之列，如《唐律疏义新注》。[1]这三种著作都注重对唐律本身内容的注释，其中《唐律译注》《唐律疏议译注》和《唐律疏义新注》除了对相关的字、词和句子作解释外，还有对照原文的现代汉语译文，《唐律疏议笺解》则没有这种译文。另外，《唐律译注》和《唐律疏议译注》更侧重对唐律原文的注释，扩展的内容很少，《唐律疏议笺解》和《唐律疏义新注》则有不少扩展的内容。《唐律疏议笺解》的“内容有四：分析律意；考订渊源；叙述演变；补充案例。”[2]前一项内容为主，后三项都有扩展的性质。《唐律疏义新注》则针对一些存有争议的内容，提出了自己的看法，如对《唐律疏议·擅兴》“乏军兴及不忧军事”条中“随身七事”的理解。[3]尽管如此，对唐律原意的解释仍是这类著作的主要内容，也是它们的共同点。

2. 对唐律整体内容的系统阐述

这类成果对唐律的整体内容按照作者自己归纳的标准，重新编排唐律的律条及其“疏议”，较系统地阐述唐律的内容。这些内容经过作者的消化，着重用现代汉语进行表达，律文与“疏议”大多作为资料引用。这类成果中的著作把唐律的内容作了较为系统地阐述，使读者能较为全面地了解唐律的基本内容。如《唐律研究》（钱版）“引言”所言：“要让他们即使手头没有《唐律疏议》，通过阅读本书，对唐律的内容也能有个较完整的印象。”[4]《唐律研究》（乔版）、[5]《唐律论析》[6]也均是这类著作。但是，这三部著作的内容编排并不相同。《唐律研究》（乔版）在《唐律概说》[7]的基础上，把唐律的内容分为上、下两编。上编是“总论”，包括唐律的产生与形成、五刑、十恶、八议和各项原则，大量的内容属于刑法总则的内容。下编则分述了8种犯罪和民事规范、诉讼程序，大量内容属于刑法分则的内容。《唐律论析》共11章，前3章分别阐

---

〔1〕 钱大群：《唐律疏义新注》，南京师范大学出版社2007年版。

〔2〕 刘俊文：《唐律疏议笺解》，中华书局1996年版，第1页。

〔3〕 钱大群：《唐律疏义新注》，南京师范大学出版社2007年版，第524页。

〔4〕 钱大群：《唐律研究》，法律出版社2000年版，第8页。乔伟、钱大群和杨廷福均撰写、出版过以《唐律研究》为名的著作。为了作区别，本文将之分为《唐律研究》（乔版）、《唐律研究》（钱版）和《唐律研究》（杨版）。

〔5〕 乔伟：《唐律研究》，山东人民出版社1985年版。

〔6〕 钱大群等：《唐律论析》，南京大学出版社1989年版。

〔7〕 乔伟：《唐律概说》，吉林大学出版社1982年版。

述初唐的经济政治制度和统治者的法律思想、唐律的制定与篇章结构、唐律中的刑法原则与刑法制度，最后1章是关于唐律对中国及亚洲国家封建法制的影响，中间的7章内容均为唐律所维护的各种客体或对象。《唐律研究》(钱版)则分为4编，分别是立法研究、刑罚及刑罚运用研究、犯罪研究、刑律的任务与特点研究篇。另外，这类成果中还有少量论文，用有限的文字，精练地综论了唐律中的一些内容，如《试论〈唐律疏议〉》。[1]此文从巩固地主阶级专政、维护父权和夫权为中心的封建伦理关系、庇护等级特权制度、保护封建剥削的经济基础等六方面，对唐律进行综论。

3. 对唐律相关问题的专题研究

这类成果以专门研究唐律中的一些问题为其主要内容，尽管不是面面俱到，但论述更有深度。《唐律与中国现行刑法比较论》[2]《唐律新探》[3]《唐律与唐代吏治》[4]《法典之王——〈唐律疏议〉与中国文化》[5]《唐律七杀研究》[6]《古代法律词汇语义系统研究：以〈唐律疏议〉为例》[7]及《唐律与唐代法制考辨》[8]等都属于此类著作。

从研究专题的角度来看，它们又可以分为两小类：一是论述集中在一个专题上，如《唐律与中国现行刑法比较论》《唐律与唐代吏治》《法典之王——〈唐律疏议〉与中国文化》《唐律七杀研究》及《古代法律词汇语义系统研究：以〈唐律疏议〉为例》等。此类研究涉及的专题一般比较大。《唐律与中国现行刑法比较论》集中论述唐律与中国现行刑法的比较，《唐律与唐代吏治》集中论述唐律与唐代吏治，《法典之王——〈唐律疏议〉与中国文化》集中论述唐律与中国文化，《唐律七杀研究》集中论述唐律中的“七杀”，《古代法律词汇语义系统研究：以〈唐律疏议〉为例》则集中论述唐律中法律词汇的语义系统。

---

〔1〕 叶孝信：《试论〈唐律疏议〉》，载中国法制史学会《法律史论丛》编委会：《法律史论丛》(一)，中国社会科学出版社1981年版，第179页以下。

〔2〕 钱大群、夏锦文：《唐律与中国现行刑法比较论》，江苏人民出版社1991年版。

〔3〕 王立民所著《唐律新探》共出版过4版，其中上海社会科学院出版社于1993年和2001年分别出版了第1、2版，北京大学出版社于2007年和2010年分别出版了第3、4版。

〔4〕 钱大群、郭成伟：《唐律与庸代吏治》，中国政法大学出版社1994年版。

〔5〕 徐永康等：《法典之王——〈唐律疏议〉与中国文化》，河南大学出版社2005年版。

〔6〕 刘晓林：《唐律七杀研究》，商务印书馆2012年版。

〔7〕 王东海：《古代法律词汇语义系统研究：以〈唐律疏议〉为例》，中国社会科学出版社2007年版。

〔8〕 钱大群：《唐律与唐代法制考辨》，社会科学文献出版社2013年版。

二是一本著作的论述分散在多个专题上，如《唐律新探》和《唐律与唐代法制考辨》。《唐律新探》论述的每一章即是一个专题，随着版次的增加，专题也随之增加，一本著作中容纳了 25 个专题。《唐律与唐代法制考辨》涉及专题更多，达到 31 个。

再从论文来看，许多研究唐律的论文都属于这一类，依据其内容而论，可分为三小类：其一，聚集于一个较小专题，作较为深入的论述。如《唐律与礼的关系试析》[1]《唐律债法初探》[2]《〈唐律疏议〉与中国古代法律文化》[3]《试论唐律对唐前期寺院经济的制约》[4]《略论唐律中的服制原则与亲属相犯》[5]《唐律所体现的古代立法经验》[6]《〈唐律〉别籍异财之禁探析》[7]《论唐律的补充条款》[8]《唐律误杀考》[9]《为什么说〈唐律疏议〉是一部优秀的法典》[10]等。其二，一篇论文进行某个方面比较的专题，内容既有唐律与中国其他朝代法律的比较，也有唐律与外国法律的比较。如《唐律与明律立法技术比较研究》[11]《汉唐律中反映的和谐理念——以汉简〈二年律令〉与〈唐律〉为例》[12]等属于前者，《〈唐律疏议〉与〈法国民法典〉》[13]《唐律与日耳曼法刑讯制度比较研究》[14]等则属于后者。其三，与以往观点商榷的专题，包括质疑、辨正等。如《唐律内容疏而不漏的质疑》[15]《唐律"一准乎礼"辨正》[16]等。这类成果除照顾到唐律研究内容的广度，更注重它的深度，也有其特色。

---

〔1〕 刘文俊：《唐律与礼的关系试析》，载《北京大学学报》1983 年第 5 期。

〔2〕 何勤华：《唐律债法初探》，载《江海学刊》1984 年第 6 期。

〔3〕 高绍先：《〈唐律疏议〉与中国古代法律文化》，载《现代法学》1997 年第 2 期。

〔4〕 郑显文、于鹏翔：《试论唐律对庸前期寺院经济的制约》，载《中国经济史研究》1999 年第 3 期。

〔5〕 郑定、马建兴：《略论唐律中的服制原则与亲属相犯》，载《法学家》2003 年第 5 期。

〔6〕 马小红：《唐律所体现的古代立法经验》，载《南京大学法律评论》2008 年春秋合卷。

〔7〕 艾永明、郭寅枫：《〈唐律〉别籍异财之禁探析》，载《法学研究》2010 年第 5 期。

〔8〕 王立民：《论唐律的补充条款》，载《现代法学》2011 年第 1 期。

〔9〕 刘晓林：《唐律误杀考》，载《法学研究》2012 年第 5 期。

〔10〕 张中秋：《为什么说〈唐律疏议〉是一部优秀的法典》，载《政法论坛》2013 年第 4 期。

〔11〕 侯欣一：《唐律与明律立法技术比较研究》，载《法律科学》1996 年第 2 期。

〔12〕 崔永东：《汉唐律中反映的和谐理论——以汉简〈二年律令〉与〈唐律〉为例》，载《政法论坛》2009 年第 1 期。

〔13〕 王立民：《〈唐律疏议〉与〈法国民法典〉》，载《世界法学》1989 年第 1 期。

〔14〕 蒋铁初：《唐律与日耳曼法刑讯制度比较研究》，载《西南科技大学学报》(哲学社会科学版) 2008 年第 5 期。

〔15〕 王立民：《唐律内容疏而不漏的质疑》，载《南京大学法律评论》1998 年秋季号。

〔16〕 苏亦工：《唐律"一准乎礼"辨正》，载《政法论坛》2006 年第 3 期。

专题研究类的成果中还包括一些论文集，综合了作者的各篇论文。如《唐律初探》、《唐律研究》(杨版)、《唐律与唐代法律体系研究》和《古今之平：唐律与当代刑法》等。[1]由于每篇论文各有体系，内容相对独立性较强，有的论文在出版著作前已公开发表，有的论文则是在著作中第一次发表。如《唐律初探》一书，"把有关《唐律》初步探索的六篇拙文和《我国古代法制建设的一些借鉴》汇为一集"，"其中四篇已分别在国内学术性期刊发表过"。[2]《唐律研究》(杨版)在《唐律初探》中7篇论文的基础上，又增加了1篇《〈唐律〉的特色》。《唐律与唐代法律体系研究》也是一本研究唐律的论文集，[3]其中共有10篇论文，4篇论文已公开发表过。

论文集中的论文相对独立性较强，但并不影响其整体性。《唐律初探》的论文"虽各自成篇，但每篇又互有联系，形成一个较系统的整体，大致反映了《唐律》的基本面貌"。[4]《唐律研究》(杨版)也是如此。《唐律与唐代法律体系研究》的10篇论文则组合成"几个意义板块"，[5]通过这些板块的组合来体现它的整体联系。《古今之平：唐律与当代刑法》则是由19篇独立的论文组合而成，重点反映唐律与当代刑法的比较与关联。

以上三大类成果只是通过其论述结构而作的基本分类。它们的内容也会互相渗透，不能绝对切割。有的系统阐述类著作中，也以论文为辅垫，以前期成果为依托，如《唐律研究》(钱版)；有的专题研究类著作中的内容，也以公开发表的论文为基础，只是在编为著作时作了调整编排，如《唐律新探》。总体而言，三十年来中国已公开出版、发表专门研究唐律的专著、论文数量颇丰，唐律研究已经取得了可观的成绩。

唐律研究涉及的内容

回眸三十年来唐律研究的成果，不仅数量很多，而且涉及的研究领域也有

---

〔1〕 杨廷福：《唐律初探》，天津人民出版社1982年版；杨廷福：《唐律研究》，上海古籍出版社2012年版；钱大群：《唐律与唐代法律体系研究》，南京大学出版社1996年版；赵晓耕主编：《古今之平：唐律与当代刑法》，社会科学文献出版社2012年版。

〔2〕 杨廷福：《唐律初探》，天津人民出版社1982年版，第1页。

〔3〕 钱大群：《唐律与唐代法律体系研究》，南京大学出版社1996年版。

〔4〕 杨廷福：《唐律初探》，天津人民出版社1982年版，第1页。

〔5〕 钱大群：《唐律与唐代法律体系研究》，南京大学出版社1996年版，第3页。

一定的广度和深度，其中以下内容成果尤丰，最值得关注。

1.《唐律疏议》制作年代之争

20世纪初，日本学者首先对《唐律疏议》的制作年代提出异议。佐藤诚实的《律令考》通过对《唐律疏议》中避讳内容的考证，对《唐律疏议》是《永徽律疏》提出异议。其后，仁井田陞与牧野巽合著长达14万字的《故〈唐律疏议〉制作年代考》，通过更为详细的考证，根据7项主要论据，提出《唐律疏议》就是唐玄宗开元二十五年（公元737年）颁行的《开元律疏》。〔1〕这在当时国际的史学界、法律史学界都引起轰动。由于中国学术界没有及时应对这一结论并提出有说服力的辨正，以致《唐律疏议》制作于开元年间似乎成了定论。1979年以后，这一问题引起了中国法律史学界的关注，杨廷福的《〈唐律疏议〉制作年代考》〔2〕和蒲坚的《试论〈唐律疏议〉的制作年代问题》〔3〕两文首先从不同角度，对《唐律疏议》制作的年代进行了研究，并对日本学者提出的结论进行了辨正。他们研究的角度不完全一样，杨廷福较注重唐律本身内容的考证，蒲坚则更重视唐律内容与社会经济、政治制度间的关系。两者不仅论证有力，而且殊途同归，都认为现传《唐律疏议》的制作年代就是《永徽律疏》制作的年代。近年来，郑显文和岳纯之从不同角度又对《唐律疏议》的制作年代进行研究，阐明各自的观点。〔4〕郑显文的基本观点是：《唐律疏议》就是《永徽律疏》。岳纯之的观点则相反，认为《唐律疏议》是《开元律疏》。他们的争论有很强的学术性，值得进一步深入探索。

2. 关于唐律法律性质的讨论

关于唐律法律性质问题的一种传统说法是：唐律是一部“以刑为主，诸法合体”的综合性封建法典。〔5〕可是，随着唐律研究的深入进行，唐律是一部刑

---

〔1〕［日］仁井田陞、牧野巽合撰：《〈故唐律疏议〉制作年代考》，程维荣等译，载杨一凡总主编：《中国法制史考证》（丙编第2卷），中国社会科学出版社2003年版。

〔2〕杨廷福：《〈唐律疏议〉制作年代考》，载《文史》1979年第5期。

〔3〕蒲坚：《试论〈唐律疏议〉的制作年代问题》，载中国法律史学会《法律史论丛》编委会：《法律史论丛》（二），中国社会科学出版社1982年版。

〔4〕郑显文：《唐开元二十五年〈律〉为日本〈养老律〉蓝本之新证——以敦煌吐鲁番发现的唐律、律疏残卷为中心》，载中南财经政法大学法律文化研究院编：《中西法律传统》（第7卷），北京大学出版社2009年版；郑显文：《现存的〈唐律疏议〉为〈永徽律疏〉之新证——以敦煌吐鲁番出土的唐律、律疏残卷为中心》，载《华东政法大学学报》2009年第6期；岳纯之：《所谓现存〈唐律疏议〉为〈永徽律疏〉的新证——与郑显文先生商榷》，载《敦煌研究》2011年第4期。

〔5〕参见肖永清主编：《中国法制史教程》，法律出版社1987年版，第185页。

法典的观点被更多人所接受。笔者和张中秋、钱大群等人都持有这一观点，都认为唐律不是诸法合体的法典，而是一部刑法典。笔者从唐律的刑罚、其他制裁方式和实施情况等方面进行研究，论证了唐律是一部刑法典而不是诸法合体的法典。[1]张中秋则从中国刑律的发展、《大唐六典》对律的定位、陈寅恪的相关论述等方面，论证唐律是一部刑法典。[2]钱大群从篇目结构、法律条款制定的形式、罪名、罪状及法定刑等多视角进行论述，同样认为唐律是一部刑法典。[3]三人都认为唐律是一部刑法典，只是论述的角度不尽相同。

3. 关于唐律的制定背景、特点、影响和历史地位的研究

唐律的制定背景、特点、影响和历史地位，也是这30余年来许多法律史学者所研究的内容。

关于唐律制定的背景。乔伟聚焦在唐初的政治、经济、立法指导思想和总结唐以前立法等一些方面。[4]比如，关于政治背景，他认为，唐代是在隋末农民大起义以后窃取了农民大起义胜利果实而建立起来的一个封建朝代。唐初的统治者认真地总结并吸取了隋亡的历史教训，提出了"安人宁国"的方针。唐律的制定就是这一方针的体现。

唐律的特点也得到了研究。杨廷福认为唐律的特色有四项：为伦常立法的礼教法律观，其核心则是尊尊、亲亲、贵贵，即尊君、孝亲、崇官；维护唐朝的经济制度；具有一般预防主义和罪行主义倾向；法官责任制度和伤害罪的保辜等。[5]他分别对这四项进行了充分阐述。

唐律的影响很大，也吸引了法律史学界的注目，而且都从两个方面进行研究：一是对唐朝以后中国封建立法的影响；二是对当时一些东亚国家的影响。钱大群在《唐律译注》的"前言"中，用精练的语言概括了唐律的影响。他认为，唐律上承战国秦汉，下启宋元明清，同时给东亚诸国封建刑律以决定性的影响，成为中华法系的代表性法典。[6]这是广大研究唐律的学者的共同观点。同时，唐律的历史地位也是许多学者论述的内容。李光灿从世界法制史的角

〔1〕 王立民：《论唐律令格式都是刑法》，载《法学研究》1989年第4期，第76页以下。
〔2〕 张中秋：《中西法律文化比较研究》，南京大学出版社1991年版，第82页以下。
〔3〕 钱大群：《唐律与唐代法律体系研究》，南京大学出版社1996年版，第102页以下。
〔4〕 乔伟：《唐律研究》，山东人民出版社1985年版，第5页以下。
〔5〕 杨廷福：《唐律初探》，天津人民出版社1982年版，第217页以下。
〔6〕 钱大群：《唐律译注》，江苏古籍出版社1988年版，第1页。

度，将《唐律疏议》同罗马法、拿破仑法典作了比较分析，认为它们浓缩了人类社会发展的三个私有制的历史时代的精华。在发达的简单商品经济基础上产生的罗马法，代表了西欧奴隶私有制高度发展的时代；在发达的自然经济基础上产生的《唐律疏议》，代表了中国封建私有制高度发展的时代；在发达的资本主义商品经济基础上产生的拿破仑法典，代表了西欧资本主义私有制高度发展的时代。[1]他把唐律作为世界法制史上三大代表性法典之一，与罗马法与拿破仑法典相提并论，论证了其在世界法制史上的重要地位。

4. 关于唐律法律思想和唐律体例的研究

唐律中的法律思想和唐律的结构都是唐律的组成部分，也都是被研究的对象。笔者在《唐律新探》一书中，从整体上对唐律的法律思想作了研究。笔者认为，这一法律思想主要包括这样一些方面的内容：以礼为本的思想；礼法并用的思想；法律内容须统一、稳定和简约的思想；严格治吏的思想；依法断狱的思想；慎重行刑的思想；等等。笔者还指出，唐律中的法律思想有四点特别突出：完整性、现实性、伦理性和一致性。[2]

还有一些学者研究了唐律中某个方面的法律思想，如任映艳关于《唐律疏议》中孝亲思想的研究、[3]俞荣根和王祖志关于《唐律疏议》中司法伦理法思想的研究等。[4]

唐律的体例也是唐律的重要组成部分，引起了一些学者的重视。钱大群和钱元凯在研究了《唐律疏议》的体例后认为，唐律篇目设置、体例安排基本仿照《开皇律》，把类似于现代刑法总则的名例律置于律首；把类似于现代刑法分则的有关具体犯罪及其惩罚的其他 11 篇律置于其后。这 12 篇体例中的内容分工十分明确。[5]此外，关于唐律的体例还有其他一些研究成果。杨廷福研究认为现存《唐律疏议》为 502 条，而与古籍记载的 500 条略有差异，“可能是传抄或刊版时把一条误歧为二条”。这两条是职制律中的“大祀在散斋

〔1〕 曹漫之主编：《唐律疏议译注》，吉林人民出版社 1989 年版，第 7 页。

〔2〕 王立民：《唐律新探》，北京大学出版社 2010 年版，第 1 页以下。

〔3〕 任映艳：《从〈唐律疏议〉看中国古代的孝亲思想》，载《兰州交通大学学报》（社会科学版）2007 年第 2 期。

〔4〕 俞荣根、王祖志：《试论〈唐律疏议〉的伦理法思想》，载《现代法学》1986 年第 4 期。

〔5〕 钱大群等：《唐律论析》，南京大学出版社 1989 年版，第 40 页。

吊丧”条和斗讼律中的“殴兄姊妹”条。[1]霍存福认为，唐律的体例中还有“义疏”，其“法律功能”主要存在四方面：义疏贯通相关律文，使松散的律文之间形成了严密的网络；义疏参引令、格、式去疏解律文，沟通了不同法律形式之间的联系，在多种法律形式并存的情况下，方便了法律的适用；义疏援礼入律，礼与法得到融汇，充分表现了律对于礼的依赖性；义疏比类相附，限定扩张，拾遗补阙，并设置问答，互相辩语，解释疑难等。[2]

5. 关于唐律规定的原则和制度的研究

唐律中的原则和制度都是唐律内容的核心部分，非常重要。要正确认识唐律的内容，必须准确掌握其中的原则和制度。不少学者都对其进行了研究。

乔伟第一次在中国大陆出版的唐律研究著作中全面梳理和研究了唐律的原则。在《唐律研究》(乔版)的第五章中，他逐一对这些原则进行了论述，包括刑事责任年龄、区分故意与过失、划分公罪与私罪、共同犯罪、同居相隐不为罪、再犯与累犯、并合论罪、自首减免刑罚、类推和对涉外案件的处理 10 项原则。[3]乔伟的这一研究有相当的深度和广度，为以后的进一步研究创造了条件。

钱大群对唐律的刑罚制度进行研究后认为，唐律中的主刑就是律中明文规定的五刑，即笞、杖、徒、流、死。其中，流刑中又有加役流。此五刑互相衔接，共有 20 等。在论述了五刑加减的计算规则以后，还专门论及了五刑的附加刑。其中包括附加行政处罚、没收财产、经济处罚、某些权利限制等。然后，还论述了五刑的替代和交易。五刑替代刑的形式主要有以赎刑来赎五刑和以官当的处罚来替代徒、流刑两种。五刑的交易刑包括：流和徒刑判决的改换、流徒刑执行期中改易赎刑、征赃或赎金执行的交易和反坐罪刑罚执行中的交易等。[4]

6. 关于唐律规定的犯罪的研究

唐律中的大量内容都与相关的犯罪有关，这是唐律研究中不可忽略的组成部分。乔伟在其《唐律研究》一书中，第一次在中国大陆以唐律研究专著的

〔1〕 杨廷福：《唐律初探》，天津人民出版社 1982 年版，第 30 页。
〔2〕 霍存福：《论〈唐律〉“义疏”的法律功能》，载《吉林大学社会科学学报》1987 年第 4 期。
〔3〕 乔伟：《唐律研究》，山东人民出版社 1985 年版，第 120 页以下。
〔4〕 钱大群：《唐律研究》，法律出版社 2000 年版，第 113 页以下。

形式对唐律所规定的犯罪作了较为全面、系统地梳理。他把唐律中规定的犯罪分为8大类：反对和侵犯皇帝罪、危害人身安全罪、侵犯官私财产罪、危害公共安全罪、妨害管理秩序罪、职务上的犯罪、军事上的犯罪和审判上的犯罪。每大类下面还分小类，如在侵犯官私财产犯罪下，分强盗和窃盗、毁损财物、勒索财物、诈骗财物、侵害官私田、侵占财物等6小类。8大类犯罪中，总计38小类，每小类之下再有具体犯罪，总计189种具体犯罪。〔1〕

还有些学者用考证与论述的形式研究唐律中的犯罪，如刘俊文。他专门研究了十恶犯罪，认为十恶之名定于隋朝的《开皇律》，最初尝试则是《北齐律》的"重罪十条"；隋唐以后的各代律典都在《名例律》的律首开列十恶之目。同时，他对十恶中的每项罪名都作了考证，内容涉及起源、发展、唐律的规定等几方面内容。〔2〕更多的学者论述了唐律中的犯罪。钱大群和郭成伟的《唐律与唐代吏治》一书，以专章论述了唐律处置官吏犯罪的司法特点。〔3〕此外，还有些论文也属于此类研究。如徐显明的《唐律中官吏犯罪初探》、〔4〕袁继勇的《唐律规定的官吏失职行为的种类及其惩治的原则与特点》等，〔5〕对唐律中的一些犯罪作了专题研究，也取得了可喜的成果。

7. 关于其他一些问题的研究

还有不少成果是对唐律其他一些问题的研究，主要涉及唐律所体现的中国古代的立法经验、唐律的实施、从出土竹简视角的研究、与其他律的比较、与中国古代法律文化的关系等。如马小红的《唐律所体现的古代立法经验》一文专门对唐律所反映出来的立法经验进行了研究。她从修律的指导思想、律的历史沿革和律典的体例条文分析等方面，集中阐述了唐律所体现的立法经验。〔6〕笔者的《唐律实施问题探究》一文对唐律的实施情况作了专题论述。这一论述从以格断狱、以制敕断狱和唐律允许不依律中罪名断狱等方面作了详细论证，反映出唐律实施中的一些较为重要的侧面。〔7〕闫晓君的《竹简秦汉

〔1〕 乔伟：《唐律研究》，山东人民出版社1985年版，第155页以下。
〔2〕 刘俊文：《唐律疏议笺解》，中华书局1996年版，第56页以下。
〔3〕 钱大群、郭成伟：《唐律与庸代吏治》，中国政法大学出版社1994年版，第269页以下。
〔4〕 徐显明：《唐律中官吏犯罪初探》，载《东岳论丛》1985年第1期。
〔5〕 袁建勇：《唐律规定的官吏失职行为的种类及其惩治的原则与特点》，载《中南政法学院学报》1991年第5期。
〔6〕 马小红：《唐律所体现的古代立法经验》，载《南京大学法律评论》2008年春秋合卷。
〔7〕 王立民：《唐律实施问题探究》，载《法学》1990年第10期。

律与唐律》是一篇从出土竹简视角来研究唐律的成果。他把出土的《睡虎地秦墓竹简》和《张家山汉墓竹简》中显示的秦、汉律与唐律作了比较。[1]侯欣一的《唐律与明律立法技术比较研究》一文则是从比较的角度来研究唐律，主题是立法技术。他认为只要将唐律与明律稍加对比，就可以发现尽管两者渊源颇深，但又有许多不同。他从总体风格、文字、篇章结构、法条等方面来论述这些不同。[2]高绍先的《〈唐律疏议〉与中国古代法律文化》一文，聚焦于唐律与中国古代法律文化的关系，从唐律的制定人、文字和美学价值、儒家思想、语言风格等一些角度，重点研究唐律中蕴含的法律文化。[3]另外，《古代法律词汇语义系统研究：以〈唐律疏议〉为例》一书从训诂学原理出发，结合现代的结构语义学、认知语义学理论，对《唐律疏议》中的法律词汇语义进行了系统研究，分析了其中的种类、方法等一系列问题。

相对而言，唐律的比较研究和联系文化的研究成果很少，研究深度有限，是个可以进一步开发的领域。如唐律与日本、朝鲜、越南等地同期或稍后律典的关系，目前的研究尚未超过杨鸿烈《中国法律对东亚诸国之影响》一书的水平，[4]唐律相关内容受到佛教等影响的研究也有待进一步加深。

唐律研究取得的主要成就及其成因

30 年来，唐律研究已取得相当丰硕的成果，研究队伍也不断壮大，成果的影响也逐渐凸显。在这些成就的背后，存在一定的原因。

1. 主要成就

30 年来，中国唐律研究主要取得以下三大成就。

第一，研究成果丰硕。近 30 年中，唐律研究的成果大大超过中华人民共和国成立后前 30 年的成果。那时没有公开出版过唐律研究的著作，相关论文也数量很少，只有戴克光、刘海年等学者撰写的几篇文章。[5]与此相比，近 30

---

〔1〕 闫晓君：《竹简秦汉律与唐律》，载《学术月刊》2005 年第 9 期。

〔2〕 侯欣一：《唐律与明律立法技术比较研究》，载《法律科学》1996 年第 2 期。

〔3〕 高绍先：《〈唐律疏议〉与中国古代法律文化》，载《现代法学》1997 年第 2 期。

〔4〕 杨鸿烈：《中国法律对东亚诸国之影响》，中国政法大学出版社 1999 年版。

〔5〕 戴克光：《试论唐律是中国封建社会的标准法典》，载《政法教学》1958 年第 1 期；戴克光：《论唐律与中国封建社会的“四种权力”的问题》，载《政法研究》1963 年第 1 期；刘海年：《唐律的阶级实质》，载《历史教学》1966 年第 3 期。

年来中国唐律研究的学术成果明显具有优势。首先，全面梳理了唐律的内容。唐律是唐朝前期制定的一部刑法典，其体例结构与内容安排都与现代刑法典有很大差异，再加上古汉语的文字，使今天的读者阅读、学习有不少困难。为了便于大家阅读、学习唐律，掌握唐律的内容，为今后的进一步研究打下基础，近30年中的大量唐律研究成果对唐律的内容作了全面梳理。其次，针对相关问题展开学术争鸣。争鸣是学术的生命，唐律研究也是如此。这一研究的争鸣主要是对前人、同行的观点提出辨正、商榷。例如，苏亦工的《唐律“一准乎礼”辨正》对前人提出的唐律“一准乎礼”的观点进行了辨正，认为祝总斌、瞿同祖、陈寅恪等虽都提出唐律“一准乎礼”，但仍可“加以辨正地认识”，唐律所融入的礼确切而言是“唐礼”。〔1〕此外，还出现了一些扩展性的成果，把唐律与相关方面联系起来研究。有把唐律与中国古代的立法经验联系起来研究的《唐律所体现的古代立法经验》，有把唐律与出土竹简联系起来研究的《竹简秦汉律与唐律》等。这些研究拓展了唐律研究的领域，丰富了唐律研究的学术园地。

第二，研究队伍壮大。30年来，唐律研究的队伍逐渐壮大。从著作作者看，前10年中，仅有杨廷福、乔伟和钱大群3位作者。后20年中，作者大量增加，超过20位。《唐律论析》由钱大群、钱元凯、夏锦文等6位作者共同撰写；〔2〕《唐律疏议译注》则由曹漫之、王召堂、辛子牛等9位作者共同参与。〔3〕再从论文作者看，前10年中，仅有李光灿、杨廷福、刘俊文、何勤华、徐显明、马长林、蒲坚、俞荣根、霍存福及笔者等近40位作者。后20余年中，研究队伍迅速增大，涌现出许多新人，撰写、发表过唐律研究论文的作者达300余人，〔4〕而且不断有新鲜血液输入，形成了一个由老、中、青结合的研究队伍。其中不乏执着研究唐律、成果不断的专家，钱大群是其中的代表者。他的研究成果不断问世，仅唐律研究的著作就有8本之多，2013年还出版了《唐律与唐代法制考辨》一书，并发表了《唐律的使用及〈律疏〉体制内外“法例”的运作》一文。〔5〕他把唐律研究作为自己的事业，当作学术生命中的一个最重要的组成

〔1〕 苏亦工：《唐律“一准乎礼”辨正》，载《政法论坛》2006年第3期。

〔2〕 钱大群等：《唐律论析》，南京大学出版社1989年版。

〔3〕 曹漫之主编：《唐律疏议译注》，吉林人民出版社1989年版，第1页。

〔4〕 本项数据以“中国知网”数据库收录以唐律为主题论文的作者数量为主要依据。

〔5〕 钱大群：《唐律的使用及〈律疏〉体制内外“法例”的运作》，载《北方法学》2013年第1期。

部分。[1]这支研究队伍的壮大，为唐律研究成果的产生和质量的提高奠定了基础，是30年来取得成就的重要因素。

第三，研究影响凸显。在国内，这种影响表现在教学、学术交流等方面。唐律的研究成果转化在教学中，使更多在校学生分享到唐律研究的成果。《唐律研究》（乔版）一书是乔伟把自己研究唐律的成果奉献给本科生的一本著作，正如他在此书"自序"中所说："这部《唐律研究》是作者在学习和研究《唐律疏议》的基础上，根据大学法律系的教学计划及初学法制史者的需要编写而成的。"[2]《唐律论析》也是一本对学生产生影响的著作，作者在研究唐律的基础上，把研究成果以选修课的形式传授给在校的学生。[3]也有学者以自己的研究成果在学术会议上进行交流，与同行们切磋。特别是在中国法律史学界，唐律研究成果通过学术研讨会得以交流，并汇编于论文集。1998年由中国法律史学会召开的以"中国历史上的法制变革"为主题的年会，其论文集中，有周东平《关于中国古代赃罪的若干问题——以唐律为中心》[4]一文；2000年由中国法律史学会召开的以"中国法律史学的世纪回顾与展望"的年会，其论文集中，有周少元《〈唐律疏议〉的律学成就》[5]一文；2001年由中国法律史学会和儒学与法文化研究会联合召开的以"走向二十一世纪的中国法文化"为主题的年会，其论文集中有笔者《唐律与唐朝的身份等级关系》[6]一文；2007年由中国法律史学会召开的以"礼法与智慧：中国法律传统再探讨"为主题的年会，其论文集中，有南玉泉《论汉唐律的罪数与处罚》[7]一文；2010年由中国法律史学会召开的以"吏治与传统法文化"为主题的年会，其论文集中，有张姗姗《唐律契约之债的类型化分析》[8]一文等。另外，中国大陆30年来的唐律

---

〔1〕何勤华主编：《中国法学家访谈录》（第1卷），北京大学出版社2010年版，第298页。

〔2〕乔伟：《唐律研究》，山东人民出版社1985年版，第2页。

〔3〕钱大群等：《唐律论析》，南京大学出版社1989年版，第375页。

〔4〕周东平：《关于中国古代赃罪的若干问题》，载徐显明、徐祥民主编：《中国历史上的法制改革与改革家的法律思想》，山东大学出版社1999年版。

〔5〕周少元：《〈唐律疏议〉的律学成就》，载汪汉卿等主编：《中国法律史学的世纪回顾与展望》，法律出版社2001年版。

〔6〕王立民：《唐律与唐朝的身份等级关系》，载陈鹏生等主编：《走向二十一世纪的中国法文化》，上海社会科学院出版社2002年版。

〔7〕南玉泉：《论汉唐律的罪数与处罚》，载张中秋：《礼法与智慧：中国法律传统再探讨》，中国政法大学出版社2008年版。

〔8〕张姗姗：《唐律契约之债的类型化分析》，载汪世荣等主编：《吏治与中国传统法文化》，法律出版社2011年版。

研究还对国外产生了影响，包括与外国的学术交流。一些著作的部分内容被翻译成外文在国外发表，也有著作全文被翻译成外文在国外出版，与国外同行进行交流。《唐律初探》由7篇论文合成，“其中4篇已分别在国内学术性期刊发表过，有的日本学者已译成日文，在国外刊行”。[1]《唐律新探》的全文已被翻译成韩文，在韩国出版，成为研究生教材。这些成果从不同角度、不同程度地在国外产生了影响。

2. 主要成因

30年来唐律研究取得可观成就的原因主要有以下三方面。

首先，唐律在中国古代、东亚、世界法制史上均具有十分重要的地位。关于这一点，中国古代的学者已有一些论述。[2]30年来，中国大陆的法律史学者、专家也有深刻的体会，并达成了一些共识。如张晋藩认为，唐律在中国与世界法制史中都具有重要价值，“反映唐代法制所达到的水平的则莫如唐律。唐律上揽秦汉魏晋法律已有之大成，下开宋元明清法律发展之先河。的确是承先启后，继往开来，鸿纤备举，义疏精审，在中国法制史与法律文化史上具有极为重要的价值”。[3]“唐律的影响还超出中华大地，成为相邻的东亚国家制定封建刑律的依据。以至于治中国法制史的外国学者，或以唐律为主攻对象，或将唐律与罗马法相提并论进行比较研究，论著纷呈，蔚为大观。”[4]

其次，法学教育的大发展，是唐律研究队伍壮大的直接原因之一。30年来，中国大陆的法学教育有了前所未有的大发展，中国法制史是法学本科教育的核心课程之一，是每个法学专业本科生必须学习的课程。法学专业的学生越多，从事中国法制史教学与研究的教师就越多。1979年，法学专业的在校学生数为3008人；1998年，这一数字上升为85,565人。[5]21世纪以后，随着高等学校的扩招，法学专业的在校大学生人数有进一步的增加，2001年为236,551人，2005年为449,295人。[6]目前，全国的法学院、系超过630所，在校学生超过40万人。法学本科生都要学中国法制史，法学院、系也需要聘用

[1] 杨廷福：《唐律初探》，天津人民出版社1982年版，第1页。
[2] 参见王立民：《唐律新探》，北京大学出版社2007年版，第1页。
[3] 钱大群等：《唐律论析》，南京大学出版社1989年版，第1页。
[4] 钱大群等：《唐律论析》，南京大学出版社1989年版，第1页。
[5] 霍宪丹：《中国法学教育的发展与转型》，法律出版社2004年版，第326页。
[6] 朱景文主编：《中国法律发展报告》，中国人民大学出版社2007年版，第523页。

中国法律史的教师，加上史学队伍中教学和研究中国法律史的人员，总数可至数百人。同时，中国法制史方向的研究生也在成倍增长。如笔者所在的华东政法大学，1982 年仅招收 2 名中国法制史方向的硕士研究生，2012 年则招收了 20 余名硕、博士研究生。从事中国法律史教学与研究的教师、研究生队伍的扩大，为唐律研究队伍的壮大奠定了人才基础。

最后，唐律研究的可观成就得益于思想的解放和学术环境的宽松。近 30 年，既是改革开放的 30 年，也是民主法治建设的 30 年。在这一大背景下，中国学术研究的严冬过去了，学术环境比较宽松，学者的思想得到了解放，有利于形成学术研究大发展和百家争鸣的局面。如学者所言："思想解放使法学工作者勇于打破禁区，全方位地开展法学研究；思想解放也使法学工作者能够以科学的态度面对现实和理论研究中存在的问题，理性地思考解决问题的方法。思想解放更为广大法学工作者营造了一个从事法学研究的宽松环境，而这正是中国法学能够顺利发展的养分所在。"〔1〕宽松的学术环境同样给唐律研究带来了生机，相关研究著作、论文不断出版、发表，数量史无前例。有的著作多版印行，如《唐律新探》已印行 4 版。没有这种宽松的学术环境，不可能产生这么多唐律研究的成果。

近 30 年唐律研究的辉煌，改变了世界唐律研究的格局，唐律研究中心又回到了中国大陆。早在古代，学人已重视对唐律的研究，出现了《唐明律合编》等优秀成果，唐律研究中心在中国大陆。进入近代以后，由于各种原因，唐律研究的中心逐渐从大陆外移，我国台湾地区和日本出现了不少研究成果，在数量和质量上均超过了中国大陆。近 30 年来，我国台湾地区的唐律研究成果明显减少。以著作为例，除了林咏荣的《唐清律的比较及其发展》〔2〕、戴炎辉的《唐律各论》〔3〕、刘燕俪的《唐律中的夫妻关系》〔4〕等外，成果主要是由高明士、黄源盛主编的论文集，包括：《唐律与国家社会研究》〔5〕《唐代身份法则研

〔1〕 朱景文主编：《中国法律发展报告》，中国人民大学出版社 2007 年版，第 595 页。

〔2〕 林咏荣：《唐清律的比较及其发展》，台湾"国立"编译馆 1982 年版。

〔3〕 戴炎辉：《唐律各论》，台湾成文出版社有限公司 1988 年版。

〔4〕 刘燕俪：《唐律中的夫妻关系》，台湾五南图书出版公司 2007 年版。

〔5〕 高明士主编：《唐律与国家社会研究》，台湾五南图书出版公司 1999 年版。

究——以唐律名例律为中心》[1]《唐律诸问题》[2]和《唐律与传统文化》[3]等。从公开发表的论文来看，数量很少，而且后劲不足，硕、博士学位论文以唐律研究为主题的也不到10篇。[4]日本在这一时期唐律研究也不景气。据统计，前20余年，日本公开出版的唐律研究著作为2本，公开发表唐律研究的论文30篇。[5]后10年的此类成果更少。在中国大陆，唐律研究的情况则是另一番景象，可以说，世界唐律研究的中心又回到了中国大陆，这是一件值得庆幸之事。

存在的问题和解决途径

当然，近30年的唐律研究中，还存在一些问题。这些问题的解决将有利于推进唐律研究，提高研究的水准。

1. 唐律文本研究有待于进一步加强

30年来的唐律研究中，对唐律文本的研究十分欠缺，这是唐律研究存在的突出问题。唐律文本的研究是唐律研究的基础，对唐律体例、内容等的研究都以唐律的文本为依据。只有文本正确了，唐律研究的成果才会正确；文本错误了，唐律研究的成果难免不出错。1985年以前，刘俊文曾对敦煌、吐鲁番发现的唐律文本残卷进行了卓有成效的研究，其中涉及《贞观律》《永徽律》《垂拱律》及《开元律》等的一些残片。他通过简介、考证、校补的方法，"以录文展示其全貌，以简介叙述其外观，以考证鉴定其性质，以校补修正其缺讹，以笺释辨析其内容和探讨其价值"。[6]此后已难觅唐律文本研究的成果，这一研究明显滞后。值得注意的是，1985年以后，唐律文本仍有新发现。在海外，有英、法等国学者在20世纪初从敦煌掠走的古代文书陆续面世。在国内，20世纪70年代中期吐鲁番出土的唐朝法律文书也陆续被整理出版。这些文书中记载有唐律条文，有进一步挖掘的价值。新发现的唐律文本都有进一步研究

---

〔1〕 高明士主编:《唐代身份法则研究——以唐律名例律为中心》，台湾五南图书出版公司2003年版。

〔2〕 高明士主编:《唐律诸问题》，台湾大学出版中心2005年版。

〔3〕 黄源盛主编:《唐律与传统法律文化》，台湾元照出版有限公司2011年版。

〔4〕 黄源盛等:《新传五十年——台湾法学院法史学硕博士论文》，载黄源盛总编:《法制史研究》(第14期)，台湾元照出版社2008年版；高明士:《台湾近五十年来大学文学院法史学研究趋势》，载高明士总编:《法制史研究》(第17期)，台湾元照出版有限公司2010年版。

〔5〕 俞荣根等:《中国法制史研究在日本》，重庆出版社2002年版，第308页以下。

〔6〕 刘俊文:《敦煌吐鲁番唐代法制文书考释》，中华书局1989年版，第2页。

的价值，其研究成果也会有利于对现有唐律文本的认识，弥补其不足。期望有学者能重视这一研究，下功夫钻研各种唐律文本，产出新成果。

2. 唐律相关比较研究有待于进一步加强

30年来，唐律研究中的比较研究明显不足。虽然有一些唐律比较研究的成果面世，如《唐律与中国现行刑法比较论》一书，以及《唐律与日耳曼法刑讯制度比较研究》等论文，但从总体上看，唐律比较研究的范围还是欠宽，成果不多，深度不足。从法律文明传播的角度来看，唐律的比较研究有重要的学术意义，不仅可进一步认识唐律的特点，加深对唐律的理解，还可以开阔视野，认识比较对象及其相关情况。包括比较对象所处的时代、国家的法制、社会的经济和文化状况等。这种比较虽然从体例、内容等开始，但往往会不同程度地涉及它们的背景，拓展至一些深层次问题。这种比较研究可以包括国内与国外两个方面。国内方面，进一步加强唐律与国内不同朝代、时期法典的比较研究，包括宋刑统、大明律、大清律例等法典的多方位比较研究。也可关注与一些新发现的法典的比较研究，如与晋律中部分律的比较研究。[1]国外方面，进一步加强唐律与国外不同朝代、时期法典的比较研究，可以是东方国家，也可以是西方国家等，比较的角度也可以多元化。如唐律与德国中古著名习惯法汇编《萨克森法典》和以后制定的《加洛林纳法典》的比较研究等。要通过比较研究来进一步拓展唐律研究的视野，进一步推动唐律研究。

3. 联系文化的研究有待于进一步加强

30年来，唐律与文化史研究严重不足。这一研究十分必要，任何法典、法律都是一定社会的产物，它们都植根于社会，不会是无根之木。唐律制定于唐朝前期，是包括唐朝前期文化在内的社会培育了唐律，使它成为一部闻名遐迩的法典，唐律与当时的文化有着千丝万缕的联系。这里的文化既包括物质文化，也包括精神文化，与唐律关系比较大的是精神文化，其中又有思想、观念、理论、宗教、伦理、习惯等。此外，唐律作为唐朝法制的重要组成部分，还对当时的文化进行了规制，也对其产生过影响。把唐律与文化史联系起来研究，可以开辟出唐律研究的更大天地。30年的唐律研究成果中，已有少量的这类成

〔1〕 据报道，中国甘肃省的考古研究所已于2002年在玉门市花海乡毕家滩葬墓群的考古发掘中，发现了晋律中的诸侯律、捕亡律和系讯律，共5000余字，其中既有律文也有注释。参见周明、罗成荣：《玉门葬墓考古发现〈晋律〉》，载《法制日报》2002年9月16日。

果,《法典之王——〈唐律疏议〉与中国文化》一书和《〈唐律疏议〉与中国古代法律文化》等论文都是如此。从整体来看,这类成果不多,涉及的领域不宽,研究的深度有限。解决这一问题的途径可以从两方面切入:一方面,深入研究唐前期文化对唐律的影响。唐朝是中国帝制社会的全盛时期,文化充分发展,唐律又是礼法结合过程完成的结晶,新儒学对其影响不小。史学界有观点把先秦时期的儒学称为原始儒学,把先秦以后的儒学则称为新儒学。[1]新儒学相对原始儒学而言,是一种既主张提倡儒学,又不拘泥于儒学的经义训诂,而强调依据国家社会的需要,利用、改造和发展原始儒学的儒家学说。从这种观点出发,唐前期的儒学已属于新儒学的范畴,新儒学对唐律的影响这一主题有研究的空间。另一方面,深入研究唐律对唐朝文化的影响。唐律内容丰富,规制的范围很大,涉及社会生活的各个领域,其中亦包含文化。唐律对文化规范的手段、范围、特点等都可归入研究之列。另外,唐律对唐朝后的封建朝代立法产生过较大影响,对这些朝代的文化也会有一定影响,这也是一个可以关注的命题。把唐律与文化进一步联系起来研究,唐律研究会豁然开朗,展现出全新的空间。

4. 实证研究有待于进一步加强

实证研究是30年来唐律研究中的弱项。对唐律也需进行实证研究,特别是有关唐律与其他法律形式的关系、唐律适用情况等问题的研究。通过这一研究,可以较为客观、深刻地反映唐律的地位、作用以及对社会生活的实际影响,以便对唐律有更为科学的认识。唐朝的法律形式除唐律以外,还有令、格、式和制敕等,其中的制敕是单行法规,与唐律是法典与单行法规的关系。这是法律形式中非常重要的一对关系。从制敕的角度来考量,有多少制敕是补律,多少制敕是破律,补律、破律的领域和程度等,都可作实证研究,在此基础上再作进一步的探研,以清晰反映出唐律与制敕各自的地位和作用。另外,唐律所规定的制度的适用情况也可作实证研究,比如"五刑""十恶""八议""上请""官当"等许多制度的适用情况。经过这一研究,可以对唐律的适用情况有较全面、真实地掌握,折射出其对社会生活的实际影响。要做这样的实证研

〔1〕 字培峰:《新儒家新儒学及其政治法律思想研究》,中国政法大学出版社2006年版,第1页。

究，需全面掌握相关资料。[1]这一研究应建立在正确把握史实的基础上，尽量避免疏漏。当然，进行这一研究还必须熟练掌握和运用实证的方法，这样才能使这一研究顺利开展，取得新的研究成果，开辟唐律研究的新天地。

5. 唐律实施的研究有待于进一步加强

制定法律是为了使其在现实社会中发挥作用，体现其应有的价值，这就与法律的实施联系在一起。唐律也是如此。唐朝的立法者制定唐律是为使它在当时得到实施，发挥其应有的作用，体现其存在价值。这就包括稳定社会、巩固统治、发展经济、繁荣文化、开展对外交流及防御外来入侵等。从此意义上讲，唐律的实施比其制定更为重要，也更有意义。

30 年来，中国的有些学者已经注意到唐律的实施问题，作过一些有益的尝试，间有成果问世，如《唐律实施问题探究》等论文。但是，专门研究唐律实施问题的成果实在太少，与唐律内容的研究相比，呈不对称状态，而且研究的面太窄，研究的深度太有限，留下可以研究的空间很大。对唐律实施研究的不足，也是当前唐律研究中的缺憾，有必要及时加以弥补。因此，进一步加强对唐律实施的研究也是当前深入研究唐律的途径之一。

今后这一方向的研究中，可以关注以下的一些研究领域。首先，唐律实施的阶段性研究。唐律自武德七年（公元 624 年）颁行《武德律》始，以后又颁布过《贞观律》《永徽律》及其《律疏》等，而且在唐朝长期施行。在这一实施历程中肯定存在若干不同阶段，每个阶段都有一定的时间区间和时间节点、实施的基本情况与特点、存在问题与解决途径、可以总结的经验与教训等。通过这种阶段性的研究可以大致反映出唐律实施的整体情况，掌握唐律实施的演变走向，甚至可以从中摸索出唐律实施的一些规律。

其次，中央与地方实施唐律情况的研究。唐朝的司法机构也分层次，有中央司法机构，也有地方司法机构。大理寺、刑部、御史台都是中央司法机构，地方的州、县也设有自己的司法机构，他们都被赋予实施唐律的职责。但是，中央、地方司法机构中的司法官对唐律的理解、实施方法等都会有区别。中央司法官可能会对唐律的理解更全面、深刻一些，审判违反唐律的重大案件多一

〔1〕 其中主要有：综合类的《旧唐书》《新唐书》《贞观政要》《大唐新语》《全唐文》等；典制类的《大唐六典》《唐会要》等；法令类的《唐大诏令集》等；狱政类的《折狱龟鉴》《龙筋凤髓判》《疑狱集》等。

些，审判过程中面对皇帝与中央官吏对案件审理的干预度也会大一些。地方司法官则有所不同，他们除了对唐律要了然于心以外，还需要知晓当地其他的一些通用规范，比如风俗习惯、乡约民规，甚至是少数民族内部的特殊规则等，它们也可能会成为审判中的依据。还有，地方司法官在判决中可以适用的刑罚都属于较轻的，以笞、杖、徒为多；审判违反唐律的一般犯罪案件多一些；审判中受到地方绅士、官僚的影响会较大一些；等等。这些都可以在唐律实施研究中予以关注。

再次，唐律实施中与礼、理、制、敕等其他规范的关系的研究。在唐朝，唐律固然是一部重要法典，可是在唐朝还有其他一些行为规范，它们同样会成为司法活动中的依据，并对唐律的实施发生影响。礼、理、制、敕都是如此。比如，唐朝制定过唐礼，违礼不违律的行为有可能受到制裁。〔1〕唐朝的理是一种情理，违理不违律的行为也会因违理行为的严重程度不同而受到不同的处罚。〔2〕唐朝的制、敕都是皇帝发布的单行规范，其法律效力往往会高于律，甚至破律。这些问题都可在研究者的关注视野中。

最后，唐律实施后对唐朝社会影响的研究。唐律的实施会对唐朝社会产生影响，而且这种影响往往是动态的、丰富多彩的，涉及的领域也比较广泛，经济、政治、文化等都在其中。为了使这一研究有深度，可以分类进行，各个击破，推出成果。这一研究与法社会学的关系较大，研究者要学习法社会的专业知识，作为前期的技术铺垫。当然，值得关注的问题还远远不止这些，本文只是为说明问题进行举例而已。

6. 唐律史学史研究有待于进一步加强

唐律的史学史研究是近30年来唐律研究中的软肋，其成果极为匮乏。唐律研究是中国法律史学史中的一项重要组成部分，应该有其自己的史学史，包括唐律研究产生、变化、发展的历史。其内容可以包括：唐律研究的过程、阶段及其表现、特点；研究人员与研究成果的联系、特色；唐律研究中的重大事件及其缘由、结果、影响；唐律研究与社会各个方面的相互关系、唐律研究所呈现的规律；等等。研究中还会涉及许多问题，如唐律研究中形成的学派及其主要观点和特点；直接或间接影响唐律研究的历史现象、思想及思潮；唐律研

〔1〕《唐律疏议·名例》，“老小及疾有犯”条。

〔2〕《唐律疏议·杂律》，“不应得为”条。

究与其他领域的关系；等等。从史学史角度研究唐律，有利于回顾和反思唐律研究的队伍与成就，总结唐律研究的成功经验和不足，前瞻唐律研究的方向和目标。目前，已有一些中国法律史学史的成果。如张晋藩主编的《中华法系的回顾与前瞻》、[1]韩秀桃的《中国法律史学史——个学科史问题的透视》[2]等。但对唐律研究史学史的全面、系统成果却鲜见。应在思想上重视这一史学史的研究，培养研究人员的史学史研究素质，拓宽研究视野，产出高质量的研究成果。

7. 海外唐律研究有待于进一步加强

对海外唐律研究成果的吸收较少，是30余年来中国唐律研究中存在的主要问题之一。唐律是世界法律史上的一部著名法典，海外学者对其关注和研究亦在情理之中。海外也确实有唐律研究的成果，除了日本和中国台湾学者外，英、美等国的学者也有一些成果。仅以30年来由中国学者翻译的相关论文为例。英国学者崔瑞德（Denis C. Twitchtt）曾发表过《初唐法律论》一文，他在文中对唐律的刑法性质、法律的实施等一些内容作了论述。[3]美国学者马伯良（Brian E. Mcknight）发表过《〈唐律〉与后世的律：连续性的规范》一文。他在文中对唐律规定的犯罪、唐律对中国后世封建朝代的影响、唐律在地方的实施情况等一系列内容，都作了论述。[4]他们在唐律研究中都有些自己的特色，研究方法与角度等都与中国学者的研究不尽一致。

对这些海外唐律研究成果的吸收，应成为中国唐律研究的组成部分。这可以帮助中国学者更全面、深刻地了解和认识世界上唐律研究的状况，并发现海外唐律研究的领域、角度、方法和成就，从中寻找其长处，取长补短，避免重复研究。海外学者接受的教育和文化背景都与中国学者有所不同，研究思路与方法也会不尽相同，这会导致研究成果的多样性。这种多样性正好又反映出世界唐律研究成果的丰富性。当然，要解决海外唐律研究的问题，先需具备专业外语知识，这样才能研究他们的成果，掌握他们的研究情况和趋势。通晓

〔1〕 张晋藩主编：《中华法系的回顾与前瞻》，中国政法大学出版社2007年版。

〔2〕 倪正茂主编：《法史思辨：2002年中国法史年会论文集》，法律出版社2004年版，第160页以下。

〔3〕 张中秋：《中国法律形象的另一面——外国人眼中的中国法》，法律出版社2002年版，第233页以下。

〔4〕 高道蕴等：《美国学者论中国法律传统》，清华大学出版社2004年版，第287页以下。

一门外语还往往不够，要根据不同国家的研究成果，运用不同国家的语言，因此组织一个精通多种语言的研究团队，不失为一种好方法。这一任务虽然艰巨，但不能忽视，它是唐律研究中不可缺少的组成部分。

这七种研究，虽相对独立，但也会有交叉，把它们结合起来进行研究更好，即将两种以上的研究方法聚焦于同一个领域内存在的问题。比如，在唐律比较研究中，可以结合使用联系文化、实证的研究。在对海外唐律研究成果的吸收中，也可以同时进行实证、比较、联系文化的研究。用双管、多管齐下的方式，去解决唐律研究中存在的问题，将会收到更好的效果，产出更高质量的成果，唐律研究便会向纵深发展。

唐律是一部值得深入研究的中国古代法典，这由其在中国古代、东亚乃至在世界法制史中的地位和作用所决定。在唐朝的律、令、格、式等法律形式中，律处于中心地位，违反令、格、式都要一断于律，律不可或缺。在中国古代，唐律起到了承前启后的作用，上承唐朝以前立法，集前代之大成，下启唐以后朝代的立法，成为它们的楷模，是中国古代立法的巅峰。唐律在东亚地区占有极其重要的地位，对朝鲜、日本、琉球、越南等东亚国家的立法均产生过重大影响，以至于成为中华法系的代表作。在世界法制史上，唐律同样占有重要席位，与罗马法、拿破仑法典齐名，成为世界封建时期立法史上的高峰之作。唐律研究有利于弘扬中华优秀传统法律文化，有利于为今天的法治建设提供借鉴。30年来，中国唐律研究逐渐繁荣，大量的成果出版、发表，质量亦逐步提高，在世界唐律研究中名列前茅。30年来，中国的法治建设不断推进，法学教育迅速跟进，唐律研究队伍日益壮大，思想解放和宽松的学术研究环境为唐律研究营造了良好的氛围，推动唐律研究不断进步。为使中国唐律研究可以持续、健康地发展，有必要找准存在的问题，找到解决问题的办法。时下，在唐律的文本研究、比较研究、文化研究、实证研究、实施研究、史学史研究及对海外唐律研究成果的吸收等方面，都不同程度地存在不足，有较大的拓展空间。若在这几个方面下大功夫，中国的唐律研究定会更新气象，创造更大的辉煌。

三、中国租界法制研究的检视与思考

在中国大地上，最早出现近代法制的是在中国租界。鸦片战争以后，在上海、天津、汉口、厦门、镇江、九江、广州、杭州、苏州、重庆10个城市中，先后出现了租界，也有了租界法制。[1]学界对这一法制已有一定研究，也有了一些成果。本文拟对近30年来中国租界法制研究作个检视与思考。

中国租界法制研究成果的分类

中国和海外学者都有一些研究中国租界法制的成果，特别是在改革开放以后的30年来，这类成果明显增多，其分类情况如下。

1.研究中国租界法制的著作

中国现在已经出现了很少量专门研究中国租界法制的著作。这些著作以研究中国租界法制为研究对象，并展开论述，但是研究领域只是集中于一个城市中的租界法。《上海租界法制研究》[2]《上海租界法制史话》[3]和《上海公共租界特区法院研究》[4]即是如此。

《上海租界法制研究》是一本综合性研究上海租界法制的

---

〔1〕 中国除了租界以外，另有一些类似租界的地区，如租借地等。本文仅以租界及其近代法制为研究对象，其他地区及其法制均不包括在内。关于其他地区可参见费成康：《中国租界史》，上海社会科学院出版社1991年版，第431～436页。

〔2〕 王立民、练育强主编：《上海租界法制研究》，法律出版社2011年版。

〔3〕 王立民：《上海租界法制史话》，上海教育出版社2001年版。

〔4〕 姚远：《上海公共租界特区法院研究》，上海人民出版社2011年版。

学术专著。其中共有 19 章，每章分别研究上海租界法中的一个专题，内容涉及上海租界法制的诞生、立法、行政执法、司法、法制变迁、动力来源和法制引起的社会变化等。这样的内容有其自己的逻辑，即从上海租界法制的产生、运作到效果。第一章专门论述了上海租界法制的产生及其具体表现。第二章至第六章集中阐述了上海租界的立法，内容包括上海租界的土地章程、土地管理和登记制度、道路管理和建筑管理制度等。第七章至第九章聚焦于上海租界的行政执法，内容主要为巡捕房的机构、职能、执法控制等。第十章至第十五章突出了上海租界的司法，其中涉及司法机构的沿革，从洋泾浜北首理事衙门发展到会审公廨、临时法院和特区法院。这一沿革过程同时也是这些机构职能发展、司法权运作变化的过程。第十六章和第十七章则是反映太平洋战争爆发以后，日军占领、控制上海租界之后上海租界法制的变迁，内容包含了法制机构的变迁等。第十八章专门论述了上海租界法制近代化的动力来源，其中主要是人、政体和经济三大动力。第十九章专门考察了上海租界法制的实施效果，给社会带来的各种变化，促进了上海城市近代化的进程以及存在的各种弊端等。综观全书，在上海租界法制研究领域，它的体系结构、内容和资料运用方面都有所突破，上海长期存在公共租界和法租界两个租界，此著作的研究内容大量集中于公共租界的法制。

《上海租界法制史话》则是从通俗化的角度来反映上海租界法制。它全都由通俗性短文构成，共有 58 篇，而且每篇短文的的内容相对独立，讲述上海租界法制的一个侧面。这些短文根据其内容分别归入四大篇，即立法、司法、案例和法文化篇。立法篇介绍了上海租界一些重要法规，其内容涉及法规形式、土地章程、路名及其规定、人口与立法、新闻出版规定、公园规则、卫生立法、戒严法等。司法篇叙述了上海租界的司法机构和实施法制的一些情况，其内容有领事公堂、会审公廨、临时法院、特区法院、监狱、律师等。案例篇描述了一些发生在上海租界较为著名的案例，包括有大闹会审公堂案、《新生》杂志案、张金海案等。法文化篇则是从文化的角度来审视上海租界法，其内容有华洋法文化的形成与表现、法文化的价值取向、“非政治化”倾向等。此书虽是一本通俗性的上海租界法制史，但其中的内容均以相关史料为依据，真实可靠，与文艺小说不同。它通过短小精悍、通俗易懂的内容和一些上海租界的老照片相结合的形式，提高了上海租界法制史的可读性和观赏性。这是一本很有特色的上海租界法制史著作。

如果说前两本著作以研究上海租界近代法制的多个领域为其内容，那么《上海公共租界特区法院研究》则仅聚焦于上海公共租界的特区法院，内容相对集中和单一，但却更有深度。它较为全面地探研了这一法院，包括了上海公共租界审判机构沿革；上海公共租界特区法院的前身——临时法院；上海公共租界特区法院的设立与组成、审判、检察制度、法权之争、变异与思考等一些内容。它不仅使上海公共租界特区法院的基本情况得到了较为全面地反映，还从理论上对一些问题作了阐述，比如法权之争、变异与思考等都是如此。另外，书中的大量史料取自于流传至今的档案，比较可靠，史论结合得也比较好。在此书出版之前，中国还未有如此全面、深入研究上海公共租界特区法院的专门成果，此书的学术价值不言而喻。

2. 研究中国租界著作中有关中国租界法制的内容

中国出版过一些从整体上研究中国租界的著作。在这些著作中，涉及中国租界法制的内容，这些内容也是中国租界法制的研究成果。这些著作的数量也不多，《中国租界史》[1]和《列强在中国的租界》[2]是这样的著作。

《中国租界史》共有12章，分别对中国租界的开辟、拓展、土地制度、法律制度、行政制度、特征、各国租界的异同、各地租界的兴衰、近似租界的特殊区域、中国人民的抗争、有关租界研究的一些问题和租界的收回进行研究。此著作的正文后还有三个附录，分别是中国租界一览表、主要的未辟租界及类似租界地区一览表和中国租界史大事年表。其中的土地制度、法律制度、行政制度和租界的收回等章都不同程度地存在研究中国租界法制的内容。土地制度章中涉及的内容包括土地权的取得方式、地价与地税和特殊的土地文契，而这些都是关于租界法制的研究成果。在中国的绝大部分租界中，“外人都通过永租的方式来租借土地。永租制是租界土地制度的特点”。[3]法律制度章阐述的全都是研究中国租界的法制的内容，主要是立法和司法制度、上海租界会审公廨的独特变化等。行政制度章中的行政体制、日常行政的主要内容和华人参政后的新格局部分都渗透着法制研究的内容。租界的收回章中的关键内容都与

〔1〕 费成康：《中国租界史》，上海社会科学院出版社1991年版。

〔2〕 《列强在中国的租界》编辑委员会编：《列强在中国的租界》，中国文史出版社1992年版。

〔3〕 费成康：《中国租界史》，上海社会科学院出版社1991年版，第86页。

法律文件有关，因为这种收回本身就是一种法制行为。比如，1943 年中国政府与美、英两国政府签订的《关于取消美国在华治外法权及处理有关问题之条约》《关于取消英国在华治外法权及其有关特权条约》是收回美、英租界的法律文件。[1]此著作既是一部系统反映中国租界的专著，也是一部在一定程度上研究租界法制的著作。

《列强在中国的租界》[2]是一本以研究中国租界为对象的史料及其研究的文集。文集分为两大部分，即租界史料、租借地及其他史料部分。作者有 64 位，文章有 60 篇。作者通过自己的回忆撰写成文，编入此文集，内容涉及上海、天津、汉口、广州、厦门、九江、镇江、苏州、重庆、杭州等租界。其中，有些文章直接与研究租界法制相关。比如，朱梦华的《上海租界的形成及其扩充》、赵晋卿的《收回会审公廨交涉的经过》、李守宪的《上海西牢回忆》、李汉元的《我在天津英租界工部局警务处的纪事》、汪应云的《我在汉口法租界巡捕房的经历》、林曼馥的《会审公堂与华人议事会》等都是如此。《上海租界的形成及其扩充》一文从上海土地章程的内容、变化来分析上海英、美、法三个租界的形成、扩充，其中还引用了《上海土地章程》的一些具体规定。[3]《上海西牢回忆》一文则通过作者自己的亲身经历来反映上海提篮桥监狱的一些情况。这是"所谓的东方第一大监狱"，但作者认为"实在是一个残忍的人间地狱"。接着，通过"续命饭""跑圈子""裸体舞""上吊铐"等来证明这一"人间地狱"。在"裸体舞"中，作者写道："每七天淋浴一次，骤听起来似乎是好事。但是当你把衣服脱光了，冬天就开冷水，让冰水淋得你周身痉挛，夏天则放滚烫的热水，烫得你浑身起泡。不'洗澡'是不允许的。"[4]此文集中研究的法制部分内容是研究中国租界法制的一种实录性资料及成果，弥足珍贵。

3. 研究中国地方租界志中有关租界法制研究的内容

中国已出版了一些专门研究中国地方租界的租界志，其中有研究这些租

---

〔1〕 费成康：《中国租界史》，上海社会科学院出版社 1991 年版，第 416 页。

〔2〕《列强在中国的租界》编辑委员会编：《列强在中国的租界》，中国文史出版社 1992 年版。

〔3〕《列强在中国的租界》编辑委员会编：《列强在中国的和界》，中国文史出版社 1992 年版，第 3 页。

〔4〕《列强在中国的租界》编辑委员会编：《列强在中国的租界》，中国文史出版社 1992 年版，第 81 页。

界法制的内容。《天津通志·附志·租界》[1]《海租界志》[2]和《汉口租界志》[3]是三本专门研究天津、上海、汉口租界的志，其中均有这三个租界法制研究的内容。

《天津通志·附志·租界》共有12章，分别是租界的划定扩张与收回、租界的管理机构、金融、房地产业、工业、商业、市政及公用设施、交通邮电、文化教育、体育卫生、人口宗教、租界恶疾和租界人物等章。其中，租界的划定扩张与收回章中有大量天津租界法制的研究内容，因为天津租界的划定扩张与收回都与相关规定和契约有关。比如，中英租界的《英墙外推广界合同》、法租界的《天津紫竹林法国租地条款》、德租界的《天津租界条约》、日租界的《天津日本租界条款》等都是如此。[4]其他章中则很少涉及法制的内容。

《上海租界志》分六篇进行阐述，分别是区域人口、机构、财政、公共设施、管理和人物篇，篇下分章，共有17章。其中，每篇的内容都涉及法制的研究。在区域人口篇中，涉及英、美、法三个租界的《土地章程》；[5]机构篇中涉及《土地章程》《上海法租界公董局组织章程》、租地人会制度等；[6]财政篇中涉及《土地章程》、租地人会、会审公廨等；[7]公共设施篇中涉及法租界公董局与英商上海自来水公司的36条协议、英商上海自来水公司与华界南市集的规定等；[8]管理篇中涉及《西童公学章程》《中法学校章程》等；[9]人物篇中涉及一些人物参与上海租界法的制定，如宫慕久、吴继彰参与上海英租界《土地章程》的制定，蓝蔚雯则与英美法三国领事设定租界内租占土地及房舍居住章程等。[10]作者们对这些内容都做了一些研究。

《汉口租界志》分章进行叙述，共有9章，分别是租界区域与人口、经济活动、政治体制、文化事业、公用事业、社会生活、租界与中国政局、租界的收回、人物章。此外还有附录，共选录了40个法律文件。此志中的租界区域章所

〔1〕 罗澍伟主编:《天津通志·附志·租界》，天津社会科学院出版社1996年版。
〔2〕 史梅定主编:《上海租界志》，上海社会科学院出版社2001年版。
〔3〕 袁继成主编:《汉口租界志》，武汉出版社2003年版。
〔4〕 罗澍伟主编:《天津通志·附志·和界》，天津社会科学院出版社1996年版，第41～51页。
〔5〕 史梅定主编:《上海租界志》，上海社会科学院出版社2001年版，第91～93页。
〔6〕 史梅定主编:《上海租界志》，上海社会科学院出版社2001年版，第151～153页。
〔7〕 史梅定主编:《上海租界志》，上海社会科学院出版社2001年版，第315～320页。
〔8〕 史梅定主编:《上海租界志》，上海社会科学院出版社2001年版，第386～387页。
〔9〕 史梅定主编:《上海租界志》，上海社会科学院出版社2001年版，第469～470页。
〔10〕 史梅定主编:《上海租界志》，上海社会科学院出版社2001年版，第605页。

叙述的汉口租界初设、扩展部分直接与租界法制有关；政治体制章中的立法、司法部分也直接与租界法制的研究相关。其他章中也有些内容研究了这一法制。比如，经济活动章里有《长江各口通商暂订章程》的规定；[1]文教事业章里有法租界关于从医的规定；[2]公用事业章里有英租界《巡捕章程总则》的内容；[3]社会生活章里有英租界《工部局市政章程警察附则》的内容；[4]租界与中国政局章里有"六一一"的记载；[5]租界的收回章里提及了《收回汉口英租界之协定》；[6]人物章里有英国人巴夏礼参与《汉口租界条款》制定的记录等都是如此。[7]这些地方租界志中有关租界法制的内容也较为真实，其研究也有一定的针对性，是研究中国租界法制中可贵的组成部分。

4.研究中国地方史著作中有关租界法制的内容

中国已有一些城市的地方史著作问世。一些有租界城市的地方史著作中，都会不同程度地涉及租界法制。有些关于地方史通史类的著作中有研究租界法制的内容，上海地方史著作有这方面的内容。《上海史》[8]《上海通史》[9]《上海近代史》[10]和《上海一百年》[11]都是如此。《上海史》记载了上海租界的一些情况，研究了租界的扩张及其法制的规定，其中包括《虹口租界章程》和重订的《上海土地章程》。[12]《上海通史》是一套15卷本组成的著作，全面、系统地阐述了上海发展的历史，其中就有一些是研究上海租界法制的内容。在其第一卷中就涉及会审公廨职权的变迁。[13]《上海近代史》中也有上海租界法制的记录和研究，包括了《土地章程》的第一次修改。[14]《上海一百年》中也有些内

---

〔1〕 袁继成主编:《汉口租界志》，武汉出版社2003年版，第55页。
〔2〕 袁继成主编:《汉口租界志》，武汉出版社2003年版，第305页。
〔3〕 袁继成主编:《汉口租界志》，武汉出版社2003年版，第360页。
〔4〕 袁继成主编:《汉口租界志》，武汉出版社2003年版，第392页。
〔5〕 袁继成主编:《汉口租界志》，武汉出版社2003年版，第411页。
〔6〕 袁继成主编:《汉口租界志》，武汉出版社2003年版，第424页。
〔7〕 袁继成主编:《汉口租界志》，武汉出版社2003年版，第449页。
〔8〕 唐振常主编:《上海史》，上海人民出版社1989年版。
〔9〕 熊月之主编:《上海通史》，上海人民出版社1989年版。
〔10〕 刘惠吾编著:《上海近代史》(上、下)，华东师范大学出版社1985年版。
〔11〕 朱华等:《上海一百年》，上海人民出版社1999年版。
〔12〕 唐振常主编:《上海史》，上海人民出版社1989年版，第344～346页。
〔13〕 熊月之主编:《上海通史》，上海人民出版社1989年版，第43～44页。
〔14〕 刘惠吾编著:《上海近代史》(上)，华东师范大学出版社1985年版，第125～128页。

容涉及上海租界法制，其中有上海的第一个土地章程的相关内容。[1]这些内容从不同视角反映了一个城市中的租界法制及其研究情况。

有些专门研究地方租界史的著作中也有租界法制研究的内容。研究上海租界史的著作中就有这方面的内容。《上海公共租界史稿》[2]《上海租界问题》[3]《租界 100 年》[4]《上海的租界》[5]《上海租界百年》[6]《上海公共租界城市管理研究》[7]《租界里的上海》[8]和《老话上海法租界》[9]等都是如此。《上海公共租界史稿》对上海公共租界的产生、变化作了较为系统的表述，其中对 1845 年土地章程（又称地皮章程）的产生、内容等一些问题都有较为详细的阐述和研究。[10]《上海租界问题》较为全面地研究了上海租界的产生、治理等一系列问题，其中对辛亥革命时期上海租界中会审公廨的变化做了研究。[11]《租界 100 年》是一本简明上海租界史著作，讲述了上海租界 100 年历史中的一些重要侧面，其中亦有一些内容论述了上海租界法制，上海法租界的《市政宪章》是其中之一。[12]《上海的租界》实际上是一本简明上海租界通史，从上海租界的出现至上海租界的收回都有不同程度地涉及，其中亦有法制的评述，比如有关公共卫生的规定。[13]《上海租界百年》用较为生动的语言，反映了上海租界的百年历史，其中也论及了租界的法制，比如有关人力车规定的实施情况。[14]《上海公共租界城市管理研究》探研了上海公共租界中公共卫生、城市交通、建筑、公共设施建设等管理，其中有关于法制内容的研究，如对《狂犬病及家犬上口套管理条例》的研究。[15]《租界里的上海》从经济、文化、社会、对外关系、

---

〔1〕 朱华等：《上海一百年》，上海人民出版社 1999 年版，第 12 页。
〔2〕 蒯世勋等：《上海公共租界史稿》，上海人民出版社 1980 年版。
〔3〕 夏晋麟：《上海租界问题》，载《民国丛书》（第 24 卷），上海书店 1989 年版。
〔4〕 汤伟康、杜黎：《租界 100 年》，上海画报出版社 1991 年版。
〔5〕 马长林：《上海的租界》，天津教育出版社 2009 年版。
〔6〕 姜龙飞：《上海租界百年》，文汇出版社 2008 年版。
〔7〕 马长林等：《上海公共租界城市管理研究》，中西书局 2011 年版。
〔8〕 马长林主编：《租界里的上海》，上海社会科学院出版社 2003 年版。
〔9〕 杨尧深主编：《老话上海法租界》，上海人民出版社 1994 年版。
〔10〕 蒯世勋等：《上海公共租界史稿》，上海人民出版社 1980 年版，第 308～319 页。
〔11〕 夏晋麟：《上海租界问题》，载《民国丛书》（第 24 卷），上海书店 1989 年版，第 54～59 页。
〔12〕 汤伟康、杜黎：《租界 100 年》，上海画报出版社 1991 年版，第 31 页。
〔13〕 马长林：《上海的租界》，天津教育出版社 2009 年版，第 112 页。
〔14〕 姜龙飞：《上海租界百年》，文汇出版社 2008 年版，第 170 页。
〔15〕 马长林等：《上海公共租界城市管理研究》，中西书局 2011 年版，第 93 页。

管理等角度研究了上海的租界，其中涉及法制，对四明公所案的研究就是其中之一。[1]《老话上海法租界》专门探索了上海法租界的历史、地理、政治、经济、军事、文化等，其中也有法制，法租界的监狱就是其中之一。[2]这些租界法制的研究内容往往与租界的发展有关联，以一定的租界背景作支撑，也有其特色。

另外，在其他一些有关地方史研究的著作中，也有少量租界法制的研究成果。上海就有一些这样的著作。《上海研究资料》、[3]《上海研究资料》(续集)、[4]《上海地名小志》、[5]《旧上海的帮会》、[6]《旧海黑社会》、[7]《上海法制史》、[8]《名人笔下的老上海》、[9]《近代社会变迁中的上海律师》、[10]《城市·规划·法制——以近代上海为个案的研究》[11]等都是如此。《上海研究资料》用专题形式，记载了包括租界在内的老上海的一些情况，其中评述了华人不可进入外滩公园的规定。[12]《上海研究资料》(续集)保持了《上海研究资料》的风格，在记录了上海租界一些法制情况的同时，也作了适量的评论，比如对苏报案整个过程的描写及其评论就是如此。[13]《上海地名小考》是一部专门研究老上海地名的著作，其中大量涉及上海租界的地名，亦包括设立地名的规定。其中，论述了上海英美租界关于南北向的道路以中国的省名来命名、东西向的道路以中国的主要城市来命名的规定。[14]《旧上海的帮会》是一本由 20 多位作者回忆上海帮会的文章组成的著作，其中许多内容都与上海租界有关，还论及了一些法制的内容。比如，评述了犯罪嫌疑人规避英、法两租界巡捕追捕的史

---

〔1〕 马长林主编:《租界里的上海》，上海社会科学院出版社 2003 年版，第 207～214 页。
〔2〕 杨尧深主编:《老话上海法租界》，上海人民出版社 1994 年版，第 31～32 页。
〔3〕 上海通社编:《上海研究资料》，上海书店 1984 年版。
〔4〕 上海通社编:《上海研究资料》(续集)，上海书店 1984 年版。
〔5〕 郑祖安:《上海地名小志》，上海社会科学院出版社 1988 年版。
〔6〕 上海市政协文史资料工作委员会:《旧上海的帮会》，上海人民出版社 1986 年版。
〔7〕 郭绪印:《旧上海黑社会》，上海人民出版社 1997 年版。
〔8〕 王立民:《上海法制史》，上海人民出版社 1998 年版。
〔9〕 倪墨炎选编:《名人笔下的老上海》，北京出版社 1999 年版。
〔10〕 陈同:《近代社会变迁中的上海律师》，上海辞书出版社 2008 年版。
〔11〕 练育强:《城市·规划·法制——以近代上海为个案的研究》，法律出版社 2011 年版。
〔12〕 上海通社编:《上海研究资料》，上海书店 1984 年版，第 481 页。
〔13〕 上海通社编:《上海研究资料》(续集)，上海书店 1984 年版，第 71～84 页。
〔14〕 郑祖安:《上海地名小志》，上海社会科学院出版社 1988 年版，第 36 页。

实。[1]《旧上海黑社会》是一本专门阐述旧上海黑社会中毒品、流氓、赌博、嫖妓、绑票、强盗等内容的著作，其中也有一些内容与研究上海租界法制相关，比如发生在上海租界的严裕棠、魏廷荣等绑票案就是这样。[2]

《上海法制史》是一部集中论述上海自成立县以后至中华人民共和国成立前后法制历史的专著，其中亦包括租界法制的研究，内容涉及立法、审判机关等。[3]《名人笔下的老上海》一书收集了蔡元培、胡适、陈独秀、鲁迅、方志敏、陈望道、宋庆龄等90余位中国名人撰写的有关老上海的文章，有少量内容也评论了上海租界法制，比如对上海租界公园的“中国人与狗不准入内”规定的评论就是这样。[4]《近代社会变迁中的上海律师》以专著形式，聚焦近代的上海律师，大量内容是上海租界里的律师，其中第二章还专论了上海租界里的外籍律师。[5]《城市·规划·法制——以近代上海为个案的研究》是一部系统、全面研究上海规划法制的专著，共有导论、近代上海公共租界城市规划法制、近代上海华界城市规划法制、结论等部分，其中近代上海公共租界城市规划法制部分以专门研究近代上海公共租界中城市规划法制为内容，属于研究上海租界法制的内容。[6]这些有关上海地方史研究的著作中的上海租界法制研究的内容也有其一定的价值，可为进一步研究这一法制提供参考。

5.其他著作中有关研究租界法制的内容

还有一些著作中也有研究租界法制的内容。《中国近代律师制度与律师》、[7]《近代外商来华投资法律制度》、[8]《上海档案史料研究》(第5辑)、[9]《上海审判志》、[10]《上海公安志》、[11]《上海监狱志》[12]等。它们在自己的研究中，也涉及租界法制的研究。《中国近代律师制度与律师》一书比较系统地研

---

〔1〕 上海市政协文史资料工作委员会:《旧上海的帮会》,上海人民出版社1986年版,第89页。

〔2〕 郭绪印:《旧上海黑社会》,上海人民出版社1997年版,第233~239页。

〔3〕 王立民:《上海法制史》,上海人民出版社1998年版,第165~235、272~287页。

〔4〕 倪墨炎选编:《名人笔下的老上海》,北京出版社1999年版,第277页。

〔5〕 陈同:《近代社会变迁中的上海律师》,上海辞书出版社2008年版,第41~109页。

〔6〕 练育强:《城市·规划·法制——以近代上海为个案的研究》,法律出版社2011年版,第35~229页。

〔7〕 王申:《中国近代律师制度与律师》,上海社会科学院出版社1994年版。

〔8〕 吕铁贞等:《近代外商来华投资法律制度》,法律出版社2009年版。

〔9〕 邢建榕主编:《上海档案史料研究》(第5辑),上海三联书店2008年版。

〔10〕 滕一龙主编:《上海审判志》,上海社会科学院出版社2003年版。

〔11〕 易庆瑶主编:《上海公安志》,上海社会科学院出版社1997年版。

〔12〕 麦林华主编:《上海监狱志》,上海社会科学院出版社2003年版。

究了中国近代的律师制度与律师，其中有些内容较为详细地分析、论述了中国租界特别是上海租界的律师，第六章即是如此。[1]《近代外商来华投资法律制度》是一本专门研究中国租界法制在内的近代外商来华投资法律制度的著作，其中也没有回避中国租界的法制，第八章对外商在上海租界的房地产法制作了论述，内容涉及其产生、变化和影响等。[2]《上海档案史料研究》(第5辑)则是一本以研究上海档案史料为主的成果汇集，其中也有一些研究的内容与上海租界法制有关，比如领事裁判权与会审公廨的情况等。[3]

上海的有些志中，有关于上海租界的内容。《上海审判志》是一本系统记载上海审判机关的组织、功能、运作的著作，其中有上海租界会审公廨的内容。[4]《上海公安志》系统叙述了上海自1854年以来至1994年的警政情况，内容包括警政机构、作用、装备、警种、人物等，其中也研究了上海租界的警政机关，第三章"租界警察机构"就是如此。[5]《上海监狱志》对自公元759年至2001年上海的监狱作了一个系统、全面地梳理，其中也对上海租界的监狱作了一些记载，第一章的第一节即为"租界监狱"，其中既有上海公共租界的监狱，也有上海法租界的监狱。[6]尽管这些著作中有关租界法制研究、记载的内容参差不齐，有多有少，但也是这一研究的组成部分，不能被忽视。

6.论文对中国租界法制的研究

还有一些论文也对中国租界法制进行了研究。这些论文主要可以分为三类。第一类是以研究中国租界法制的一般问题为主；第二类是以研究立法问题为主；第三类是以研究司法问题为主。第一类的成果有《中国的租界与法制现代化》[7]《上海公共租界法制现代化的动力来源》[8]《中国城市中的租界法与华界法》[9]《论上海租界法制的差异》[10]等。它们重点研究了中国租界与法制现代化的关系，内容涉及租界的设立开创了现代法制、租界的现代法制与中国古

[1] 王申:《中国近代律师制度与律师》，上海社会科学院出版社1994年版，第123～136页。

[2] 吕铁贞等:《近代外商来华投资法律制度》，法律出版社2009年版，第265～298页。

[3] 邢建榕主编:《上海档案史料研究》(第5辑)，上海三联书店2008年版，第140～141页。

[4] 滕一龙主编:《上海审判志》，上海社会科学院出版社2003年版，第60～62页。

[5] 易庆瑶主编:《上海公安志》，上海社会科学院出版社1997年版，第68～76页。

[6] 麦林华主编:《上海监狱志》，上海社会科学院出版社2003年版，第97～104页。

[7] 王立民:《中国的租界与法制现代化》，载《中国法学》2008年第3期。

[8] 练育强:《上海公共租界法制现代化的动力来源》，载《历史教学问题》2010年第4期。

[9] 王立民:《中国城市中的租界法与华界法》，载《比较法研究》2011年第3期。

[10] 王立民:《论上海租界法制的差异》，载《法学》2011年第7期。

代法制有很大的差别、租界的法制发展不平衡和具有两面性；上海公共租界法制现代化的动力来源于人的现代化要求、分权政体、经济发展等一些方面；中国城市中出现租界法与华界法并存的原因有法制、地域、机构等方面的原因；上海租界中的法制不完全相同，在适用时间和空间、立法、司法等方面都存在差异，形成这种差异的原因包括土地章程、司法习惯和管理传统等方面，这种差异给中国人带来了不便、给规避法制行为开了方便之门和给法制借鉴提供了机会等后果。

第二类的成果有《从城市规划法看上海租界土地章程》[1]《近代上海公共租界的建筑法律制度》[2]《上海租界的现代法制与现代社会》[3]等。它们侧重于上海租界的立法研究，内容涉及土地章程是上海最早的规划文件，也是上海英租界的"根本法"；上海租界的历次土地章程中都有建筑管理的规定，这种规定内容的变化的原因与消防、卫生防疫、交通相关，这些规定的实施过程中仍然存在一定的局限性；上海租界的现代法制引导、规范了上海租界的现代社会，但是这种法制有瑕疵，它又导致了这一社会的病态存在等。

第三类的成果有：《会审公廨的收回及其历史意义》[4]《试论会审公廨与近代法制的半殖民地化》[5]《清末民初上海公共租界会审公廨法权之变迁(1911—1912)》[6]《会审公廨与中国法制进步——以一名美国律师的记录为视角》[7]《论上海公共租界审判权力变迁》[8]《会审公廨司法审判权的"攫取"与"让渡"——会审公廨移交上海总商会调处民商事纠纷的分析》[9]等。它们集中研究了上海租界的会审公廨并以此来折射中国租界的司法情况，主要内容

〔1〕 练育强：《从城市规划法看上海租界土地章程》，载《华东师范大学学报》(哲学社会科学版)2010年第1期。

〔2〕 练育强：《近代上海公共租界的建筑法律制度》，载《探索与争鸣》2010年第3期。

〔3〕 王立民：《上海租界的现代法制与现代社会》，载《华东师范大学学报》(哲学社会科学版)2009年第5期。

〔4〕 徐小松：《会审公廨的收回及其历史意义》，载《民国档案》1990年第4期。

〔5〕 刘春山：《试论会审公廨弓近代法制的半殖民地化》，载《驻马店师专学报》(社会科学版)1993年第2期。

〔6〕 胡震：《清末民初上海公共租界会审公廨法权之变迁》，载《史学月刊1》2006年第4期。

〔7〕 杨帆、于兆波：《会审公廨与中国法制进步——以一名美国律师的记录为视角》，载《北京理工人学报》(社会科学版)2009年第6期。

〔8〕 姚远：《论上海公共租界审判权力变迁》，载《政治与法律》2010年第3期。

〔9〕 王红梅：《会审公廨司法审判权的"攫取"与"让渡"——会审公廨移交上海总商会调处民商事纠纷的分析》，载《甘肃社会科学》2011年第1期。

是：中国会审公廨的形成与发展，民国时期会审公廨的交涉暨收回，它被收回的历史意义；在中国近代史上，领事裁判权的攫取和会审公廨的高置，都是两方列强对我国司法主权的侵犯，会审公廨是中国政府出人出钱，惩办中国人，保护外国人的一种审判机关；清末民初之际，上海公共租界会审公廨法权的变化甚大，从中国基本控制下的司法机构变为完全由外人控制，所受侵略更深一层，也使民国后废除领事裁判权难度增大；从一个美国律师的简短记录可以看到，会审公廨开启了中国法律移植的先河，在法律继承的同时并未重视法律创新，法应促进合法利益的保护而非对非法利益的权衡等；上海公共租界审判权力有个变迁过程，这个过程显示中国的司法权在租界内不断丧失，上海特区法院的建立才使这种情况出现转机；从上海公共租界把一些商事纠纷移交给上海总商会处理来看，这种司法权的"让渡"与"攫取"的冲突需要得到合理的解释，这种"攫取"是租界寻求司法保护，这一"让渡"则是租界对商会这一优质资源的有效利用，它们在维护上海租界秩序上实现了价值目标的统一。这些论文从不同侧面，集中对中国租界中的审判机关会审公廨作了论述，发表了自己的观点，同样是研究中国租界法制的成果。

7. 海外对中国租界法制的研究

海外的有些著作中有研究中国租界法制的成果，其中有美国、法国、澳大利亚等国家学者的研究成果，也有中国台湾地区学者的研究成果。其中，美国学者有《出卖的上海滩》、[1]《上海警察，1927—1937》；[2]法国学者有《上海妓女——19—20世纪中国的卖淫与性》、[3]《上海法租界史》；[4]澳大利亚学者有《上海青帮》；[5]台湾学者有《帝国之鞭与寡头之链——上海会审公廨权力关系变迁研究》[6]等著作。《出卖的上海滩》记述了上海自开埠至1937年淞沪战争之间百年上海发展史，绝大部分定位在上海租界，其中有一些有关上海

[1] [美]霍塞：《出卖的上海滩》，越裔译，上海书店2000年版。

[2] [美]魏斐德：《上海警察，1927—1937》，章红等译，上海古籍出版社2004年版。

[3] [法]安克强：《上海妓女——19—20世纪中国的卖淫与性》，袁燮铭等译，上海古籍出版社2004年版。

[4] [法]梅朋、傅立德：《上海法租界史》，倪静兰译，上海社会科学院出版社2007年版。

[5] [澳]布赖恩·马丁：《上海青帮》，周育民等译，上海三联书店2002年版。

[6] 杨湘钧：《帝国之鞭与寡头之链——上海会审公廨权力关系变迁研究》，北京大学出版社2006年版。

租界法制的内容，比如英国轮船海洋号和中国轮船福新号相撞案及其详述。[1]《上海警察，1927—1937》虽然研究的是10年中整个上海的警察，但相当部分都是研究上海租界的警察，第5章中的“公共租界巡捕房的警政”部分即是如此。[2]《上海妓女——19—20世纪中国的卖淫与性》是一部从多方位角度研究上海妓女的专著，内容包括：精英的妓女与妓女的精英、卖淫市场和面向大众的性行为、卖淫业的场所和经济、管理娼妓的失败，其中亦涉及对相关法制的研究，第11章中的“规章制度”部分就是如此。[3]《上海法租界史》是一部阐述上海法租界从建立至1900年的发展历史，包括有一些法制研究的内容，上海法租界的会审公廨与上海公共租界会审公廨的差异及其形成原因的研究就是这样。[4]《上海青帮》是一部较为系统地研究上海青帮的著作，许多内容都与上海租界有关，也包括上海法租界的法制，第3章的“黄金荣和法租界巡捕房”部分就重点研究了上海的青帮大亨黄金荣与法租界巡捕房的关系。[5]《帝国之鞭与寡头之链——上海会审公廨权力关系变迁研究》从历史的视角专门研究了上海租界的审判机关会审公廨的权力关系问题，这是有关会审公廨的核心问题，内容包括了它的历史因素、地理人文原因，及组织、运作、侦查审判程序等。[6]这些海外学者研究上海租界法制内容也是研究中国租界法制内容中一个不可或缺的组成部分。

研究中国租界法制的成果大致可以分为以上7类。它们从不同方位研究了这一法制，其内容不仅反映了中国租界法制的一些侧面，有了研究成果的积累，同时也为以后的这类研究奠定了基础。

中国租界法制研究的主要内容

中国和海外研究中国租界法制的内容，主要可以归纳为以下这些方面。

〔1〕［美］霍塞：《出卖的上海滩》，越裔译，上海书店2000年版，第61～63页。

〔2〕［美］魏斐德：《上海警察，1927—1937》，章红等译，上海古籍出版社2004年版，第62～65页。

〔3〕［法］安克强：《上海妓女——19—20世纪中国的卖淫与性》，袁燮铭等译，上海古籍出版社2004年版，第302～304页。

〔4〕［法］梅朋、傅立德：《上海法租界史》，倪静兰译，上海社会科学院出版社2007年版，第301～302页。

〔5〕［澳］布赖恩·马丁：《上海青帮》，周育民等译，上海三联书店2002年版，第62～67页。

〔6〕杨湘钧：《帝国之鞭与寡头之链——上海会审公廨权力关系变迁研究》，北京大学出版社2006年版，第4～5页。

1. 立法主体的研究

中国租界的立法主体行使立法权，是租界法制的制造者，对于这一法制的产生、发展关系重大，有不少研究成果论述了这一主体。《上海租界志》把上海租界的租地人会、纳税外人会和领事作为租界内的立法主体，并对其历史、成员资格、会议规则、议事内容、投票制度等都作了研究。它认为，在1845年的《土地章程》里已有了关于租界事务由租地人议决的规定，这是租地人会议和以后的纳税外人会制度的滥觞。1846年正式召开了第一次租地人会议，此制度开始实施。1869年上海英美租界把租地人会发展为纳税外人会，并对其成员资格、会议规则、议事内容、投票制度等都作了规定，这一立法主体趋于成熟了，之后的上海公共租界纳税外人会沿用了这些制度。1856年上海法租界也召开了第一次租地人会议，之后也逐渐形成了自己的制度。可是，1866年法国政府取消了租地人会的权力，规定领事对租界内包括立法权在内的一切事务具有决定权，此后上海法租界的最终立法权转移至法国驻上海总领事。[1]上海英美租界纳税外人会的成员资格主要是，居住在界内的外侨，置有价值至少为500两的地产，每年缴纳房地捐满10两或以上者，或其租赁的房屋每年缴租金在500两或以上者。会议的规则中规定，此会分为年会和特别会两种，年会每年举行一次；会议的各项议程；会议情况的公布等。议事内容包括：审议法案；批准工部局预算；通过决算；商议捐税、发给执照等；选举地产委员会；选举董事；其他立法事项。投票制度中分为复票制和投票制等。[2]

《天津通志·附志·租界》也对天津租界的立法主体作了研究，以英租界为例。它认为，天津英租界的董事会成立于1862年，是界内的统治主体和决策机关，拥有立法权。其成员由界内的纳税人推选，任期一年，任满全体改选。董事会成员的资格必须具备以下这些条件，年满21周岁，每年交税房地产捐200两或以上者；在选举人登记前的6个月内已有房产估定价值满600两者亦可以。董事由5人组成，董事会下设有8个常设委员会，即电气、医院、自来水、工程、机要会计、学校、警备、义勇队等委员会。董事会的职责包括：讨论、通过界内的规定；任免官吏；买卖公产；经营公有设备及公用事业、筹措财

〔1〕 史梅定主编：《上海租界志》，上海社会科学院出版社2001年版，第150页。
〔2〕 史梅定主编：《上海租界志》，上海社会科学院出版社2001年版，第162～166页。

政、捐税等。[1]

《汉口租界志》同样对汉口租界的立法主体作了研究,也以英租界为例。汉口英租界的纳税人常年大会是英租界的最高权力机关。它的职责是:听取工部局报告;通过行政规划;通过预算;制定各种法案、规章;选举市政委员(董事会董事);任免英籍职员;发行公债等。参会成员必须符合一定的条件:界内的人士具有2500两的财产并按财产税纳税者,或在投票前年纳房屋地基税共满25两者,可投1票;满150两者,可投2票;150两以上者,每达75两可投1票,但最多每人不得超过12票等。华人则没有这一投票权。如遇特别事务,可以召开特别会议,但需有2/3的成员到会,其议案方为有效。[2]

《中国租界史》在对中国租界的立法主体研究以后明确认为,综合起来说,立法权的分配有5个层次。也就是说,立法主体可分5个层次。其中,有关租界开辟的法令多由当地的道员与外国领事来订;租界的基本法多由租界开辟国政府来订;租界的行政法规多由纳税人会议来议决:租界开辟国的公使有相关法令的审批权;有的租界工部局的董事会拥有行政法规的立法权。[3]各层次都有分工,各行其职。

2.立法内容的研究

中国各租界中的土地章程被称为租界内的"小宪法""根本大法",[4]对租界的建立、发展意义重大,引起了广泛注意,也有不少研究成果。《上海公共租界史稿》从中英南京条约及其附件为出发点,运用大量史料,对上海公共租界的《土地章程》颁布、实施等情况都作了论述。1845年道台宫慕久与英国领事商定的《土地章程》"是为《第一次土地章程》"。它对上海英租界的地域作了规定,第二年该地域正式划定,上海英租界诞生了。根据1844年中美《望厦条约》的规定,1848年以后美国人先在虹口一带地价较低廉的地区广置土地,打下了美租界的基础,上海小刀会起义以后,上海英美法三租界于1854年通过租地人会议,制定了《上海英法美租界租地章程》,扩充了新的内容,包括扩大了租界的地域,设立巡捕等。1863年上海英租界与美租界合并为上海

〔1〕 罗澍伟主编:《天津通志·附志·租界》,天津社会科学院出版社1996年版,第81～82页。
〔2〕 袁继成主编:《汉口租界志》,武汉出版社2003年版,第215～216页。
〔3〕 费成康:《中国租界史》,上海社会科学院出版社1992年版,第125页。
〔4〕 费成康:《中国租界史》,上海社会科学院出版社1992年版,第118页。

英美租界，1899 年又改名为上海公共租界。1869 年《上海洋泾浜北首租界章程》出台，赋予工部局更大的权力，使租界的权力有了进一步扩张。1893 年上海地方官员又与美国领事签订了《上海新定虹口租界章程》，对竖立界石、租界筑路、收捐等事务又作出了新的规定。每次新订《土地章程》，这一租界的面积便有一次增大。1846 年上海英租界才 830 亩，至 1899 年后上海公共租界增大至 32,110 亩。[1]与此同时，上海公共租界拥有的权力也逐渐加大，最后变成了"国中之国"。[2]

《上海租界志》对上海法租界的《土地章程》作了研究，内容涉及制定背景、具体内容、影响等。根据 1844 年中法《黄埔条约》的精神，1849 年上海法租界的《土地章程》出现了，其地域在上海洋泾浜的南面，北面即上海英租界，上海法租界同时也取得了类似于上海英租界的权力。之后，上海法租界又执行了 1854 年的《土地章程》。以这些《土地章程》为依据，上海法租界的地域也不断扩大，开始时仅有 185 亩，到了 1914 年竟达 15,150 亩。与此同时，上海法租界与上海公共租界一样，权力也不断扩张，具有了界内的"独立管理权"。[3]这样，上海法租界也变成了一个"国中之国"。

《天津通志·附志·租界》和《汉口租界志》也对天津、汉口的土地章程做了些研究。《天津通志·附志·租界》介绍了天津英租界的《英墙外推广界合同》、法租界的《天津紫竹林法国租地条款》、德租界的《天津租界条约》、日租界的《天津日本租界条款》、俄租界的《天津租界条款》、意大利租界的《天津意国租界合同》、比利时租界的《天津比国租界合同》、奥地利租界的《天津奥国租界章程合同》等一系列土地章程。根据这些章程的规定，英、美、法三国率先于 1860 年以后在天津城南的紫竹林一带取得了租界；1894 年以后，德、日等国也在天津得到了租界；1900 年以后，俄、意、奥、比利时四国也在天津占有了租界；期间，英、法、德、日四国租界还进行了扩张。最终，天津租界的总面积达 23350.5 亩，相当于当时天津旧城区的 7.9 倍。[4]它们也都在租界内进行独立管理。

---

〔1〕 蒯世勋等：《上海公共租界史稿》，上海人民出版社 1980 年版，第 20～75 页。

〔2〕 费成康：《中国租界史》，上海社会科学院出版社 1992 年版，第 203 页。

〔3〕 史梅定主编：《上海租界志》，上海社会科学院出版社 2001 年版，第 92～97 页。

〔4〕 罗澍伟主编：《天津通志·附志·租界》，天津社会科学院出版社 1996 年版，第 39～61 页。

《汉口租界志》同样研究了汉口的土地章程并逐一阐述。其中,有 1861 年英租界的《汉口租界条款》、1895 年德租界的《汉口租界合同》、1896 年俄租界的《汉口俄租界地条约》、1896 年日租界的《通商口岸日本租界专条》等。德、英、日等租界在之后又有扩张。这样,汉口租界区便占据了上至江汉关,下至麻阳街,在沿江长达 3600 米,总面积约 2.2 平方公里的地域,仅次于上海和天津租界,位居全国第三。[1]汉口租界也是"国中之国"。

除了对土地章程的研究以外,中国租界法制中其他内容也有了一定的研究。这里以对上海租界法制的研究为例。《上海法制史》对上海租界法制的内容作了较为集中的论述,内容包括组织、政治、经济、治安和交通、医疗卫生、文艺出版和教育、其他方面的法规。该书在每个方面的法规中,都选取比较重要者,逐一进行叙述,然后作些必要的评价。比如,在组织法规中,选用了上海公共租界的《纳税外人会章程》、上海法租界的《公董局组织章程》和《义勇队组织条例》。以上海法租界的《公董局组织章程》为例。它首次于 1866 年 7 月 14 日在《字林西报》上公布,共有 18 条,分别对公董局董事会的组成、选举人和被选举人的资格、选举方式、董事会的职责等作了规定。关于董事会的组成,此章程规定,应由法国总领事和通过选举确定 4 个法籍董事和 4 个外籍董事组成;任期为 2 年,每年改选半数;总董由总领事兼任;另设副总董和司库各 1 人,由董事选举产生。关于董事会选举人和被选举人的资格,此章程规定,凡年满 21 周岁并拥有法租界内地产、具有正式契据者;或者租有法租界内的房屋,并且年缴租金在 1000 法郎以上者;或者居住在法租界已满 3 个月以上,每年进款达 4000 法郎以上者,可以成为选举人。凡年满 25 周岁,并且在法租界拥有地产而且年纳税金在 240 法郎以上,或在法租界内年交纳租金 4000 法郎以上,或居住在法租界内且年进款实达 1 万法郎以上者,可以具有被选举权。另外,该章程还对选举方式、董事会的职责等作出明确规定。接着,该书对这一组织章程作了评价,认为从这一规定可以看到,上海法租界的公董局与上海公共租界的工部局一样,掌握着租界内财政、税收、市政建设等大权,实际上是外国列强在华租界中的政府。[2]其他方面也大致如此。

还有一些著作也对中国租界立法中除土地章程以外的某些内容做了研究。

---

〔1〕 袁继成主编:《汉口租界志》,武汉出版社 2003 年版,第 1～33 页。

〔2〕 王立民:《上海法制史》,上海人民出版社 1998 年版,第 197～198 页。

《城市·规划·法制——以近代上海为个案的研究》较为深入地研究了上海公共租界的土地管理、道路管理、建筑管理等立法的内容，每个立法均用一章的篇幅加以研究。比如，关于上海公共租界建筑管理制度，涉及的内容就包括了上海公共租界管理法规的变迁、变迁原因、法规的内容、存在的问题等。〔1〕《上海公共租界城市管理研究》中在公共卫生管理部分，专门研究了1899年颁布的《狂犬病及家犬上口套管理条例》。此条例规定，家犬外出必须上口套，既防止家犬染上狂犬病毒，又避免咬人。但颁行以后，引起相当多的摩擦，一些洋人狗主不愿遵行，最后，不得不采取强制措施，对那些抵制这一条例者发出传票，逼迫他们出庭审判。〔2〕《上海租界百年》记载了1866年的《野生动物保护协会规则》的内容，并对其进行了研究，认为这一规则一是制度设计洗练缜密，环顾左右，兼及上下，简直滴水不漏；二是制度安排与悲悯情怀毫无隔阂，让世间万物均置于可持续状态的理念浑然天成等。〔3〕

3. 警政机构的研究

中国租界里的警政机构称为"巡捕房"，警政人员称为"巡捕"。《上海研究资料》以上海的巡捕房为例，对其进行研究，认为巡捕房和巡捕的称呼源于中国本土。早在元朝时，就把县尉和巡检司的职责定为"巡捕"和"巡捕盗贼奸宄"，明清时继续使用。上海租界于1854年开始建立自己的警政机关时，为了便于华人接受，就采用了巡捕房和巡捕的称谓。〔4〕

《列强在中国的租界》对汉口英租界和法租界的巡捕房作了研究。汉口英租界的巡捕房设在工部局内，每人拘捕"人犯"30名左右，其中90%是劳动人民。那时制定的《工部局市政章程警察附则》是"镇压劳动人民的武器"。其中的规定有：任何人不得在租界内携带或私藏武器；马车、人力车在租界内行驶时，不得拉响铃；结婚、出丧仪仗路经租界时，不得使用乐器；不可燃放鞭炮、敲锣打鼓，或使用其他响器；行人不得高声谈话，或大声喊叫；人力车夫不分左右两边鱼贯而行；肩挑鱼贩走人行道；家庭卫生不合标准，情节严重；等等。违反以上规定都要拘罚。这些规定"不但其中的一部分越出了违警范围，

〔1〕 练育强：《城市·规划·法制——以近代上海为个案的研究》，法律出版社2011年版，第170～202页。

〔2〕 马长林等：《上海公共租界城市管理研究》，中西书局2011年版，第93页。

〔3〕 姜飞龙：《上海租界百年》，文汇出版社2008年版，第173页。

〔4〕 上海通社编：《上海研究资料》，上海书店1984年版，第92～93页。

且一些规定语言含混，用心险恶，极尽苛犹侮辱之能事”。巡捕房对烟、赌、娼是“明禁暗不禁”。[1]汉口法租界的巡捕房保护烟、娼。运送烟土的“船到武汉都是深夜卸货，并派法国陆军巡捕在江边布防，警戒森严，禁止行人”。烟土到旅馆零售，公开吸食，租界“成了毒化区了”。巡捕房要收缴花捐，法租界公开卖淫，长清里、辅营里、永贵里、如寿里等都是娼妓聚集的地方。巡捕房在租界里的权力最大，对中国人民可以随意侮辱、迫害，以致人们一提到巡捕，无不谈虎色变。[2]

上海租界也设有巡捕房，最早的是上海英租界的巡捕房。《上海租界法制研究》对上海英租界前期的巡捕房做了专门的研究，内容包含了巡捕房产生的背景、外部关系、管理制度三大部分，每一部分再细化研究。比如，在上海英租界巡捕房的管理制度中，又具体研究了它的立警原则、警御与内部分工制度、招聘渠道、物质待遇、编制和纪律控制等。对于立警原则，作者认为主要有六个，分别是：为公众服务；预防为主；制怒、宁静和有礼；保持巡捕的良好个人形象；每个巡捕应当挂牌服务；最低限度暴力；等等。其他部分也都有较为详细的论述。[3]《上海研究资料》对上海租界的巡捕房也有研究。它指出，上海英租界的巡捕房始建于1854年。中央巡捕房设在福州路和河南路、江西路之间，坐南朝北的一座新大厦里。它下设有虹口、老闸、戈登路、新闸、静安寺、嘉兴路、狄思威路、普陀路、成都路、榆林路等13个分巡捕房。其使用的经费“占所有捐钱三分之一”。下属机构有管理处、缉捕股和特务股、各警区总办事处、各区捕房、武装后备队、车务办事处、材料储藏及转运处、马巡等。1935年时，它具有西籍巡捕513人，印籍巡捕599人，日籍巡捕256人，华籍巡捕3645人。上海法租界巡捕房建立于1856年，划归公董局管理。驻沪的法国退伍军人龙德为第一任总巡，下有巡头4人，巡捕20名，此后数量又有增加。它的机构是在警务总监下设警务处长、文书课长、法警课长、政事治安处长；在警务处长下另设人事科长、警备副处长；政治治安处长下又另设政事科

〔1〕《列强在中国的租界》编辑委员会编：《列强在中国的租界》，中国文史出版社1992年版，第213～215页。

〔2〕《列强在中国的租界》编辑委员会编：《列强在中国的租界》，中国文史出版社1992年版，第222～223页。

〔3〕王立民、练育强：《上海租界法制研究》，法律出版社2011年版，第261～264页。

长、治安科长、起诉传译科长。共有 1794 人。[1]

《老话上海法租界》对法租界的大亨黄金荣任界内巡捕房华探督察长的表现作了研究，认为在那个弱肉强食的年代里，倚仗着法租界主子起家的黄金荣，利用种种权力，贩运鸦片，开设赌场，什么都干，很快便聚敛了一大笔财富，从一个穷光蛋一跃成为有钱有势的“海上大闻人”。他担任上海法租界巡捕房的华探督察长多达 20 余年，直到他 60 岁才辞去职务，然而巡捕房还聘他为顾问。上海解放以后，他登报检讨了自己过去的罪恶，获得了人民的宽大处理。1953 年在上海逝世。[2]

《上海公安志》把上海租界的巡捕房作为上海解放以前曾存在过的警政机构进行了研究，内容安排在第一编的第三章，其中包括了英租界（之后的公共租界）和法租界的警察机构。这一研究比较系统，内容的逻辑性也比较强。该书内容的先后排列为：警务委员会和警务处、巡捕房、警务人员、警务人员的装备待遇和经费支出、监狱等。比如关于警务人员。它把英租界聘用“西捕”“华捕”“印捕”“日捕”的时间都做了研究。清同治四年（1865 年）以前都是英国人，被称为“西捕”；同治四年开始聘用中国人，被称为“华捕”；清光绪十年（1884 年）开始聘用印度人，被称为“印捕”：1914 年开始聘用日本人，被称为“日捕”。这些巡捕的人员也在不断增加。清同治二年（1863 年）时，“西捕”仅有 133 人，到了 1938 年增加至 452 人。清同治四年，“华捕”仅有 34 人，到了 1942 年增加至 3762 人。“印捕”和“日捕”也有增加。有关他们的待遇，在“日捕”“印捕”和“华捕”中，“日捕”的薪金最高，“华捕”最低。根据 1935 年的规定，月薪以银币计算，“日捕”为 145～149 元，“印捕”为 24.5～37.5 元，“华捕”仅为 10.35 元。该书引用的数据都比较翔实。[3]

4. 司法制度的研究

中国租界建立了自己的司法制度，内容主要涉及领事法庭、领事公堂、会审公廨、临时法院和特区法院等。《中国租界史》对领事法庭和领事公堂做了研究。它认为，通过不平等条约在中国取得领事裁判权的 19 个国家在华的侨民，无论在租界内外作为民、刑事案件的被告，都不受中国法律与法庭的管辖，

---

〔1〕 上海通社编：《上海研究资料》，上海书店 1984 年版，第 92～97 页。

〔2〕 杨尧深：《老话上海法租界》，上海人民出版社 1994 年版，第 141 页。

〔3〕 易庆瑶主编：《上海公安志》，上海社会科学院出版社 1997 年版，第 68～76 页。

只接受本国在华领事法庭的审判。这些法庭一般附设在领事馆内，多以领事官为庭长或审判官。在市政、经济较为发达的城市，领事法庭一般设在本国的租界内，或设在别国的租界内。天津的英、法租界，汉口的英、俄、法租界，广州的英租界等租界内，都设立过别国的领事法庭。上海和鼓浪屿两个公共租界内则设有来自10来个国家的领事法庭，可以说是"法庭林立"。但是，天津的比利时租界和厦门英租界是例外，由于没有领事馆，也没有领事法庭了。〔1〕

《中国租界史》认为，外人在中国开辟了租界后，也把行政诉讼制度输入到了租界地区，设立了领事公堂，受理此类案件。不服工部局行政处分的个人或法人即可向租界开辟国的领事法庭控诉工部局总董等人。由于公共租界工部局的董事会由不同国家的侨民组成，不受任何一个国家领事法庭的管辖，所以不得不由当地各国领事组成的混合法庭——领事公堂来行使审判权。值得注意的是，因为各国的法律均不相同，它也不适用中国法律，无任何国家的法律可以在领事公堂适用。实际操作也是如此。1911年上海公共租界工部局借口租界自来水厂享有专利，阻止闸北水电公司在北四川路底下铺设水管，诉讼后，领事公堂以"专利"有违条约精神，而不是根据某国法律作出了判决，判定闸北自来水电公司胜诉。"尽管引入行政诉讼对近代中国不乏积极的意义，但领事公堂本身却是租界制度所生的畸形儿。"〔2〕

有更多的研究成果集中于会审公廨的研究。《帝国之鞭与寡头之链——上海会审公廨权力关系变迁研究》从两个方面来研究上海租界的会审公廨权力关系变迁问题。一是会审公廨的生成历史因素、地理人文原因，及组织、运作、侦审程序等，较偏向于历史的考察。其中涉及的内容包括：自会审公廨向外延伸，会审公廨所根生的上海租界及其法制的成因；租界政体与帝国政体分别与会审公廨的权力关系；会审公廨内部，从侦查、移送、起诉、裁判到执行的运作情况；等等。二是剖析通过会审公廨所呈现的权力与权力的关系，以及寻绎各种权力关系相互竞逐的轨迹与特色，偏向于基础法学的探索。其中，涉及的内容有：上海租界是否在传统帝国上对下掌控的权力关系模式外，又因主事者法律文化与思维的不同，以及新兴都市发展等原因，而产生了新的权力关系；如果有，是否通过会审公廨展现出来了；在这种权力关系中，有否存在非法规范

〔1〕 费成康:《中国租界史》，上海社会科学院出版社1991年版，第126页。
〔2〕 费成康:《中国租界史》，上海社会科学院出版社1991年版，第130～131页。

所赋予的“权力”等。它还认为，在观察历史上成文的、理想的“法律”以外，更不能偏废“法律”与庶民社会的种种真实互动，也就是隐身在“法律”之后的各种“权力”面相。[1]

《上海审判志》对上海租界的会审公廨做了较为系统的研究，内容涉及它建立的时间、称谓、下属机构、人员构成、谳员的任职情况表等。它所阐述的内容比较系统，发展的脉络比较清晰，有的地方还比较详尽。比如，公共租界和法租界会审公廨谳员任职情况表所列的内容比较详尽。另外，有些内容也表述得比较清楚，比如，法租界会审公廨的机构，有中国刑事初审庭、中国刑事上诉庭、中国民事初审庭、中国民事上诉庭、刑事初审会审公廨、刑事上诉会审公廨、民事初审会审公廨和民事上诉会审公廨等。[2]该书的内容也是研究中国租界法制的参考之一。

上海租界的后期曾出现过临时法院和特区法院。《上海公共租界特区法院研究》以上海公共租界为例，对它们都做过一些较为深入的研究。1926 年政府签订了《收回上海公共租界会审公廨暂行章程》，1927 年正式设立了上海公共租界临时法院。设立这一法院有其深层原因，即会审公廨司法权矛盾冲突激化、民族司法权独立意识觉醒等。[3]接续上海公共租界临时法院的是上海第一特区地方法院，成立于 1930 年。它的全称是“江苏省上海公共租界特区地方法院”，建立这一法院的法律依据是 1930 年签订的《关于上海公共租界内中国法院之协定》。从此以后，这一特区法院便正式成为南京国民政府司法体系中的一个成员，是其中的一级司法机构了。它设院长 1 人，下设民事庭、刑事庭和书记室三个机构。这一法院的上诉法院是江苏省高等法院第二分院，也设在上海。[4]

中国租界司法制度还与律师相关。《中国近代律师制度与律师》在第六章中专门研究近代中国的外籍律师，这些律师主要在租界执业。它认为，他们是随着西方殖民主义者强行攫取领事裁判权和在中国租界设立了审判机构以后才出现的。从 19 世纪 60 年代起，上海、汉口、厦门等地不仅产生了租界，而

---

〔1〕 杨湘钧:《帝国之鞭与寡头之链——上海会审公廨权力关系变迁研究》，北京大学出版社 2006 年版，第 4～5 页。

〔2〕 滕一龙:《上海审判志》，上海社会科学院出版社 2003 年版，第 61 页。

〔3〕 姚远:《上海公共租界特区法院研究》，法律出版社 2011 年版，第 46～48 页。

〔4〕 姚远:《上海公共租界特区法院研究》，法律出版社 2011 年版，第 82～87 页。

且还设立了会审公廨,这为外籍律师的活动提供了充分的活动场地;不平等条约和治外法权又为这些外籍律师提供了恣意妄为的法律保护。于是,一些外籍律师适时来到中国开业。最初,他们只为外国人提供服务,承办的也只是外国人之间的案件。具有讽刺意味的是,最初来到中国的一些所谓律师,实际上许多人并不是职业律师,甚至连自己国内的法律也根本不通;他们中有的是官员、警察、商人,是为发财而来到中国。〔1〕《近代社会变迁中的上海律师》则在第二章中专门对上海租界中的外籍律师做了研究,内容有关于外籍律师的规模、法律事务、律师制度对华人社会的影响、在收回法权前后的变化等。就这类律师的规模而言,有一个增长的过程。1872 年的行名簿中,外籍律师只有 7 人,其中有 1 名当时还不在上海。19 世纪 90 年代的时候"不会与 12 名相差太远"。到了 20 世纪最初的 10 多年时间里,这一数字开始有了明显的增长。1900 年时是 15 人,1912 年增加到了 46 名。该书对外籍律师的国别进行了研究,以 1909 年为例。那年共有外籍律师 43 名,其中英国籍的最多,占 24 人;其次是美国籍的,有 7 人;再次是法国籍的,有 3 人;日本、德国籍的各 2 人;俄国、意大利籍的各 1 人;还有 3 人不详。〔2〕

《上海法制史》对上海租界的监狱做了研究。它认为,早期上海公共租界的各种条件都比较差,监狱地点设在南京路的老会审公廨里,肮脏、污秽、疾病丛生,囚犯都要被强制做工。1900 年始建"提篮桥监狱",1903 年定名为"华德路监狱",以后规模又有扩大。1925 年时在监人数为 4422 人,到了 1934 年增至为 6166 人。1943 年日伪政府接收此监狱以后,改称为"上海市监狱"。1909 年以后,由于上海法租界巡捕房大肆抓人,所以在建卢家湾总巡捕房的同时,也建造了法租界监狱,并在 1911 年落成。它由巡捕房管辖,人员设置、薪金则由公董局决定。1931 年时改名为"江苏上海第二特区监狱"。此监狱的关押人数定员为 1000 人,1934 年实际关押人数为 1068 人。其中,男囚犯 919 人,女囚犯 81 人,童凶犯 68 人。〔3〕《上海监狱志》也对上海租界监狱做了研究,在第一章专列一节论述租界监狱,包括公共租界的监狱与法租界的监狱。它认为上海公共租界最早的监狱是厦门路监狱,位于厦门路 4 号,原为

〔1〕 王申:《中国近代律师制度与律师》,上海社会科学院出版社 1994 年版,第 123～126 页。
〔2〕 陈同:《近代社会变迁中的上海律师》,上海辞书出版社 2008 年版,第 43 页。
〔3〕 王立民:《上海法制史》,上海人民出版社 1998 年版,第 294～298 页。

英国在华高等法院监狱。华德路监狱曾关押许多志士仁人，除了"《苏报》案"的章太炎、邹容以外，还有李维汉、任弼时、曹获秋、张爱萍、林青等人。上海法租界先在法国驻沪领事馆内设立领事法庭附设监狱，后于 1911 年落成了新监狱，被称为"薛华立路西牢"等。监狱中除了囚房外，还有囚犯的作业工场、教诲营等设施。〔1〕还有，《列强在中国的租界》中也有一些研究中国租界监狱的成果。〔2〕

5. 有关法制事件、案件的研究

中国租界中发生的一些法制事件、案件也得到一定程度的研究。《上海通史》研究了发生在上海公共租界的《苏报》案。《苏报》原是一份普通小报，创刊于 1896 年 6 月 26 日，先由胡璋经营，其妻驹悦是日本人，以其名义在日本总领事馆注册。1898 年《苏报》出售给陈范，他聘请爱国学社的章士钊担任主笔，此后，《苏报》的革命色彩便十分强烈。他应聘那天就发表了《论中国当道者皆革命党》和邹容的《革命军自序》。在晚清的革命风潮中，邹容的《革命军》和章太炎的《驳康有为论革命二书》的反响更大，被认为是"似雨声惊雷，半空轰烈，振聋发聩，地动山摇"。它们都揭露清朝专制统治的腐败，都主张进行革命，因此均闪耀着民主主义的光辉和对革命的信心。《苏报》对此均进行宣传，扩大影响。清政府对此采取了镇压措施。1903 年 6 月上海道与公共租界当局反复交涉，终于达成拘捕他们的协议，章太炎和邹容在上海公共租界被捕。1904 年 5 月最终判决章太炎监禁 3 年，邹容监禁 2 年，期满以后逐出租界。结果，1905 年 4 月邹容病逝狱中；章太炎于 1906 年 6 月刑满出狱，东渡日本。此案被认为是对清朝统治爆炸性的一击，对于晚清的革命意义重大。从此，革命浪潮越涌越急，此起彼伏。〔3〕

《租界里的上海》从地产权问题的角度，研究了"四明公所"事件。它试图从维克多·爱棠与四明公所董事之间签订的租地文契的性质及由此而决定的签约双方对于该契约相关的权利、义务问题进行研究，力求从土地制度及中法法律意识的差异等角度来研究这一事件发生的根源。四明公所的地产使用

---

〔1〕 麦林华主编:《上海监狱志》，上海社会科学院出版社 2003 年版，第 97～104 页。

〔2〕《列强在中国的租界》编辑委员会编:《列强在中国的租界》，中国文史出版社 1992 年版，第 79～84 页。

〔3〕 熊月之主编:《上海通史》(第 3 卷)，上海人民出版社 1999 年版，第 301～320 页。

权在此事件发生时就已是中法双方当事人争论的焦点。宁波同乡会以有清政府发给的田单为凭证而证明四明公所属于其祖传的地产，可是法租界公董局则以维克多·爱棠所持的永租契为凭证，强调此地产归法商所有。因此，维克多·爱棠手中永租契的合法性便成为争议的焦点了。经过研究以后发现，维克多·爱棠与四明公所签订的只是一份挂号永租契，而且四明公所作为签约的一方未享受到与自己权利和义务相关的知情权。最后，该书还强调两点，一是对于四明公所某些董事轻率签约的行为，一定的责任仍在于上海法租界当局；二是此事件是那个时代的产物，上海法租界在不断扩大界域，任意侵犯华人权益的事件本来就屡见不鲜，把四明公所划入法租界是迟早的事。[1]

《旧上海黑社会》对在上海租界发生的绑架案作了些研究，反映了案件的过程，魏廷荣绑架案是其中之一。1929 年 7 月 24 日上午住在上海法租界的魏廷荣突遭持枪绑架。绑匪在用蒙汗药昏倒他以后，用船将其运到南汇县六灶的樊庭玉家中。魏廷荣是上海法租界的著名人物，精通法语，早年在法国留过学，回到上海法租界以后，从事实业，拥有大量地产，他的岳父朱葆三还是上海总商会的会长。之后他还担任了上海法租界公董局的华董兼法租界华人商团司令，还是中法银公司经理，被认为是"法租界数一数二的豪门"。樊庭玉家在上海远郊，比较偏僻。樊庭玉这位农村人士秉性善良，甚至把魏廷荣是朱葆三女婿绑架了他的事也告诉了魏廷荣。这位女婿即是魏廷荣的连襟，叫赵慰先，也在法国留过学，回上海后投拜在杜月笙门下，但是，他不务正业，吃喝嫖赌样样都干。上海法租界巡捕房接到报案后开展了侦查，但没有解救成功，只是抓住了 3 名绑架嫌疑人。最后，还是樊庭玉动了恻隐之心，救出魏廷荣。但是，此案的首犯赵慰先却在杜月笙等人的庇护下，逍遥法外。[2]

这些研究成果都为以后进一步研究中国租界法制打下了基础，也为进一步从事这一研究提供了借鉴，发挥了不可替代的作用。

中国租界法制研究的方向

30 年来，虽然中国租界法制已得到了一定程度的研究，也有一些成果面世，但是这一研究的时间不算长，成果不算多，远不如中国近代其他时期法

---

〔1〕 马长林主编：《租界里的上海》，上海社会科学院出版社 2003 年版，第 207～214 页。

〔2〕 郭绪印：《旧上海黑社会》，上海人民出版社 1997 年版，第 237～239 页。

制的研究，可以进一步研究的空间很大。分析当前研究的队伍、资料、方法、成果、交流和海外研究等存在的问题，今后的研究，有以下一些方面特别值得重视。

1. 要重视中国租界法制的研究队伍的进一步改善

当前，研究中国租界法制的队伍存在不足。这种不足主要表现在以下三个方面。第一，专门从事中国租界法制研究的人员很少。这里所指的专门从事中国租界法制的人员是指，专门研究过中国租界法制并且公开发表过具有一定数量、学术价值的成果，或者曾把自己的博士学位论文的题目、内容均定位在中国租界法制的人员。凡是仅研究过某个城市中租界的法制或法制中某个方面的人员也都属于这类人员。当然，不排斥这些人员也有其他研究领域的成果。就是如此，中国目前这类人员仍然很少。可喜的是在华东政法大学聚集了一些这样的研究人员。华东政法大学的法律史学科培养了一些专门研究上海租界法制的人员，其中有洪佳期、张彬、姚远等。他们都把自己的博士学位论文定位在上海租界法制中的某个方面，而且有的成果已公开出版了。姚远的博士学位论文定位于上海公共租界的特区法院，《上海公共租界特区法院研究》已公开出版。洪佳期和张彬的博士学位论文定位于上海公共租界的会审公廨和上海英租界早期的巡捕制度，其中有的内容已在《上海租界法制研究》公开出版。此著作中的"'洋泾浜'北首理事衙门的建立及其运作"和"上海公共租界会审公廨的机构性质考察"两章均是洪佳期博士学位论文中的部分内容；"上海英租界巡捕房产生的背景""上海英租界巡捕房的外部关系（1854—1863）"和"上海英租界巡捕房的管理制度（1854—1863）"三章则是张彬博士学位论文中的部分内容。另外，王立民、练育强也出版、发表过一些有关中国租界法制的成果。王立民出版过《上海租界法制史话》，还发表过《中国的租界与法制现代化》《中国城市中的租界法与华界法》《论上海租界法制的差异》等论文。练育强也发表过《上海公共租界法制现代化的动力来源》《从城市规划法看上海租界土地章程》《近代上海公共租界的建筑法律制度》等论文。他们两人还共同主编了《上海租界法制研究》，其中也都有他们的成果。尽管如此，从整体上来看这类研究人员人数还是很少。

第二，没有专门从总体上研究租界法制的人员。目前，中国已有从总体上研究租界的人员，费成康即是，《中国租界史》是他的研究成果。然而，中国还没有从总体上研究中国租界法制的人员。现有以中国租界法制命名的论文成果，也不是完全从整体上研究中国租界法制的成果，只是从一些侧面来论述中国租界法制。《中国的租界与法制现代化》是以上海、天津和汉口租界的法制为例，《中国城市中的租界法与华界法》则是以上海租界法制为中心。中国现有一大批人员在从事中国法制史的教学与研究，以每所法学院配备1人来计算，中国就会有超过630人的教学与研究人员，因为中国已有超过630所法学院，而中国法制史这门课程则是法学专业的核心课程，必须为法学专业的每位本科生开设。[1]再加上有的法学院还有硕士、博士生的相关课程，超过630人已不成问题。但是，其中却无一人专门从整体上研究中国租界法制，这不能不说是一个缺憾。

第三，附带研究中国租界法制人员的知识结构参差不齐。中国现有一些人员在研究自己的领域的同时，附带研究了一些中国租界法制。中国租界法制的成果只是他们研究成果中的一部分，甚至是小部分。他们分别来自于法学、法律、史学、档案学等。比如，王申来自法学界，他的《中国近代律师制度与律师》中有部分内容研究了中国租界的律师；陈同来自史学界，他的《近代社会变迁中的上海律师》中也有部分内容研究了中国租界的律师与律师制度；滕一龙来自法律界，他主编的《上海审判志》中有上海租界法制的内容；马长林、姜龙飞则来自于档案学界，他们的《上海的租界》《上海租界百年》里均有上海租界法制的研究内容。他们的知识结构参差不齐，有明显差异。有的侧重于法学知识，有的偏重于法律实务，有的注重史学研究，有的则更重视档案资料的探究等。目前，这支研究中国租界法制的队伍还未到达理想状态，还有改善的空间。

随着中国租界法制研究的不断深入，研究这一法制的队伍需进一步改善。第一，研究队伍需要扩大。中国租界法制研究的空间还很大，研究的空白点还很多，需要有一批人员进行深入研究，方能见大效。其中，研究各城市租界法制的人员不可缺少。中国有10个城市存在过租界，而且各租界的情况还不完全相同，其法制也是如此。因此，这些城市中的租界法制都有可研究的余地。研究人员可以从多个资料渠道下手，广泛收集资料，进行深入研究。中国租

〔1〕 王立民：《中国法制与法学教育》，法律出版社2011年版，第252～253页。

界的收回已经过去几十年，应尽快寻找这些资料，以防时间再长，资料不断丧失，不利于中国租界法制的研究。各城市本地的研究人员去研究当地租界法制比较便利，不仅便于对租界的了解，也利于收集相关资料，做相关研究。第二，研究人员可以有一定的分工。比如，一部分人员专门研究地方租界法制，另一部分人员则专门研究整个中国租界法制等。甚至在研究地方租界法制的人员中，还可以根据自己的情况，分为研究某个城市不同租界的法制。以上海为例。根据目前的情况来看，侧重于研究上海公共租界的人员比较多，研究上海法租界法制的人员比较少，这主要与研究人员掌握的外语有关。研究人员中，学习、掌握英语的人员相对多，学习、掌握法语的人员则相对少，而研究法租界的法制，不掌握法语就会困难较大。于是，研究公共租界法制的人员比研究法租界法制的人员多，成果也多。目前，最缺少的是能从整体上研究中国租界法制的人员，所以应该为其积极创造条件，使这类研究人员能冒出来，承担研究这一法制的重担，弥补当前研究中国租界法制的不足。第三，研究人员的知识结构也需要改善。中国租界法制是中国租界史与法学的交叉，对其研究即会涉及中国租界史，也会涉及法学。这就要求研究人员能具备复合性知识结构，即至少具备中国租界史与法学的复合性知识结构，缺少其中任何一种知识，都会不利于这种研究。缺少了中国租界史知识，就会对其中的基本知识缺少了解，造成史实上的错误；缺少了法学知识，就会对其中的法律形式、内容等一系列法律基本问题把握不准，形成法制内容的混乱。这两者都必须避免，以使中国租界法制的研究更具科学性。总之，中国租界法制研究队伍需要进一步改善，使其能适应这一研究的发展。

2. 要重视中国租界法制研究资料的进一步挖掘

中国租界法制已成为历史。研究这一法制，如同研究中国历史上其他时期的法制一样，资料十分重要。它是研究的基础条件，缺少了这个条件，研究就成了无源之水、无本之木了。当前，相关资料的不足已成为进一步深入研究中国租界法制的“瓶颈”，这种“瓶颈”不仅存在于不同城市的租界法制资料中，也存在于同一城市不同租界的法制资料中。目前，上海、天津、汉口等城市租界的法制资料相对多一些，以致在编成的租界志中，有大量有关法制的内容得到了体现；而苏州、九江、镇江等城市租界的法制资料则少一些，很少有相关的研究、资料、成果公开面世。同在上海的租界中，上海公共租界法制的资料最多，法租界法制资料要少一些，美租界法制的资料最少，以致当前有关上海租界法制的研究成果大量集中在上海公共租界的法制方面。因此，有必要进一步重视中国租界法制研究资料的挖掘，突破这一"瓶颈"，推进这一法制的研究。

当前，可以在以下一些方面下点儿功夫。第一，进一步挖掘国内的现存资料。中国租界法制存在于过去有租界的城市中，它的产生、发展都与这个城市息息相关，有一些法制的资料会在城市中存留。其中，可能会存在于档案、实物、报刊、书籍等之中。上海租界法制的资料即是如此。在上海档案馆保存的档案就有大量上海租界制定的法规，会审公廨临时法院、特区法院等司法机关的档案；上海租界时期上海律师公会用品、律师使用的物品等实物，现也有部分保留下来；〔1〕上海出版的《申报》《北华捷报》和《法律评论》等报刊中，也有关于租界法制的内容；《上海公共租界史稿》《上海法租界史》等书籍中，同样也有一些有关法制的内容。中国其他租界法制的资料也可以试着从这些方面进行发掘。当然，每个城市的情况可能不太一样，法制资料的存在也会有差异，因此需要根据本城市的具体情况作出选择。另外，除了存在租界法制的城市以外，还可以去中国第一、第二档案中寻找相关资料。中国多数租界产生于19世纪下半叶，那时还在清政府执政期内，其档案在第一档案馆比较集中。中国租界的收回大多在20世纪上半叶，属于中华民国时期，其档案在第二档案馆比较多。从中或许可以发现一些新资料，弥补其他方面资料的不足。

第二，进一步挖掘境外存有的资料。中国租界是个开放性地区，其法制的资料也具有开放性，因此完全有可能散落在境外地区。中国台湾地区就有关于上海租界的资料。已有学者在中国台湾台北市"中央研究院"近代史研究所的档案馆中，发现了有关上海租界的资料，其中包括推广上海公共租界、上海租界等的卷宗。这些卷宗里就有法制的内容，比如有关上海"《苏报》"案、上海"跑马厅地皮"案等的资料。甚至，还有专家从中发现了以前从未发现过的日本拟在上海设立日租界的法律文件。〔2〕从中国台湾地区的相关机构里，可以去发掘一些关于中国租界法制的资料。另外，有些国外的机构也可能藏有

〔1〕 上海卢湾区司法局致力于上海市律师公会展览馆的建设，收集了不少有关上海律师公会的实物与资料，成功建设这一展览馆并于2010年正式对外开放。

〔2〕 冯绍霆：《台湾所见上海租界历史档案及上海史研究的深入》，载马长林主编：《租界里的上海》，上海社会科学院出版社2003年版，第317～330页。

中国租界法制的资料，特别是曾在中国设立过租界的那些国家。它们是中国租界的宗主国，曾向中国租界派遣过人员、提供过设备、输出过法制等。在那里也有可能会留下一些关于法制的资料。上海美租界及其法制的资料现在上海极少，很有可能会存留在美国的相关机构中，值得进行进一步探索、查找。总之，境外也是一个可以挖掘中国租界法制资料的地方。功夫不负有心人，只要重视进一步挖掘这些资料，一定会有新收获。

3.要重视中国租界法制研究方法的进一步改进

研究方法对于研究中国租界法制也很重要。在存在同样资料的情况下，不同的研究方法可以研究出不同的结果。正确和充分的研究方法可以较为全面、客观地反映出中国租界法制的状况，并在这一基础上做深入、科学地研究，以取得新成果、新进展。反之，则很困难。当前，研究中国租界法制的人员较为常用的研究方法是历史归纳与分析的方法。这是研究中国租界法制可以使用的方法，而且也可以在一段时间、一些问题的研究中取得成功。具有代表性的《上海公共租界史稿》运用了这一方法，把上海英、美以及公共租界中的土地章程及其发展线索梳理得非常清晰，并从中进行了一定程度的论述，在20世纪30年代的研究中获得了成功，并对今天的研究产生了一定的影响。可是，在今天，如果还停留在仅适用这一方法，就会不利于进一步深入研究中国租界法制，有必要使用一些其他的研究方法，来进一步推动中国租界法制的研究。

今后，可以首先在比较、实证、联系等方法上下点儿功夫，改进现有的研究方法，促进中国租界法制的研究。

首先，可以使用比较的方法。在中国租界法制的研究中，比较方法是一种十分重要的方法。中国有10个城市有租界及其法制，总结起来，中国先后出现过英、美、法、德、日、比利时、意大利、奥地利等租界及其法制。[1]不同的城市有不同的情况；不同的租界，有不同的宗主国；这些都会直接影响其法制。中国租界法制的情况不会一模一样，存在差异不可避免。通过使用比较的方法，可以明显地显示它们之间的差别和特点，然后做深入研究，寻找形成差异和特点的各种原因，探究这一法制的多样性及其相关的问题，进一步认清中国

〔1〕 费成康：《中国租界史》，上海社会科学出版社1991年版，第427～430页。

近代社会的面貌和法制现代化的不同进程。目前,在中国租界法制的研究中,使用这种方法的学者比较少,尽管《中国城市中的租界法与华界法》《论上海租界法制的差异》中曾运用过这一方法,但从整体上来看,在整个中国租界法制的研究中使用这种方法还不够普遍,以致这类成果不多,应得到改进。这种比较的方法可以运用在不同城市租界法制的领域,比如上海、天津、汉口租界法制的比较;也可以运用在同一城市中不同租界法制的领域,比如上海公共租界与法租界法制的比较;同样也可以使用在不同租界某一方面法制的领域,比如关于土地章程、城市管理、会审公廨制度等方面的比较等。总之,这种比较应该全面一些,以补充当前研究的不足,推动中国租界法制研究向纵深发展。

其次,可以使用实证的方法。这是一种侧重于定量的方法,在定量的基础上,再做定性,这样的定性基础比较扎实,结果也会比较可靠。在中国租界法制的研究中,也可以使用实证的方法,以提高研究的科学性。当前的一些研究成果中,也使用过这一方法,比如,《上海公共租界特区法院研究》曾对1940年度上海公共租界特区法院涉外刑事案件做了实证性研究。[1]但从整体上来看,这一方法使用得非常少,相关成果也很少,有必要提倡使用。实证方法可以使用在中国租界立法领域的法规形式、内容等方面,也可以使用在司法领域的案件统计、律师事务所及其律师的统计等。总之,在中国租界法制的研究中,实证的方法大有可为。不过,使用了这一方法以后,得出的主要是定量的结果,研究还不能停滞在这一结果上,还需进一步提高,把定量上升为定性,使定量与定性结合起来,这样的研究会更有价值一些。

最后,还可以使用系统的方法。中国任何租界的法制都不是孤立存在的,而与中国社会的方方面面都有联系,这就有一个系统问题。这个系统既存在于租界法制内部,比如立法机关、立法内容、行政执法机关及其执法情况、司法机关及其司法情况等;也存在于租界法制与法制之外的社会之中,比如与政治、经济、文化等的关系等。因此,只有运用系统的方法把中国租界法制放在一个系统去研究,才能全面、正确理解这一法制。目前,已有一些研究成果体现了这一方法。比如,《帝国之鞭与寡头之链——上海会审公廨权力关系变迁研究》在考察上海会审公廨权力关系变迁中,就注意在系统中去考察,首先就

---

〔1〕 姚远:《上海公共租界特区法院研究》,上海人民出版社2011年版,第135~143页。

从社会背景中去透析这种权力关系竞逐的舞台，包括了权力关系各方的心态、寡头政体的生成、寡头政体立法行政与司法体制等一些问题，然后再切入上海会审公廨中的权力关系变迁。[1]然而，还是有不少成果没有重视使用这一方法，其内容往往就事论事，不能在一个系统中进行研究以致缺乏深度与整体效果。今后，在进一步研究中国租界法制的时候，可以重视使用这一方法，把某个需要研究的问题放在一个系统中去研究，充分考虑这个系统中的关联方面，发现它们之间的内在联系，产生一种整体效应，增强论证的说服力，提高其学术价值。

以上这些方法可以单独使用，也可以结合起来使用，这由所研究问题的性质、内容来决定。总之，今后的研究要更重视使用这些方法，使中国租界法制的研究有新的进展。

4.要重视中国租界法制研究成果的进一步扩充

当前，研究中国租界法制的成果虽然有一些，但从总体上来看，存在三个"缺乏"。第一，缺乏研究整个中国租界法制的成果。中国已有从整体上研究中国租界史的成果，即《中国租界史》，而且在1991年就已公开出版，距离今天已有20余年。可是，中国至今还未能出版一本从整体上研究整个中国租界法制的中国租界法制史著作，人们还无从了解和认识中国租界法制的整体面貌，这是一个很大的不足，今后可以在这一方面作出努力。要组织力量，收集中国有租界城市的租界法制资料，运用各种科学方法，进行必要的分析和归纳、综合、提炼，进行深入研究，早日使这一成果出版。当然，现在要做这一工作难度不小，人手和经费不足、资料分散和残缺等都是其中比较棘手的困难。不过，只要研究人员下定决心，作出安排，投入精力，得到资助，困难总能不断克服，研究成果也会尽早出台。

第二，缺乏研究各个城市租界法制的成果。中国有10个城市曾经出现过租界及其法制，它们都应该在研究之列，这样才能做到全面研究，全面反映中国租界法制的实际状况。目前，能够反映研究成果的租界不多，仅涉及上海、天津、汉口等一些城市租界的法制，多数租界城市的租界法制还尚未研究，成果还未产出。这种情况也需要改变，有必要组织一定的力量进行研究，各个突

〔1〕 杨湘钧:《帝国之鞭与寡头之链——上海会审公廨权力关系变迁研究》，北京大学出版社2006年版，第16～57页。

破，使一些没有研究成果的租界法制也能填补空白，产出成果。各个城市租界法制的研究也十分有利于对于整个中国租界法制的研究，有了这个基础，再研究整个中国租界的法制就比较便利，通过大量吸收各租界法制的研究成果，经过一定的整合，就比较容易形成整个中国的租界法制史。因此，这一研究早于整体中国租界法制的研究，也是一条途径，可以尝试。

第三，缺乏研究中国租界法制中具体制度的成果。每个城市的租界法制中，都有不少制度，比如土地管理制度、公共卫生管理制度、城市交通管理制度、建筑管理制度、公共设施建设管理制度、律师制度、会审公廨制度、特区法院制度、监狱制度等。目前，对于这些制度的研究也不够充分。其中，土地管理制度、律师制度、会审公廨制度等虽有一些研究成果，但只限于上海、天津、汉口等一些城市的租界，其他的城市则几乎没有。其他的制度研究成果更少，连上海、天津、汉口等一些城市租界的也是如此。这同样是一个可以努力的方向。以后，可以更加重视中国租界法制中一些具体制度的研究，特别是除上海、天津、汉口等一些城市以外，租界法制中一些具体制度的研究，不断弥补当前研究中的不足。当然，随着这一方面研究的深入，成果的增加，也会促进各个城市租界法制和整个中国租界法制的研究，这也是一种从点到面的研究。总之，只要在以上三个方面加大研究力度，扩充大量有质量的成果，中国租界法制研究一定会更加繁荣，影响也会更大。

5.要重视中国租界法制研究交流的进一步扩大

中国租界法制研究的交流也与其他学术交流一样，可以通过信息的传播、研究成果的共享，互相取长补短，促进研究。因此，它对于加强中国租界法制的研究同样十分重要。目前，这一交流十分贫乏，既没有中国租界法制的交流网站，也没有举行过对这一研究的专门研讨会，仅存的交流主要集中于相关著作的出版和论文的发表，这非常不够。加强这一交流也是今后可以努力的一个方向。现在，我们正处在一个信息化时代，研究成果交流的渠道十分畅通，途径非常多样，要进一步扩大中国租界法制研究的交流，应该不难。以后，除了继续使用出版、发表途径外，还可以采用一些新的交流形式，加强学术交流。这些途径可以包括：建立网站、召开专题研讨会、发行学术动态通讯、开辟相关杂志中的专栏等。总之，要使这一交流充分起来，发展下去。交流的内容可以是新发现的有关中国租界法制的资料、新的研究的成果，也可以是新的研究方法等。可以相信，随着这一交流的扩大，研究信息的进一步沟通，一定会促进中国租界法制的研究。

6.要重视中国租界法制海外研究的进一步加强

中国租界法制的研究并不局限在中国，海外这一研究也在开展并已有研究成果公开出版、发表。然而，海外对于这一研究非常不足，甚至没有一篇关于这一研究的有分量论文。改变这一状况也是今后可以努力的目标。其实，海外中国租界法制研究也很重要。通过对这一研究成果的研究，不仅可以掌握海外研究的动态，还可以从海外的研究中有所借鉴，促进中国的相关研究。其他学科的研究事实已经证明，这种研究十分有必要，也十分重要。海外上海学的研究就是如此，而且还取得了不小的成就。上海学的研究已在世界上成气候，“早已越出上海，跨出中国，成为国际学术界的热门课题”。〔1〕而且，还有一大批知名学者和一大批代表性著作涌现。海外上海学研究已经在中国兴起，而且取得了不小的成就，其内容涉及美国、德国、法国、英国、日本、澳大利亚等国家和中国香港、台湾地区研究上海学的概况；上海学名著解读；上海学名家简介；等等。另外，还有《上海史研究译丛》公开出版。〔2〕海外上海学的研究已经红红火火，相比之下，海外中国租界法制的研究则十分落后，这种情况也要改变。要组织一些精通外语的人员从事海外中国租界法制的研究，涉及的语言可以包括英语、德语、法语、日语等，首先从翻译外语成果开始，然后再集中研究，总结海外这一研究的状况，再做深入探究，填补当前在这一领域的不足。可以相信，只要重视海外中国租界法制的研究，一定会有可喜的成果与大家见面，从而也为这一研究打开一个新的局面。

前瞻中国租界法制的研究，前景不错，困难不小，只要持续工作，加倍努力，总会取得新成果，新成绩，新成效。期待这一天早日到来。

本文原载《当代法学》2012 年第 4 期。

〔1〕 熊月之、周武主编:《海外上海学》，上海古籍出版社 2004 年版，第 1 页。
〔2〕 熊月之、周武主编:《海外上海学》，上海古籍出版社 2004 年版，第 1～2 页。

四、中国地方法制史研究的“前世”与“今生”

改革开放以来，中国地方法制史的研究方兴未艾，成果渐多，许多著作、论文相继问世。可是，对其“前世”“今生”的研究均十分不够，还不能从总体上反映出它的基本面貌。为了进一步推进中国地方法制史的研究，本文以大陆公开出版、发表的主要著作、论文为中心，对其“前世”“今生”做个探研。

中国地方法制史研究的意义

中国法制史既包括中央法制史，也包含地方法制史。地方法制史是中国法制史的一个组成部分，着重反映各地方法制发展的状况与规律。研究中国地方法制史有其特有的意义。

1.有利于丰富中国法制史的内涵

中国地方法制史也是中国法制史的一个部分，中国法制史中不能没有地方法制史。它与中央法制史互动，可以大大丰富中国法制史的内涵，使其更为完整。中国的中央法制对全国各地生效，各地都应认真贯彻、执行。为了使中央法制能在本地落地，各地会根据本地的实际情况制定一些适用于本地的相关规定，细化、实施中央法制。另外，有些地方法制中有价值的内容，也会被中央法制所汲取，成为中央法制的内容。这样，中国的地方法制便会丰富中央法制的内涵，也就是说，它的内容可以丰富、拓宽中央法制史，使其更为丰富，这时的中央法制史就变得更加有血有肉。这样，一方面，地方法制可以较为充分地反映出中央法制贯彻、执行的细化情况；另一方面，地方法制又可以向中央法制提供成果、经验。地方法制与中央法制有了互动，这两个方面反映在中国法制史中，它就变得更为鲜活、生动，也更为完整了。缺少中国地方法制史，中国法制史就会显得比较单调，甚至比较枯燥，也不完整了。从这种意义上讲，研究中国地方法制史十分有价值，也很有意义。现有的中国地方法制研究成果已经能够体现出这一意义。

从上海法制史的研究成果来看，其已经能反映出这样的意义。在辛亥革命期间，上海地方法制一方面把南京临时政府的中央法制细化，以便在上海得到实施；另一方面自主开创地方法制，有些内容还为中央法制提供参考。它们的结合便使辛亥革命时期法制的内容更加完美。辛亥革命以后，南京临时政府改变原来用阴历来纪元的办法，规定使用阳历的纪元方式。上海沪军都督立即响应，并作出规定。1912 年 1 月 2 日的《申报》刊登了一个以“中华民国纪元”为题、上海沪军都督府为了贯彻和执行中央法制的地方性规定。此规定开宗明义：“本日（阴历十一月十二日）奉大总统孙谕令，以本月十三日为阳历元旦，我民国百度维新，亟应及时更用阳历，期于世界各强国同进文明。”因此，上海也作出了相应的规定，贯彻、执行中央法，也要求，“从前行用阴历，一律变更”。从此，上海与全国一致，也都使用阳历纪元了。另外，上海那时创制的地方性法制为中央法制提供了参考。辛亥革命爆发以后，上海很快作出男性须剪辫的规定。1911 年 11 月 12 日的《时报》报道了这一规定，主要内容是：“凡我同胞，一律剪辫，除去胡尾，重振汉室。”这一规定成了南京临时政府作出男性须剪辫规定的参考。1912 年 3 月 5 日的《临时大总统关于限期剪辫致内务部令》也作出了关于剪辫的规定，其内容与上海的规定十分相似，只是增加了时间的限制。此令规定：“凡来去辫者，于令到之日，限二十日一律剪除净尽，不遵者，违法论。”[1]这一上海地方立法早于中央立法 4 个月左右时间，其内容被中央立法所吸收。经过上海地方法制与中央法制的互动以后，辛亥革命时期中国法制史的内容更为丰满，也更为鲜活了。

2. 有利于发展地方法文化

法文化是中国文化中的一个重要组成部分。它集中反映了法律精神和理念；立法、行政执法和司法的状况，法律实施和监督的情况，法律设施和器具的形态以及法制宣传、法学教育和法学研究的面貌等，是法治国家不可或缺的

〔1〕 中国第二历史档案馆编：《中华民国史档案资料选编》（第 2 辑），江苏人民出版社 1981 年版，第 32 页。

一种重要文化。缺少这一文化,法制国家便会失去灵魂,没了立根基础,法治大厦就会倾倒。中国的国情决定了中国的法文化离不开地方法文化。中国各地都有自己的法文化,只有把各地的地方法文化有机整合,才能烘托出完整的中国法文化。缺少地方法文化,中国法文化就会残缺不全,甚至面目全非。

在地方法文化中,地方法制史是极为重要的一员。它着重反映历史上地方的立法机构、地方法规体系、法规形式、法规内容;司法机构、司法特点、特殊司法程序、判决的执行;法律监督的机关、施行情况;等等。以这些内容为出发点,可以进一步探索、发现地方法制的整体面貌和发展路径、规律。它们都是地方法文化中一个极其重要的组成部分,其地位非同一般,这是因为,地方法制史处于地方法文化的中心地位。它既是地方法律精神和理念的外在转化形式,集中体现了这种精神和理念;又是地方法律设施、器具和法学教育、研究之本,没有地方法制史,它们便成了无本之木。从这种意义上说,把一部地方法制史看成半部地方法文化史,也不为过。

中国地广人多,风土人情各异,民族差别不小,经济、文化发展还不平衡。这些都决定了中国地方法制史会五彩缤纷,而非千篇一律,城市、农村、少数民族聚居区等的法制史都会显示各自的特色。比如,上海是一座近代发展起来的新兴城市,其地方法制史的内容大量围绕于近代城市管理方面,包括城市的经济、金融、交通、治安、卫生、教育管理等,[1]这些均与农村的地方法制史不同。同时,就是中国的城市法制史也非千人一面,也会有差异。上海有租界,而且是中国建成最早、规模最大、持续时间最长的租界,其法制比较完善,涉及城市管理的方方面面,是中国所有租界中法制最为发展和成熟的一个,而且还明显具有近代性。这些都为中国其他城市的法制所不可比拟。云南省以农村地区为多,其法制史的大量内容集中于农村发展的需要,在古代时期有许多关于土地、赋税、移民垦殖、矿业等方面的规定。[2]同时,云南省的少数民族又特别多,在全国排名第一,因此少数民族法制史也融入其中,涉及西盟佤族、纳西族、傣族、彝族等的法制史,[3]这在农村的法制史中独树一帜。少数民族聚居区的法制史也是一种地方法制史,以每个少数民族的风俗、习惯等所形成

〔1〕 王立民:《上海法制史》,上海人民出版社 1998 年版,第 2 页。

〔2〕 方慧主编:《云南法制史》,中国社会科学出版社 2005 年版,第 3~5 页。

〔3〕 方慧主编:《云南法制史》,中国社会科学出版社 2005 年版,第 8~9 页。

的法制为主体内容，不同的少数民族法制便有了不同的特色。藏族法制史的特色表现为：保留了原始社会奴隶制社会法的残余；法律规范与宗教戒律、道德规范合体；约束军民的军律占有较大比重；按等级论罪处罚；实行当事人设誓，相信神明裁判；等等。[1]蒙古法制史中也有自己的特点，其《大扎撒》的特点就十分明显。主要是：严刑与重赏并举；内容上是兼容并蓄；继承了蒙古族游牧业的传统；训言、说教有很高的权威性；等等。[2]可见，中国地方法制史的内容十分丰富，特点也非常鲜明。研究、弘扬地方法制史，就可充实地方法文化，发展地方法文化，使其在地方法治建设中发挥积极作用，加快地方的现代化建设。当然，地方法文化的建设也直接有利于丰富中国法文化建设。

3. 有利于为今天的地方法治建设提供借鉴

今天，中国正在建设的中国特色社会主义法治具有开创性，既没有现存的模式可以照搬，也没有现存的制度可以照抄，而需要逐渐进行摸索。我们要在摸索过程中，渐渐走出一条适合中国、具有中国特色的社会主义法治道路。这种摸索也包括中国地方的法治建设。中国的地方也需要进行法治建设，没有地方的法治建设，整个中国的法治建设便会成为空中楼阁，无本之木。事实上，中国的地方法制建设同样是历史悠久，成果不少，其中的有些内容还可以为今天的法治建设所借鉴。在借鉴中，不断汲取以往地方的法制文明成果，古为今用，完善当今的地方法治。这种借鉴涉及多个方面，可以是地方性法规的修订，也可以是地方性法规的实施等。只要属于法制领域，都可在关注的范围之内；只要对今天地方法治建设有利，都可以在借鉴之列。总之，在今天的地方法治建设中，地方法制史有益经验的借鉴不可被忽视，有其存在的价值。

中国有些地方在建设自己的法治过程中，也确有借鉴本地以往法制的先例，上海就是如此。这里以制定禁止随地吐痰的规定为例。这一规定的内容直接体现在 2001 年制定的《上海市市容环境卫生管理条例》(以下简称《条例》)和 2003 年的《关于修改上海市市容环境卫生管理条例的决定》(以下简

---

〔1〕 徐晓光：《藏族法制史研究》，法律出版社 2001 年版，第 5 页。
〔2〕 奇格：《古代蒙古法制史》，辽宁民族出版社 2005 年版，第 43～46 页。

称《决定》)之中。[1]此《条例》的第28条“禁止下列影响环境卫生的行为”中，第1项就规定禁止“随地吐痰、便溺”。违反这一规定的,《条例》规定要处50元罚款,《决定》则提高到200元以下罚款。《决定》修订这一罚款数额时，正值上海“非典”时期，为了防治“非典”，有必要加大处罚力度，进一步禁止随地吐痰。因为，当时大家已经充分认识到：“一口痰中含有大量病菌，痰是病毒的温床，由于‘非典’病毒可以较长时间地存活，而病毒随风飘扬，一经被人体吸入，将严重危害人们身体健康这一事实出发，认为为了维护公共卫生安全，对乱吐痰者加大处罚力度很有必要。”[2]但是，不管是《条例》的制定，还是《决定》的修改，都借鉴过上海20世纪30年代的相关立法。那时，上海制定的《上海市经常保持清洁办法》中就有关禁止随地吐痰的规定，从那以后，上海就一直借鉴、沿用这一规定。这一《办法》也成了上海禁止随地吐痰规定的先例，为今天上海的立法所借鉴。参与制定《条例》和修改《决定》的时任上海市人大常委会法工委立法处处长的吴勤民就这样表达过：“从本市的情况看，为了保持市区清洁卫生，减少随地吐痰的现象，20世纪30年代公布的《上海市经常保持清洁办法》中就将随地吐痰列为不准行为，从此以后，‘禁止随地吐痰’作为环境卫生管理规范的一项基本行为准则一直发挥着作用。”[3]禁止随地吐痰的规定是如此，禁止烟花爆竹的规定也是如此。上海在1994年制定《上海市烟花爆竹安全管理条例》时，[4]其中“严禁燃放烟花爆竹”的规定也曾借鉴过以往上海关于禁放花爆的规定。[5]从这种意义上说，研究地方法制史还有其一定的现实意义，可以为今天的地方法治建设提供借鉴，发挥“余热”。

综上所述可知，当前研究中国地方法制史很有意义，是值得进一步开拓的领域，可以作为中国法制史乃至中国法文化研究中一个突破方向，其天地很宽。

---

〔1〕 沈国明主编:《上海市地方性法规汇编》，上海市人民代表大会事务委员会法制工作委员会编2007年版，第433～441页。

〔2〕 周慕尧主编:《立法中的博弈》，上海人民出版社2007年版，第109页。

〔3〕 周慕尧主编:《立法中的博弈》，上海人民出版社2007年版，第108页。

〔4〕 沈国明主编:《上海市地方性法规汇编》，上海市人民代表大会事务委员会法制工作委员会编2007年版，第131～132页。

〔5〕 王立民:《上海禁放花爆规定今昔》，载《档案春秋》2012年第12期。

中国地方法制史研究成果的分类

从前世的角度进行观察，把地方范围作为标准来加以区分，中国地方法制史的研究成果主要可以分为三类，即以中国行政区划来划定的地方法制史、以地区来划定的地方法制史和以少数民族聚居区来划定的地方法制史等研究成果。它们都为研究中国地方法制史作出过贡献。

1. 以行政区划来划定的地方法制史研究成果

这一成果的研究对象是以行政区划来划定区域内的地方法制史，即其地域性是以行政区划作为标准来划分。这一法制由地方政府为主导，在本行政区划内生效。中国自古至今行政区划不少，因此有部分研究成果能从这一侧面来反映地方法制史发展状况。根据其时间和内容来划分，还可以有通史、断代史和专题史等的区别。这类成果与其他两类中国地方法制史的成果相比在数量上较多。《上海法制史》《云南法制史》和《天津监狱史》[1]等是通史类的地方法制史著作。《上海法制史》叙述的时间自建立上海县的元朝开始，一直沿续至中华人民共和国成立之初，叙述的内容包括了上海的立法机构、地方法规渊源、法规的基本内容、治安机关、审判机关、律师、监狱等。《云南法制史》阐述的时间始自秦汉，终至中华人民共和国成立初期，内容涉及云南省立法指导思想、立法机构、各部门法的内容、司法制度等。《天津监狱史》则是一部专门研究天津市监狱史的通史类著作。时间跨度从明清开始，直至改革开放以后，内容触及了监狱管理和法制中的各个方面，能够较为全面地反映天津监狱发展的历史。另外，还有一些相关的地方志也可归入此类。比如，《上海公安志》[2]《上海检察志》[3]《上海审判志》[4]《上海监狱志》[5]《陕西省志·审判志》[6]《厦门政法志》[7]和《广州检察志》[8]等。它们都以志的形式，反映了上海地方法制史中公安、检察、审判和监狱的整体情况。

〔1〕 薛梅卿、从金鹏:《天津监狱史》，天津人民出版社 1999 年版。
〔2〕 易庆瑶主编:《上海公安志》，上海社会科学院出版社 1997 年版。
〔3〕 吴光裕主编:《上海检察志》，上海社会科学院出版社 1999 年版。
〔4〕 滕一龙主编:《上海审判志》，上海社会科学院出版社 2003 年版。
〔5〕 麦林华主编:《上海监狱志》，上海社会科学院出版社 2003 年版。
〔6〕 陕西省地方志编纂委员会:《陕西省志·审判志》，陕西人民出版社 1994 年版。
〔7〕 《厦门政法志》编纂委员会:《厦门政法志》，厦门大学出版社 1997 年版。
〔8〕 广州市人民检察院编志办公室:《广州检察志》，广东人民出版社 1995 年版。

在这类成果中，还有一些断代地方法制史的著作。它所反映的是以行政区划来划定的地方法制史中某一时期内的内容。《宁波近代法制变迁研究》[1]和《滇国法制初探》[2]是这类成果中的代表作。《宁波近代法制变迁研究》研究的是宁波市的近代法制，是一部十分典型的断代史地方法制史。它重点考察了从中国清末法制改革至中华人民共和国成立以前的宁波法制，涉及立法、司法制度、律师制度以及宁波近代法制变迁的基础和成因等。《滇国法制初探》则是一篇专门研究从春秋到汉这一时期，西南古王国滇国的法制论文，内容涉及法制原则、立法内容与法制特点等。

在以行政区划来划定的地方法制史研究成果中，专题研究的成果较多。它们把中国不同时期的某一法制专题作自己的研究对象，并对其作了较为深入地探讨。其中，主要的著作有：《清代四川盐法研究》[3]《清代广州涉外司法问题研究》[4]《民初湖南省宪自治研究》[5]《城市·规划·法制》[6]《上海法制与城市发展》[7]《近代社会变迁中的上海律师》[8]《上海法治建设三十年专题研究》[9]等。它们都从不同角度专题研究了中国地方法制史。《清代四川盐法研究》和《清代广州涉外司法问题研究》均把研究时间定位在清代，但所研究的专题不同。前者专门于清代的盐法，内容包括了盐的生产、运销、征税的法制和对私盐的惩治。后者则集中探索了鸦片战争前，广州涉外司法的一些问题，包括涉外司法的两种运作模式、涉外刑事审判的实体与程序、涉外商事纠纷的处理模式、华洋民事诉讼与中西价值冲突、清代涉外司法理念解析、清代涉外司法中的“主权”问题。《民初湖南省宪自治研究》专门研究了民国初期即1910年至1926年，以省宪的制定和实施为核心的省级层面的地方自治问题，内容中有民初湖南省宪自治的历史时空和进程、自治选举、《湖南省宪法》的创制内容和基本精神、绅权与民初湖南省宪自治、现实反思等。其他的一些成

---

〔1〕 邹剑峰：《宁波近代法制变迁研究》，复旦大学出版社2010年版。
〔2〕 方慧：《滇国法制初探》，载《思想战线》2003年第2期。
〔3〕 张洪林：《清代四川盐法研究》，中国政法大学出版社2012年版。
〔4〕 唐伟华、黄玉：《清代广州涉外司法问题研究》，中国社会科学出版社2009年版。
〔5〕 丁德昌：《民初湖南省宪自治研究》，上海人民出版社2011年版。
〔6〕 练育强：《城市·规划·法制》，法律出版社2011年版。
〔7〕 王立民等主编：《上海法制与城市发展》，上海人民出版社2012年版。
〔8〕 陈同：《近代社会变迁中的上海律师》，上海辞书出版社2008年版。
〔9〕 顾肖荣、史建三主编：《上海法治建设三十年专题研究》，上海社会科学院出版社2008年版。

果都把上海市的法制史作为研究对象，重点反映了上海不同时期一些专题研究的状况。《城市·规划·法制——以近代上海为个案的研究》是一部专门探研新中国成立以前上海城市规划法制的著作，内容涉及了城市土地、道路和建筑法制的各个方面。《上海法制与城市发展》是一部大量内容集中于研究中华人民共和国成立前后上海不同时期法制的专题性研究著作，内容涉及上海小刀会起义军、劳资争议处理、土地改革、公有住房等的法制。《近代社会变迁中的上海律师》聚焦于上海近代的律师与律师制度，是一本这一研究领域内的力作。《上海法制建设三十年专题研究》则是以上海在改革开放以后法治建设为主线，分专题加以论述，其中有立法、行政执法、司法等专题中的许多方面，最后还有法学教育与研究的内容。

另外，还有一些论文也属于此种成果。比如《上海工人三次武装起义中的市民代表政府及其革命法制》[1]《新上海第一年刑案述评》[2]《论近代湖南绅权运动与省宪自治》[3]《清代广西土州县监狱制度》[4]《新发现的清末京城城市管理法规研究》[5]《清末广东巡警（警察）制度述略》[6]《明代徽州的民事纠纷与民事诉讼》[7]《民国晚期西安地区律师制度研究》[8]《国民党统治时期广东监狱发展探讨》[9]《辛亥革命时期上海华界立法探析》[10]《上海律师公会与中国近代法制》[11]等，都从不同方向专题研究了地方法制史。这类成果以专题研究为形式，注重研究中国不同时期地方法制中的一些侧面，研究的面较窄，但较具深度。

2. 以地区来划定的地方法制史研究成果

这是一种把特定地区产生、生存、发展的法制作为研究对象的成果。这里的特定地区不以行政区划为限，可以是跨越两个以上行政区划的地区，也可以

---

〔1〕 张希坡：《上海工人三次武装起义中的市民代表政府及其革命法制》，载中国法律史学会《法律史论丛》编委会：《法律史论丛》（二），中国社会科学院出版社1982年版。

〔2〕 王立民：《新上海第一年刑案述评》，载《华东政法学院学报》2000年第3期。

〔3〕 欧阳斗平：《论近代湖南绅权运动与省宪自治》，载《长沙大学学报》2006年第1期。

〔4〕 许直：《清代广西土州县监狱制度》，载《学术论坛》1990年第3期。

〔5〕 郭成伟、田涛：《新发现的清末京城城市管理法规研究》，载《政法论坛》1994年第2期。

〔6〕 沈晓敏：《清末广东巡警（警察）制度述略》，载《政法学刊》1997年第3期。

〔7〕 卞利：《明代徽州的民事纠纷与民事诉讼》，载《历史研究》2000年第1期。

〔8〕 侯欣一：《民国晚期西安地区律师制度研究》，载《中外法学》2004年第4期。

〔9〕 万安中：《国民党统治时期广东监狱发展探讨》，载《中山大学学报》（哲学社会科学版）2003年第3期。

〔10〕 王立民：《辛亥革命时期上海华界立法探析》，载《史林》2012年第6期。

〔11〕 王立民：《上海律师公会与中国近代法制》，载《探索与争鸣》2012年第11期。

是在一个行政区划中的某个地区。不过，现有的研究成果多以跨越两个以上行政区划的地区的法制史为研究对象。这类成果与其他两类成果相比显得较少。《民国时期华北地区农业雇佣习惯规范研究》[1]是一本重点研究民国时期中国华北几个省的农业雇佣习惯规范的著作，涉及的地域包括了今天的山东、山西、陕西、河南和河北等省。它从整体上对民国时期这几个省的农业雇佣习惯规范做了较为深入的研究，其主要内容主要是：华北地区农业雇佣习惯规范的场域与习惯、内容构成、生成机制、运作机制、演化机制、总体特征等。

中国革命根据地法制史中，也有地方法制史的内容。中国革命的性质决定了中国革命的道路是一种先在农村建立根据地，然后再包围城市，最后夺取城市的道路。于是，中国的许多地方都建立了自己的革命根据地，也创制了自己的地方法制，形成了革命根据地的法制史。不过，中央革命根据地颁行的法制不属于地方法制，具有中央法制性质，如在瑞金建立的中央苏维埃共和国所颁行的法制就是如此。那时颁行的《中华苏维埃共和国宪法大纲》《中华苏维埃共和国土地法》《中华苏维埃共和国婚姻法》等，都属于中央法制，不属于地方法制。目前，已有关于革命根据地的地方法制史著作面世，《鄂豫皖革命根据地的人民检察制度》[2]是其中的代表作。它以湖北、河南、安徽的革命根据地人民检察院为主线，对其进行了较为全面的研究。主体部分的内容包括了鄂豫皖革命根据地人民检察制度的发端；工农监察委员会、革命法庭中的公诉机关和公诉人、政治保卫局等反映人民检察制度的法律机关；人民检察制度的历史贡献；等等。此著作为专门论述革命根据地的地方法制史做了有益的尝试。还有一些论文也为此做了尝试。《论〈井冈山土地法〉的开创意义》[3]《简论山东抗日民主根据地的人民调解工作》[4]《论山东抗日民主政权刑事立法的特点》[5]《论晋察冀边区的法制建设》[6]《略论东北解放区的土地立法》[7]等都对

〔1〕 尚海涛：《民国时期华北地区农业雇佣习惯规范研究》，中国政法大学出版社2012年版。

〔2〕 刘建国主编：《鄂豫皖根据地的人民检察制度》，中国检察出版社2011年版。

〔3〕 刘国荣：《论〈井冈山土地法〉的开创意义》，载《荆州师专学报》1999年第1期。

〔4〕 李庚元：《简论山东抗日民主根据地的人民调解工作》，载《东岳论丛》1993年第6期。

〔5〕 刘为民：《论山东抗日民主政权刑事立法的特点》，载《山东大学学报》（哲学社会科学版）1988年第1期。

〔6〕 齐一飞：《论晋察冀边区的法制建设》，载《法学杂志》1990年第2期。

〔7〕 孙光妍：《略论东北解放区的土地立法》，载《齐齐哈尔大学学报》（哲学社会科学版）1999年第1期。

根据地的地方性法制进行了研究，也富有成效。

在一些有关革命根据地法制史的著作中，也会涉及一些革命根据地的地方法制史的内容，把其作为自己的一个组成部分。这部分内容也应归入这一地方法制史中。《中国革命法制史》[1]是一部专门研究革命根据地法制史的大作，其中关于抗日民主政权司法机关中的一些内容就属于地方法制史。比如，晋察冀、晋冀鲁豫、山东、晋绥、华中等抗日根据地的司法机关都是如此。《抗日根据地金融法律制度研究》[2]是一本专门研究抗日战争时期根据地金融法制的著作，其中胶东、山东、浙东等抗日根据地的金融法制的内容也属于地方法制史范畴。《中国革命根据地狱制史》[3]是一本专门阐述中国革命根据地监狱制度史的力作，其中也有关于革命根据地的地方监狱制度的内容。比如，弋阳县苏维埃政权建立的劳动感化院、渤海太岳区的劳动教育所、华北人民政府的海监模式等。这类地方法制史研究成果虽在整部著作中只占一小部分，但因在其他著作中往往没有提及或没有详细叙论，其价值仍应肯定，不要忽视。

3. 以少数民族聚居区来划定的地方法制史研究成果

这类研究成果以少数民族聚居地区的法制史为研究对象。这是一种特殊的地区，以少数民族的聚居为特征。如果某一少数民族聚居区域形成了一个行政区划，也以这一少数民族聚居区的地方法制史来论述，而不是一个行政区划的地方法制史来对待，以突出这一法制的少数民族特殊性。这类研究成果着重反映少数民族内部推行法制的历史，因此往往与此民族的风俗、习惯、宗教联系在一起，具有本民族的特色，往往为其他民族法制史所不具备。在这类成果中，主要也可分为通史、断代史和专题研究三种。《藏族法制史研究》[4]和《羌族法制的历程》[5]是两部均以朝代为序的通史类地方法制史著作。前者系统论述了从吐蕃王朝至近代的藏族法制史，其内容包括了各个时期的立法、司法，特别是藏族法律内容、结构、功能和法律文化的传统特征等。后者则系统地论述了从古代到近代的羌族法制史，特别是其中的习惯法阐述得十分详尽，

〔1〕 张希坡、韩延龙主编：《中国革命法制史》，中国社会科学出版社 2007 年版。
〔2〕 栗明辉：《抗日根据地金融法律制度研究》，法律出版社 2012 年版。
〔3〕 薛梅卿、黄新明：《中国革命根据地狱制史》，法律出版社 2011 年版。
〔4〕 徐晓光：《藏族法制史研究》，法律出版社 2001 年版，第 1～5 页。
〔5〕 李鸣：《羌族法制的历程》，中国政法大学出版社 2008 年版，第 1～3 页。

包括了刑事、民事、诉讼等部分。《西夏法律制度研究》[1]和《西夏法制研究》[2]也是两部少数民族法制史的通史类著作，其体制主要是分部门法进行述论，但又有自己的特色。前者更注重对西夏法制本身内容的研究，而后者则更关注西夏法制与唐宋法制的比较。有些论文也从整体上来研究这一法制史，也属于这种成果。比如，《吐蕃法律初探》[3]《傣族法律初探》[4]《满族法律综述》[5]等，都是如此。

在少数民族地方法制史的研究成果中，还有一些是断代史的研究成果。以时间段来区分，还可分为几种。第一种是一些古代法制史的研究成果。比如，《藏族古代法新论》[6]《古代蒙古法制史》[7]等著作。它们都对古代的藏族、蒙古族的法制进行了论述，但在体例上不完全相同。前者分专题进行研究，其中主要分为古代的私法、公法和传统法律观与现代社会三大部分。后者则以时间为序，从古代蒙古的约孙到清朝，分段进行述论。还有，论文《试述古代蒙古的法制及其主要特点》[8]等也属于此种成果。第二种是一些古代时期某个朝代法制的研究成果。比如，《清代蒙古法制变迁研究》[9]和《清代回疆法律制度研究》[10]等著作是这样的成果。它们都把时间定位在清代，而且结构基本一致，即以部门法为线索。但是，它们的区别也十分明显，前者是研究蒙古族的法制，后者研究的则是维吾尔族的法制。还有，《清代西藏法制研究》[11]也属于这种成果。第三种是一些当代的研究成果。这种成果不算多，《新疆维吾尔自治区法制建设 50 年》[12]是其中的代表作。它对近 50 年来的新疆维吾尔自治区的法制作了面面俱到的描述，内容涉及立法、公安、检察、审判、司法行政、仲裁、综合治理、法学研究和教育等一些方面，是这一领域研究的

---

〔1〕 陈永胜：《西夏法律制度研究》，民族出版社 2006 年版，第 12～16 页。

〔2〕 邵方：《西夏法制研究》，人民出版社 2009 年版，第 14 页。

〔3〕 仁青：《吐蕃法律初探》，载《西藏研究》1983 年第 4 期。

〔4〕 张晓辉：《傣族法律初探》，载《思想战线》1992 年第 5 期。

〔5〕 魏福祥、杜尚侠：《满族法律综述》，载《满族研究》1994 年第 2 期。

〔6〕 华热·多杰：《藏族古代法新论》，中国政法大学出版社 2010 年版。

〔7〕 奇格：《古代蒙古法制史》，辽宁民族出版社 2005 年版。

〔8〕 奇格：《试述古代蒙古的法制及其主要特点》，载《内蒙古社会科学》（文史哲版）1994 年第 2 期。

〔9〕 杨强：《清代蒙古法制变迁研究》，中国政法大学出版社 2010 年版。

〔10〕 王东平：《清代回疆法律制度研究》，黑龙江教育出版社 2003 年版。

〔11〕 孙镇平：《清代西藏法制研究》，知识产权出版社 2004 年版。

〔12〕 白莉等：《新疆维吾尔自治区法制建设 50 年》，新疆人民出版社 2010 年版。

力作。

专题研究也是中国少数民族聚居区地方法制史的一种。它只是对这一法制史中的某个专题进行深入研究，既不是通史，也不是断代史。《清代清水江下游村寨社会的契约规范与秩序》[1]是这种成果中的一部。它以清代文斗苗族契约文书为中心，对清水江下游村寨社会中的契约规范与秩序进行了深入的研究，内容涉及那里的社会情况、契约的解读、文斗契约文书的特征及其作用机制、多元视野下的村寨社会秩序等。在这种成果中还有一些是论文。比如，《论藏族传统的天断制度》[2]《论古代蒙古习惯法对元朝法律的影响》[3]《羌族婚姻习惯法的历史考察》[4]《羌族诉讼习惯法的历史考察》[5]《试论西藏封建农奴制度》[6]《清代前期新疆地区的赋税制度》[7]《清代蒙古刑事立法的本质和内容试析》[8]等，都是如此。它们均以专题为研究目标，所研究的问题不在面宽，而在于深度，其特点很明显。

除以上三类少数民族聚居区法制的研究成果外，在有些研究少数民族法制的著作中，也会涉及一些法制史的内容。比如，《黎族习惯法》[9]一书中就有关于宋朝前后黎族习惯法的内容；《西南少数民族习惯法研究》一书中也有一些法制史的内容，先秦时期和宋代的土地制度的内容就是这样。[10]总之，关于中国少数民族聚居区法制史的研究成果中，有集中论述的，也有分散阐述的，成果已有不少了。

4. 其他的地方法制史研究成果

这30余年来，除以上三大类研究成果外，在中国地方法制史研究方面还有其他一些成果，也不能忽略。第一，从整体来研究中国地方法制史的成果。

---

〔1〕 梁聪：《清代清水江下游村寨社会的契约规范与秩序》，人民出版社2008年版。

〔2〕 何峰：《论藏族传统的天断制度》，载《西北民族学院学报》（哲学社会科学版）1996年第4期。

〔3〕 柴荣：《论古代蒙古习惯法对元朝法律的影响》，载《内蒙古大学学报》（人文社会科学版）2000年第6期。

〔4〕 李鸣：《羌族婚姻习惯法的历史考察》，载《比较法研究》2004年第4期。

〔5〕 龙大轩：《羌族诉讼习惯法的历史考察》，载《山东大学学报》（哲学社会科学版）2005年第3期。

〔6〕 牙含章：《试论西藏封建农奴制度》，载《中国藏学》1988年第1期。

〔7〕 徐伯夫：《清代前期新疆地区的赋税制度》，载《新疆历史研究》1985年第3期。

〔8〕 陈光国、徐晓光：《清代蒙古刑事立法的本质和内容试析》，载《民族研究》1991年第3期。

〔9〕 叶英萍：《黎族习惯法》，社会科学文献出版社2012年版。

〔10〕 陈金全主编：《西南少数民族习惯法研究》，法律出版社2008年版，第11页。

这种成果不是以某个地方的法制史为研究对象，而是从整个中国的地方法制史来进行总体研究。这种研究一般都集中于某个时间段，但面较宽，往往涵盖整个中国的地方法制史。而且，研究的具体内容以专题形式出现，又往往与司法相关，不是样样俱到。《宋代地方政府民事审判职能研究》[1]《清末地方自治与宪政改革》[2]《晚清州县诉讼中的审断问题》[3]等著作都属于这种成果。

第二，中国租界、租借地法制的研究成果。鸦片战争以后，西方列强通过不平等条约在中国取得了租界、租借地，并在那些地方建立了自己的法制。这些租界、租借地设在中国城市中的某些区域，是中国城市中的一部分。它们的法制则是近代法制，与清末法制改革前的华界传统法制差别很大。现在，已有一些专门研究中国租界法制的成果出版，其中以研究上海租界法制的成果为多。《上海道契：法制变迁的另一种表现》[4]《上海租界法制研究》[5]《上海公共租界特区法院研究》[6]等著作都是如此。同时，还有少量专门研究中国租借地法制的成果出版。《英国租借时期威海卫法律制度研究》[7]是一部代表作。另外，还有一些相关论文。比如，《上海租界与上海法制现代化》[8]《近代上海公共租界的建筑法律制度》[9]《上海公共租界的会审公廨》[10]《上海租界时代的临时法院论述》[11]和《英租威海卫司法体制初探》[12]《英租界威海卫司法殖民性特性之分析》[13]等也属此种成果。此外，有个别专门研究租借地的著作中，也有租借地法制的内容。《旅大租借地史》[14]中的警宪特、司法制度等的内容就是如此。

第三，中国地方法学教育与法学学术团体的研究成果。这种研究成果在

[1] 屈超立：《宋代地方政府民事审判职能研究》，巴蜀书社 2003 年版。

[2] 马小泉：《清末地方自治与宪政改革》，河南大学出版社 2001 年版。

[3] 里赞：《晚清州县诉讼中的审断问题》，法律出版社 2010 年版。

[4] 夏扬：《上海道契：法制变迁的另一种表现》，北京大学出版社 2007 年版。

[5] 王立民、练育强主编：《上海租界法制研究》，法律出版社 2011 年版。

[6] 姚远：《上海公共租界特区法院研究》，上海人民出版社 2011 年版。

[7] 邵宗日：《英国租借时期威海卫法律制度研究》，法律出版社 2011 年版。

[8] 王立民：《上海租界与上海法制现代化》，载《法学》2006 年第 4 期。

[9] 练育强：《近代上海公共租界的建筑法律制度》，载《探索与争鸣》2010 年第 3 期。

[10] 张铨：《上海公共租界的会审公廨》，载《社会科学》1983 年第 11 期。

[11] 姜屏藩；《上海租界时代的临时法院论述》，载《学术季刊》1987 年第 3 期。

[12] 王娆：《英租威海卫司法体制初探》，载《环球法律评论》2005 年第 5 期。

[13] 王娆：《英租威海卫司法殖民性特性之分析》，载《甘肃政法学院学报》2006 年第 11 期。

[14] 程维荣：《旅大租借地史》，上海社会科学院出版社 2012 年版。

这近30余年中也涌现了,《上海法学教育史研究》[1]和《上海市法学会历史变迁研究》[2]是其中的两部著作。前者对上海自开埠以来160余年的法学教育作了系统总结,对前后共出现过的起源、发展、调整、挫折、新生、振兴和繁荣等一些过程,都作了论述。后者则对上海的法学学术团体上海法学会的变迁过程作了全面梳理,并对其中的一些关键问题,如变迁动力、规律、趋势等,做了深入探研。

第四,海外中国地方法制史的研究成果。中国大陆以外的有些学者也对中国地方法制史进行了研究,产出了一些成果。其中,有的已译成中文,在中国大陆发行。《上海警察,1927—1937》[3]是一本专门研究上海警察情况的专著,其中的地域既有租界,也有华界,是一部能较为全面反映这10年上海警察的著作。《帝国之鞭与寡头之链——上海会审公廨权力关系变迁研究》[4]则是一本专门研究上海租界中的审判机关会审公廨权力关系变迁的专著,内容较有深度。另外,在有些著作中,也有海外研究中国地方法制史的单篇论文,《世界学者论中国传统法律文化》[5]是其中之一。它收集了法国学者康斯坦所著的《从蒙古法看清代法律多元性》一文。另外,还有一些单篇的相关论文,比如《近代安徽的警政》[6]《蒙古法中刑罚的变迁》[7]和《英租威海卫之刑事审判》[8]等。

第五,中国地方法制史的资料汇编。为了推动中国地方法制史研究的不断深入,有些地方法制史的资料整理、出版工作也在进行,而且已有一些成果问世,这为以后的地方法制史研究提供了一个极好的资料基础。《中国古代地方法律文献》在2006年与2009年分别出版了甲、乙两编,2012年又出版了丙编。[9]这些都是研究中国古代地方法制史不可多得的珍贵资料。《贵州文斗

---

〔1〕 蒋晓伟:《上海法学教育史研究》,法律出版社2008年版。

〔2〕 穆中杰:《上海市法学会历史变迁研究》,上海人民出版社2011年版。

〔3〕 [美]魏斐德著:《上海警察,1927—1937》,章红等译,上海古籍出版社2004年版。

〔4〕 杨湘钧:《帝国之鞭与寡头之链——上海会审公廨权力关系变迁研究》,北京大学出版社2006年版。

〔5〕 张世明等主编:《世界学者论中国传统法律文化》,法律出版社2009年版。

〔6〕 谢国光:《近代安徽的警政》,载《安徽史学》1990年第2期。

〔7〕 [日]岛田正郎:《蒙古法中刑罚的变迁》,潘昌龙译,载《蒙古学资料与情报》1991年第1期。

〔8〕 [马来西亚]陈玉心:《英租威海卫的刑事审判》,方芳译,载《环球法律评论》2005年第5期。

〔9〕 杨一凡:《中国古代地方法律文献》(丙),世界图书出版公司2012年版。

寨苗族契约法律文书汇编》[1]是一部清代贵州文斗苗族聚居区法律文书的汇编，其中图文并茂，资料殷实可靠，很有价值。有的资料汇编中有地方法制史的部分，《近代中国地方自治法重述》[2]一书即是如此。它的第二部分“地方制定的地方自治法规”全是地方的这类法规，涵盖的地区有天津、湖北、上海、江苏、四川、浙江、湖南、江西、贵州、广西、广东、福建、河南等。

以上这些都是“前世”研究中国地方法制史的成果，种类和数量都已经不少，可以说，这种研究已经取得了长足的进步。

中国地方法制史研究成果所涉及的主要内容

从“前世”的视角来探索，中国地方法制史研究的成果综合起来，主要涉及中国地方的立法、行政执法、司法史等一些领域。

1. 中国地方立法史的研究

对中国地方立法史的研究包括了对立法主体、法律渊源、内容和特点等一些方面的研究。首先，有关地方立法主体的研究。这是中国地方法制史研究成果中的一个重要组成部分，不少中国地方法制史的成果中都论述到这一主体，而且多以立法机构的面貌出现。《上海法制史》用论述从元朝至元二十九年（1292 年）建县以后至中华人民共和国成立之初上海的立法机构，除了其中各个时期的这类机构外，还涉及租界的这类机构，覆盖的面比较宽。[3]《云南法制史》对云南近现代的立法机构进行了专门的阐述，时间是从清末民初到中华人民共和国成立初期，内容包括了每个时期立法机构的名称、下设组织、人员、职类、制定的规定等。比如，辛亥革命时期临时议会、省议会先后为立法机构；下设 9 个股；讨论过《不过户登记》《征收营业税所得税》法案等。[4]

其次，有关法律渊源的研究。中国地方法制史中也有法律渊源，其中也有一些研究成果。《藏族法制史》对吐蕃的法律渊源进行了研究，主要有赞普的诏令、盟誓、王室颁布的法律、法令和习惯法等。[5]它们的有机组合，共同构成了吐蕃的这一渊源。《清代蒙古法制变迁研究》则对古代蒙古族的法律渊源进

[1] 陈金全、林万华主编：《贵州文斗寨苗族契约法律文书汇编》，人民出版社 2008 年版。

[2] 王建等：《近代中国地方自治法重述》，法律出版社 2011 年版。

[3] 王立民：《上海法制史》，上海人民出版社 1998 年版，第 11～29 页。

[4] 方慧主编：《云南法制史》，中国社会科学出版社 2005 年版，第 253～258 页。

[5] 徐晓光：《藏族法制史研究》，法律出版社 2001 年版，第 17～21 页。

行了论述，主要是清廷中央政府针对全国指定的法律和专门针对蒙古地区制定的特别法律、蒙古习惯法（包括宗教法）、经过清廷认可的蒙古地方政权制定的法律等4类，并且对它们分别作了介绍和说明。[1]

再次，有关法律内容的研究。对这一研究的成果比较多，也是作者们主要研究的内容之一。中国地方法制史著作中都有这块内容。比如，《宁波近代法制变迁研究》把宁波近代立法的主要内容归纳为行政、土地、金融和民间法等方面。[2]《民国时期华北地区农业雇佣习惯规范研究》分析的立法内容包括了雇佣方式、时间、待遇、组织等。[3]还有，在大量的中国地方法制史的论文中，也有这一内容。《上海工人三次武装起义中的市民代表政府及其革命法制》把当时的立法内容分为保障人民政治权利、市政建设和社会改革、教育、财政、商业、劳动法等方面，并进行了论述。《滇国法制初探》中论述的立法内容包括了刑事、民事、诅盟等方面。《上海租界与上海法制现代化》中涉及上海租界20世纪初前后的立法内容，主要是有关组织、治安、邮政、路政和建筑方面的内容。

最后，有关立法特点的研究。有些研究中国地方法制史的成果中还论及立法的特点。《西夏法律制度》中论述了西夏的立法特点，主要是三个，即鲜明的宗教色彩、深受儒家文化影响、带有浓厚的民族习惯法的痕迹等。[4]《辛亥革命时期上海华界立法探析》通过对当时华界与租界立法的比较，探析了华界立法的主要特点，即缺乏系统性、具有革命性和开创性等。可见，从总体上来说，这近30余年来的中国地方法制史研究已关注、涉及地方立法史的一些主要方面，取得了不小的成绩。

2. 中国地方行政执法史的研究

对中国地方行政执法史的研究成果集中于地方的警政机关及其执法情况。《上海租界法制研究》中有3章专门论述了上海英租界早期警政机关巡捕房的问题，内容包含有它产生的背景、与外部机构的关系、内部管理制度等。同时，

---

〔1〕 杨强：《清代蒙古法制变迁研究》，中国政法大学出版社2010年版，第31～35页。

〔2〕 邹剑峰：《宁波近代法制变迁研究》，复旦大学出版社2010年版，第1～2页。

〔3〕 尚海涛：《民国时期华北地区农业雇佣习惯规范研究》，中国政法大学出版社2012年版，第111～140页。

〔4〕 陈永胜：《西夏法律制度研究》，民族出版社2006年版，第28～32页。

还对这一巡捕房的初期执法情况作了介绍。[1]《上海警察，1927—1937》则是对上海租界中晚期、华界在这10年中的警政机关与警察状况做了较为详细、深入的研究，内容包括了背景、新的警察理念、有组织犯罪、政治选择之于警政的意义、新市政秩序的局限等。其中，穿插了许多执法情况，比如，大流氓黄金荣作为罪犯头子和捕头对法制的亵渎、顾顺章事件和白色恐怖等。[2]《新疆维吾尔自治区法制建设50年》把自1955年这一自治区成立至2005年这50年中的警政机关即公安机关的建设与执法情况作了全面的回忆与梳理，内容涉及这一机关的建设、发展与演变；内部机构设置；政保、刑侦、治安管理职能等。其中，有大量的执法内容。比如，在政保中，就有清匪、肃特、反间谍；镇压反革命；平暴安良、反对分裂；集中整治等执法情况；而且有大量数据显示。[3]

还有少量论文也专门研究了中国地方的警政机关及其执法情况。《清末广东巡警（警察）制度述略》从总体上对这一巡警制度进行研究，内容涵盖了它的制度沿革；械服、值勤及待遇；巡警官弁的选拔和训练；简论；等等。在简论部分中，还提及了它的执法情况，如执法中违法乱纪之事时有发生等。《近代安徽的警政》则从前言、组织系统、经费、警政教育等侧面，来研究安徽的近代警政制度，其过程从清末的芜湖开始，逐渐推向全省的基本情况。其中，也涉及执法情况，特别提到那时的警察执法与保甲制联系在一起等。经过这样的研究，中国地方行政执法史的主要部分已有反映，从中也可窥视这一执法史的一般情况了。

3. 中国地方司法史的研究

中国地方司法史的研究涉及司法主体、诉讼和审判、律师、执行等方面，而且在这些方面均有研究成果。首先，有关司法主体。在有些研究成果中，往往把这一主体称为司法机构。《清代西藏法制研究》对清末西藏司法体系的改革进行了论述。随着清末新政的推行，西藏建立了高、中、初级裁判所，作为自己的审判机构。[4]《清代广州涉外司法问题研究》对清代的司法主体进行了

〔1〕 王立民、练育强主编：《上海租界法制研究》，法律出版社2011年版，第289～291页。

〔2〕 [美]魏斐德：《上海警察，1927—1937》，章红等译，上海古籍出版社2004年版，第27～29、156～161页。

〔3〕 白莉等：《新疆维吾尔自治区法制建设50年》，新疆人民出版社2010年版，第58～64页。

〔4〕 孙镇平：《清代西藏法制研究》，知识产权出版社2004年版，第373页。

研究，认为明清时期在清廷的默许下，澳门葡萄牙人在广州建立了一套自治体系，因此总督、兵头、王室大法官等都曾是司法主体，行使过涉外司法案件的管辖权。[1]《鄂豫皖革命根据地的人民检察制度》对根据地的人民检察制度进行了探索，认为它是中国最早建立的人民检察机关性质的司法机构，并从公诉和监督两个视点进行了论证。[2]《帝国之鞭与寡头之链——上海会审公廨权力关系变迁研究》和《上海公共租界特区法院研究》都是对上海租界中审判机关的研究。前者集中探研了上海租界中会审公廨的权力关系的变迁及其所产生的后果；后者则探索了上海公共租界会审公廨取消以后成立的特区法院的基本情况，并对其中的有些关键问题做了较为深刻的研究。另外，还有一些专题研究相关的论文。《明代州县政府审理刑事案件职能初探》把明代的州县政府作为州县的司法机构，从总体上对其进行了研究，内容涉及它们在司法中的功能和运作。[3]《上海公共租界的会审公廨》《上海法租界会审公廨》[4]和《上海租界时代的临时法院论述》都对上海租界不同时期存在的司法机构进行了专题研究。关于诉讼和审判。许多关于地方法制史的著作中均提到诉讼、审判制度，把其作为重要组成部分。《宋代地方政府民事审判职能研究》聚焦于宋代县、州的民事审判职能，进行了深入研究和论述，内容由案件的受理、审理、证据和判决等一些方面。[5]《羌族法制的历程》对羌族地方割据时期的诉讼和审判制度进行了研究，内容包括了告诉的限制和程序、审理和判决、上诉、复审以及死刑复奏制度等。[6]《藏族古代法新论》专门对特殊的审判方法进行了阐述，这就是神明裁判，同时还指出了它的三大弊端，即反科学性、虚伪性和残酷性。[7]《上海法治建设三十年专题研究》则从改革开放30年来，审判改革的侧面来反映其中的审判制度变迁。这种改革包括了少年审判庭的建设、速裁

---

〔1〕 唐伟华、黄玉：《清代广州涉外司法问题研究》，中国社会科学出版社2009年版，第22～27页。

〔2〕 刘建国主编：《鄂豫皖根据地的人民检察制度》，中国检察出版社2011年版，第149～155页。

〔3〕 施洪道：《明代州县政府审理刑事案件职能初探》，载《零陵学院学报》（教育科学版）2004年第4期。

〔4〕 张铨：《上海法租界会审公廨》，载《史林》1994年第2期。

〔5〕 屈超立：《宋代地方政府民事审判职能研究》，巴蜀书社2003年版，第57～130页。

〔6〕 李鸣：《羌族法制的历程》，中国政法大学出版社2008年版，第225～232页。

〔7〕 华热·多杰：《藏族古代法新论》，中国政法大学出版社2010年版，第190～191页。

模式的探索、法官选任制度的改革、法官行为规范的完善等一些内容。[1]还有一部分论文也专门论述了地方诉讼、审判制度中的某个方面。《明代徽州的民事纠纷与民事诉讼》从收集到的明末歙县知县傅岩所审的153个案件出发，研究了有关田宅、山林、坟地和水利等的各种民事纠纷与诉讼，并挖掘了其中的原因。《简论山东抗日民主根据地的人民调解工作》把调解作为一种解决纠纷的方法，并解决了大量矛盾，保一方平安，内容涉及调解的组织形式、基本任务、纪律、作用和意义等一些方面。《英租威海卫的刑事审判》则对20世纪初英租威海卫租借地中发生的刑事案件进行了探讨，其中专门提及“英王诉王和谢”案，以其作为典型案例加以衬托。

其次，关于律师及其制度。在近现代中国地方法制史中，律师及其制度往往不会被忽视，这是司法民主的象征。中国近现代的律师及其制度的研究同样取得了一些成果。《近代社会变迁中的上海律师》以翔实的资料，对上海的外籍律师、本土律师、律师公会、律师的地位和作用等一些问题进行了深入的研究。[2]还有一些论文研究中国地方的律师及其制度。《民国晚期西安地区律师制度研究》利用陕西和西安市现存的档案，对民国晚期西安地区的律师制度作了一个实证分析，内容涉及律师的分布地域、年龄和性别、政治倾向，还有执业与管理方式、对政治法律的影响等。《上海律师公会与中国近代法制》则把上海律师公会的产生、发展、作用的发挥等均放在中国近代法制中进行考量，把它们两者互动起来，有其特色。

最后，有关执行。现有中国地方法制史的研究成果对执行的研究焦点在刑罚的执行上，地方监狱便成了主要研究对象。《天津监狱史》梳理了从明清时期到改革开放以后天津监狱的历程，多数内容在中华人民共和国成立以后，显示了天津监狱曲折的发展过程，内容包含了监狱管理和制度的方方面面。[3]《上海监狱志》把上海从唐宋以后的历朝监狱作了爬梳，重点也在新中国成立以后，内容十分广泛，可是说是面面俱到。[4]《冕宁清代司法档案研究》把保存在冕宁档案馆中的司法档案进行整理，专门对清代的这一档案进行了研究，对

---

〔1〕 顾肖荣、史建三主编：《上海法治建设三十年专题研究》，上海社会科学院出版社2008年版，第32～44页。

〔2〕 陈同：《近代社会变迁中的上海律师》，上海辞书出版社2008年版，第1～4页。

〔3〕 薛梅卿、从金鹏主编：《天津监狱史》，天津人民出版社1999年版，第1～3页。

〔4〕 麦林华主编：《上海监狱志》，上海社会科学院出版社2003年版，第1～6页。

其中的相关执行种类、方式等都作了介绍。[1]还有少量论文也以专门研究地方监狱为主题,《清代广西土州县监狱制度》和《国民党统治时期广东监狱发展探讨》都是如此。前者对清代广西土州县的监狱制度作了总结、分析,并指出这一监狱一直沿用至民国初期的 1929 年。后者则对国民党统治时期广东的监狱作了概括性介绍,还在这一基础上提炼出狱制发展的三大特征。经过这样的研究,反映出了中国地方司法史的一些基本情况。

4. 其他方面的研究

在现有的中国地方法制研究成果中,还有一些其他方面的成果也值得提及。首先,关于地方法制史特点的研究。有些中国地方法制史研究的成果中专门论述了本地法制的特点。由于地方不同,特点也就往往不同了。《西南少数民族习惯法研究》从内容的完整性与形式的片断性、成文的习惯法与不成文的习惯法、伦理道德与神意性、民族习惯的民主性与阶级统治的专制性、融合性与冲突性等多方面来论述这一习惯法的特点。《英国租借时期威海卫法律制度研究》则从形式、内容和法律实效三个方面来论述这一法制的特点,并对这些特点的成因作了解读。[2]有些论文也提及了特点。《上海小刀会起义军法制评述》[3]对小刀会起义军统治上海华界期间,即 1853 年 9 月至 1855 年 2 月建立法制的特点进行了概括,较为突出的是简约性和及时性两大特点。《吐蕃法律初探》对吐蕃法律的特点进行了探讨,总结为诸法合体、等级森严、佛教道德法律三位一体、妇女地位低下、保留了某些原始社会残余习惯等特点。

其次,关于案例的研究。有少量中国地方法制史研究成果对地方案例进行研究。《清代江西赋税纠纷案浅析》一文把清代江西的地方性法规及文献、案牍材料、地方志、诉讼案卷等资料中的赋税纠纷案进行了整理和研究,并且探索了引起纠纷的原因等。《新上海第一年刑案述评》一文则对上海在 1949 年 5 月解放后第一年中所发生的各种刑事案件进行了梳理、归类,主要分为反革命、经济、侵犯人身权和财产权等案件,接着还对打击这些犯罪所取得的成效和相关的一些问题进行了分析、论述。

最后,关于地方法学教育与法学学术团体的研究。也有少量研究成果关

---

〔1〕 张晓蓓:《冕宁清代司法档案研究》,中国政法大学出版社 2010 年版,第 181~190 页。
〔2〕 邵宗日:《英国租借时期威海卫法律制度研究》,法律出版社 2011 年版,第 276~289 页。
〔3〕 王立民:《上海小刀会起义军法制评述》,载《历史教学问题》1990 年第 4 期。

注了地方的法学教育和法学学术团体并进行了较为深入的研究。《上海法学教育史研究》对上海自开埠以后的1843年直到改革开放以后的2005年的法学教育进行了全景式的研究，分为起源、发展、调整和挫折、振兴与繁荣四大时期，并对每个时期又分别作了阐述，最后还有结语。《上海市法学会历史变迁研究》则采用纵、横向相结合的体例，对上海市法学会进行了较为深入的探析。纵向以发展时期为主线，横向则以组织机构、社会功能、影响路径等相关问题为专题，整本著作的思路很清晰。

综上所述，这近30余年来，中国地方法制史研究的成果已经不少，成绩非凡，这为“今生”的进一步研究打下了良好的基础。

取得成绩的原因分析、存在的问题与进一步研究的展望

从“今生”的视角来观察，改革开放以来中国地方法制史的研究已取得不小的成绩。这些成绩背后的成因、存在一些问题和进一步研究的展望值得关注。

1. 取得成绩的原因分析

这30余年来，中国地方法制史研究取得的成绩不小，大大超过中华人民共和国成立以后前30年的成绩。这里仅以发表的论文来作比较。据统计，前30年专门研究中国地方法制史的论文仅有7篇。[1]这30余年的论文数则大大超过前30年的数目，仅2005年就有10篇，[2]1年超过30年。著作的情况也基本如此。取得成绩的原因主要有以下几个。

第一，研究队伍开始壮大。这一队伍的壮大与法学教育的恢复和发展有直接关系。改革开放以后，中国的法学教育开始恢复，不久便有了一个前所未有的大发展。1979年时，法学专业的在校学生数为3008人，1998年时上升到85,565人。[3]随着高校的扩招，法学专业在校人数有了进一步增长，到2008年，这一数字已提高到40万人，其中硕士研究生8万人，博士研究生1万人。

---

〔1〕《新中国成立以来发表的法律史论文目录》(一)，载何勤华、王立民主编:《法律史研究》(第1辑)，中国方正出版社2004年版，第197～207页。

〔2〕《新中国成立以来发表的法律史论文目录》(三)，载何勤华、王立民主编:《法律史研究》(第3辑)，中国方正出版社2004年版，第374～390页。

〔3〕霍宪丹:《中国法学教育的发展与转型》，法律出版社2004年版，第326页。

同时,具有法学专业的高校也扩张到超过600所。[1]目前,仍保持着这一数字。法学专业学生的增加,从事中国法制史教研的人员也会增长。因为,中国法制史是一门法学专业的核心课程,每个法学专业的本科生都必须学习。按每个学校配套一位教师来计算,全国会有超过600人的中国法制史教研队伍。其中,只要有一部分致力于中国地方法制史的研究,这支研究队伍的规模就比以往大许多。事实上也是如此。方慧、王立民、姚远、张晓蓓、王东平、尚海涛、栗明辉等作者都是中国大学中的教研人员。另外,还有一些硕、博士研究生,特别是一部分博士生也以地方法制史为研究目标,博士学位论文以地方法制史为主题,地方法制史的成果便较为丰硕。《冕宁清代司法档案研究》《清代清水江下游村寨社会的契约规范与秩序》《晚清州县诉讼中的审判问题》《民国时期华北地区农业雇佣习惯规范研究》《西夏法律制度研究》《清代回疆法律制度研究》《上海公共租界特区法院研究》《近代社会变迁中上海律师》《英国租借时期威海卫法律制度研究》等力作,都是博士学位论文的翻版。可见,中国法学教育的大发展是中国地方法制史研究队伍壮大的直接推手。

第二,研究资料开始增多。中国地方法制史的研究依赖于地方法制史的资料,没有这些资料,这一研究便无法进行。改革开放以前,其中的有些资料没有对外开放,研究人员便无法得到这种资料,研究也就受阻,研究成果也就不多了,比如,地方的档案资料就是如此。改革开放以后,中国各地依据1987年制定的《档案法》的规定,纷纷开放本地保存的档案。这为研究地方法制史打开了方便之门,这一研究的资料一下子增加了许多。这里仅以研究上海地方法制史的成果为例,包括《上海公共租界特区法院研究》《近代社会变迁中的上海律师》在内,还有《上海法制史》《上海公安志》《上海检察志》《上海审判志》《上海监狱志》《上海市法学会历史变迁研究》《城市·规划·法制——以近代上海为个案的研究》等,无一不是大量运用了上海现存的地方档案资料。著作是如此,论文也是如此。有关地方法制史资料的增多,为中国地方法制史的研究提供了方便。

第三,研究环境开始宽松了。改革开放以前,中国长期处于以阶级斗争

---

〔1〕 王立民:《中国当前法学教育的职业化走向》,载《法制日报》2009年11月11日。

为纲的环境中，大家的思想受到禁锢，学术无法自由，学术环境比较恶劣。改革开放以后，民主法治建设逐步推进，学术的春天到来了，学术研究的环境开始宽松，研究人员的思想也开始解放了。这正如《中国法律发展报告》中指出的：“思想解放使法学工作者勇于打破禁区，全方位地开展法学研究；思想解放也使法学工作者能够以科学的态度面对现实和理论研究中存在的问题，理性地思考解决问题的办法。思想解放更为广大法学工作者营造了一个从事法学研究的宽松环境，而这正是中国法学能够顺利发展的养分所在。”[1]正因如此，中国地方法制史的研究也随之发展起来了。这三大主要原因的综合，正好是研究主体、客体和环境三大研究要素的有机聚合，为中国地方法制史的研究并取得不小成绩铺平了道路。

2. 目前存在的问题

立足于当下，认真审视中国地方法制史的研究，可以发现还存在一些问题，主要是以下四个方面。第一，研究人员较为分散，没有形成研究合力。从现有的研究成果来分析，中国已经有一支地方法制史的研究队伍，分别研究以行政区划、地区、少数民族聚居区为单位的法制史。而且，人数已达数十人，形成了一定的规模。但是，这支队伍中的人员较为分散，有在云南、山东、广东等省，有在北京、上海、重庆等城市，也有在新疆、西藏、内蒙古自治区等。大家都各自为政，各做研究，没有全国统一的研究计划、项目，无法形成研究合力。这会影响研究力量的有机组合，研究资源的合理配置，乃至系统、大部研究成果的产生。

第二，研究的地域分布不匀，研究成果疏密不均。当前，虽有不少地方法制史的研究成果，经过梳理，可以发现，现有的这些成果所分布的地域不均，还有很多地域没有为地方法制史的研究成果所覆盖。比如，中国有这么多的市、县，但有地方法制史研究成果的，也仅上海、重庆、广州、冕宁等一些市、县。又比如，中国有50多个少数民族，而且都有聚居区，但有地方法制史研究成果的，也仅藏、羌、傣、回、蒙古等少数的少数民族。同时，有的地方的地方法制史成果则比较集中。比如，有关上海法制史的成果就相对多一些，著作、论文都有面世，许多地方法制史的研究成果就没有这么丰硕了。这就造成一

〔1〕 朱景文：《中国法律发展报告》，中国人民大学出版社2007年版，第595～596页。

个中国地方法制史研究成果不仅地域分布不均，而且还密疏不均的情况。这从一个侧面反映出中国地方法制史研究参差不齐的现状。

第三，研究资料没有充分发掘，还有资料没有被充分运用。中国地方法制史的研究以资料为基础。没有这一资料，研究无法进行；缺乏相关资料，也会对这一研究带来不利影响，以致其无法深入。中国有大量地方史资料保存下来，其中不乏含有法制史的资料。其中，不仅有地方志，还有档案、契约文本、石碑、传记等，这些都可以被利用，为研究地方法制史作贡献。可是，从目前情况来看，这些资料还未被充分发掘，更谈不上利用了。就从上海档案馆所藏的上海华界、租界法制的资料来看，就是如此。同样，有些市、县档案馆里的地方法制史资料也在沉睡，没有被发掘、利用。它们都是中国地方法制史研究的潜在资料。

第四，研究方法较为单一，高质量的研究成果不多。通过对现有的研究成果的审读可以觉察到，研究中国地方法制史的方法大多习惯于资料的收集与归纳，观点的提炼与论证，根据部门法的要求进行分析和内容排列等。这些方法固然需要，但是，要使这一研究向纵深发展，产出高质量的研究成果往往不够，还需要运用其他一些方法，以致中国地方法制史的研究成果有全景式展示，有深刻地解读，提高其品位。这四个主要问题需要在今后的研究中加以解决。

3. 进一步研究的展望

中国地方法制史的研究起步较晚，可以研究的空间很大，要进一步推进这一研究，有必要解决现存的一些问题。首先，重视研究队伍的扩大和整合。目前，中国地方法制史研究的缺口不小，有不少地方的地方法制史研究成果还处于空白状态，这就需要组织力量进行研究，使这些空白及时得到弥补。而且，地方法制史的研究往往需要在本地收集相关资料，本地学者便具有了优势，因为他们会更熟悉当地的社会情况，相关资料更容易收集。从这种意义上讲，中国研究地方法制史的队伍还可扩大，人数也可增加，一些志同道合的学者可以作为新鲜血液加入这一队伍中来。另外，现有的研究力量也有整合的必要，以形成研究的合力，产出更为系统的高质量成果。中国已有系统的10卷本中国法制史研究成果即《中国法制通史》，[1]还缺少中国地方法制通史的大部著作。

〔1〕 张晋藩总主编：《中国法制通史》，法律出版社1999年版。

只有当研究力量得到合理、有效地整合以后，中国地方法制通史的成果才有望与大家见面。当前，可以先通过召开专门的地方法制史研讨会、成立相关的研究会、建立地方法制史研究的信息交流渠道等形式，加强学者之间的沟通与联系，为整合研究力量、产出更为系统和高质量的成果做准备。

其次，重视研究资料的收集。中国地方法制史资料也很分散，有的还往往不被人们所重视，可是要进一步推进中国地方法制史研究，没有资料不行。随着时间的推移，大工程的兴造，城市化进程的加快等，都有可能使一些珍贵的地方法制史受损，甚至灭失，因此当务之急是要重视收集这一研究资料，把它们尽可能多的保留下来，抢救下来，为研究作准备。不少地方法制史资料会存留在地方档案中，要特别重视地方档案的发掘。其中，既包括立法、行政执法档案，也包含司法档案等。中国已有一些地方法制史研究成果使用了大量地方档案资料，《上海法制史》《城市·规划·法制——以近代上海为个案的研究》《上海公共租界特区法院研究》《冕宁清代司法档案研究》《民国时期华北地区农业雇佣习惯规范研究》等，无一不是如此。还有，田野调查、口传资料也不能忽视。这些鲜活的资料往往能起到传世文献、档案等资料所起不到的作用，《羌族法制的历程》和《西南少数民族习惯法研究》等都使用过此类资料，效果很好。总之，要拓宽收集中国地方法制史资料的渠道，收集和使用更多相关资料，为进一步研究做好这一基础性工作。

最后，重视研究方法的改进。现有的研究方法仍可使用，但更要重视引用其他一些行之有效的方法，比如理论分析、实证、比较等方法，使用这些方法可提升现有中国地方法制史的研究水准。理论分析方法可以提升这一法制史研究的理论水平，加强史论结合，突破就史论史的樊篱，使这种研究更具价值。实证方法可使这一研究突出定量分析，为定性奠定基础，做到定量与定性分析相结合，使研究的问题和提出的结论更具说服力。比较方法可以在比较过程中，凸显地方法制史的特点，反映出它们的差别与实质。当然，在使用这些方法时，也需因地制宜，切忌盲从。要在适当的地方使用适当的方法，物用其尽。比如，把中国地方法制史与中国中央法制史相比较，可以反映出它们各自的特点；把不同省份、地区的法制相比较，可以提炼出它们各自的差异与特色；把不同少数民族聚居区法制史作比较，可以烘托出它们的相同点与不同点；等等。可以相信，随着研究方法的改进，中国地方法史的研究还可再上几个台阶。

在“前世”，中国地方法制史已取得了不小的成绩。十分喜人。在“今生”，这一研究的任务仍然很重、研究空间很大，还需不懈努力，取得更大成绩。

本文原载《中外法学》2013 年第 5 期。

第四篇　中国法治建设专题

一、法治建设与和谐社会

在现代社会中，法治与社会和谐关系密切。加强法治建设有利于构建和谐社会。

法治在构建和谐社会中的重要作用

法治在构建和谐社会中的重要作用，主要表现在以下三个方面。

首先，法治可以规范人的行为，实现社会和谐。在一个社会中，只有当人们的行为都符合和谐社会的要求时，这个社会才能和谐。即使有一定不和谐行为的存在，也要保证和谐社会的最低可承受程度这一底线，否则社会的和谐就会受到冲击，甚至被打破，变为不和谐。当今世界上出现的恐怖犯罪就是社会中的不和谐因素，所以世界各国都在打击这一行为。法律可以根据和谐社会的需求，规范人们的行为，使人们的行为都按照法律的要求去实施，这样，整个社会就有可能实现和谐。从古今历史来看，规范人们行为的除了法律外，还有宗教、伦理和政策等。不过比较下来，法律规范有其独特的优越性：法律所规定的内容非常具体，具有很强的可操作性；它由国家制定或认可，具有国家意志的属性；它被违反以后，行为人还会依法受到处罚，具有最强的强制性；它可以被反复使用，具有明显的反复适用性；等等。这些优越性所形成的合力，是其他行为规范所不及的。比如，宗教的适用对象是信教人员，缺少广泛的适用性；伦理的内容比较笼统，缺乏可操作性；政策的制定没有经过立法机关，往往不具有国家意志性。

其次，法治可以调控人的行为，促进社会和谐。这种调控是多方面的，其中非常重要的一个方面，是调控强者与弱者之间的关系。通过调控，可以缩短强者与弱者之间的差距，使弱者能在社会中有一席之地，从而缓和强弱之间的矛盾，促进社会和谐。一般而言，法治社会追求公平，但越是公平的法律，造成的后果可能越不公平，因为人们所处的地位不同，可以利用的资源也不同。在这种情况下，国家可以通过制定一些专门保护弱者的法律，来提高保护他们的力度，使弱者的地位有所提高，从而更接近强者一些。比如，关于保护妇女儿童的法律，就有助于改变妇女儿童的弱势地位；关于法律援助的规定，就有利于维护贫困群体的诉讼权利；关于税收的规定，就有益于缩小贫富差距，实现社会较为合理的分配；等等。

最后，法治可以惩治违法犯罪行为，保持社会和谐。一个社会不可能没有不和谐因素，这些因素不同程度地威胁着社会的和谐，其中，违法犯罪行为严重危害了社会的正常秩序，对和谐社会的冲击最大。这里不妨以犯罪为例。危害国家安全的犯罪直接危害了国家的主权、领土完整与安全；危害公共安全的犯罪严重危害了他人的生命、健康或重大公私财产的安全；破坏社会主义市场经济秩序的犯罪则严重违反了国家市场经济管理的规定，破坏和扰乱了市场经济秩序，妨害了国民经济的正常发展；侵犯公民人身权利、民主权利的犯罪则侵犯了他人人身以及与人身直接相关的权利，或剥夺、妨害了公民自由行使依法享有的管理国家和参加社会政治活动及其他民主活动的权利；渎职犯罪因为滥用职权或者玩忽职守，妨害了国家机关的正常管理活动，致使公共财产、国家与人民的利益遭受重大损失；等等。不惩治这些违法犯罪行为，不足以维护社会的正常秩序，保持社会和谐也就沦为空话。通过惩治违法犯罪，可以修补社会创伤，同时又能给人们以警示，教育人们不要重蹈覆辙，而且，这种效果比较明显。以处死杀人犯为例。美国学者埃利克用实证研究的方法研究了使用死刑行为后得出结论：每处死一名杀人犯即可阻止 7 起至 8 起杀人案的发生。其后，美国学者雷森进一步认为，每执行一件死刑案便可减少 8.5 件至 28 件的杀人犯罪。这对保持社会的和谐具有积极意义。

法治要与构建和谐社会相适应

只有当法治与社会发展相适应之时，法治才能发挥最大效用；否则，法治就会伤害社会的和谐，甚至成为社会发展的障碍。因此，法治中的一些重要组成部分都要与构建和谐社会相适应，而不能与之相冲突。

1. 在法治理念方面要与构建和谐社会相适应

法治理念是人们对法治的功能、作用、实施等方面所持有的内心信念和观念，对法治的其他组成部分均有指导、决定性效用，因此十分重要。当前，特别要强调树立社会主义法治理念，这一理念把现代法治理念与中国特色结合在一起，是适用我国国情和法治建设的理念。它的主要内容包括：依法治国、执法为民、公平正义、服务大局、党的领导等。其中依法治国、公平正义属于现代法治理念，是对长期以来世界法治经验的总结，也是世界法治文明的成果；执法为民、服务大局和党的领导则更具有中国特色，是邓小平理论、“三个代表”重要思想和科学发展观所倡导的党的领导、执政为民、构建社会主义和谐社会等一系列理念和思想在法治中的表现。它们的结合既反映了法治发展的一般规律，又体现了我国社会发展的特殊需求，是适应我国法治建设与和谐社会建设的科学理念。

2. 在立法方面要与构建和谐社会相适应

立法所规范的范围非常广泛，涉及人与人、人与社会、人与自然等重要关系。这种规范具有设计性质，所要设计的是一个有序的社会、和谐的社会，因此在构建和谐社会中十分重要。为最大限度地发挥立法的作用，有必要重视以下问题。首先，要反映广大民众的愿望和要求。一个社会，不同利益、不同地位的群体共存，要使大家和谐相处，就要充分考虑各群体的权益，缓和他们之间的矛盾。中世纪哲学家阿奎那所讲立法“应当以公民的普遍利益为目的”，不是没有道理。其次，要符合社会发展的方向。立法只有符合历史发展的趋势，符合社会发展的方向，才能显示其特有的生命力。否则，逆历史潮流而动，肯定短命。最后，要有精湛的立法技术。立法是人的一种活动，要把广大民众的愿望和要求用法律语言的形式准确表达出来，没有精湛的立法技术不行。世界著名的法典中都包含有这样的立法技术，罗马的《国法大全》、我国的唐律、法国的《拿破仑法典》、德国的《德国民法典》等无一不是如此。只有这样，才能充分发挥立法在构建和谐社会中的作用。

3. 在司法方面要与构建和谐社会相适应

司法既是法律的一种适用，也是法治社会维持社会和谐的最后屏障，是一种最后的救济方式。

司法只有公正，才能获得权威和公信力，真正起到屏障和救济的作用。和谐社会需要公正的司法，由它来及时缓和矛盾，解决纠纷，把社会控制在一个矛盾不尖锐、纠纷不突出的状态中。为了营造与和谐社会相适应的司法，有必要重视以下几个方面。首先，要有一支合格的司法队伍。这是司法的主体，没有合格的主体，司法的质量无法得到保证。就我国而言，检察官和法官都应符合检察官法、法官法中对检察官、法官的任职要求，都应能胜任司法工作。其次，要严格依法办案。法官是法律的化身，也是公平正义的人格化，依法办案是天职。要通过严格依法办案来体现司法的价值，不断提高司法的公正性和法治的权威性，真正发挥其在构建和谐社会中化解矛盾和纠纷的作用。最后，积极推进司法改革。我国正在建设社会主义法治国家，司法还有待不断完善，这一完善的途径只能是改革。其中，很突出的一个方面是司法体制的改革。要通过改革，使我国的司法体制形成一种成熟的分权制衡格局，满足司法公正的需要，把冤、错案减少到最低限度，从而适应和谐社会的要求。

4. 在法律监督方面要与构建和谐社会相适应

法律监督也是法治的重要组成部分。国家通过建立完善的法律监督体系和制度，来监管、督促、确保国家的宪法和法律的正常运行，确保其得到正确的实施。这种法律监督包括国家依照法定职权和程序对立法、执法、司法活动的监督。其中，全国人大及其常委会行使宪法监督权，人民检察院是国家的专门法律监督机关，行政机关和人民法院根据法律的授权在特定范围内行使监督权。当前，我国的法律监督机关要重视监督立法主体是否按法定权限和程序制定法律；立法主体制定的规范性法律文件的内容是否合法；行政机关和司法机关是否正确、有效地贯彻宪法和法律的规定，以保证国家法制的统一和高效运转，充分发挥其在国家生活中的作用等，以适应法治建设和社会和谐的需求。

目前我国的法治在构建和谐社会中遇到的主要困难

现代和谐社会应该是法治社会，法治在构建和谐社会中不可或缺。毋庸讳言，由于我国自身的特殊情况，法治在构建和谐社会中发挥作用尚存在一定的困难，主要表现在以下三方面。

首先，我国的法治传统非常匮乏。中国传统社会是一个德治社会，德治的思想和治国方略早就萌生。西周时强调“明德慎罚”，就已经包含了德治的因素。汉朝时明确提出“德主刑辅”，确立了中国的德治传统。唐朝时则进一步提出：“德礼为政教之本，刑罚为政教之用。”此后各封建朝代无不如此。在德治条件下，君主是权威，专制制度因此有了立足之地，人治随之盛行，法制只是成为一种辅助的治国手段。同时，平等、民主、人权等法治条件下的理念不易被培育，君主独断独行并不鲜见，法制被践踏的情况时有发生，冤案不可避免，即使是一些较为开明的君主也都如此，如汉景帝错杀过晁错，唐太宗错杀过张蕴古等大臣。官吏也利用职权肆意枉法，违反司法的行为也屡见史册，春秋晋国的大夫叔鱼贪色枉法、秦朝的赵高诬杀李斯、晋朝的司马昭错杀嵇康、唐朝的周兴和来俊臣使用酷刑制造大量冤案、宋朝的秦桧诬陷岳飞等都是如此。同时，礼和理等一些非法律因素冲击法制，违礼、违理但不违法的行为也会受到处罚，法治的地位和严肃性受到削弱，唐律中已有此类情况。唐律规定，违反情理而不违法的行为同样要受到刑事处罚，轻的“笞四十”，重的“杖八十”，其他朝代也都有类似规定。中国的德治传统悠久，在此情况下，要推进法治，树立法律权威，人人都要依从法律、受到法律束缚，需要一个长期的过程，不可能一蹴而就。

其次，西方法制与我国国情之间的矛盾。我国从20世纪初的清末开始就进行法制改革，走上法制现代化的道路，这一现代化是通过大量引进西方的法制和不断废止中国传统法制而开始并逐步实现的。当时制定的法典、法典草案都是仿照西方的法典而制定。比如，《大清新刑律》是《德国刑法典》的翻版，《大清民律草案》的绝大多数内容均来自德国民法典。同时，我国传统的法制逐渐退出历史舞台，“八议”“十恶”“同居相为隐”“秋冬行刑”等制度先后被废用。在此之后的百年间，尽管政权更迭，法制不断变更，但基本方向都是走法制现代化的道路。今天，我们仍在不断吸收人类法制文明的成果，以建成社会主义法律体系，实现法制的现代化，其中也在引进西方先进的法制，不断完善我国自己的法制。但是，必须看到，西方法制植根的是西方的“土壤”，是这一“土壤”的产物，而我国则有自己的国情。引进西方法制，有些会与我国的国情发生矛盾，出现水土不服的现象。这种矛盾一般不会在立法中有突出表现，但会在法的适用特别是司法中有明显反映。西方国家经过长年法治的积累，公民的规则意识和诚信意识都比较强，在此基础之上制定的民事经济法律比较适合这些国家的情况，这些法律的适用情况比较理想。不过，当这些法律移植到我国以后，情况可能就不那么幸运，适用的情况也不一定十分令人满意。据统计，我国法院对民事经济案件判决的执行情况长期以来都不太理想，在一段时间里顺利执行的比例只在 30% 左右，总是有那么一些“老赖”不配合、不执行法院已经生效的判决，致使这些判决久拖而不能落实。这是西方法制与中国国情矛盾的突出表现，不利于法治建设与社会和谐。这种矛盾不会很快得到解决，需有一个磨合期。

最后，我国地区发展不平衡。我国是单一制国家，全国使用统一的法律，不过由于许多地区发展不平衡，差别很大，这会给法治进程造成困难。我国东西部发展差距很大，人均 GDP 就要相差 3 倍以上，东部与一些中部地区的差距也不小，这种差距反映出经济、文化、社会等方面的发展不平衡。发展水平不同的地区对法治的需要也不会相同。一般而言，社会发展水平比较高的地区更要求对财产的保护、对投资的渴望、对金融的关注、对知识产权的重视等，那里的人们会对民商、知识产权等方面的法律更有需求；而社会发展水平比较低的地区则更要求对基本生活水准的保证、对社会治安的维护、对妇女儿童合法权益的保障等，那里的人们对刑事、行政等方面的法律更为注重。为了解决地区间不平衡的状况，现在主要是通过地方立法或规章来加以调整。比如，有的发达地区规定构成盗窃罪的底线数额是 2000 元，有些欠发达地区则规定为 1000 元。显然，这可能会导致法治的不统一。为了解决这些问题，目前我国正按照科学发展观的要求致力于中西部开发，必然会极大地促进中西部地区的社会发展。当中西部地区与东部地区的差距不断缩小之时，我国法治发展中的这一困难也会不断得到克服，那时的法治建设将更为顺利。

我国加强法治建设的迫切任务

为推进社会主义和谐社会建设，我国的法治建设还有许多工作要做。

第一，要尽快提高公民的法律素质。法律素质是人们掌握法律知识、具有法律意识和适用法律能力的综合性素质。其中，掌握法律知识是基础，也至关重要；只有具备了法律知识，才会形成法律意识，具有适用法律的能力。上海的法学工作者曾经做过一个有关上海市民法律素质的调研课题，此课题表明，收看法制类电视节目对于增长人们的法律知识具有显著影响。因此，可以考虑加大法制电视宣传的力度，充分发挥其在增强公民法律知识、提高公民法律素质中的作用。提高公民的法律素质，是一个国家提升法治水平的基础性要件，我国要加快建设社会主义法治国家，不尽快提高公民的法律素质，必然会影响这一进程。

第二，要迅速完善我国的立法。我国要在 2010 年建成社会主义法律体系，现在离这个目标只有 3 年多时间，立法任务依然十分艰巨，需要制定、修订的法律还有不少。《物权法》已经人大通过，这为我国民法典的制定开辟了道路，不过民法典的其他组成部分还有待协调和修整，要形成一个由总则、物权法、债法、婚姻家庭和继承法构成的法典，还需要一定的时间。我国的三部诉讼法也需要进一步完善，特别是其中的证据部分，内容还有待加强。与此同时，还需要认真考虑其与地方法规的协调，不断消除其中的不协调因素，从而形成一个完善的法律体系，以适应构建社会主义和谐社会的需要。

第三，不断加大司法力度。与立法相比，我国的司法更显滞后，突出表现是司法力度不够，前面所说的民经案件判决的执行成功率不高就是其表现之一。当然，目前情况下，司法力度不够的问题不仅仅是司法机关的问题，其挑战来自社会的许多方面，需要各方大力支持和配合，这是外部因素。另外，还有司法机关的内部因素，需要通过包括司法体制改革在内的司法改革，来提升司法水平，加大司法力度。从司法队伍来看，一方面，要重视这支队伍素质的提高，使他们的业务素质和职业道德素质都能符合司法需求；另一方面，也不可忽视司法人员的地位的提高，应该使他们拥有体面的生活，具备强烈的荣誉感、责任心和自信心。

第四，切实加强法律监督。没有监督的权力必然产生腐败，同样，法律如果得不到切实的监督，也会走向歧途。大量触目惊心的事实告诉我们，现在已经到了非切实加强法律监督不可的时候了。从媒体报道的情况来看，立法与利益挂钩的情况不是个别情况，必须加以克服；司法官枉法裁判，贪污受贿，伪造司法文书，徇私渎职等情况也时有所闻，必须加以制止。解决这些弊端，离不开有效的法律监督。当前，尤其要使监督形成合力，这样才会具有实力和效力，从而真正起到法律监督的作用。

本文原载《文汇报》2007 年 4 月 8 日。

二、中国的转型与法治建设

中国正在经历转型，这是在法治条件下的转型，与法治建设关系很大。本文拟对其中的三个问题做些探研。

中国正在进行的转型

中国正在进行转型，这是一次社会转型，即从以传统农业为主的社会向工业化、城市化的现代社会转型。这一转型的时间从 2009 年开始，这一年正逢中华人民共和国成立 60 周年。这一转型的主要阶段目标有两个：第一个目标是到 2010 年全面实现小康社会；第二个目标是到 2050 年基本达到中等发达国家的水平。从这一转型的开局来看，趋势不错。即使在国际金融危机的条件下，中国在 2009 年也维持了高增长，而且全球 GDP 增长的 50% 均来自中国。这一年中国的 GDP 总量还超过了日本，成为世界第二大经济体。另外，2009 年仍然保持有 1500 万左右的农村人口流向城市，中国的城市规模还在不断扩张、扩大，城乡差别也在进一步缩小。

中国能够进入目前的社会转型，与以前 30 多年已经经历过的前两次转型分不开，是由这两次转型作为铺垫的。第一次是经济转型，时间从党的十一届三中全会以后开始，中国逐渐走上了改革开放之路，经济也渐渐迈出了从计划经济向社会主义市场经济转变的步伐。此后，党的十四大进一步确定了社会主义市场经济体制改革的目标，党的十四届三中全会又作出了相应的决定，中国的经济转型从而深入了一大步。在这一转型的过程中，中国成功实行了一系列政策，也取得了可喜的成绩，其中包括：社会主义市场经济体制开始诞生；以公有制为主体，多种经济成分共存成为事实；现代企业制度进入实践；完善了以按劳分配为主的多种分配方式；着力发展了资本市场、劳动力市场等生产要素市场；社会保障制度初步形成；等等。这次转型的效果明显，中国经济的面貌大变。农业快速增长，从1978年至1994年，按可比价格计算，平均年增长率为5.1%；除了保留9种主要农产品的生产之外，国家全部取消农产品生产的指令性计划；在工业总产值中，国家计划的比重从1979年的70%以上下降为1998年的4.6%；在全国的工业总产值构成中，国有经济成分的比重已由1978年的77.6%下降到1997年的26.5%；工业保持高速增长，1979年至1992年平均增长率为13.2%，在世界上甚为罕见；外贸进出口总额从1978年的206亿美元增加到1997年的3251亿美元，增长近15倍；等等。[1]在这期间，中国经济开始腾飞。

第二次转型是治理方式的转型，时间从1997年开始。这一年，党的十五大提出了"依法治国"的基本方略，要把中国建设成为一个"社会主义法治国家"，并把其作为中国社会主义现代化的重要目标。两年以后，全国人大在修改《宪法》时把"依法治国，建设社会主义法治国家"写入了《宪法》。这不仅是一种治国方略的变化，也是一种治理方式的转型，即从人治转型为法治。虽然这只有一字之差，但从治理方式来看却有着天壤之别。人治以人为权威，个人的意志凌驾于法律之上，法律可以为个人所摆布，长官意志不受制约。法治以法律为权威，个人意志不能凌驾于法律之上，任何人都必须服从法律，违反后都将被追究相应的法律责任。中国要跻身于世界的现代强国行列，不推行法治是不行的。世界上的强国几乎全都是法治国家，这是一种世界的治理文明。中国要不断发展，成为现代强国，就不能游离于这一文明之外。中国为实现这种转型付出了很大的努力，其中包括建立了立法、行政执法和司法等机构，积极开展法制宣传、立法、行政执法和司法等活动，使用与法治相适应的治理方法等。法治效果也很显著，人们已开始习惯法治的治理方式，会通过诉讼等途径维护自己的合法权益。中国成功地实现了这两次转型，并为目前的社会转型奠定了坚实的基础。

中国正在进行的社会转型得到法治的保驾护航。党的十一届三中全会不

---

〔1〕 参见公丕祥主编：《当代中国的法律革命》，法律出版社1999年版，第300～302页。

仅决定中国要走改革开放之路，经济要发展和转型，而且法制也获得了新生。党的十一届三中全会明确指出："发展社会主义民主，加强社会主义法制。"中国从此开始建设有自己特色的社会主义法制体系。翌年，中国的立法总数就达404件，其中法律15件，行政法规68件，部委规章249件，地方性法规72件。[1]为了加快立法，建立社会主义法制，《选举法》《地方组织法》《法院组织法》《检察院组织法》《刑法》《刑事诉讼法》和《中外合资经营企业法》等多部法律在3个月内便制定出台。[2]之后，中国的立法数量每年平均以20%以上的速度增长。[3]至2008年，中国已有有效法律231部，行政法规和地方性法规有7600余件，中国特色的社会主义法律体系基本建成。同时，依法行政也在有序进行。2004年国务院印发了《全面推进依法行政实施纲要》，提出要用10年左右的时间基本实现法治政府目标；[4]2010年国务院又发布了《关于加强法治政府建设的意见》，明确了当前和今后一个时期推进依法行政的七大重点任务及其落实措施。[5]中国的司法机关也建立和运作起来，至1988年各级检察院和法院都已达3400余个。[6]为全国输送法律人才的法学院和法律系开始重新起航，纷纷恢复招生，而且学生人数在不断攀升，1979年仅有3008人，1998年已达8.56万人，[7]之后又有新的增长。法治建设的这些成就能够为社会转型提供必要的法治保障。可以相信，中国社会转型的目标必将实现。

转型时期法治遇到的困难

中国正在进行社会转型，同时又在加快法治建设的步伐。中国的社会转型是在法治条件下的转型，法治在转型中的作用十分重要。可是，中国的法治建设不是一帆风顺的，而是遇到了一些困难，主要为以下三个方面，这些困难不同程度地阻碍了法治建设的进程：

第一个是法治文化匮乏的困难。

---

〔1〕 朱景文：《中国法律发展报告》，中国人民大学出版社2007年版。

〔2〕 王汉斌：《迈出健全社会主义法制关键的一步》，载《法制日报》2010年11月20日。

〔3〕 朱景文：《中国法律发展报告》，中国人民大学出版社2007年版。

〔4〕 温家宝：《全面推进依法行政，努力建设法治政府》，载《文汇报》2004年7月6日。

〔5〕 国务院：《关于加强法治政府建设的意见》，载《法制日报》2010年11月9日。

〔6〕 朱景文：《中国法律发展报告》，中国人民大学出版社2007年版。

〔7〕 霍宪丹：《中国法学教育的发展与转型》，法律出版社2004年版。

中国正在建设社会主义法治国家，需要有法治文化与之相匹配。中国的传统社会是个德治、人治的社会，长期形成和发展的是德治、人治文化。早在西周时期，就萌生了德治的因素，提出了“明德慎罚”的思想，并以此为指导，推行礼治，建立了一个尊卑、贵贱有别的等级社会。汉朝时罢黜百家、独尊儒术，儒家思想成为主导思想，德治思想有了进一步的发展，提出了德主刑辅的主张，确立了较为成熟的德治理论和传统，同时还开始了礼法结合的过程，使中国的法制加大了维护“三纲”的力度，专制制度得到了大发展。[1]唐朝把德治理论提升到一个新的高度，明确指出治理国家应以德为主、以法为辅，即“德礼为政教之本，刑罚为政教之用”。与此同时，礼法结合的过程也完成，法律更为全面地维护“三纲”，专制统治得到了进一步发展。唐律中的不少罪名都为维护这一统治而设立，“谋反”“谋大逆”“谋叛”和“大不敬”等都是如此。触犯了这些罪名用刑极重，打击力度非常大。比如，凡是“谋反”和“谋大逆”者，不仅本人要被处以“斩”刑，而且还要株连亲族和被没收财产等。这样的法律一直被以后的封建朝代立法所接受，德治文化与人治文化一脉相承，因为人治是德治发展的必然结果，也是德治在政治上的集中体现。

中国在传统上以德治、人治文化为主导，导致法治文化匮乏。这种文化沿袭了数千年，已经根深蒂固，与德治、人治有很好的搭配，但与法治却有差距。如今，中国正在转型，推进法治建设，需要的是法治文化，现实中也确实在形成和弘扬这一文化，可时间不长，比较匮乏。这一文化的薄弱，不能不说是一个很大的困难。

第二个是引进的西方法制与中国国情不完全吻合的困难。

中国传统法制在形式、内容等方面都十分杰出，在世界上非常著名，被称为“中华法系”，是世界五大法系之一。但是，它适合中国传统社会，与专制统治和人治相一致。在清末，中国开始了新政，也从此走上法制现代化的道路，这一现代法制来自西方。中国实际上是通过移植西方的现代法制来实现自己的法制现代化，即将西方的现代法制中国化，中国的现代法制西方化。中国自清末新政时起，大量制定的法律均是西方法律的翻版，如《大清新刑律》是《德国刑法典》的翻版，《大清民律草案》则是《德国民法典》的翻版。进入民

---

〔1〕 张晋藩：《中国法制史》，中国政法大学出版社 2007 年版。

国时期之后也大体如此。今天，中国法制的许多内容，仍然吸收了西方的法制文明。然而，西方的法制产生于西方社会，那个社会是工商业社会，以手工业和商业为主，又是海洋文化、陌生人社会。那里的人们要远涉重洋去开展贸易，进行交换，这种贸易和交换是以平等互利为原则，既讲究规则和诚信，也强调公平正义。因此，不仅法制和契约不可缺少，而且还比较发达。西方的法制体现的平等、自由、人权以及公平正义的精神和相关制度，比较适合西方的现代社会。

中国引进了西方的现代法制，与中国受到传统社会影响的国情不完全吻合，有的地方还产生了矛盾，这种矛盾在立法中反映得不是十分突出，可在司法中则很明显地反映出来。由于人们的规则与诚信意识不强，所以在中国民事、经济案件中，判决的执行率一直不高，顽固的“老赖”不少，导致法治的权威受到挑战，法治的公信力遭到一定程度的损害。这也是一个不小的困难。

第三个是中国地区发展不平衡的困难。

中国是一个单一制国家，全国使用统一的法律。在这种情况下，比较理想的状态是，全国的地区差别小，发展基本平衡。这样，各地都适用同样的法律，其结果比较容易保持一致，不易产生参差，法律的统一性、公平性可以得到维护。但是，由于各种原因，中国的地区差别很大，发展也很不平衡，东部和西部地区、沿海和内陆地区、内陆地区之间都有不小的差别。以人均 GDP 来衡量，目前全国平均为 3000 多美元，可是有些东部沿海地区则已超过了 1 万美元，上海等城市就是如此；有的西部、内陆很多地区则仅为 2000 多美元，甚至还不到这一标准。这几年，内陆地区之间也出现了较大的不平衡，有些地区发展很快，人均 GDP 已达到或超过东部沿海地区，鄂尔多斯市就是典型一例。经济是基础，经济发展的不平衡会影响到社会其他领域的发展，并影响到对法治的需求和法治建设。一般而言，在经济、社会发展水平比较发达的地区，人们更关注对财产的保护、对投资的渴望、对金融的关心，也就更需要了解民商法和经济法等知识；在经济、社会发展水平欠发达的地区，人们则更重视对基本生活水准的保证、对妇女儿童合法权益的保障、对社会治安的维护，这就更需要掌握刑事、行政法等知识。

有学者曾主张用联邦制形式来解决中国法治的这些困难。世界上的大国也确实运用联邦制，美国、加拿大、俄罗斯等国家都是如此，甚至连一些比中国小的国家也有使用联邦制，如德国。在联邦制国家中，各联邦地区都有自己的立法权，可以根据本地区的实际情况，制定相关法律，这样比较容易克服因地区差别而引发的法治困难。但是，这主要是西方的经验，不适合中国的国情。中国是长期实行单一制的国家，在统一的时期，社会比较稳定发展，如文景之治、贞观之治等大治时期都是如此。中国在分裂时期，战争频繁，社会秩序比较紊乱，社会发展受到阻碍，三国南北朝、五代十国时期就是这样。中国实行联邦制风险很大，弊大于利，甚至会饮鸩止渴，影响到国家的存亡，更不要说解决法治的困难。

在目前的情况下，能够缓解这种困难的方法是利用地方性的法规、规章。根据中国《宪法》和《立法法》的规定，中国的地方有自己的立法权，即地方也有制定适用于本地区法规、规章的权力。各地方可以利用这些权利来满足本地区法治的需求，在一定程度上克服因地区发展不平衡而产生的法治困难。比如，关于构成盗窃罪起点金额的规定，有些发达地区为2000元，有些欠发达地区则为1000元。[1]当然，最理想的路径是大力开发中西部地区，缩小它们与东部沿海地区的差别，从而解决法治的这一困难。

以上这三大困难不会在短时间内得到彻底解决，而应经过一个不断努力的过程。因此，要大力发展和弘扬法治文化，使其逐渐取代原来的德治、人治文化；要重视研究西方的现代法制和中国国情，使其能真正在中国本土化；要着力开发、发展中西部地区，提高其经济和社会发展水平；等等。这些都是艰巨的任务，需要坚持不懈、花大力气才能奏效，而且，要全国人民的共同参与，得到大家的广泛支持。当这三大困难得到克服之时，也就是中国法治建设更为辉煌灿烂的时刻。

转型时期法治建设的任务

为了实现中国的社会转型，有必要充分发挥法治在其中的作用。当前，要切实落实以下一些法治建设的任务。

首先，进一步提高公民的法律素质。

随着社会转型的不断深化，法治也要不断向前推进，实现同步发展和进

〔1〕 王立民：《法治建设与社会和谐》，载《文汇报》2007年4月8日。

步，其中，公民法律素质不提高是不行的。法律素质是人们所具备的法律意识、法律知识和法律能力的综合性素质，它们之间存在一种辩证关系。法律知识是基础，人们只有具备了这一知识，才会形成法律意识，具有法律能力；法律意识是关键，当人们具备了法律意识以后，才会自觉地学习法律知识和提高法律能力；法律能力是目标，具备法律知识和法律意识最终是为了具有法律能力，正确使用法律，推进法治建设，促进社会发展。随着公民法律素质的普遍提高，整个社会的法律素质也会提升，这样，法治发展就会比较顺利，转型也会比较顺畅。

公民法律素质的提高离不开法律知识的学习和积累。中国已经开展了“一五”至“五五”的普法，也取得了明显的效果，今后这一普法还要继续开展，使公民不断接受法律知识的教育，积累更多的法律知识，提高法律素质。这里特别要强调的是，要组织公民认真学习转型时期推出的新的法律内容。这些内容不仅为过去所不具备，而且还与转型联系在一起，可以直接为转型服务，有利于推进这种转型。当前，开展法律教育的形式很多，有听辅导报告、开展法律咨询、收看电视节目等。其中，收看电视节目特别重要。有调查表明，上海市民把收看电视节目作为自己学习法律知识的主要途径。[1]在电视节目中，那些以案说法的栏目“给他们留下的印象和启发最为深刻”，比如“今日说法”“法庭内外”“案件聚焦”“东方110”“东方大律师”等。[2]因此，有必要充分利用电视节目和这类栏目，发挥其在宣传法律知识和提高公民法律素质中的作用。

其次，进一步营造良好的法治环境。

中国现在正在经历的社会转型与加快社会主义法治国家的建设同步，这一转型不仅离不开法治建设，还要依托法治建设。营造良好的法治环境，对于法治建设意义重大。

当前，可以在以下三个方面有所突破：一是要造就一个法治气氛。利用一切舆论工具大力宣传法治，使人们不断接受法治的教育。广播、电视、网络、公益广告、报刊等都要把宣传法治作为己任，利用自身的特点和优势，全力弘扬法治。内容可以各种各样，可以是重要的法律、法规的内容，也可以是新颁

〔1〕 上海市行政法制研究所：《依法行政与法治政府》，法律出版社2006年版。
〔2〕 上海市行政法制研究所：《依法行政与法治政府》，法律出版社2006年版。

布的法律、法规的内容；可以是司法解释的内容，也可以是典型案例；可以是中国的法治文明，也可以是世界的法治文明；等等。形式也可以多种多样，可以有辅导报告，也可以有专家访谈；可以有法治类电视，也可以有法治类电影；可以有法治内容的竞赛节目，也可以有法治内容的娱乐节目；等等。总之，要使中国的公民生活在有法治气氛的环境中，很容易感觉到法治的存在。

二是要养成守法的习惯。守法是法治社会对公民的底线要求，违法者要承担相应的法律责任。当广大公民都守法，成为守法公民的时候，良好的法治秩序就建立了起来。中国的学校要开设相关的法律课程，从儿童、小学生开始，就接受法治教育，养成守法的习惯。到了中学、大学，这类课程不能中断，要把其作为公民素质教育的一个组成部分，深入进行，使他们走上社会以后，成为一个守法公民。课程的内容要适合他们的具体情况，不能千篇一律，小学生学习的内容就应与大学生学习的内容有区别。而且，形式要改变枯燥无味的状况，使他们在轻松、愉快的学习过程中，学到基本的法律知识，在潜移默化中，养成守法的习惯。当公民都把法治作为自己的行为准则的时候，中国成熟的法治社会就会来临。

三是树立法律实施的良好形象。行政执法和司法是法律实施的主要内容，这是法律在现实生活中的体现，与广大公民的权益直接相关，也是他们感受法律的一个直接途径。同时，法律的实施也是法治状况和水平的一个重要标志，特别引人关注。树立法律实施的良好形象，不仅有利于提升法律自身的权威和公信力，也有助于公民增强对法律的敬畏和信仰，这在法治国家中不可多得。当前，特别需要从提高行政执法和司法人员的素质、办案水平和能力、装备水准等方面着手，使法律实施保持在一个良好状态。

最后，进一步推进依法治国。

依法治国的内涵主要是：人民民主、完善法制、树立宪法和法律的权威、限制政府公权力部门的权力等。中国要进一步推进依法治国，就需在这些方面进一步下工夫。目前，在这些方面都有可以下工夫的空间，这里仅以完善法制为例。中国已经建成中国特色的社会主义法律体系，这就意味着涵盖社会关系各个方面的法律部门已经齐全；各个法律部门中基本的、主要的法律已经制定出来；以法律为主干，相应的行政法规、地方性法规、自治条例和单行条例也制定出来并与之配套；法律体系内部做到了科学和谐统一。然而，中国的这一法律体系于 2010 年刚形成，还有一个待完善的任务，即“确保在 2010 年形成中国特色社会主义法律体系并不断加以完善。”[1]只有当这些法制完善以后，中国特色的社会主义法律体系才算成熟。目前，这一体系还只是“形成”，而不是“成熟”。

中国需要制定一些法典。中国的法制倾向于大陆法系，法典是法制中的主干，缺少法典，法制就不够完善。改革开放以来，随着社会主义市场经济的发展和人民生活水平的提高，社会的财富大大增加，财产关系也日益复杂，需要有一部民法典来调整这种关系。但是，中国大陆现在还无民法典，现有的只是分散的相关规定，比如民法通则、物权法、合同法、侵权法、婚姻法和继承法等。要把这些相关的规定进行必要的修订并综合起来，容纳进一部法典，还需做很多工作。现在正在着手这一工作，但离其出台还需一些时日。还有，行政程序法也需要制定一部法典。

中国的有些法典虽已颁行，但有些内容已经滞后，需要进行修订，《刑法》即是如此。现行《刑法》于 1979 年公布，1997 年修订过一次，以后又有多次修正。目前，其中的有些重要内容已滞后，需要再次进行修订，也确实正在酝酿这一修订。酝酿的内容涉及减少死罪、延长有期徒刑的时间等。中国《刑事诉讼法》也在需要修订之列。只要经过不懈的努力，中国的依法治国就一定会不断有长进，成熟的社会主义法治国家在不久的将来也一定会建成。

本文原载《企业经济》2011 年第 5 期。

---

〔1〕 王兆国:《关于形成中国特色社会主义法律体系的几个问题》，载《法制日报》2010 年 11 月 15 日。

三、中国在依法治国中实现的跨越

中国在十一届三中全会后走上依法治国的道路，至今已有30余年。这30余年来，中国依法治国的脚步不断向前推进，实现了多个跨越。这些跨越就是一种飞跃，不但显示了中国依法治国的进步，也蕴藏了背后的深层次原因。以后，随着中国依法治国的进一步发展，这种跨越还会出现，直到建成成熟的社会主义法治国家。这种跨越是中国在建设社会主义法治国家过程中，出现的局部、阶段性飞跃，其意义重大。本文拟对其中的一些问题作些探索。

中国在依法治国中实现了三大跨越

这30余年来，中国在依法治国的道路上不断向前迈进，实现了多个跨越，其中主要是三大跨越。

1. 从"法制"到"法治"的跨越

1978年，党的十一届三中全会明确提出必须加强社会主义法制以后，中国开始大力建设社会主义法制，党的文件和理论、学术、宣传等也都开始大量使用"法制"这个词。"法制"被简称为"刀治"，因为"制"是"刀"字傍。1997年党的十五大则以报告形式进一步提出"法治"，其表述是："进一步扩大社会主义民主，健全社会主义法制，依法治国，建设社会主义法治国家。"[1]这一精神在1999年修改《宪法》时，写入《宪法》，即"中华人民共和国实行依法治国，建设社会主义法治国家"。这

〔1〕《江泽民文选》(第2卷)，人民出版社2006年版，第28页。

一“法治”被简称为“水治”，因为“治”是“水”字傍。从十五大以后，党的文件和理论、学术、宣传各界便大量使用“法治”这一词。中国也从建设社会主义法制跨越到了建设社会主义法治的阶段。

“法制”与“法治”虽只是一字之差，但差别不小，其中有两点非常突出。第一点，“法制”强调法律制度，把法律文本作为主要表现形式，以静态为主要特征；“法治”则强调用法制去治理社会，以动态为主要特征。第二点，“法制”要求广大民众遵守，以治“民”为主；“法治”却是要治理者用法制去治理社会，因此首先要把治理者先治理好。这里的“治理者”是指拥有治理权的人员，即“官”，因此，“法治”以治“官”为主。这一跨越是一种从静态到动态的跨越，也是一种从“治民”到“治官”的跨越。

2. 从“法律体系”到“法治体系”的跨越

从党的十一届三中全会以后，中国就在加强社会主义法制建设，开始建立自己的法律体系。1979 年中国便制定了《刑法》《刑事诉讼法》等法律。党的十五大进一步提出，要在 2010 年形成中国特色的社会主义法律体系的立法目标。经过全国上下 10 余年的共同努力，这一目标如期完成。至 2010 年年底中国已制定现行有效法律 236 件，行政法规 690 多件，地方性法规 8600 多件。时任全国人大常委会委员长的吴邦国于 2011 年 1 月 24 日在“形成中国特色社会主义法律体系座谈会”上明确指出：“法律、行政法规、地方性法规等多个层次的法律规范构成的中国特色社会主义法律体系已经形成。”〔1〕具体来说，这一体系既包括了纵向的基本法律、法律、行政法规、地方性法规、规章和规范性文件等，也包括横向的宪法、民商法、经济法、行政法、社会法、刑法和诉讼法等部门法。至此，中国在政治、经济、文化、社会和生态建设等方面都实现了有法可依。这是中国法治建设中的一个里程碑。

十八届四中全会的《中共中央关于全面推进依法治国若干重大问题的决定》（以下简称《决定》）〔2〕进一步提出：“坚持走中国特色社会主义法治道路，建设中国特色社会主义法治体系。”即中国在形成了中国特色的社会主义法

---

〔1〕 吴邦国：《在形成中国特色社会主义法律体系座谈会上的讲话》，载《法制日报》2011 年 1 月 27 日。

〔2〕 习近平：《中共中央关于全面推进依法治国若干重大问题的决定》，载《文汇报》2014 年 10 月 29 日。

律体系以后，还要建设中国特色的社会主义法治体系。这是一个从“法律体系”向“法治体系”的跨越。这一“法治体系”由五大内容构成，即完备的法律法规体系、高效的法治实施体系、严密的法治监督体系、有力的法治保障体系和完善的党内法规体系。在这五个体系中，第一个体系实际上就是法律体系，另外四个体系是为了保障这一体系在现实生活中的实现而建立的体系。如果说，完备的法律法规体系侧重于法律文本体系的话，那么另外四个体系则是为了这法律文本的实施，使其变成现实的体系。其中的法治实施体系是指行政执法、司法、守法等体系；法治监督体系是指人大、舆论监督等体系；法治保障体系是指组织、物质等保障体系；党内法规体系是因党的领导需要而建立的各种党内法规体系。它们都是为了保证法律体系的内容变成现实而建立的体系。从“法律体系”到“法治体系”的跨越是重视立法到重视法律实施的飞跃。

3. 从“依法治国”到“全面推进依法治国”的跨越

党的十五大提出“依法治国”，具有重要意义。这是中国治国方略的根本性转变，即从人治转向法治。人治与法治有许多差异，但最突出的差异则是国家权威上的差异。人治以人为权威，法律要服从人，个人意志可以不受法律的约束，甚至个人行为可以冲击法律，“长官意志”就是其中的一种表现。法治则以法律为权威，任何人都必须服从法律，个人意志受到法律的约束，任何人触犯了法律都要受到应有的制裁。中国四千多年的历史就是人治的历史，直到十五大才在党的正式文件中，首次提出依法治国。

中国在四千多年前的夏朝就有法律，制定过“禹刑”，但法律不是权威，专制君主才是最高的权威，整个古代都是如此。清末虽进行了法制改革，开始走上法制现代化的道路，但其政权仍是专制政权，人治没有得到改变。辛亥革命后建立的临时政府仅存三个月，没有机会实行法治。北洋政府和南京国民政府实质上是个独裁政府和党治政府，不可能实行法治。1931 年南京国民政府颁行的宪法性文件《中华民国训政时期约法》甚至明文规定：“由中国国民党全国代表大会代表国民大会行使中央统治权。”[1]这种党治不可能形成法治。这一宪法性文件一直被使用至 1947 年 12 月 25 日，在《中华民国宪法》实施

〔1〕 郑定、赵晓耕主编：《中国法制史教学参考书》，中国人民大学出版社 2003 年版，第 345 页。

时才被废止。然而，此时的中国正处在第三次国内革命战争时期，无法实行法治。中华人民共和国成立以后，由于各种原因，中国仍以人治为主要特征，没有进入法治轨道。十五大明确提出“依法治国”，是要改变中国四千多年的人治状况，转为法治。这是一种历史性治国方略的转变，十分不易。可是，那时的“依法治国”还是集中于战略、口号，只是一种新的治国方略的提出，具体的内容并不多。

党的十八届四中全会的《决定》以“全面推进依法治国”为主题，这在我们党的历史上还是第一次，意义非凡。在这一《决定》中，一方面对全面推进依法治国提出了一些新的战略性目标，是治国方略的完善。比如“总目标”“五个原则”“五大体系”等。另一方面则提出了一些具体任务，即“六大任务”。[1]这些任务很重要，很具体，也很具有可操作性，而且应该、也必须尽快加以落实。比如，立法中的把每年的十二月四日确定为国家宪法日；执法中的推行政府权力清单制度；司法中的最高人民法院设立巡回法庭；守法中的把法治教育纳入国民教育体系；法治队伍中的建立法官、检察官逐级遴选制度；依法治党中的对违反党纪行为必须严肃处理；等等。习近平总书记还专门对这些具体内容的确定作了解释，“是坚持改革方向、问题导向，适应推进国家治理体系和治理能力现代化要求，直面法治建设领域突出问题，回应人民群众期待，力争提出对依法治国具有重要意义的改革举措”。[2]这些任务的完成，将使中国的依法治国进入一个新的阶段。可以认为，《决定》中的战略目标将长期有效，需要长期坚持和贯彻落实；“决定”中的一些具体任务则具有阶段性，待这些任务实现后，我们党将提出新的任务，一步步踏踏实实地全面推进依法治国，使中国加快建成社会主义法治国家。可见，从“依法治国”到“全面推进依法治国”的跨越，是依法治国方略的提出向治国方略的完善和具体任务落实的跨越。

中国在依法治国中实现的这三大跨越既来之不易，又非常了不起，是中国依法治国的进步和取得伟大成就的一种展示和显现。

---

〔1〕 新华社:《为中华民族伟大复兴提供法治保障》，载《文汇报》2014 年 10 月 29 日。
〔2〕 习近平:《习近平就〈决定〉起草情况作说明》，载《文汇报》2014 年 10 月 29 日。

中国在依法治国中实现跨越背后的深层原因

中国在依法治国中实现跨越具有一定的必然性，背后蕴藏着一定的深层次原因，归纳起来主要是以下三大原因。

1. 人民对国家安定和生活幸福的期待

中华人民共和国的建立是中国历史发展过程中的一个重要里程碑。这充分显示中国人民真正站起来了，开始走向独立、自主的道路，终止了鸦片战争以后中国主权受损，让西方列强入侵、割让的耻辱历史。从此，中华民族走向一个新时代，这非常伟大。然而，中国还没有摆脱人治的窠臼，以后的一系列政治运动，都是人治的直射，而且还使中国饱经风霜，使人民很受伤害。"反右"扩大化、"反右倾"斗争、"四清"运动和"文化大革命"等都是如此。在"反右"扩大化中，大批正直人士被打成右派，蒙受不白之冤。党的十一届三中全会复查后表明，被打成"右派"分子的人数为552,877人；1980年改正了54万余人，[1]可见，被错划为"右派"的人数非常多。"文化大革命"对国家和人民的伤害更大，它前后持续了10年，对国家和人民来说，都是一种浩劫，其伤害程度超过"反右"扩大化。那时，在"以阶级斗争为纲"的指导下，一大批党员、干部、群众受到残酷打击，造成了堆积如山的冤假错案。[2]而且，这种危害的影响还很大，以致在"文化大革命"结束以后，人们对其还心有余悸，甚至还有人对避免"文化大革命"的再次发生缺乏信心，认为："我看不出怎样才能避免或防止再发生诸如'文化大革命'这样可怕的事件。"[3]劫后余生，为了避免浩劫和伤害，过上幸福的生活，人民期待国家安定和生活幸福。这就需要改变治国方略，摒弃人治的治国方略。事实已经证明，人治对国家、人民的危害太大，中国必须找到一种能给社会带来安定和发展的治国方略。

从世界史来看，除了人治以外，还出现过神治和法治的治国方略。世界上有些国家曾把神治作为自己的治国方略，亚洲就有这样的国家。亚洲曾是一些重要宗教的发源地，佛教、印度教、道教、伊斯兰教、犹太教、基督教等都是如此。亚洲还曾施行过神治，其中有西亚的用伊斯兰教、犹太教治国，南亚的

---

〔1〕 郝铁川：《法治与人治理念的对抗与冲突》，载《东方法学》2015年第1期。
〔2〕 卢先福、王长江主编：《中国共产党建设80年》，上海人民出版社2001年版，第210页。
〔3〕 张国、林善浪主编：《中国发展问题报告》，中国社会科学出版社2001年版，第401页。

佛教、印度教治国等。这些地区以宗教为权威，任何人都要服从宗教；采用政教合一的政权，宗教主控制着国家政权；编定了宗教经典，要求人们学习、践行；建造祈祷场所，供人们祈祷；制定宗教法，强制人们遵守；等等。但是，随着时代的发展和现代世俗法的传播与移植，神治方式已渐渐退出历史舞台。而且，中国没有神治传统，历史上从来没有运用过这一治国方略。中国传统社会中的不少神职人员也没有把宗教作为一种信仰和事业，犯罪时有出现，甚至胆敢犯有被宗教视为大忌的杀人、抢劫、诬告和性侵犯等犯罪。[1]各种因素综合决定了神治不可能被中国作为自己的治国方略。

法治成了中国的唯一选择。现代国家纷纷选择法治这一治国方略，而且世界上的发达国家都实行依法治国。法治是一种世俗性治国方略，与神治不同，也与人治不同。法治以法律为权威，任何人都要服从法律；法律反映了多数人的意志，具有国家意志属性；法治能保持相对稳定性，不会朝令夕改；法治又具有相对独立性，排除许多非法治因素的干扰；法治又有反复适用性，可以使人们对自己的行为有所预期等。其优越性比神治、人治都多。人民需要国家的安定和生活幸福，法治成了一种必要的选择。这一选择符合广大中国人民在经过长期的磨难以后，对国家安定和生活幸福的期待，可以使人民摆脱运动式的灾难，保证国家稳定发展，过上幸福生活。

邓小平高屋建瓴，抓住历史机遇，及时回应人民的期待，提出要加强社会主义法制，把中国引入法治轨道。他在 1978 年 12 月 13 日召开的中央工作会议上，就明确提出："加强社会主义民主，健全社会主义法制。"[2]此后，一些党的领导人也都对建设社会主义法治作出过指示，提出过要求。[3]党的领导人的要求转化为全党意志并通过党的文件表述出来。十一届三中全会的决定中，就有关于加强社会主义法制的内容。十五大报告把以往的建设"社会主义法制国家"改变为建设"社会主义法治国家"。十六大报告把"依法治国"作为社会主义民主政治建设的重要内容，还提出要提高依法执政的能力。十七大的报告进一步提出："全面落实依法治国基本方略，加快建设社会主义法治国家。"十八届四中全会的《决定》以"全面推进依法治国"为主题，这在我们党

---

〔1〕 王立民：《中国古代刑法与佛道教》，载《法学研究》2002 年第 3 期。

〔2〕 《邓小平文选》（第 2 卷），人民出版社 1994 年版，第 146 页。

〔3〕 辛红、张维：《党领导依法治国大事记》，载《法制日报》2011 年 6 月 30 日。

的历史上还是第一次。可见，人民的期待得到党的肯定与回应，中国的依法治国有了坚强的领导。

依法治国是国家行为，需要自上而下的推进。全国人大及其常委会是中国的权力机关，也是行使立法权和法律监督权的机关，适时对依法治国采取了具体措施，落实人民的期待，让依法治国接地气。十一届三中全会以后，在1978年至1979年的两年之内，全国人大及其常委会就开始制定了21件法律和有关法律的决定。1982年还颁布了《宪法》。1999年在修订《宪法》时，还把实行依法治国，建设社会主义法治国家写入《宪法》，依法治国得到了根本法的确认。1980年至1989年的10年，我国掀起了一个立法高潮，全国人大及其常委会共产生法律、有关法律问题的决定以及立法解释149件。[1]2010年建成了有中国特色的社会主义法律体系。中国制定法律的工作稳步推进，法治建设蒸蒸日上。国务院作为中国的政府，行使管理国家的权力，也积极推进依法治国、依法行政。1999年11月国务院发布了《国务院关于全面推进依法行政的决定》并要求各级政府“从根本上转变那些已经不能适应依法治国、依法行政要求的传统观念、工作习惯、工作方法”。2004年9月国务院又发出了《全面推进依法行政实施纲要》并明确提出，要经过10年左右时间的坚持不懈努力，基本实现建设法治政府的目标。

人民检察院和人民法院作为中国的司法机关，努力开展适用法律的工作，在司法上体现依法治国。批捕和公诉是人民检察院的重要工作，批捕、公诉的案件数量也在逐步上升。1988年的批捕案件为442,108件，2009年上升为958,364件；1988年的公诉案件为262,896件，2009年上升为1,168,909件。[2]2013年批捕数字略有下降，达879,817人；2013年公诉数字则为1,324,404人。[3]人民法院受理的各类案件数量逐年上升。从1978年的61.3万件上升到2009年的746.2万件；[4]2013年这一数字上升为14,228,016

---

〔1〕 朱景文主编：《中国人民大学中国法律发展报告2010》（上册），中国人民大学出版社2011年版，第130～132页。

〔2〕 朱景文主编：《中国法律发展报告——走向多元化的法律实施》（2011），中国人民大学出版社2011年版，第4页。

〔3〕 中国法学会：《中国法治建设年度报告（2013）》，载《法制日报》2014年6月18日。

〔4〕 朱景文主编：《中国法律发展报告——走向多元化的法律实施》（2011），中国人民大学出版社2011年版，第1页。

件。[1]中国的依法治国在国家的推动下，不断向前运行，也不断回应着人民的期待。

正是在党和国家的不断指导、领导、推动下，中国的依法治国才不断向前推进。在这一推进中，实现了多个跨越，彰显了中国依法治国的进步。

2. 社会发展的需要

党的十一届三中全会以后，中国开始改革开放。这是一条强国之路，决定着中国的命运。中国要富强，摆脱贫困，不改革开放不行。改革开放就是解放社会生产力，促进社会发展。这种改革是全面的改革，既包括了经济、政治、文化体制的改革，也包含了其他一些方面的改革。改革开放需有法制做保障，加强社会主义法制建设势在必行。十一届三中全会以后，中国加快了建设社会主义法制的步伐，出台了一系列法律、法规和有关法律的决定，以适应改革开放与社会发展的需要。

随着改革开放的深入发展，社会也在不断进步，更需要用法治来规范、引导。这种发展和进步突出表现在经济、政治、文化、社会和生态等诸多领域。(1)在经济领域，中国的经济从计划经济转型为社会主义市场经济，经济结构优化，经济增长方式得到明显改善，现代企业制度得到逐步确立，经济持续高速增长，人均 GDP 不断上升，城乡区域差距正在缩小，经济体量逐渐加大，中国的经济总量和社会购买力很快便名列世界前茅等。(2)在政治领域，中国的政治体制改革深入开展，人民代表大会制度得到巩固发展，政治协商更加成熟，基层民主不断扩大，民主集中制得到有效实施，人权状况不断改善，反腐败力度渐渐加大等。(3)在文化方面，中国的文化体制改革稳步推进，社会主义核心价值观得到大力宣传，优秀传统文化得到弘扬，现代的文化传媒日新月异，社会主义文化更加繁荣等。(4)在社会领域，社会关系开始复杂化，社会治理方式开始转型，突出的社会矛盾得到一定程度的缓解，社会保障事业更加受重视，人均预期寿命逐渐提高等。(5)在生态领域，由发展而带来的环境污染问题已经显现，而且情况不容乐观，环境污染的治理引起越来越多人的关注，政府和民众比以往更重视生态问题，退耕还林和动物保护的措施比较得力等。总之，中国的整个社会发生了较大变化，发展速度前所未有，中国与发

---

[1] 中国法学会：《中国法治建设年度报告（2013）》，载《法制日报》2014 年 6 月 18 日。

达国家的距离迅速缩短，已成为一个现代大国，理所当然地进入了现代社会行列。现代社会需要用现代法治来进行治理，而且随着中国社会的快速发展，法治也要跟上这一发展的步伐。于是，中国的法治就在发展过程中，实现了跨越，不断向前演进。

中国的社会发展需有法治作支撑，把法治作为规范社会行为、保障社会发展、促进社会进步的一种路径和方式。在中国，用法治作为这种路径和方式具有其独特的优势。第一，法治可以强有力地规范社会行为。法治以法律为基础，法律由国家制定或认可，具有国家意志性质，人人必须遵守。法律由国家的强制力保障实施，任何人违反以后都受到相应的制裁，最严厉的制裁方式则是适用死刑，即剥夺犯罪人的生命。法治所具有的这种强有力地规范社会行为的优势，可以使其更容易得到实施，有效起到规范作用。第二，法治还可以强有力地调控社会行为。随着社会的发展，有些新的社会问题会暴露出来，比如社会中的一些弱者的问题。法治可以通过调控来解决这些问题，使社会达到一种新的平衡，形成新的和谐，使公平正义得到延续。比如，为了解决一些社会中弱者的问题，就可以用扶贫、法律援助、慈善事业、税收等一些法制来调控等。当然，法治调控社会的行为不仅仅局限于解决弱者问题，还包括社会发展中出现的其他问题。中国的社会发展需要法治，法治也伴随着社会的发展而进步。

3. 法治自身发展的规律

法治是人类的一种活动，与世间的其他事物一样，也有自身发展的规律，并顺应这一规律运动。虽然由于各种原因，法治在发展过程也会出现曲折，但是规律客观存在，并支配着法治运动，形成一种波浪式前进的态势。当人们把握了这一规律以后，就可运用这一规律，较为自觉地开展活动，使其较为顺利地沿着规律的轨迹向前运行，水平逐渐提高，层次渐渐高级。法治的这种规律也表现为基础向提高的发展，低级向高级的运行。中国法治发展的规律也是如此，法治发展过程中的跨越即是这种规律的显现。

在“法制”与“法治”、“法律体系”与“法治体系”、“依法治国”与“全面推进依法治国”之间，都是一种基础向提高、低级向高级的跨越。“法制”突出的是法律制度，以法律文本为主要表现形式，而且强调广大民众的遵守。这是“法治”的基础，没有这一基础，“法治”就无法可依，治理者也就缺少了进行治理的依据。只有当“法制”建立、健全起来，治理者的治理水平有了提高以后，“法治”才能顺利进行，并在现实社会中发挥应有的作用。“法治”是在“法制”基础上的提高，也是从低级的“法制”向高级的“法治”的发展。没有“法制”不会有“法治”，有了“法制”也不能仅停留于“法制”，而应向“法治”进步。这样，法治社会才能到来，治国方略才能落实。中国已经完成了这一跨越，而且符合法治发展的规律。

“法律体系”显示的是法律文本的体系，是建立“法治体系”的前提。没有“法律体系”就不会有“法治体系”。“法治体系”是一种保证“法律体系”实施的体系，是一种使其现实化的体系。因此，就“法治体系”而言，“法律体系”就是一种基础；对“法律体系”来说，“法治体系”就是一种提高。从法治发展过程来看，“法律体系”的建立处在低级阶段，“法治体系”的建立则是处于高级阶段。要实行法治，没有“法律体系”不行；要推进全面的依法治国，光有“法律体系”也不行，还需建立“法治体系”。中国已经建成了中国特色的社会主义法律体系，为了保障法治的推进，必然要实现向建设中国特色的法治体系的跨越，这也与法治发展的规律吻合。

“依法治国”与“全面推进依法治国”是一种前端与后端的关系。只有存在了“依法治国”，才可能“全面推进依法治国”，没有“依法治国”，不可能有“全面推进依法治国”。党的十五大提出“依法治国”时，还只是提出一种战略、口号，只是一种新的治国方略的提出。党的十八届四中全会作出“全面推进依法治国”决定时，已不仅仅是提出一种战略、口号，也不仅仅是新的治国方略的提出，而是这种战略、口号内容的完善、治国方略的深化和具体措施的设计。如果说，提出“依法治国”还只是指出了奋斗目标和发展方向，那么提出“全面推进依法治国”则是进一步指明和确定依法治国的前行道路。因此，从依法治国的角度来说，这就实现了一种后端向前端的跨越。这也与法治发展的规律一致。

规律客观存在，不以人的意志为转移；认识规律是一种人对规律的认知，属于主观；运用规律是把主观变成客观。依法治国也是这样。中国的党和国家在依法治国的实践中，逐渐掌握并运用了法治发展的规律，不断推进依法治国进程。作为依法治国主体的中国人民也应势利导，顺应法治发展的规律，共同推进依法治国，使其实现跨越，发展到更高的水平。

可见，中国能够在依法治国中实现跨越，取得进步，主要是由人民的期待、社会发展需要、法治发展规律等原因形成合力共同造成。缺少任何一方，都无法如此顺利实现这种跨越，可见是多因一果。

中国在依法治国中实现跨越的法治启示

从法治的角度来审视，中国可以从依法治国实现的跨越中得到一些启示，突出表现在以下三个方面。

1. 证明依法治国可以在中国生存和发展

中国自十一届三中全会以后走过的依法治国的历程已经证明，依法治国不仅可以在中国生存，而且还可以在中国得到发展，即中国已经具备了依法治国的土壤和气候等条件。这一证明意义重大。中国自夏朝开始具有四千多年的法制历史，但这一法制仅是人治的附庸，为人治效力的工具。人治才是治国方略，国家的基本治理方式。在中国这块土地上，从来没有实行过法治，也没有出现过真正的依法治国历史。这 30 多年中国依法治国的历史，特别是其实现的跨越可以证明，中国能够走出人治的窠臼，走入依法治国的法治新道路，否则，中国无法在依法治国中实现自己的跨越。

中国走入依法治国的道路，实行法治是借鉴、移植了西方的现代法治。中国传统上是个农业国家，熟人社会，人们重和谐不重规则，而且还长期生活在专制统治的阴影之下，人治十分成熟，没有法律的权威，也没有法治的传统。西方国家在传统上则是一个工商业国家，市民社会、陌生人社会，人们重规则、讲契约，而且有民主和法治的历史，法治有基础。进入近代以后，随着资本主义生产关系的建立和发展，法治得到了确立和发扬，依法治国渐渐成了它们的一种常态。现在，这些国家都发展成了发达国家、法治国家，依法治国深深扎根于社会之中。中国实行的是现代法治，这种法治又不产生于本土，需从西方国家去引进，这是一条借鉴、移植的路径。中国在依法治国中能实现跨越，也证明中国不仅可以借鉴、移植现代的法治，而且还能获得成功，使依法治国在中国入乡随俗，生根开花。

把现代法治借鉴、移植到中国，使其本土化、中国化，不是一件容易的事。依法治国是个系统工程，要开展一系列培育法治的土壤，营造法治气候等工作，并作出很大的努力，才能成功。通过党的决议，把全党的意志统一在依法治国上来；通过立法，逐渐形成中国特色的社会主义法律体系；通过普法，大力推广法律知识；通过行政执法和司法，把法治融化在人民的生活中；通过法律监督，使依法治国不偏离正确的运行轨道；等等。这些工作都成功地支撑着法治中国化，以使依法治国能在中国大地上成活并茁壮成长。中国在依法治国中实现的跨越也证明了，法治中国化有了良好的开端，取得了阶段性成果，依法治国作为中国引进的依法治国方略可以在异国他乡的中国生存、发展起来。这是一件值得欣慰的事，为实现中国的强国梦开辟了一条理想的治国理政途径。

2. 说明中国已具备总结依法治国经验与教训的条件

中国已具有 30 余年依法治国的历史。这段历史虽不算长，但却丰富，其中还经历了多次跨越。这种跨越实质上是一种飞跃，也是一种局部的质变，可以反映出法治发展的不同阶段与历程。其中囊括了许多事实和情况，积聚各种经验和教训。这些经验和教训都弥足珍贵，是中国依法治国活动的真实记录，也是依法治国历程留下的足迹。这些经验和教训凝聚了法治成功的要素，也包含了法治挫折的因素。正视这些经验和教训，可以使人清醒；吸取成功的经验和牢记挫折的教训，可以使人变得聪明；有利于全面推进依法治国，少走或不走弯路，减少法治的成本。

中国在依法治国方面也确有一些可以总结的经验，并涉及法治的多个方面。

在传承本土的有益经验方面。中国重视挖掘历史上一些有益的经验，使其为今天的法治建设服务。运用调解制度即是如此。中国古代就开始使用这一制度，到了革命根据地，这一制度开始现代化，还不断完善，成为当时减少讼累的一种有效手段。那时的调解根据情况的不同，还分为民间调解、群众团体调解、政府调解和司法调解等。[1]现在，在中国的法治中，仍有关于调解的内容，调解制度进一步发展，解决了许多纠纷，十分有利于社会的安定与和谐。据统计，仅在 2005 年 7 月至 2007 年 6 月的三年间，全国的各级调解组织共调解了各类矛盾和纠纷 1580 多万件，调解成功率达 95%。[2]2013 年调解了矛盾

〔1〕 张晋藩主编：《中国法制史》，中国政法大学出版社 2007 年版，第 414 页。

〔2〕 吴志明主编：《大调解——应对社会矛盾凸显的东方经验》，法律出版社 2010 年版，第 7 页。

和纠纷943.9万件，成功率达98%。[1]中国的本土经验在今天的依法治国中同样大放光彩，发展成为当今的一种新经验。还有，马锡五审判方式、综合治理等也都是如此。

在借鉴外国的法制文明方面。中国同样重视借鉴现代的外国法制文明，使其成为中国的法治组成部分。尊重和保障人权就是如此。中国古代长期在专制统治之下，人权一直被忽视，得不到应有的尊重和有效的保障，中国本土尊重人权的传统经验不足。而西方在其民生与法治之下，人权的尊重和保障都有较长的历史，也有一套较为完备的制度，其中有一些为中国所不具备。中国在依法治国中，重视借鉴它们的成功经验，把其移植到自己的法制中。2004年中国在修改《宪法》时，还专门在第33条中增加了一款，内容是："国家尊重和保障人权。"此外，中国还借鉴了外国的许多文明制度，遍及各个法律部门，并使它们中国化。

在具有中国特色方面。中国在依法治国中，根据本国的国情，形成了自己的特色。这些特色为外国的现代法治所不具备，明显具有中国化的色彩。人民代表大会制度就是如此。这是中国的根本政治制度，是人民行使权力的政权组织形式，人民当家作主的最主要途径。中国的人民代表大会具有议行合一的功能，不是西方的议会，更不是三权分立的产物。人民代表大会制度是中国法治的一个特色。现代西方国家推崇和施行三权分立制、多党制、轮流执政制，无法也不可能形成类似于中国那样的人民代表大会制度。中国的这一制度行之有效，为保证人民当家作主作出了贡献。还有，坚持党的领导也是一种中国特色。以上这些经验均是，中国在依法治国中贯彻执行并为法治实践所证明是正确的经验，今后仍要坚持、使用，不要放弃。

30余年来，中国在依法治国中还有一些教训，较为突出的是把无罪者错判为死罪犯。佘祥林、赵作海、呼格等案都是如此，他们都是无辜者，却被误判构成故意杀人罪，还被适用死刑。好在佘祥林、赵作海等人被适用死缓，在被害人现身后，得到了平反。可是，呼格吉勒图却没有这么幸运了，在被捕的61天后他便被执行了死刑，含冤去世，直到2014年此案才得到平反，前后相隔了18年。[2]这其中既有法官、法院的错判责任，也有"严打"时制度不周的教

---

〔1〕 中国法学会：《中国法治建设年度报告（2013）》，载《法制日报》2014年6月18日。

〔2〕 张美延：《"呼格案"再审彰显法律公平正义》，载《人民法院报》2014年12月16日。

训。1986 年全国开始“严打”，其基本方针是“从重从快”，于是死刑的最后核准权从最高人民法院下放至高级人民法院，各省、自治区、直辖市便有了这一核准权。放权以后，有些高级人民法院没有认真履行这一核准权，死刑冤案便从中萌生。2007 年中国再次把死刑的最后核准权收归最高人民法院，死刑的错判才得到有效控制。这一教训要牢记，不要让其再死灰复燃。

中国在这 30 余年依法治国中取得的经验和教训，是以后依法治国决策中的一种依据，也是一面镜子。从中可以领悟出一些真谛，利于在今后的依法治国的行程中，多走一些直路，少走一些弯路。

3. 预示中国依法治国的任务仍很艰巨

中国现在还不是一个成熟的法治国家，只是一个要全面推进、加快建设法治的国家。从这种意义说，中国的法治建设还在道路中、过程中、历程中，法治国家还未建成，也远没有成熟。中国已经在依法治国中实现的跨越，是依法治国过程中的局部性飞跃，是一种阶段性成果。这一成果既使人感到欣慰，也使人认识到中国依法治国的任务仍很艰巨，还有更多的跨越在前面，还需作更大的努力，不可松懈，更不能半途而废。

在以后的依法治国中，随着法治的进展、量变的积累，还会出现新的跨越。中国依法治国的进程就是由许多跨越连贯起来，从小跨越到大跨越，从量变到局部质变，再到整体质变，乃至成熟的法治国家建成。这些跨越就是凸显了中国法治的进步。比如，向民法典制定的跨越，向违宪审查真正落实的跨越，向阶段性司法体制改革任务完成的跨越等。(1)关于向民法典制定的跨越。民法是一种调整财产关系、与人身相关财产关系的法律。中国的财产已经非常多，而且越来越多，需要制定一部民法典来与之相适应。民法典可以把民法的内容系统化、完整化，其优越性不言而喻。中国虽然已经颁行了《民法通则》《物权法》《合同法》《侵权法》《婚姻法》《继承法》等，但还需法典化，制定民法典。民法典制定以后，就会改变中华人民共和国没有民法典的状况，实现从无到有的跨越。(2)关于向违宪审查真正落实的跨越。法律法规制定以后，就有一个内容协调的问题，违宪审查是解决这一问题、保持法律法规内容协调一致的重要途径。这在现代法治国家中不能没有。中国现在的违宪审查职能由全国人大来承担，但此职能的执行情况不理想，没有真正起到违宪审查应起的作用。中国的违宪审查应该要落实到位，否则会影响依法治国的进程，这也需要跨越，是一种由不到位到到位的跨越。(3)关于向阶段性司法体制改革任务完成的跨越。中国的阶段性司法体制改革还在过程中，最高人民法院巡回法庭的设立、跨行政区法院和检察院的设置、公益诉讼、社会矫正的突破等都是其中的改革内容，也是需完成的任务。[1]这些任务完成以后，中国的司法体制就上了一个新台阶，进了一大步，这是一种从提出任务到完成任务的跨越。实现了这些跨越以后，中国的依法治国水平将会有一个较大的提升，与成熟法治国家的距离也会进一步拉近。

与以往的跨越一样，以后中国在依法治国中的跨越也不会自然而然地实现，而需经过全国上下的共同努力。首先，党要坚持对中国依法治国的领导。把党的领导贯彻到依法治国的全过程，使依法执政成为一种常态。各级党的组织和干部要充分认识到，维护宪法与法律的权威就是维护党和人民共同意志的权威并付诸在自己的各项行动中。党员干部是全面推进依法治国重要的组织者、推动者和实践者，必须带头遵守法律，带头依法办事，不能违法行使权力。只有坚持党对中国依法治国的领导，中国的依法治国事业才会不迷失方向，少受挫折，大踏步行进。

其次，法治工作队伍要充分发挥自己的法治职能。法治队伍是中国依法治国的专门队伍，包括了由立法、行政执法、司法、法律监督等部门成员组成的队伍。他们直接从事法治工作，是一支决定中国依法治国进程和面貌的重要队伍。这支队伍的正规化、专业化和职业化不可或缺，思想政治素质、业务工作能力和职业道德水准都要有所提高。他们要在自己的法治岗位上依法办事，保证自己法治工作的质量，尽量使自己坚守的局部法治工作不出差错，以保证全国的法治大局依照法治发展的规律不断前行。

再次，全民都要争取做到守法。人民即是中国依法治国的主体，也是依法治国的基础。只有当人民都努力做到守法，中国的依法治国进程才会加快。法律要靠人民遵守，法不责众会严重损害法律的权威。每个人都要提高自己的法律素质，把法治作为自己的行为方式，真正成为法治的忠实崇尚者、自觉遵守者和坚定捍卫者，共同为形成一个守法光荣、违法可耻的社会氛围而努力。

---

〔1〕 邹伟等:《晒一晒司法体制改革“早收清单”》，载《人民法院报》2015年1月20日。

最后,法学教育和法学研究不能滞后。法学教育为中国培养法治人才,对提高全民的法律素质负有不可推卸的责任。中国的法治正在快速发展,法学教育不能滞后。中国现在不缺法律人才,缺少的是卓越法律人才,法学教育应重点培养国家急需的卓越法律人才。法学研究为中国的依法治国提供理论基础、思想指导,要产出适合中国国情、具有中国特色的法治研究成果,为依法治国保驾护航。法学教育与法学研究都要为建设社会主义法治文化献计献策,鸣锣开道,提供支持。只有在全国上下齐心协力之下,中国的依法治国才会不断实现跨越,最终到达法治国家的目标。

跨越是中国依法治国前行中的外在表现,既体现出前行过程中的阶段性,也反映出前行中的各个重要历程。跨越形成的跨越链可以表现出中国依法治国运行的轨迹。小跨越显现的是中国依法治国的小进步,大跨越凸显的是中国依法治国的大进步。跨越的背后隐藏着深层原因,它们才是实现跨越的真正动力。在中国今后的依法治国进程中,还会出现许多跨越,并实现由不断的量变到最终的质变。中国要把握好依法治国中的每次跨越,不放过每个发展过程中的机遇,使中国的依法治国能顺应法治发展的规律顺利向前行进,尽快实现社会主义法治国家的中国梦。

本文是作者主持的国家社科基金重大课题“坚持党的领导与依法治国相统一的互动关系研究”(14ZDC004)的第2子课题“坚持党的领导与科学立法的互动关系研究”的中间成果。
本文原载《学术月刊》2015年第9期。
部分内容被《红旗文摘》转载。

四、群众工作的法治路径

党的十八届三中全会十分重视中国的法治、群众工作。在会议的《中共中央关于全面深化改革若干重大问题的决定》(以下简称《决定》)中,第一次以党的文件明确提出“建设法治中国”和“坚持法治国家、法治政府、法治社会一体建设”。同时,也对群众工作提出了更高要求,包括“促进群众在城乡社会治理、基层公共事务和公益事业中依法自我管理、自我服务、自我教育、自我监督”;“完善直接联系群众和服务群众制度”。[1]在当前加快建设社会主义法治国家的大背景下,把法治作为群众工作的一个路径,有其必要性。

法治路径在群众工作中的功能优势

与人治、神治路径相比较,在中国的群众工作中法治的路径功能优势比较明显。这种功能优势又十分有利群众工作的开展,突出表现在以下四个方面。

第一,具有合法性。即在群众工作中法治路径的合法性十分明显。法治作为一种治国方略,已在中国的《宪法》中得到首肯。《宪法》的第5条明文规定:“中华人民共和国实行依法治国,建设社会主义法治国家。”[2]宪法是国家的根本法,具有最高的法律效力,法治的合法性毋庸置疑。十八届三中全会的

---

〔1〕《中共中央关于全面深化改革若手重大问题的决定》,载《人民法院报》2013年11月16日。

〔2〕国务院法制办公室编:《新编中华人民共和国常用法律法规全书》,中国法制出版社2004年版,第4页。

《决定》进一步强调："必须坚持依法治国、依法执政、依法行政共同推进。"体现在群众工作中，就要充分运用法治路径，因为其具有合法性，这一合法性功能利于群众工作的开展，大家比较认同。

第二，具有权威性。即在群众工作中法治路径的权威性十分明显。中国的法律需经过最高权力机关人民代表大会的制定或认可，具有国家意志性。这种国家意志反映了广大民众的意志和愿望，而且还通过合法程序产生，具有权威性。同时，它的这种权威性还与国家的强制力联系在一起，以其作为后盾。任何单位、个人违反法律以后还会受到法律的制裁。违反了刑法就会受到刑罚的处罚，最重的是死刑，可以剥夺人犯罪人的生命。违反了民事法律就会遭到民事制裁，其中包括：赔礼道歉、恢复原状、恢复名誉、支付违约金、赔偿损失等。违反了行政法则要受到行政处罚，其中包括：警告、罚款、行政拘留等。法治路径的这种权威性功能促使人们对法治怀有敬畏，不敢轻易触犯，群众工作也就容易开展了。

第三，可操作性强。即在群众工作中法治路径的可操作性较强。法律规范很具体，利于运作，具有较强的可操作性。它的逻辑结构中由假定、行为模式和法律后果三个部分构成。假定是指行为发生的时空、各种条件等事实状态的预设。行为模式是指权利和义务的规定。法律后果是行为所造成的法律结果，其中又分为否定式后果和肯定式后果。这三个部分都要求具有可操作性，便于人们实施。法律规范的可操作性决定了法治的可操作性。所以在群众工作中运用法治路径，就会有章可循，不会束手无措。遇到问题时，会知晓应该做什么，不应该做什么，应当这样做，不应当那么做等。这就容易克服随意性和盲目性，保证群众工作的有序进行。

第四，可反复适用。即在群众工作中法治路径可以被反复适用。法律较为稳定，不会朝令夕改。这样，法治就可以被复制，持续发生效力。中国是单一制国家，不是联邦制国家，全国适用同样的法治，其反复适用的功能具体表现在时间、空间、对象等一些领域。在时间领域，昨天、今天可以适用，明天也可以适用。在空间领域，中国省、直辖市可以适用，自治区也可以适用。在对象领域，对你、我可以适用，对他也可以适用。法治的这种反复适用功能就使人们对自己的行为有了预期。守法、合法、依法的行为会得到法治的保护，违法、非法的行为会受到法治的惩罚。为了趋安避险，促使大家守法、合法、依法，避免违法、非法。每个人都如此，中国群众工作的压力就可大大减轻，开展起来也较为容易了。

以上这四种功能的综合决定了法治在群众工作中具有不可替代的优势。与人治、神治相比较，其优越性也十分明显。人治以人为权威，个人的意志决定法制；君主不受法制的制约，可以为所欲为；人治社会中的法制只是治国的辅助手段，君主的工具。在今天中国，人治不具有合法性、权威性的功能，更缺乏反复适用的功能，不宜把其作为群众工作的路径。神治也不把法律作为权威，而是把神作为权威；宗教领袖控制国家政权，形成政教合一的政权；宗教经典是广大民众学习的对象，其中的内容是行为准则；信教人员要定期、不定期到宗教场所祈祷，提高自己的信教水平；等等。中国自古以来都是世俗统治，没有神治传统。在今天的中国，神治更不具有合法性和权威性功能，也谈不上有可操作性和反复适用的功能。可见，中国选择群众工作中的法治路径，必然性十分突出，也非常有利于群众工作的推进。

群众工作存在的问题及其与法治的关联

随着中国改革开放的进一步发展，经济、社会等领域都在转型，社会阶层、矛盾都有变化，群众工作出现了新问题。这些问题在不同程度上都与法治相关联。

首先，群众工作主体的法治意识滞后。在中国还没有进入法治时代时，群众工作主体的法治意识不强，还可应付一般的群众问题。他们的法治意识不强，不会碍大事。现在中国进入了法治时代，建设法治中国已经成为潮流，法治成为群众工作路径已成必然；群众工作的主体的法治意识必须有相应的提高，以适应这一时代的要求。否则，就会碍大事。现在有不少群众工作主体的法治意识滞后，不尽如人意。有课题组的调研结果显示，他们太看重自己的政绩，太看重 GDP 及与此相关的各项工程，摆不正政府政绩与群众利益的关系，养成了一种只对上负责的惯性，甚至还把有损人民群众利益的“大局”放在不恰当的位置，把群众的诉求压下去，其结果十分严重。有领导作了估计，在干群矛盾冲突中，属于干部责任的占了 50%。群众认为，干群关系是水油关系的占了 76.52%，水火关系的占了 17.11%，水乳关系的才占了 6.28%。[1]仔细

---

〔1〕 全国党建研究会社区党建研究专业委员会课题组：《当前党的群众工作的问题与对策》，载《中国延安干部学院学报》2011 年第 2 期。

分析一下就可发现，群众工作主体的法治意识明显滞后是重要原因之一，所以才会出现这么多问题，而这些问题又都与法治的要求格格不入。法治要求平等、公平、正义，严格依法办事，切实维护公民的合法权益，可这些群众工作主体的法治意识都严重滞后，以致出现了群众工作主体与群众工作对象间不该形成的不正常关系。

其次，群众工作对象法律知识缺乏。在法治时代里，任何公民都需具备一定的法律知识，以适应时代发展的要求，成为一位合格的守法公民。否则，便无法辨别合法与非法、有罪与无罪，难免陷入违法与犯罪之中，受到制裁，带来不必要的麻烦和痛苦。只有认真学习、真正掌握法律知识，严格守法、用法，才会受到法律的保护，在法治的自由王国里趋乐避苦，幸福生活。当前，中国基层矛盾的焦点主要集中在土地征收、房屋拆迁、环境保护、权属纠纷、交通事故、医患纠纷、社会保障、企业改制等领域。矛盾的激化又与群众工作对象的法律知识缺乏有关。“一些群众在反映问题时，要求的合理性与行为的违法性交织在一起。”〔1〕这种“行为的违法性”与法治的要求水火不容。法治要求依法行事，追求法治理性；不认可违法行为，要惩治违法行为，追究违法行为人的法律责任。可见，群众工作对象认真学习法律知识，增强法律意识，提高法律素质，这已成为如今群众工作中的一个当务之急。

最后，群众工作的路径较为单一。新形势下，市场经济的深入发展、社会转型而带来社情变化和利益调整不可避免。这种变化、调整会带来阵痛，产生一些复杂情况。其一，在观念上出现了变化。一些群众工作对象自私自利、金钱至上、唯利是图和功利主义观念强烈；有些地方群众工作对象的自由主义、无政府主义思想严重；部分群众工作对象的道德观念、社会秩序观念淡薄。其二，群众性事件时有发生。观念的变化引发了群众工作的新情况，以致群体性事件时有发生。这种事件的参与者已由单一的物质利益需求转变为生存权、文化权、民主权并存的诉求。〔2〕这就与法治相关联了。面对这种复杂情况，开展群众工作就需把法治途径与其他途径结合起来运用，单一化的路径明显滞后。事实证明，凡是引发群体性事件，处理不当的，都与采用较为单一的路径有关。有些地方片面采用压制的方法，甚至用警力压制；有些地方的群众工作

〔1〕 蔡雄杰：《基层社会管理创新中群众工作困境与对策》，载《福州党校学报》2012年第2期。
〔2〕 蔡雄杰：《基层社会管理创新中群众工作困境与对策》，载《福州党校学报》2012年第2期。

主体态度粗暴，不能说理疏导等，以致矛盾激化。因此，除了要提高群众工作主体的素质以外，还要运用包括法治在内的多种途径来开展群众工作，才能受到满意的效果。

运用群众工作中法治路径需要把握的一些关节点

为了充分发挥群众中法治路径的功能，还需把握好三个关节点。首先，要提高群众工作主体的法治意识。法治意识是法治路径的灵魂，只有具备了法治意识，法治路径才可能运用好。这对群众工作的主体尤其如此。失去了法治的灵魂，法治路径也就不畅通了。法治意识是对法治现实的客观反映，也是推行法治必须具备的意识。其中，包括了权利与义务、公平与正义、平等与自由、尊重人权、限制政府权力等意识。它们对于正确认识、科学分析、妥善处理、合法解决群众工作中出现的问题都极为需要，不可或缺。法治意识首先来自学习法律的过程，不学法律，不知法治，无法形成法治意识。从这种意义上讲，坚持学法，很有利于全国公民法治意识的萌生和提高。有调研显示，上海市民学习法律的主要途径是看电视、听广播、阅报纸，也就是说，这些途径成为上海市民获得法律知识的主要来源。[1]他们最感兴趣的法律则是与自己日常生活关系比较密切的法律，首先是民法和劳动法，其次才是宪法等。[2]群众工作主体应该从中得到启示，带头、主动学习法律知识，提高自己的法治意识。法治意识的提升还需要参加法治实践，其中包括群众工作主体的守法和依法办事。在实践中，把法律知识与实践工作结合起来，学以致用，巩固和发展已学的法律知识，感受活生生的法治现象，深刻理解法治的核心内容，使自己的法治意识得到升华。当群众工作的主体的法治意识提高了，就会自觉守法、讲法、用法，群众工作也就容易开展了。

其次，要继续大力开展普法教育。法治的基础是法律，没有法律，无法进行法治。群众工作中的法治路径，主要就是运用法律知识进行治理的过程。不学法律知识，不懂法治，便无法运用法治路径。普法是增长公民法律知识的有效途径，它受众面宽，容易收到整体效果。中国从 1986 年开始大规模普法，

〔1〕 杨雄主编：《法治进程与市民》，中国社会科学出版社 2003 年版，第 11 页。
〔2〕 杨雄主编：《法治进程与市民》，中国社会科学出版社 2003 年版，第 17 页。

现在已是“六五”普法阶段。以往经验证明，普法效果不错。[1]当前，中国特色的社会主义法律体系已经基本建成，普法教育可以加大力度，全面展开。中国的法律体系中，法律分为不同层次，它们的法律效力也不相同，有位阶的高低之分。最高层次为宪法，其是根本大法，地位和效力均最高。然后，依次是基本法律、法律、行政法规、地方性法规、规章和其他规范性文件等。同时，中国的法律体系中还由法典、相关法规、法律解释等构成。法律解释中还由全国人大的立法解释与最高人民检察院、最高人民法院的司法解释等构成。在普法教育中，首先要学习中国法律体系中的宪法与法律的知识、法典的知识，然后才扩展为行政法规、地方性法规、规章和其他规范性文件、法律解释等。如果能把它们与案件结合起来，那就更理想了，以便受教育的公民能够较为全面地掌握相关的法律知识。为了使更多的公民受益，得到更好的普法效果，有必要采用各种普法教育手段，形成合力。除了继续使用电视、广播、报纸等这些传统方式外，还可以利用网络、微信等一些新方式，使普法教育的途径更多一些，覆盖面更宽一些。另外，对于不同人群，要结合他们的不同特点，有的放矢地开展普法教育，以便更受欢迎，也可更有实效。比如，对于公务员，可以多灌输一些职务犯罪的规定，防止职务犯罪；对于青少年，可以多宣传一些保护青少年的规定，切实保障他们合法权利；对于农民工，可以多宣讲一些劳动法的规定，便于他们维护自己合法权益；等等。中国的群众工作道路漫长，普法教育也是一项长期的工作。目前，只能加强，不能削弱。

最后，要把法治路径与其他路径相结合。在当前建设法治中国的过程中，法治作为群众工作中的主要路径毋庸置疑，这与治国方略相联系，也是历史的必然性选择。然而，由于群众工作的复杂性，单兵突进往往不够，协同作战将会更好。要取得更高的工作效率，收到更好的工作效果，把法治路径与其他路径结合起来会更理想。比如，道德教育、综合治理等路径都是如此。道德教育路径有提高公民道德水准的功能。通过这一路径，可以使公民自觉分辨真与假、善与恶、美与丑，主动认同和接受真、善、美，抵制假、恶、丑。大家的道德水准提升了，社会正能量就会上升，负能量随之下降，群众工作也就容易开展了。综合治理，是一种调动一切可以调动的力量进行治理的方式。这里的力

〔1〕 王立民：《普法：城市法治化的基础》，载《探索与争鸣》2010 年第 4 期。

量既包括了家属、单位、社区的力量，也包含了行政执法机关和司法机关的力量等。由他们一起发力，共同投入群众工作中去，共同做好群众工作，就会达到一个比较理想的效果。因为这些力量都有自己的资源，可以从一个侧面来促进群众工作的开展。比如，家庭可以利用亲情资源来打动群众工作的对象，单位可以利用组织资源来说服群众工作的对象，社区可以利用邻居、朋友关系来帮助群众工作的对象等。这些都有利于解决群众工作中的疑难问题。总之，要把法治路径与其他路径结合起来，打造群众工作的新局面，开辟一个新天地。

中国把法治作为治国方略的时间不长，把法治作为群众工作的路径时间更短。作为一种新路径的运用，还有一个不断摸索，研究、实践、总结、推广的过程。希望法治能很快被广大公民所接受，成为群众工作中的主导路径，并熟练加以运用，使群众工作有个新变化、新气象。

本文原载《检察风云》(社会治理理论版)2014 年第 1 期。

五、完善中国特色社会主义法律体系任务艰巨

党的十五大明确提出，到2010年形成中国特色社会主义法律体系。如今，这一目标已经实现。今后的任务是要完善中国特色社会主义法律体系。[1]这个任务同样十分艰巨，有许多工作要做。

完善中国特色社会主义法律体系的立法任务繁重

这些繁重的立法任务在完善中国特色社会主义法律体系的过程中必须完成，否则，就会影响中国社会主义法治建设的大局。

1. 有些法律法规需要制定

现在，已形成中国特色的社会主义法律体系是指：宪法比较完备，各部门法比较周全，各部门法中的基本法律比较齐全，与法律相配套的行政法规、地方性法规、自治条例和单行条例等比较完整，法律体系内部的形式和内容都比较协调等。但从完善立法的角度来看，还有进一步完善的空间，还有一些法典需要制定。比如，中国制定民法典的任务还未完成。尽管目前已经具有了《民法通则》《物权法》《侵权法》《合同法》和《婚姻法》《继承法》等，可是要把它们都容纳到一部民法典中去，还有许多工作要做。此外，从环保、生态的角度出发，制定畜禽规模养殖污染防治法也应在立法考虑之中。目前，有些畜禽的规模养殖不同程度地存在选址不当、布局不合理、污染物超标

〔1〕《在新的起点上完善中国特色社会主义法律体系》，载《法制日报》2011年1月26日。

排放、治理技术缺乏科技支撑、监管不力等问题，有必要制定相关法律，使畜禽规模养殖健康发展，有力保护环境和生态。[1]在中国的地方立法中，还有一些要制定的法规。江苏省人大代表呼吁尽快制定江苏省的湿地保护条例，以有力保护占江苏省土地面积39%的湿地，平衡生态。[2]湖北省则要制定县乡两级人民代表大会代表选举实施细则。[3]上海则要新制定实施食品安全法办法、市民体育健身等一些地方性法规[4]等。可见，仅需新制定法律法规的任务就不轻。

2. 有些法律法规需要修订

由于社会形势的发展、情况的变化和法治建设的深化等多种原因，有些原来已经颁行的法律法规的内容显得滞后，需要修订。如果不修订，将会给中国特色社会主义法律体系的完善带来不利影响。《海商法》是其中之一。1992年通过《海商法》以后，又有一些国际公约在中国生效。比如，1993年生效的《联合国海上货物运输公约》、2000年生效的《油污民事责任公约》等。这些内容都应该在《海商法》中得到体现，使其更完善。有的地方性法规也是如此。辽宁省人大常委会在2011年的计划中，就有修订《辽宁省石油勘探开发环境保护管理条例》的任务。[5]以后，陆续还会有一些法律法规需要修订，以更适合中国的现代化建设。可见，修订法律法规的任务也很繁重。

3. 有些法律法规需要协调

完善的中国特色社会主义法律体系不仅需要部门法健全、主要法律俱全，还需要法律法规内容之间的协调。不协调的法律内容不仅会损害法治的统一性，危害它的权威性，还会冲击中国特色社会主义法律体系。目前，中国的律师法与刑事诉讼法中有关侦查阶段律师会见犯罪嫌疑人的规定就需协调。律师法规定，在侦查阶段，律师就可在当天会见犯罪嫌疑人，了解相关情况，而且不被监听。可是，刑事诉讼法则规定，在侦查阶段，律师会见在押的犯罪嫌疑人，侦查机关根据案件情况和需要可以派员在场。这两个法的这一规定明显有冲突。另外，在律师的阅卷、调查取证和人身权保护等一些方面也同样有

〔1〕 陈丽平:《相关条例送审稿已上报法制办》，载《法制日报》2011年3月3日。

〔2〕 丁国锋:《代表建议尽快制定湿地保护条例》，载《法制日报》2011年2月15日。

〔3〕 胡新桥:《湖北正在修订代表选举实施细则》，载《法制日报》2011年3月3日。

〔4〕 冯丽华:《今年立法正式项目14件》，载《文汇报》2011年3月3日。

〔5〕 霍仕明等:《辽宁人大常委会今年将立法修法八件》，载《法制日报》2011年3月3日。

冲突，需协调。[1]还有，有些地方性规定与上位法规定不一致，也需协调。比如，有些地方规定强制婚检的内容，也与《母婴保健法》《婚姻登记条例》不吻合，有协调的必要。[2]

4. 有些司法体制机制需要改革

制定法律法规是为了实施。除了有法可依以外，目前更需要的是有法必依、执法必严、违法必究。这样，立法任务就与司法体制机制联系在一起了。尽管中国的司法体制机制的改革已取得很大的成绩，在加强监督制约、完善政策法律、提高队伍素质、加强职业保障等方面都效果明显。然而，中国在司法体制机制领域还有需要改革和不断完善之处，改革的任务还没有完成，当前的任务就不轻。比如，在优化职权配置方面，要改革完善民事、行政诉讼制度、刑罚执行法律监督制度，完善刑事诉讼的二审、再审程序、死刑复核的法律程序等；在落实宽严相济的刑事政策方面，要完善逮捕条件、探索处理未成年人犯罪司法制度等；在加强政法队伍建设方面，要制定政法干警职业道德规范，确定与政法工作性质和地区特点相适应的政法专项编制标准，建立法官、检察官及其辅助人员分类管理制度等。[3]这些任务涉及司法体制机制中的多个方面，也不是轻而易举就可完成的。可见，中国司法体制机制改革任重道远。

完善中国特色社会主义法律体系会遇到不少困难

在完善中国特色社会主义法律体系的过程中，不仅要做许多工作，还会遇到不少困难，这也加重了任务的艰巨性，其中包括以下这些。

1. 没有现存的法律体系可以照搬

中国特色社会主义法律体系属于现代法律体系范畴，而且还是具有中国特色的社会主义法律体系，与其他国家的现代法律体系不尽相同。现代法律体系源自于西方国家，主要是大陆法系和英美法系国家。由于国情等方面的差异，即使是在同一法系中国家的法律体系，也不完全一致。以大陆法系为例。有的大陆法系国家采用民、商法分立的体系，既有民法典，又有商法典，如法国和德国等；可是，有的大陆法系国家则采用民商合一的体系，只有民法

〔1〕 刘百军：《尽快修改刑诉法经济法律“打架”》，载《法制日报》2011年3月9日。
〔2〕 申爱山：《律师坦言立法冲突》，载《法制日报》2005年8月18日。
〔3〕 杨维汉等：《为建设公正高效权威司法制度砥砺奋进》，载《法制日报》2011年2月16日。

典，没有商法典，商法只是作为民法的特殊形态而存在，如意大利和瑞士等。就是同一的法典，其体例和内容也有差异，《法国民法典》与《德国民法典》就是如此，而且差异还不小，照搬根本不现实。中华人民共和国成立以前，也有过现代法律体系，那就是20世纪初法制改革以后，逐渐形成的六法体系。可是，60多年来，这个体系中内容的构成已远远落后于现在中国社会的发展，更不能照搬了。现在中国的香港、澳门、台湾地区都有自己的法律、法规体系，但它们均不可能照抄到中国大陆。香港沿用英美法系的传统，以判例法为主要特征，中国大陆则长期使用法典法，与判例法区别明显。澳门和台湾地区的法律、法规无法直接适用到国土面积很大、人口众多、情况复杂的中国大陆地区。可见，中国要完善自己特色的社会主义法律体系，照搬之路走不通，还是要靠自己不断求索、创新、发展、前进，因此困难不可避免。过去，中国形成自己特色的社会主义法律体系是这样，以后完善这一法律体系还会是这样。

2. 国情比较复杂

中国的国情比较复杂。这不仅表现在地理环境方面，还表现在社会领域的许多方面。比如，经济发展水平差异大，东西部之间有差异，东部与中部、西部也都有明显的差异，而西部之间的这种差异也日渐明显。随着西部的大开发，一部分地区先富起来，其经济水平的差异也显现出来了。有的地区人均GDP已超1万美元，如内蒙古的鄂尔多斯，还高于东部的有些地区。还有，民族的差别也很大。中国现有的56个民族，每个民族都有自己不同的风俗习惯，仅服装的差别就十分显著，服式、颜色多种多样。另外，宗教的差别也不小。中国有道教、佛教、伊斯兰教、基督教等宗教，每个宗教都有自己的教经教规，也不相同。可是，中国又是单一制国家，要适用同一个法律体系，也就是说，一个相同的法律体系要应对不同地区的情况，这是一个很大的困难。

法律体系的确定都是以一定的社会条件为基础，不同的社会条件会导致不同的法律体系，随着社会条件的变化法律体系也会变化。同样的法律体系往往无法适应所有的社会情况，这是由其上层建筑的性质所决定的。由此可见，相对简单的国情易完善适合自己的法律体系。中国却不是这样，它情况复杂，形成的法律体系不仅会具有自己的特色，而且非常不容易。建成中国特色的社会主义法律体系已经不易，往后完善这一法律体系也会不易。世界上有些大国面对复杂情况，采用联邦制形式，各个联邦地区相对独立，具有较大立法权，可以制定自己的法律，这种法律体系与单一制国家的法律体系就不同了。中国长期处于单一制的情况下，没有联邦制的传统，采取联邦制的法律体系来应对中国的复杂情况，完善中国特色社会主义法律体系，此路又不通。这也是一个不可忽略的困难。

3. 缺乏完善中国特色社会主义法律体系的经验

过去30余年，中国致力于形成中国特色的社会主义法律体系，大量的精力、时间和智慧都集中于形成这一法律体系，并摸索出一套成功的经验。它们是：坚持党的领导；坚持以中国特色社会主义理论体系为指导；坚持从中国国情和实践出发；坚持以人为本，立法为民；坚持社会主义法制的统一；等等。中华人民共和国成立以来，这一法律体系是唯一成功的法律体系，可以称其为在中国特色社会主义民主法制建设史上的重要里程碑。下一个里程碑应是完善中国特色社会主义法律体系的里程碑。这个里程碑的建成也十分不易，因为中国缺乏完善中国特色社会主义法律体系的经验。过去在形成这一法律体系中得到的经验可以传承，但毕竟形成和完善不完全一样，在一些具体工作机构、方法等方面会有差别。比如，要完善中国特色社会主义法律体系，少不了立法的审查机构，立法审查机构往往就不是法律制定的机构，在功能定位上不尽相同。此外，完善的方法除了要拾遗补阙之外，更要注重发现体系内部存在的问题，并加强协调，消弭冲突；而制定的方法则重点在于填补空白，从无到有，建立一个新体系。完善现在的中国特色社会主义法律体系在中华人民共和国的历史上，还是第一次，其中的经验需要逐渐积累，不会一蹴而就。这也是一个困难。

完善中国特色社会主义法律体系的具体工作

尽管完成完善中国特色社会主义法律体系的任务很艰巨，但这一任务一定要完成，其中要朝以下方面努力，做好以下具体工作。

1. 进一步树立完善中国特色社会主义法律体系的理念

理念往往决定成败。正确的理念不仅可以完善中国特色社会主义法律体系，而且还可以事半功倍；错误的理念，不仅会事倍功半，甚至会导致完善中国特色社会主义法律体系的工作受到挫折。因此，在今后完善这一体系的工作中，一定要树立正确的理念。在形成中国特色社会主义法律体系过程中的一些理念已为实践所证明是正确的，今后仍可坚持，同时要根据今后完善这一法律体系的新情况、新特点、新进展，发展以往的理念。为此特别要进一步树立以下的这些理念：以人为本的理念，即以人民的权益为出发点和归宿、着力解决民生问题的理念；民主和科学的理念，即在立法过程中广泛听取广大人民群众的意见、正确反映和体现社会客观发展需求的理念；可持续发展的理念，即要从国家、社会的可持续发展为目标的理念；加强协调的理念，即要加强协调法律体系中相关组成部分，形成一个和谐、完整法律体系的理念；等等。完善中国特色社会主义法律体系也是一项长期、艰巨的任务，只有坚持了正确的理念，才会顺利完成这项任务。

2. 进一步发挥立法主体的作用

中国的立法主体，既是形成中国特色社会主义法律体系的主体，也是完善这一体系的主体，这个主体在完善中国特色社会主义法律体系中的工作既不可取代，又举足轻重。由于中国法律体系中各种法律规范的层次不同，所以立法主体也不同，也有层次之别。不过，今后它们的工作重心都应从形成中国特色社会主义法律体系转向为完善这一体系上来。因此，不仅在理念上要有所变化，在工作机制、方法上也应有所改变。其中，要重视这样一些工作。首先，进一步进行立法调研。在调研中，了解中国国情的变化和完善中国特色社会主义法律体系的需求情况和人民群众对下一步法治发展的愿望等。也就是说，要充分掌握国情、社情、民情。其次，要进一步清理现有法律规范的内容，包括各个层面的法律、法规等，然后分门别类，包括缺少的、过时的、需要保留和修改的等。这是摸清情况，做到心中有数。再次，要制定完善这一法律体系的工作规划，排出需要进入立法程序的法律规范的顺序。复次，着手提交议案前的一系列工作，其中包含召开相关的座谈会、研讨会、听证会、论证会等，并逐渐形成具体的立法意见，甚至可以拟成参考范本。最后，举行相关的立法会议，把比较成熟的意见提交讨论、审议、通过。在整个过程中，要注意这样几个问题：要广泛听取人民群众和相关专家、学者的意见，不要闭门造车；要充分考虑到中国各地的地区差异，不要仅以个别地区作为考虑的样本；要借鉴世界法治文明的成果，不要生搬硬套；要重视发挥各层次立法主体的作用，不要仅有中央的积极性，没有地方的积极性；要注意协调上位法与下位法的关系，不要只顾下位法，不顾上位法；等等。中国的立法主体要敢于承担责任，克服困难，为下一步完善中国特色的社会主义法律体系作进一步努力。

3. 进一步凸显立法审查功能

完善中国特色社会主义法律体系不是一朝一夕的任务，会有一个长期的过程。在这个过程中，立法审查的功能不能忽视。在现代法治体系中，立法审查不可或缺。通过审查，可以发现法律体系中存在的问题并着力加以解决，保证这一体系的完善性。这种审查是一种动态的审查，只要中央和各地立法不停，审查就不止。世界上违宪审查机构不完全相同。有的在议会中，设立专门的机构，从事立法审查工作，如英国等；有的则在议会外，另设机构，如宪法法院，进行立法审查，如德国、韩国等。中国已开始进行这样的工作，政府在审查地方和部门立法方面已取得可喜成绩。截至 2010 年 3 月 8 日，我国的 30 个省市区政府和 31 个较大市政府，针对规范性文件审查，共出台规章 69 部，内容涉及备案、管理、监督、制定程序以及异议审查等方面。另外，国务院在 2007 年开展了一次中华人民共和国成立以来规模最大的行政法规审查、清理工作，最后终止了 92 件行政法规。各省市区和较大市政府以及国务院各部门也审查、清理规章 12,695 件，废止 1977 件，宣布失效 196 件，修改了 395 件。[1]这一工作还应在人大层面展开。现在，在全国人大常委会的法工委下设有法规备案审查室，在目前情况下，应该充分发挥其在立法审查中的功能。

4. 进一步立法创新

每个国家都有自己的特色，中国也是如此，与世界上的其他国家都不完全相同。这种不同的国情决定了法律体系的不尽相同。中国在完善具有自己特色的社会主义法律体系中，要有创新，不能简单地步其他国家的后尘，没有创新。这种创新往往能反映出中国法律体系中的特色。在现有的社会主义法律体系中，已有自己的创新，比如以马克思主义中国化的思想和理论作指导；人民代表大会制度的政体和中国共产党领导的多党合作、政治协商的制度；公有制为主体、多种经济共同发展的基本经济制度；中国特色的司法体系；等等。[2]以后，中国仍然要立足于自己的国情，在完善社会主义法律体系中，积极创新。中国有些地区已在立法中积极创新，走出了自己的特色。上海市人大立法是

〔1〕 李立：《6 年间拦住 328 部问题法规规章》，载《法制日报》2010 年 3 月 22 日。

〔2〕 吴邦国：《在形成中国特色社会主义法律体系座谈会上的讲话》，载《法制日报》2011 年 1 月 27 日。

其中之一。2011年,在上海市人大的立法规划中,就有创新性项目6件,其中包括口岸综合管理、慈善募捐、城市管理行政执法等。[1]上海人大就是通过这种创新立法,来完善地方性法规体系。这种创新性立法项目在中国具有创新性,精神可嘉。可以相信,中国的各级立法主体也都会不断创新,为完善中国特色社会主义法律体系作出贡献。

中国有能力建立中国特色的社会主义法律体系,也一定有能力完善中国特色的社会主义法律体系,只要大家共同努力,完善这一体系的任务一定会完成。

本文原载《探索与争鸣》2011年第4期。

〔1〕 冯丽华:《今年立法正式项目14件》,载《文汇报》2011年3月3日。

六、中国管犬规定探析

犬有两面性，既可以保护人及其财产，也可以伤害人及其财产。特别是其引发的狂犬病和咬伤、咬死人，对人的危害甚烈。为了抑制犬的野性发作，杜绝犬患，有必要对其进行管理，甚至用法律加以规制。为此，中国古今都有一些相关规定出台。

中国古代管犬规定

中国古代已重视对犬的管理，制定的法典中就有相关的规定。唐律是中国现存第一部内容完整的法典，其中就有对犬进行管理的内容。这一内容包括了以下几个方面。

第一，狂犬必须宰杀，否则犬主就要被追究刑事责任。狂犬是引发狂犬病的主要原因，必须宰杀，否则犬主就要构成犯罪，被处以刑罚。唐律规定："狂犬不杀者，笞四十。"[1]

第二，对凶恶之犬要采取防范措施，否则犬主也要被追究刑事责任。这种措施包括做标记、上笼头、作绑绊等。犬主不依法采取这些措施的，也要被处以刑罚。唐律规定："噬犬有抵蹋啮人，而标帜羁绊不如法"，也要被"笞四十"。[2]

第三，犬主要对犬杀伤人的后果承担刑事责任。犬杀伤人后，犬主就要对犬的杀伤后果承担刑事责任。其中，犬自行杀伤人的，犬主就要以过失的杀伤人来论处；犬主故意放脱犬去杀伤人的，犬主就会被以斗杀伤罪减一等来量刑。《唐律》规

---

〔1〕《唐律疏议·厩库》，"畜产抵蹹啮人"条。

〔2〕《唐律疏议·厩库》，"畜产抵蹹啮人"条。

定:“以故杀人者,以过失论。若故放令杀伤人者,减斗杀伤一等。”[1]在唐律的规定中,过失杀伤人,要依据过失杀伤人的手段、对象、后果等的不同情节来量刑,多在笞刑与徒刑之间,因为是过失的原因造成,所以犯罪人还可以用铜来赎刑。斗杀伤人,即故意斗杀人,也因斗杀伤人的犯罪情节不同而用刑不同。斗伤人者用杖、徒、流刑为主,斗杀人者则用死刑。“诸斗殴杀人者,绞。以刃及故杀人者,斩。”[2]

第四,犬主要对犬自行杀伤他人牲畜的后果承担民事赔偿责任。如果犬自行杀伤他人的牲畜,那么犬主就要对被杀伤牲畜的主人赔偿因此而造成的实际损失。唐律规定:“诸犬自杀伤他人畜产者,犬主偿其减价。”[3]这里的“减价”即实际损失。

第五,故意放脱犬去杀伤他人牲畜的,犬主就要被追究刑事责任。这说明犬主的主观恶性较大,有必要对其用刑,量刑的幅度与故意杀伤他人牲畜相同。唐律规定:“故放令杀伤他人畜产者,各以故杀伤论。”[4]即根据情节被处以杖刑或徒刑。

唐律根据唐朝的实际情况,对犬的管理作了较为全面的规制,内容涉及犬主的责任、犬杀伤人的后果承担、犬杀伤牲畜后的用刑等一系列规定,有利于对犬的控制和人的生命、财产的保护。

在唐朝以后制定的中国古代法典中,也有对犬管理的相应规定。《宋刑统》是宋朝的一部主要法典,其中对“犬杀伤人畜”作了规定,内容与唐律的规定一致。[5]到了明、清,其主要法典《大明律》《大清律例》也对此作了类似规定,只是在个别地方作了修改,主要是对犬主放犬杀伤他人牲畜行为的制裁有了改变。这种改变主要是两个方面:一是对犬主用刑减轻,降为笞刑;二是增加了民事赔偿,要赔偿主人的实际损失。《大明律》规定:“若故放犬,令杀伤他人畜产者,各笞四十,追赔所减价钱。”[6]《大清律例》中的规定与《大明

---

〔1〕《唐律疏议·厩库》,“畜产抵蹋啮人”条。
〔2〕《唐律疏议·斗讼》,“斗殴杀人”条。
〔3〕《唐律疏议·厩库》,“犬伤杀畜产”条。
〔4〕《唐律疏议·厩库》,“犬伤杀畜产”条。
〔5〕《宋刑统·厩库》,“犬伤害人畜”门。
〔6〕《大明律·兵律·厩牧》,“畜产咬踢人”条。

律》一致。[1]从中可见,唐朝以后的封建朝代不仅重视对犬的管理,而且还大量沿用了唐律中的一些规定。

纵观中国古代关于管犬的规定可以看到,这一规定的内容在唐朝已经比较全面,以后变化较小;对违法者的制裁比较严厉,惩罚力度比较大,以刑罚为主。这些都值得关注。

中国近代的管犬规定

1840年的鸦片战争以后,中国进入了近代社会。根据中英签订的不平等条约《南京条约》及其附件《五口通商附粘善后条款》的规定,上海率先于全国其他城市设立了租界——上海英租界,随后还有美、法租界。1863年英美租界合并,成立上海英美租界,1899年其改称为上海公共租界。以后,上海便长期存在上海公共租界和法租界了,直到20世纪40年代租界收回为止。上海租界的法制是近代的法制。随着租界的建立,这一法制也诞生了,而且比中国华界产生的近代法制还要早半个世纪。继上海以后,中国另有包括汉口、天津、广州等在内的9个城市也设立了租界。[2]它们的法制也都是近代法制。

中国最早的近代管犬规定出现在上海租界。从19世纪开始,上海租界就制定了一些有关管犬的规定。这里以上海的英美、公共租界相关规定为例,反映其内容所涉及的几个方面。

第一,规定捕杀野犬。1875年上海租界出现一起因被带有狂犬病毒野犬咬伤而患狂犬病致死的病例。第二年,上海英美租界便作出规定,在租界里捕杀野犬。1893年进一步规定,在租界马路上游荡,而且不带颈圈的犬也一律捕捉,然后集中关养,等待犬主领回,7天后无人领回的犬,也要被宰杀。[3]

第二,规定家犬外出必须戴上口套。家犬必须戴上口套是为了避免其咬人,对人造成伤害,同时也可以避免狂犬病毒的传播。1899年上海公共租界颁行《狂犬病及家犬上口套管理条例》,其中规定家犬外出必须戴上口套。[4]

第三,规定要征收养犬执照税。1899年上海公共租界还作出规定,对养

---

〔1〕《大清律例·兵律·厩牧》,"畜产咬踢人"条。

〔2〕费成康:《中国租界史》,上海社会科学院出版社1991年版,第427~430页。

〔3〕马长林等:《上海公共租界城市管理研究》,中西书局2011年版,第93~94页。

〔4〕马长林等:《上海公共租界城市管理研究》,中西书局2011年版,第93~94页。

犬户征收养犬执照税，征税机构为行政管理机构工部局。[1]

第四，规定禁止犬进入有些公共活动场合。1868 年上海英美租界的外滩公园开放后，就规定犬不能进入公园，而且华人也是如此，于是便有了"华人与狗不得入内"的歧视性明示。1885 年，此规定被上海租界内的公园广泛采用。此年，上海英美公布、施行的公园规则进一步明文规定："脚踏车及犬不准入内"和"除西人佣仆外，华人不得入内"。[2]犬是一种不能进入公园这一公共活动场所的动物。

这些管犬的规定实施以后，取到了较为明显的效果。据统计，1893 年上海英美租界就捕捉了 4457 条犬，除了 750 条被犬主认领外，其余的全被处死。1899 年上海公共租界也捕捉了 4758 条野犬，其中也有部分被宰杀。[3]管犬规定的施行有效遏制了狂犬病在上海租界的发生，效果比较理想。

上海公共租界养犬的人不少，一些外国人也在其中之列，当他们违反管犬规定后，也要受到处罚。1902 年曾发生过一件荷兰驻沪总领事阿德瓦凯特违规溜犬而被处罚的事。那年，这位领事在马路上溜自己一条没戴口套的犬，被巡捕抓住，可他拒付罚款，最后此案被移送到外国领事团处理。领事团决定通过诉讼解决此案，法官由瑞典和挪威总领事担任。最后的审案结果是，认定阿德瓦凯特违规成立，并要承担相应的违规责任，以付 5 个荷兰盾了结此案。[4]

中国其他城市中的租界，也对管犬作出过规定，汉口、天津等租界都是如此。汉口的法租界在 1929 年颁布的《法国租界总章程》中，设专条对管犬作出了规定。其内容主要有：所有的养犬者都应到巡捕房进行登记注册；每年犬主都要向租界交税，每犬每年 5 元；所养之犬都要挂上"狗牌"；在犬溜达时，必须戴上嘴套；违规之犬将被巡捕抓捕并送入待领场，3 天后犬主不来领取，即被杀死或当作其他用途；违反这些规定的，犬主都会受到不同程度的罚款，一般在 5 元左右。[5]天津租界也有类似规定，而且很重视征收犬捐，把其作为租界收入的一部分。天津《法租界市政管理局内部组织规则》规定，租界的总务处应具备收取狗税的捐税簿册。《1930 年法租界应征收的各种捐税概表》

---

〔1〕 马长林等：《上海公共租界城市管理研究》，中西书局 2011 年版，第 93～94 页。

〔2〕 史梅定主编：《上海租界志》，上海社会科学院出版社 2001 年版，第 525 页。

〔3〕 马长林等：《上海公共租界城市管理研究》，中西书局 2011 年版，第 93～94 页。

〔4〕 马长林等：《上海公共租界城市管理研究》，中西书局 2011 年版，第 93～94 页。

〔5〕 袁继成主编：《汉口租界志》，武汉出版社 2003 年版，第 556 页。

则显示，“狗捐”是每年每条5元。[1]总之，管犬的规定在中国租界广泛存在，其已成为中国租界近代法制中的一个不可或缺的组成部分。

综观中国租界近代管犬规定可知，管犬的手段有了明显变化，更多地使用近代方法，突出税收的规定；执法比较公平，少有特权色彩。这些都说明管犬规定的文明程度有了提高。

中国当代的管犬规定及其思考

改革开放以后，中国走上了建设社会主义法治国家的道路，管犬也被纳入其中，许多地方都制定了管犬规定。据2008年的统计，全国制定、颁布的相关地方性法规和政府规章有76件，其中地方性法规24件，地方政府规章52件。包括1987安徽省制定的《安徽省犬类管理办法》、1989年山东省制定的《山东省养犬管理办法》、1993年上海市颁布的《上海市犬类管理办法》、2003年北京市制定的《北京市养犬管理规定》、2008年海南省海口市颁行的《海口市城市养犬管理条例》、2010年成都市实施的《成都市养犬管理规定》等。上海在2011年还颁行了《上海市养犬管理条例》，以取代先前的《上海市犬类管理办法》。[2]这些管犬规定的颁行对规范养犬行为，抑制犬患，维护养犬秩序，均有一定的积极意义。

从上海市的《上海市养犬管理条例》来看，其对养犬登记，养犬行为规范，犬只的收容、认领和领养，犬只的经营以及违反规定的法律责任等一些管犬的重要问题都作了规定。其中，有一些特别值得关注的地方。比如，犬只在出生满3月的，就要接种狂犬病疫苗，植入电子标识；个人在城市地区养犬的，每户限养1只；禁止个人饲养烈性犬；为犬只束牵的引带不得超过2米，在拥挤场合要自觉收紧牵引带；为大型犬只戴嘴套；乘坐电梯或者上下楼，要避开高峰时间并主动避让他人；即时清除犬只排泄的粪便；禁止携带犬只进入办公楼、学校、医院、体育场馆、博物馆、图书馆、文化娱乐场所、候车室、餐饮场所、商场、宾馆等场所或乘坐公共汽车、电车轨道交通等公共交通工具；另外，还对违反后的处罚也作了规定。这些规定使管犬有章可循，也使养犬有

〔1〕 罗澎伟主编：《天津通志·附志·租界》，天津社会科学院出版社1996年版，第536页。

〔2〕 上海市第13届人大第25次会议：《上海市养犬管理办法》，载《上海法治报》2011年3月11日。

了章法。

然而，从全国的情况来看，管犬规定的实施情况不太理想，与规定的要求还有距离。有统计显示，尽管《海口市城市养犬管理条例》规定，犬主要办领养犬许可证，可实际情况是海口的上万条犬中只有 2 千条领有养犬许可证。[1]尽管《上海市养犬管理条例》规定，犬主需为犬注射疫苗，可实际情况是注射疫苗率不超过 8%。[2]《北京市养犬管理规定》虽规定，对烈性犬、大型犬实行拴养或者圈养，不得出户溜达。可是，“烈性犬在禁区出现屡见不鲜”。[3]更令人震惊的是，中国在 2013 年还发生了两起犬咬死人的恶性事件。

一起发生在大连市。河北邯郸市人王某领着其 3 岁半的女儿，到大连高新园区梁家沟的一个工地小卖店，为女儿买水喝。当他们刚进入店内时，便有一条黑色藏獒窜出，并紧紧咬住女孩的脖子。王某见状，急忙用砖和木棍驱打，但终因伤势过重，女孩被送到医院后，还是抢救无效死亡。[4]

另一起发生在安徽省阜阳市阜南县。此县的中岗镇南街村村民卢某带着 7 岁的外甥，到卢某家中做客。这位小外甥在家中与卢某 10 岁儿子玩耍时，被家养的比特犬咬住腿。接着，此犬还凶猛地挣脱锁住的铁链，再次咬住小外甥的脖子。事发时，家中正好没有大人，待村民听到呼喊声赶来救人时，他已经死亡。[5]

这两起犬咬死人事件的发生，更引发人们对现行管犬规定的思考。

第一，需要进一步完善管犬规定。现行的管犬规定还有一些需进一步完善之处。首先，需要禁止个人饲养烈性犬。烈性犬个头较大、性格凶猛，对人具有攻击性，威胁人的安全，甚至可以致人死亡，藏獒、比特犬都是如此。它们都有在 2013 年咬死过孩子的记录。烈性犬的犬主不该因为自己的兴趣爱好而漠视他人的安全。管犬规定中应明示在任何地区都禁止个人饲养烈性犬。无论是在城市，还是农村，都应如此。有些地方的管犬规定中还没有这一内容，需补上。其次，需要加强犬的信息管理。可以运用现代科技，给犬注射皮下芯片，此芯片中可植入有关犬的信息。一旦发生事故，便可迅速查到需要

---

〔1〕 邢东伟：《恶狗伤人后养犬人不能仅赔偿了事》，载《法制日报》2013 年 7 月 18 日。
〔2〕 许洱多：《外国政府管理宠物犬很规范》，载《上海法治报》2013 年 7 月 9 日。
〔3〕 舒悦：《治犬灾须完善法律责任》，载《法制日报》2013 年 9 月 18 日。
〔4〕 许洱多：《外国政府管理宠物犬很规范》，载《上海法治报》2013 年 7 月 9 日。
〔5〕 李光明：《法律界人士呼吁将烈性犬致人伤亡入刑》，载《法制日报》2013 年 7 月 18 日。

的各种信息，及时处理事故。目前，有些地方还没作出这样的规定，应及时弥补。最后，需要加大处罚力度。目前对违反管犬规定的处罚力度不大，就是犬咬死了人，犬主也只是适用行政处罚和民事赔偿。这不利于加强对犬的有效管理，也不能充分体现“犬之祸，人之过”的实质。因此，加大对犬主的处罚力度已刻不容缓。有专家提出，对那些犬咬死、伤人的犬主可适用刑法，这是个值得考虑的建议。〔1〕

第二，需要进一步扩大宣传。扩大宣传管犬规定是为了让人们知晓这一规定的内容，以便依法养犬，形成良好的管犬秩序。目前的情况是这一规定的宣传还不够充分，以致不少民众还不知道本地区管犬规定的基本内容。2013年7月18日《法制日报》的《法律界人士呼吁将烈性犬致人伤亡入刑》一文报道说：“早在1987年，安徽省就制定颁布了《安徽省犬类管理办法》，明确‘农村需养犬的单位和农户，须向当地乡（镇）人民政府申请，经审核批准后领取《犬类准养证》’。但记者在采访中发现，绝大多数农民都不知道养狗还要报批领证。”这就需要扩大宣传，通过各种途径传播管犬规定，使人们普遍知晓并遵守这一规定，以保平安。

第三，需要进一步加大执法力度。目前，虽然许多地方都推出了管犬的规定，但执法情况不尽如人意，违规现象不在少数。2013年7月13日《法制日报》记者在海口市海甸岛的白沙门公园里看到，园内的小路、草坪、游乐场所都有不少宠物犬，形成了犬、人混杂的情况。而且，这些宠物犬几乎都没有安置犬链或项圈等控制用具，还时不时冲到游园人中吠叫，以致几个小朋友受到惊吓，哇哇大哭。公园的管犬警示牌也形同虚设。〔2〕这与执法不到位直接关联。因此，执法主体需加大执法力度。环卫、城管和公园广场等公共场所的执法主体应负起日常管理的责任，发现违法行为要对犬主进行教育、警告，甚至罚款。公安对纵狗伤人、养犬扰民等违法行为要严肃依法处理。总之，要形成管犬的执法合力，决不让违法养犬行为游离于法网之外。

总之，只有在法治框架之下，人犬才能和谐，社会才能平安。

本文原载《法治研究》2014年第2期。

---

〔1〕 李光明：《法律界人士呼吁将烈性犬致人伤亡入刑》，载《法制日报》2013年7月18日。
〔2〕 邢东伟：《恶狗伤人后养犬人不能仅赔偿了事》，载《法制日报》2013年7月18日。

七、完善司法公开制度与提高司法公信力

现在，中国正在全面推进依法治国和加快建设社会主义法治国家，其中，完善司法公开制度和提高司法公信力不可或缺。本文对此作些探研。

完善司法公开制度是提高司法公信力的必由之路

司法公开与司法公信力都是现代司法的重要组成部分，而且它们之间还关系密切。实行司法公开是为了提高司法公信力；要提高司法公信力，必须完善司法公开制度，完善司法公开制度是一条提高司法公信力的必由之路。

首先，完善司法公开制度有利于实现公民的司法知情权，从而提高司法公信力。完善司法公开制度，十分有利于公民实现对中国司法的知情权，了解司法的实际状况，增强对司法的正确认识，提高司法公信力。这里的知情内容包括司法过程中的可以公开的部分。比如，审判的排期、庭审过程、判决结果、执行结果等。当然，有不宜公开的部分便不在可知情的范围之中，比如军事秘密、国家秘密、个人隐私等，这是为了更有效地维护国家利益和公民权益。目前，中国法院裁判文书的网上公开已成为司法公开的重要组成部分并已形成制度。公民可以在网上了解法院裁判的情况，提升对依法司法的认识，从而提高司法公信力。比如，河南省高级人民法院在颁行《关于裁判文书上网公布工作的实施意见》以后，自 2009 年以来全省的 19 个中级人民法院和 163 个基层人民法院全部都实现了裁判文书

上网公布。[1]近年来，河南省高级人民法院又下发了《关于开展庭审“三同步、两公开”的工作方案》，要求全省的各级法院加大司法公开力度，在庭审时做到同步录音录像、同步记录、同步显示庭审记录和公开展示庭审证据、公开展示适用的法律法规等。[2]这些都有利于满足公民对司法的知情权，从而提高司法公信力。

其次，完善司法公开制度有利于实现公民的司法建议权，从而提高司法公信力。司法公开有利于公民更多地了解司法情况，提出一些有益的司法建议，行使司法建议权，帮助人民法院改进工作，从而提高司法公信力。中国的许多法院都重视建立、完善司法公开制度，便于公民行使司法建议权，并收到较好的效果。重庆市江津区人民法院把“法院公开日”作为完善司法公开制度的一项措施，组织来自江津区的20余名人大代表与200余名群众一道，走进江津区人民法院，参加“法院开放日”活动，“亲身体验其司法公开工作”。这一活动中包括了组织活动参加人员参观法院立案、庭审、执行、听证、调研、文书、审务等工作，让他们知晓案件办理各个环节中可依法公开的信息。在了解了法院的司法情况以后，就有参观者“为加强立案庭建设提出了许多金玉良言”，[3]即行使了他们的司法建议权。从中，他们对人民法院的司法审判有了正确的认识，司法公信力由此而得到了提升。

最后，完善司法公开制度有利于实现公民的司法监督权，从而提高司法公信力。没有司法监督，司法难免要腐败。完善司法公开制度的一个重要作用就在于有利于公民行使司法监督权，防止司法腐败，提高司法公信力。中国的人民法院就是通过完善司法公开制度，实现公民的司法监督权来提升司法公信力。为此，人民法院制定了一系列相关规定来完善司法公开制度，保证公民行使司法监督权。1993年最高人民法院制定了《人民法院法庭规则》，对旁听庭审制度作了较为具体的规定；同年，又颁布了《关于进一步加强开庭审判活动安全保卫工作的通知》，对庭审秩序的维护作了专项规定；1999年又颁行了《关于严格执行公开审判制度的若干规定》，对公开审判作了更为详尽的规定；2000年制定了《关于加强与人大代表联络工作的决定》，确定了邀请各级人大

〔1〕《各地法院司法公开之探索与实践》，载《中国审判》2010年第5期。
〔2〕陈海发：《河南全面推进庭审“三同步、两公开”》，载《人民法院报》2013年5月26日。
〔3〕李丽莎：《“零距离”体验司法公开》，载《公民导刊》2010年第12期。

代表旁听重大案件的制度等。[1]中国的地方人民法院也有一些相关规定出台。比如，海南省高级人民法院制定的《人民群众信访申诉听证制度》、福建省高级人民法院下发的《关于执行案件“五告知”的规定》、新疆维吾尔自治区高级人民法院颁行的《关于涉法涉诉信访疑难案件公开听证的暂行规定》等都是如此。[2]它们都从不同侧面完善了司法公开制度，有利于提高司法公信力。

中国在建立和完善司法公开制度方面有了长足的进步

中国古代的司法以不公开为特征，不存在司法公开制度。清末法制改革以后，中国走上了法制近代化道路，开始推出司法公开制度。从此，这一制度成了中国近代司法制度中的一个重要组成部分。中华人民共和国成立以后，特别是改革开放以后，中国在完善司法公开制度方面又有了长足的进步。

首先，中国的司法制度建立于清末法制改革以后。自清末法制改革以后，中国开始植入西方的近代法制，近代的司法公开制度开始建立起来了。这在相关的法律里已能得到体现。1906年制定的《大理院审判编制法》把审判公开的法庭称为“公开法堂”，并要求把在审判公开的内容都做好记录。其第21条规定：“倘公开法堂及当堂宣告判决时，其录供与缮文等事，则由书记官督同录事为之。”1907年拟订的《各级审判厅试办章程》把公开审判称为“公判”，并对这种“公判”作了明确规定。第26条规定：“凡诉讼案件，经检察官或预审官送由本厅长官分配后，审判官得公判之。”第27条进一步规定：“审判官于公判时，发现附带犯罪不须预审者，得并公判之。”清末司法公开制度的建立，使中国的司法开始从传统向近代转型。进入民国时期以后，中国近代的公开制度开始完善。1932年的《法院组织法》第86条就规定，诉讼的辩论、裁判的宣布，都应在公开法庭进行。1930年的《民事诉讼法》第223条规定，不论有无言词辩论，其判决都需公开进行等。中国的革命根据地法制也是近代法制，同样建立、发展了自己的司法公开制度。早在第二次国内革命战争时期，《中华苏维埃共和国裁判部暂行组织及裁判条例》第16条就对这一制度作出规定，内容是：“审判必须公开，倘有秘密关系时，可用秘密审判的方式，但宣布判决时仍应公开进行。”到了抗日战争时期，这一制度有了新发展，提出

〔1〕 张莉：《中国司法公开制度的发展》，载《中国司法》2011年第9期。
〔2〕《各地法院司法公开之探索与实践》，载《中国审判》2010年第5期。

"完全公开"和"公审"的形式。《陕甘宁边区高等法院对各县司法工作的指示》指出:"判决案件完全是公开的,在必要时可以举行公审来判决。"那时推行的"马锡五审判方式"正是这种司法公开制度的一种集中体现。[1]司法公信力也因此而得到了提高。

其次,中华人民共和国成立以后司法公开制度被继续使用,并作了明文规定。那时,最早确立司法公开制度的是在1950年颁布的《东北人民政府司法部关于诉讼程序的几个问题》中关于司法公开的规定。它规定:"审判公开,人人均可到庭旁听,但遇有特殊情形者(如有关国家军事、外交、财政、经济等机密事项,或有关当事人名誉以及对劳动人民无教育意义之事件),可不必公开。"之后,中华人民共和国一系列有关司法公开的规定相继面世,内容也逐渐完备。1956年全国人大常委会通过的《关于不公开进行审理的案件的决定》对不公开审理的案件作了规定,其中把青少年犯罪案件也纳入了不公开进行审理的范围。它规定:"人民法院审理有关国家机密的案件、有关当事人阴私的案件和未满18周岁少年人犯罪的案件,可以不公开进行。"[2]1964年最高人民法院又在《关于阴私案件可否公开审判等问题的批复》中,又明确了不公开审理案件能否公开审判的问题。这些司法公开制度在一定程度上让公民认识了司法的真相,感觉到司法的公信力。

最后,改革开放以后中国的司法公开制度有了长足的进步。"文革"期间,中国的法制受到践踏,司法公开制度受到摧残。改革开放以后,中国的司法公开制度随着法制的恢复而获得了新生。1982年《宪法》强调了司法公开制度,并作出了规定,其第125条明确指出:"人民法院审理案件,除法律规定的特殊情况外,一律公开进行。"1979年施行的《刑事诉讼法》第111条明文规定了司法公开制度,内容是:"人民法院审判第一审案件应当公开进行。"同时,还对不宜公开的一些案件也作了规制。1982年实施的《民事诉讼法》(试行)第103条规定:"人民法院审理民事案件,除涉及国家机密、个人隐私或者法律另有规定的以外,一律公开进行。"还有1983年施行的《人民法院组织法》第7条和1989年实施的《行政诉讼法》第45条也都对司法公开作出了相应的规定。中国的司法公开制度由此得到了恢复。中国政治、经济、社会和文化

---

〔1〕 王立民:《完善司法公开制度,切实提高司法水平》,载《人民法院报》2012年12月26日。
〔2〕 《新中国司法公开的历史脉络》,载《中国审判》2010年第5期。

的大发展，对包括司法公开制度在内的法治提出了更高的要求，法治也需及时跟上，于是这一制度又开始走上了进一步完善之路。

近年来，中国的法院对司法公开制度采取了多项完善措施。第一，细化司法公开的范围。针对中国法律对司法公开规定比较原则的情况，细化了司法公开范围，细化以后，司法公开制度便更易得到实施。2009 年最高人民法院印发了《关于司法公开六项规定》，要求各类、各级法院遵循《宪法》所规定的司法公开原则，拓宽司法公开渠道，切实执行相关法律的规定，提高司法公信力，这个“六项规定”聚焦在立案公开、庭审公开、执行公开、听证公开、文书公开和审务公开等领域。每个“公开”中都有比较具体的要求。比如在“庭审公开”中，就要求建立健全有序开放、有序管理的旁听和报道庭审的规则，消除公众和媒体知情监督的障碍；所有证据应当在法庭上公开，当庭认证；应当通知证人、鉴定人出庭作证；等等。[1]

第二，公开展示司法意见。即通过对已经审理案件的公开展示，推进各类各级法院完善司法公开制度，有效提升自己的司法公信力。2011 年最高人民法院发布了《最高人民法院知识产权案件年度报告（2010）》，在 2010 年由最高人民法院审结的案件中精选了 36 件典型案例，其中涉及 43 个具有指导意义的法律适用问题。在全国法院受理关于知识产权案件猛增的情况下，最高人民法院发布这一报告，及时公开展示此类案件的审理情况，十分有利于促进司法公开，完善司法公开制度，提高司法公信力。

第三，打造司法公开示范法院。经过打造司法公开示范法院，可以督促其他法院效仿示范法院司法公开的做法，推广司法公开的经验。2010 年江西婺源县人民法院被最高人民法院确定为全国首批 100 个司法公开示范法院之一。该法院在阳光审判、阳光执行方面较为突出。它以落实司法公开为主线，把立案、庭审、执行、听证、文书、审务等全面公开化，细化可以公开的各个细节，及时回应人民群众对司法公开、司法公正、司法便民的关切与期待，受到好评。[2]以上这些从规制与实践两个方面来落实司法公开制度，直接有利于这一制度的完善和司法公信力的提高。

---

〔1〕《最高人民法院关于司法公开的六项规定》，载《人民法院报》2009 年 12 月 24 日。

〔2〕詹菊生：《婺源打造司法公开示范法院》，载《上饶日报》2012 年 3 月 6 日。

进一步完善司法公开制度与提高司法公信力的途径

随着中国社会主义法治建设的不断推进，有必要进一步完善司法公开制度，并以此来提高司法公信力，增强司法权威，打造法治社会。

首先，要进一步更新理念。完善司法公开制度是人民法院的工作，可是要做好这项工作，首先要进一步更新理念。即从提高司法公信力的高度，来认识完善司法公开制度的重要性。司法公开制度的完善涉及法院方方面面的工作。比如，会要求法院制定相关规定、添置一些设备、进行一定的取经考察和培训；要求法官切实落实相关规定，增加一定的工作量，特别是要提高自己的审判水平，自觉接受社会监督等。于是，有人会产生多一事不如少一事的想法，况且前一段时间已经开展过一些司法公开的工作，有人还会有自满情绪等。这些都首先要从更新理念来解决，要使法院上下都明白，司法公开是宪法赋予人民法院的义务，也是提高司法公信力的必经之路。完善了司法公开制度就有利于实现公民对司法的知情权、建议权、监督权，有利于法院规范司法公开行为，做到司法公正，防止司法腐败，进而提升司法公信力。因此，完善司法公开制度不是可做可不做的工作，而是必须做、要做好的工作。只有更新了理念，才能进一步完善司法公开制度，不断提升司法公信力，确保司法权威。

其次，要进一步借鉴世界法制文明的成果。司法公开制度是世界法制文明的一个组成部分，联合国和世界上的法治国家都对这一制度有明确的规定。联合国吸取了第二次世界大战的教训，从着力维护公民的基本权利出发，重视建立、完善司法公开制度，并在其文件中作出明文规定。1948 年 12 月 10 日联合国大会通过了《世界人权宣言》。这是一个系统保护公民基本权利的国际性文件，应该成为联合国成员共同遵守的准则。此宣言的第 10 条就明确规定："人人完全平等地有权由一个独立而无偏倚的法庭进行公正和公开的审讯，以确定他的权利和义务并判定对他提出的任何刑事指控。"考虑到进一步维护人权的需要，联合国对司法公开制度作了进一步规定，内容也更为完善了。1966 年 12 月 6 日联合国大会通过了《公民权利和政治权利国际公约》。此公约对司法公开作了更为彻底的规定，同时也提出了可不公开的一些特殊情况。它在第 14 条中规定："在制定对任何人提出的任何刑事指控或确定他在一件诉讼案中的权利和义务时，人人有资格由一个依法设立的合格的、独立的和无偏倚的法庭进行公正的和公开的审判。”这里所提出的一个“合格”的限定，对司法的主体提出了更高的要求。同时，还作出新的规定，即“但对刑事案件或法律诉讼的任何判决应公开宣布，除非少年的利益另有要求或者诉讼系有关儿童监护权的婚姻争端”。[1]这些新规定更有利于维护人权，也更能体现司法公开制度的完善，促进司法公信力的提高。

世界上的法治国家也致力于司法公开制度的完善，并以此来提高自己的司法公信力。它们都对司法公开作出自己的规定。比如，法国的《刑事诉讼法》第306条规定，轻罪法庭庭审一律公开；对案件实质所作的判决，一律公开宣示等等。德国的《法院组织法》第169条规定，在法庭上进行的程序，包括宣布判决和判令，都公开进行等。日本的《日本国宪法》第82条规定，法院的审判及判决在公开法庭进行；对政治罪、有关出版犯罪、保障国民权利等问题的案件，一般必须公开审讯等。[2]而且，这些国家的司法公开制度还有一个趋于完善的历程。比如，以德国判例数据库公开司法判例制度的发展完善为例。1995年时，德国仅规定公开一部分判例，理由是“编辑和读者方便”，实际上是对这种公开作了限制，广大民众看不到可以公开的全部判例。进入21世纪以后，计算机更为广泛的运用及其技术的大幅度提高，把可以公开的判例全都通过网络公开，于是提出了把所有可公开的判例全都上网公开的要求。于是，自2000年以来，德国的各种各级法院都全面公开判例。其中包括：联邦宪法法院公开自1998年以来的判例；联邦法院即最高普通法院公开自2000年以来的判例；联邦专利法院公开自2005年以来的判例；联邦行政法院公开自2002年以来的判例；等等。[3]这样的司法公开制度十分便于公民、社会对司法的监督，提升司法公信力。

再次，进一步创新制度设计与采取新措施。完善司法公开制度是改革开放以后的一项重要司法任务，需要创新制度设计。结合我国现阶段的国情和司法情况，在已经取得司法公开经验的基础上，进行新的制度设计，以完善司法公开制度。这种创新可能涉及司法公开的各个领域，特别是当前还较为薄

---

〔1〕 龙飞等:《国外审判公开之做法》，载《中国审判》2010年第5期。

〔2〕 龙飞等:《国外审判公开之做法》，载《中国审判》2010年第5期。

〔3〕 [德]门策尔:《司法审判公开与德国当代判例数据库》，田建设整理，载《法律文献信息与研究》2009年第4期。

弱的领域。在创新这一制度设计时，可以借鉴世界司法公开的文明成果，也可以参考我国有些法院在完善司法公开中已经取得的并为实践所证明是有价值的经验，集思广益，取长补短。我国的法院可以根据自己的实际情况，循序渐进，使制度创新不中断。同时，新制度一旦制定，就要抓紧落实，包括要采取一些必要的新措施，甚至增加一些投入，要使创新的制度变得现实，也使完善的司法公开制度能在司法中得到实现，切实提高司法公信力。

最后，进一步缩小各法院之间的差距。完善司法公开制度是一项重要的司法制度，也是提高司法公信力的必由之路，中国的各类各级法院都应该贯彻、落实。然而，当前中国法院在完善司法公开制度方面参差不齐。2010 年最高人民法院决定在 100 个法院首先建设“司法公开示范法院”，其中高级人民法院有 11 个，中级人民法院有 23 个，基层人民法院有 55 个，专门法院有 1 个。〔1〕这些法院在完善司法公开制度方面已取得了新的成果，绩效都比较明显。在上海，进入“司法公开示范法院”的是高级人民法院、第一中级人民法院、第二中级人民法院和浦东新区人民法院。这四个法院都有出色表现。比如，浦东新区人民法院在“在线诉讼服务平台”方面下了功夫，使司法公开制度进一步完善。通过这一平台，当事人只要上网就可提交诉状及相关材料，法院也可发出受理、缴费、送达等通知，公开度较高。〔2〕同时，此法院的司法公信力也随之提升了。可是，中国还有不少法院在完善司法公开制度方面仍需进一步花大力气，才能缩小与这些示范法院间的差距。当然，示范法院的经验也需及时推广，以点带面，共同提高。可以相信，只要大家共同努力，中国能在完善司法公开制度方面走出更为坚实的一步，也会因此而进一步提高司法公信力。

本文原载《探索与争鸣》2013 年第 7 期。

〔1〕 卞育乐:《司法公开的冷思考》，载《法制博览》2012 年第 1 期。

〔2〕 包蕾等:《浦东：那些司法公开的开“心”网事》，载《人民法院报》2011 年 6 月 13 日。

八、法律与法律智慧

法律可以转化为法律智慧，人们可以从法律中获得法律智慧，使自己变得更为聪明一些。本文以我国的古今法律为例，对法律与法律智慧中的一些问题作个探讨。

法律转化为法律智慧的内在因素

法律之所以可以转化为法律智慧，使人变得更为聪明一些，是因为它本身具备的内在因素，即它的规范性、权威性、反复实施性和文化性，分别利于人们提高对自己行为的预期、提高守法的自觉性、避免产生违法后逃避法律制裁的侥幸心理、提高文化素养。人们可以从法律中得益，提高自己的法律智慧水准。

1. 法律的规范性利于人们提高对自己行为的预期

法律的规范性很强，规定了人们可以怎么样，不可以怎么样；应该怎么样，不应该怎么样；必须怎么样，禁止怎么样。具体来说，法律对人的行为即言论、行动、手段、时间等许多方面都作出了规定。首先，关于言论的规定。现在，我国的公民都有言论自由，但也不能用其进行伤害并构成犯罪。比如，用言论煽动分裂国家、破坏国家统一者将会构成犯罪，受到刑法的追究。[1]用言论捏造事实诽谤他人而且情节严重的，也会构成犯罪，被处以刑

---

〔1〕《中华人民共和国刑法》第103条第2款规定："煽动分裂国家、破坏国家统一的，处5年以下有期徒刑、拘役、管制或者剥夺政治权利；首要分子或者罪行重大的，处5年以上有期徒刑。"

罚。[1]还有,诬告罪的规定也与非法言论有关。

其次,关于行动要求的规定。法律中关于行动要求的规定非常多,涉及的面也非常宽。这里以我国的《婚姻法》为例,涉及“禁止”“应当”“必须”“不许”“可以”等一系列的行动的要求。比如,它规定,禁止包办、买卖婚姻和其他干涉婚姻自由的行为;夫妻应当相互忠实,互相尊重;结婚必须男女双方完全自愿,不许任何一方对他方加以胁迫或任何第三者加以干涉;女方可以成为男方家庭的成员,男方可以成为女方家庭的成员;等等。[2]

再次,关于手段的规定,相关手段也在我国法律的规定之中。以我国《婚姻法》规定的遗嘱继承为例。它规定可以采用录音的方式立遗嘱,但应当有见证人在场,采用录音形式就是一种手段。我国《继承法》第 17 条第 4 款规定:“以录音形式立的遗嘱,应当有两个以上见证人在场见证。”

最后,关于时间的规定。我国法律中还有一些关于时间的规定,以民事诉讼法为例。它规定,人民法院应当在立案之日起 5 日内将起诉状副本发送被告;合议庭组成后应当在三日内告知当事人;当事人不服一审判决,有权在判决送达的 15 日之内提出上诉;等等。[3]这里的 5 日、3 日和 15 日的规定都是对时间的规定。法律的规范性内容渗透到人们生活的各个领域,指导人们的行为,帮助人们形成合法的行为范式。同时,也使人们对自己的行为有了预期;遵守法律的,会受到法律的保护;依法办事的,也会受到法律的肯定;违法犯罪的,会受到法律的制裁;等等。人们根据对自己行为的预期,把法律变成了法律智慧,只要严格守法,就会享受一种有安全感的生活。

2. 法律的权威性利于人们提高守法的自觉性

法律的权威来自于它是一种国家意志,经过国家制定或认可。国家的权威性转移到法律上,法律也具有了权威性。法律的权威性由国家强制力来保

---

〔1〕《中华人民共和国刑法》第 246 条规定:“以暴力或者其他方法公然侮辱他人或者捏造事实诽谤他人,情节严重的,处 3 年以下有期徒刑、拘役、管制或者剥夺政治权利。前款罪,告诉的才处理,但是严重危害社会秩序和国家利益的除外。”

〔2〕《中华人民共和国婚姻法》第 3 条规定:“禁止包办、买卖婚姻和其他干涉婚姻自由的行为。”第 4 条规定:“夫妻应当互相忠实、互相尊重。”第 5 条规定:“婚姻必须是男女双方完全自愿,不许任何一方对他方加以胁迫或任何第三者加以干涉。”第 9 条规定:“登记结婚后,根据男女双方约定,女方可以成为男方家庭成员,男方可以成为女方家庭成员。”

〔3〕《中华人民共和国民事诉讼法》第 113 条规定:“人民法院应当在立案之日起五日内将起诉状副本发送被告。”第 115 条:“合议庭组成人员确定后,应当在三日内告知当事人。”第 147 条:“当事人不服地方人民法院第一审判决的,有权在判决书送达之日起十五日内向上一级人民法院提起上诉。”

障，违法者会受到相应的制裁。比如，违反刑法，会受到刑罚的制裁，其中包括主刑管制、拘役、有期徒刑、无期徒刑、死刑和附加刑罚金、没收财产、剥夺政治权利；[1]违反了民法会受到民事的制裁，其中包括赔偿损失、恢复原状、停止侵害、返还财产、赔礼道歉等；[2]违反了行政法会受到行政的制裁，其中有行政拘留、警告、罚款、没收违法所得、责令停产停业、暂扣或吊销许可证或营业执照等。[3]这些制裁方式都使国家的强制力得到了具体、充分的表现。这一方面显示了法律的威慑力，违法者因为要承担相应的违法责任而有了违法的巨大压力；另一方面又提高了违法者的违法成本，违法后会得不偿失，入不敷出。这就使人们很现实地感觉到法律的权威性，迫使自己不敢轻易实施违法行为。法律的这种权威性有利于提高人们守法的自觉性，即从法律的权威性中去认识守法的重要性，规避违法的风险，在合法中赢得安心。这也是一种法律智慧。

3. 法律的反复实施性利于人们避免产生违法后逃避制裁的侥幸心理

法律不会一次性实施，它会反复实施，不断被实施。而且，这种实施一律平等，不以被实施人的工作岗位、案发时间和地点、民族、宗教等差别而转移。比如，对于法律的同一规定，对工人实施，对公务员也实施；今天实施，明天也实施；在城市实施，在乡村也实施；对汉族实施，对少数民族也实施；对信教的人实施，对不信教的人也实施；等等。这就是法律面前人人平等的一种表现形式。也就是说，在中国领土上，只要违法都会被中国法律所制裁，没有人能够例外。

从另一种角度来说，任何公民只要守法、不违法，也就不会被追究法律责任。这也是一种法律面前人人平等。当然，当被实施者违反了不同的法律，受到的制裁也会不同。比如，犯了故意杀人罪与一般的盗窃罪的量刑就会不同。故意杀人罪的最高用刑为死刑，而一般盗窃罪的最高刑则是无期徒刑。[4]任何公民都会因违反了不同的规定受到不同的制裁，这种制裁也会反复实施，公平

---

〔1〕 吴祖谋：《法学概论》，武汉大学出版社2005年版，第380页。

〔2〕 吴祖谋：《法学概论》，武汉大学出版社2005年版，第266页。

〔3〕 吴祖谋：《法学概论》，武汉大学出版社2005年版，第207页。

〔4〕《中华人民共和国刑法》第232条规定："故意杀人的，处死刑、无期徒刑或者十年以上有期徒刑；情节较轻的，处三年以上十年以下有期徒刑。"第264条规定：盗窃公私财物"数额特别巨大或者有其他特别严重情节的，处十年以上有期徒刑或者无期徒刑，并处罚金或者没收财产。"

使用，没有例外。从法律的这种反复实施性可知，人们只有守法才能得到安全，抱有违法后逃避制裁的侥幸心理十分危险。许多违法者甚至犯罪者就是因为抱有这种心理铤而走险，最后被绳之以法，陷入法网。懂得了这一道理，避免产生这种侥幸心理，坚持守法不违法，从而无忧无虑地生活，也是一种法律智慧。

4. 法律的文化性利于提高人们的文化素养

法律也是一种文化，具有文化性。它还是法律文化中的一个组成部分。法律文化中包括有法律思想、立法、司法、法律设施等构成要素。自夏朝建立后，我国便有了法律，随着国家的变化、发展，法律也在变化、发展。法律在这一过程中，不可避免地与其他文化形式融合在一起。比如，在古代会与戏剧、小说、诗词等结合在一起，如今还会与网络、影视等交融在一起。因此，如果人们熟悉了法律，便会自觉地理解其中的内容，提高自己的文化素养。不仅熟悉现行法律是如此，熟悉过去的法律也是这样。

学习、知晓我国古代婚姻法与刑法的人们在观看《梁山伯与祝英台》戏剧时，会从法律角度去欣赏它，并从中得到与他人不同的解读。比如，尽管梁山伯与祝英台的感情已经很深，但他们没能结婚的主要原因在法律。首先，我国古代婚姻法规定，子女的婚姻由家长决定，即"父母之命"。在祝英台就读期间，她的父母已经接受了马家的聘礼，即已把她嫁给了马家，尽管她不知道，但这个婚姻是有效的婚姻，祝英台无法抗拒。其次，我国古代婚姻法规定，"纳征（纳币）"是结婚的决定性程序。我国的结婚程序为"六礼"，分别是"纳采""问名""纳吉""纳征""请期""亲迎"。其中的"纳征"是指男方把聘财送到女方、女方接受聘财的程序。这一程序走完，实际上婚姻就告成，否则，即是一种悔婚行为。最后，根据我国古代刑法的规定，女方悔婚是犯罪行为，要受到惩处。为了保证婚姻的严肃性，我国古代的法律要惩处女方的悔婚行为，用刑为杖刑，唐代规定为杖六十。祝英台被塑造为一个正面形象，不是反逆角色，不会悔婚，故只能与梁山伯分手，最后上了马家的轿子。[1]掌握了我国古代这些法律的知识，就会从法律的视角去审视其中的情节，得到与众不同的解读了。对于现代文化作品的认识也是如此，从这种意义来讲，法律还会帮助

---

〔1〕 王立民:《中国法制史与法律智慧》，载《人民法院报》2011年5月13日。

人们提高文化的素养。这也能使人们聪明起来，具有法律智慧。

法律转化为法律智慧的条件

法律客观存在，由国家制定或认可。法律智慧则是人们掌握的一种认识、判断法律行为、事实等的主观能力。法律要转化为自己的法律智慧，从客观的存在转化为主观的能力，需具备一定的条件和作出一定的努力，否则法律还是不能转化为人的法律智慧，两者无法联系在一起。因此，个人需在其中充分发挥自己的主观能动性，主动从法律中获得法律智慧。具体来说，人们可以在以下一些方面作出努力。

1. 通过培养自己的法律素质，提高学习法律的自觉性，主动增长法律智慧

法律素质是指一种由法律知识、意识和能力等构成的综合性素质。只有具备了这种素质，才会对法律更具敏感性，提高学习法律的自觉性，在学习中增长法律智慧。这三者之间还有一种辩证关系。法律知识是基础。只有学习了法律知识，才会产生法律意识，形成法律能力。如果不学习法律知识，连基本的法知识都一窍不通，决不会产生法律意识，也无法形成法律能力，实践法律。中国在改革开放以前，也曾有一批优秀人员，它们具有较高的道德素养、管理能力等。但是，他们没学过法律，也不懂法律，不具备法律意识、能力，即不具有法律素质。

法律意识是关键。法律意识虽有强大的反作用，即会反作用于学习法律知识和掌握法律能力。人们一旦具备了法律意识，就会自觉地发奋学习法律，不断增长自己的法律知识，也会不断提高自己的法律能力，认真实施法律。法律能力则是目的。学习法律知识和具备了法律意识最终是为了培养人们的法律能力，认真实施法律。这里的实施法律既包括行政机关的行政执法和司法机关的司法，也包括公民的守法。法律素质的三个构成要素一个都不能缺少，以便形成一个整体，产生整体效应。

法律素质的培养是个过程，不会一蹴而就。但是，一旦具备了法律素质，学习的自觉性就会大增。为了提高学习效率，人们在学习的过程中，还是有一些应当注意之处。首先，要坚持学习。法律的内容很多，需要坚持学习才能见大效。2010 年，中国特色的社会主义法律体系已经建成。这个体系由宪法、基本法律、法律、行政法规、地方性法规、政府规章等构成，其数量不少。据统

计,到2010年年底,我国已制定了现行有效的法律236件、行政法规690多件、地方性法规8600多件,[1]涉及宪法与民商法、经济法、社会法、刑法、行政法、诉讼法等部门法。它们被实施于社会生活的方方面面,不同程度地与人们的生活相关,有必要坚持学习,多掌握一些法律的内容。多一些法律知识,便多一份法律智慧。

其次,可以先从与自己关系较大的法律着手学习。法律也是要学以致用,边学边用比较容易掌握其中的内容。由于法律的内容比较多,学习有个先后,可以先从与自己关系较大的法律着手,以便立竿见影,尽快新增法律智慧,付诸实践。根据相关研究,有段时间,上海市民关注度比较大的法律先后为民法、劳动法,然后才是宪法。[2]究其原因,与民法、劳动法和上海市民的关系更为密切有关。每个市民都可以以与自己关系较大的法律为切入点,进行学习,取得成效。

最后,注意与案例结合起来学习。中国比较接近大陆法系国家,以制定法为特征,比较强调法典这种形式。学法律一般先从学习法典的法律条文开始,然而法律条文只有通过实施,才能发挥其作用并体现在社会生活中的价值。从这个意义上说,学习案例就显得十分重要了。只有把学习法律条文与学习案例结合起来,才能较为正确地理解法律条文的含义,深刻理解其中的内容。可以相信,随着法律素质的提高,学习自觉性的加强,学到的法律知识就会积少成多,同时也会多增长一些法律智慧。

2. 通过掌握正确的学习法律方法,提高学习的效率,快速增加法律智慧含量

学习方法对学习任何知识都至关重要。方法正确,可以事半功倍,方法不正确,则会相反。学习法律也是如此。当然,每个人都可以有自己学习法律的方法,但法律知识的特殊性决定了它需要运用一些适合自己的学习方法。运用了这些方法,便可以较为迅速、正确、全面地学习和掌握法律知识,更快地增加自己的法律智慧含量。其中,系统学习方法、比较学习方法、演绎学习方法尤为重要,它们对于学习法律的意义较大。

---

〔1〕 全国人大常委会法制工作委员会研究室编著:《中国特色社会主义法律体系读本》,中国法制出版社2011年版,第1页。

〔2〕 杨雄主编:《法治进程与上海市民》,中国社会出版社2003年版,第157页。

系统学习方法要求学习者把法律看成一个系统，每个具体法律都是这个系统中的一个组成部分，法律与法律之间会有一定的联系，都不孤立存在。也就是说，每个法律都不是与其他法律毫无关系的。因此，在学习法律的过程中，千万不要以为所学的法律内容都是单独存在，只要学完这部分内容就大功告成。相反，要从法律是个系统的角度去认识每个具体法律及其内容。学习的时候也要顾及其他相关法律，一起学习，这样才会收获更大。比如，在学习婚姻法的时候就可以与刑法中的相关内容结合起来学习。我国的《婚姻法》规定，实行“一夫一妻”制度。[1]如果违反了这一制度，构成了重婚罪，就要受到刑法的制裁。我国的《刑法》规定，构成重婚罪者要被处 2 年以下有期徒刑或者拘役。[2]这样的学习就有了一定的宽度和深度。

比较学习方法也是一种值得使用的方法。法律中有不少内容十分接近，只有通过比较才能发现它们的差别，从而准确掌握其中的知识点。比如，刑法中抢劫罪与抢夺罪就是如此。它们虽然都在客观上表现为公开夺取财物，主观上都有非法占有公私财物的目的，但是通过比较可以发现它们在侵犯的客体、客观表现、构成犯罪的数额要求、主体的年龄要求等方面都有不同。比如，比较它们所侵犯的客体，就会发现有所不同。抢劫罪侵犯的是复杂客体，既包括财产权也包括人身权；而抢夺罪侵犯的则是单一客体，仅是财产权。[3]可见，比较学习方法在法律的学习过程中十分重要，不要忽视。

此外，演绎学习方法也很重要。我国使用的不是判例法，学习判例法需用归纳的方法。我国使用的是制定法，首先需要学习的是法律文本，其次再用其去判案，所以更需要使用演绎学习方法。尽管不是每个人都会成为法官，但学习法律后的运用也不可缺少。否则，只知条文不会运用，还是纸上谈兵。因此，在学习法律的过程中，就要注意与实际生活中的行为结合起来，用演绎的方法作出判断。当然，也可以从现存的典型案例中去观察法律规定与适用法律之间的逻辑联系。总之，这三种学习方法都十分有利于人们学到法律知识，避免或减少弯路，提高学习效率，加快获取新知识，增加法律智慧含量。

---

〔1〕《中华人民共和国婚姻法》第 2 条规定：“实行婚姻自由、一夫一妻、男女平等的婚姻制度。”

〔2〕《中华人民共和国刑法》第 258 条规定：“有配偶而重婚的，或者明知他人有配偶而与之结婚的，处二年以下有期徒刑或者拘役。”

〔3〕刘宪权主编:《刑法学》，上海人民出版社 2005 年版，第 649 页。

3. 通过掌握法律发展的动态，及时学到新的法律知识，保持法律智慧常新

尽管法律具有相对稳定性，但也不是一成不变，而会随着形势的变化、发展而有所变化、发展。特别是在社会转型时期，这种变化、发展会更为频繁一些。当法律的规定改变以后，原来的规定就不再适用，于是人们应该摒弃旧规定，使用新规定，保持法律智慧常新。否则，就会误事，甚至闹出笑话，变得愚蠢了。这种发展动态主要表现在这样三个方面。第一方面，有新的法律颁布。改革开放30余年来，我国已经走上法治道路，新的法律颁布，具有必然性。一旦有新的法律颁布，就应立即学习掌握其中的内容，增加自己的法律知识，并以此来规范自己的行为。比如当《未成年人保护法》颁布以后，未成年人的父母、其他监护人就必须履行对自己子女接受教育的义务，使他们接受义务教育，也不得让已入学接受义务教育的子女辍学，[1]否则就属于违法。

第二方面，有法律进行了修改或补充。法律的修改、补充不可避免，经过对滞后内容的修改和新内容的补充，使其更适合社会发展的需求。比如，1982年我国《宪法》颁行以后，又先后于1988年、1999年和2004年进行了修改、补充。每次修改、补充都十分重要，都对我国的社会发展产生了重大影响。比如，1988年对其中的第1条进行了补充和修改，内容涉及允许私营经济的存在和发展、土地使用权可以依法进行转让等。这对促进我国的经济发展产生了巨大作用，从此私营经济和房地产业有了大的发展。另外几次修改、补充也是如此。[2]

第三方面，有法律解释施行。我国人大常委会、最高人民检察院和最高人民法院都是法律解释的主体，会根据法治建设的需要出台法律解释，由相关机关实施。这种解释也是我国法制中的组成部分，对法律的适用具有指导意义，对一个学习法律的人来说，也应掌握。否则，掌握的法律知识中会存在缺陷。比如，最高人民法院曾对我国《婚姻法》中规定的“家庭暴力”作了解释，认为它是指行为人的殴打、捆绑、残害、强行限制人身自由或者其他手段，给其家庭成员的身体、精神等方面造成一定伤害后果的行为；而且，持续性、经常性

〔1〕《中华人民共和国未成年人保护法》第9条规定：“父母或其他监护人应当尊重未成年人接受教育的权利，必须使适龄未成年人按照规定接受义务教育，不得使在校接受义务教育的未成年人辍学。”

〔2〕魏定仁:《宪法学》，北京大学出版社2005年版，第65～67页。

的家庭暴力，构成虐待。这一解释很重要。它不仅对“家庭暴力”“虐待”作了解释，而且这一解释还与准予离婚的条件联系在一起。我国《婚姻法》第32条规定，实施家庭暴力或虐待、遗弃家庭成员的，经调解无效的，应准予离婚。扬州市邗江区人民法院就根据这些相关规定，判决薛某与陈某离婚。[1]总之，只要充分注意法律的动态，在动态中学习法律知识，就能保持法律智慧常新，不落伍。

法律智慧的作用

人们具有了法律智慧以后，不仅对自己有利，可以趋安避险；还可以反馈法律，支持法制建设。其中，包含了有助于法律的制定、案件的侦破和公正的审判等。这在我国的古今历史上都是如此。

1. 有助于法律的制定

法律的制定是个过程，也是一种人的活动。在这个过程中能否把国家的意志、社会需求充分体现出来，能否在语言上正确地表达出来，能否运用相关的立法技术把法律规范地显示出来，都需要有人的法律智慧作依托。我国历史上就有这方面的成功先例。立法者运用自己的法律智慧，使制定的法律达到了当时世界上的最高水平。《唐律疏议》的制定就是如此。

公元651年《永徽律》颁布以后，发现了两大问题，而且都与律文的理解有关。为了解决这两大问题，法律的制定人员采用了在律中增加“律疏”的办法。第一大问题是在国家的科举考试中，缺少统一的“凭准”。这对命题、评卷都带来了困难，故需要对律文作出规范的解释，以便统一理解，使这一考试能顺利进行。《旧唐书·刑法志》记载，考虑到当时“律文未有定疏，每年所举明发，遂无凭准”，所以便“广召解律人条‘义疏’奏闻”。第二大问题是在国家的司法中，由于司法官对律文意义理解的不同，司法的审判结果出现了“殊异”。为了保证司法的一致性，实现司法公正，也有必要对律文作一定的解释，统一司法官的认识，保证依法司法并实现司法公正。《唐律疏议·名例》前言说：“今之典宪，前圣规模，章程靡失，鸿纤备举，而刑宪之司执行殊异”，“不有解释，触涂睽误”。于是，“律疏”在它的法律制定者长孙无忌等人的法律

〔1〕 公丕祥总编：《参阅案例研究》（民事卷第2辑），中国法制出版社2011年版，第1～12页。

智慧中诞生了，于公元653年颁行了《永徽律疏》。《永徽律》由此而演变成了《永徽律疏》。此后，《永徽律疏》改名为《唐律疏议》。从此《唐律疏议》便主要由两个部分内容构成，即律文和“疏议”，而且其中的“疏议”具有与律文同等的法律效力，《旧唐书·刑法志》说司法官在审判中也“皆引疏文析之”。“疏议”的解释作用表现在多个方面，主要是：解释了律文中的字、词、句；罪名之间的差别；刑法实施中要注意的问题；等等。〔1〕

《唐律疏议》的立法成就使其在世界法制史上都占有重要地位，并与罗马法、《拿破仑法典》并驾齐驱。正如有的专家认为：罗马法、《唐律疏议》和《拿破仑法典》(《法国民法典》)，“代表了人类社会发展的三个私有制的历史时代。在发达的简单商品经济基础上产生的罗马法，代表了西欧奴隶私有制高度发展的时代；在发达的自然经济基础上产生的《唐律疏议》，代表了中国封建私有制高度发展的时代；在发达的资本主义商品经济基础上产生的《拿破仑法典》，代表了西欧资本主义私有制高度发展的时代。”“罗马法代表了古代奴隶制文明、《唐律疏议》代表了古代封建制文明、《拿破仑法典》代表了近代资本主义制文明。”〔2〕《唐律疏议》的成就中就凝聚了长孙无忌等法律制定者的法律智慧。

改革开放以后，我国法律的制定者也把法律智慧运用在法律的制定上，其中大量是直接促进经济发展的民商事法律。它们在改革开放之初短短的几年时间里，从无到有，被制定出来并付诸实施。其中有：《经济合同法》《技术合同法》《涉外经济合作法》《商标法》《专利法》《著作权法》《破产法》《民法通则》等。〔3〕之后，这类法律继续发展，《公司法》《海商法》《保险法》《票据法》《证券法》《合同法》《担保法》等一批法律也都在20世纪末先后被制定和颁行。〔4〕中国民商事法律及其体系逐渐建立起来了。在这其中，也集中了大量我国法律制定者的法律智慧。他们要学习借鉴外国相关的法律；研究移植法律的可能性和现实性；把握我国的国情、民情、社情；进行广泛的调查研究、听取各界人士的意见；制订立法计划；等等。这些都需要有法律智慧，没有法律智

〔1〕 王立民：《唐律新探》(第4版)，北京大学出版社2010年版，第24～25页。
〔2〕 曹漫之主编：《唐律疏议译注》，吉林人民出版社1989年版，第7页。
〔3〕 何勤华主编：《社会主义法律体系研究》，法律出版社2009年版，第80～85页。
〔4〕 何勤华主编：《社会主义法律体系研究》，法律出版社1989年版，第86～90页。

慧就会一事无成,法律智慧在法律制定中不能没有。

2. 有助于案件的侦破

侦破案件就是与犯罪作斗争。犯罪分子往往手段狡猾,行踪诡秘,要识破他们的诡计,发现蛛丝马迹,揪出犯罪人,侦破案件,没有法律智慧也不行。中国古代的有些司法官就运用自己的法律智慧,侦破了一些有一定难度的案件,惩治了罪犯,维护了法制的尊严。宋朝的枢密直学士陈述古就用法律智慧,采取"摸钟辨盗"的办法,及时找到犯罪人。他在建州浦城县任县令的时候,有一县民家中失窃,尽管抓到几个嫌疑人,但都无法确定谁是犯罪人。此时,陈述古使用摸钟的办法使犯罪人自己现身。他把这些嫌疑人都叫到一口大钟前,说:"不为盗者,摸之无声;为盗者,摸之有声。"然后,在钟的外表涂以墨,令这些嫌疑人"逐一以手入帷摸之"。最后,陈述古来检查他们的手,看看有无墨迹。结果发现,仅有一人无墨迹。"出乃验其手,皆有墨,唯有一囚无墨。"此人做贼心虚,不敢去摸钟,以为摸了钟它就会响,暴露自己犯罪人的面目。其他人则没有心理压力,先后去摸钟,顺利过关。最后,陈述古审讯这个嫌疑人,此案随之告破。"讯之,遂承为盗。"[1]此案中,陈述古掌握了犯罪人的心理,施以计谋,犯罪人便暴露无遗。此外,南朝的顾宪之采用由牛来辨主人的办法,侦破了一起盗牛案;[2]清朝任湖北省当阳县县令的董质昌用现场勘查的方法,分辨出鸡血与人血的不同,找到了杀人的真凶;[3]等等。

今天的犯罪分子变得更为凶残,他们利用各种犯罪手段,通过作案,危害人民和社会。我国的刑侦人员在新形势下充分利用自己的法律智慧与他们作斗争,努力侦破案件。这不仅打击了犯罪,维护了人民的生命和财产安全,也维护了法律的权威。2003 年 2 月 25 日 11 时 53 分,清华大学的教工餐厅发生爆炸,造成 6 人受伤的严重后果,这 6 人中,4 人是教师,1 人是进修生,另一人是博士后。爆炸发生后 3 分钟,立即有侦查人员赶往现场。下午 13 时 20 分,与清华大学一街之隔的北京大学农园餐厅也发生了爆炸。此次爆炸造成 3 人受伤,分别是餐厅的管理员、保洁员和应聘者。侦查人员也很快就到了现场。这两次爆炸还都造成一些财物的毁坏。经过现场勘查,侦查人员根据经

---

〔1〕 辛子牛主编:《中国历代名案集成》(中卷),复旦大学出版社 1997 年版,第 88 页。

〔2〕 辛子牛主编:《中国历代名案集成》(上卷),复旦大学出版社 1997 年版,第 338～339 页。

〔3〕 辛子牛主编:《中国历代名案集成》(下卷),复旦大学出版社 1997 年版,第 489～490 页。

验，凭着法律智慧，判断这是一起有预谋的爆炸案件，以危害公共安全为目的。理由主要是：犯罪嫌疑人选择了用餐人员较少的食堂；爆炸物的放置点靠近服务生而不是餐桌；引爆的时间在就餐的高峰以后。于是，侦查人员就从这一判断出发，马上展开寻找犯罪嫌疑人的工作。经过走访调查排摸情况、检查电子邮件、现场录像等侦查手段后，一个姓黄的犯罪嫌疑人逐渐浮出水面，最终被缉拿归案。[1]此外，2007 年由吉林市公安部门侦破的枪杀案[2]、2009 年由佳木斯市公安部门侦破的入室抢劫案[3]等，也都充满着侦查人员的法律智慧。

3. 有助于公正的审判

审判案件是司法中的关键环节，也是社会救济中的重要屏障，它对于消除矛盾，解决纠纷，甚至惩治犯罪，维护治安都起着十分重要的作用。我国古今的不少司法人员都运用法律智慧公正审案，支撑了一方平安。西汉时有个名为何武的郡守，审理了一起遗产案。原告是一位富家的儿子，诉求是得到父亲在遗嘱中注明的一把剑，被告是同父异母的姐姐。何武凭借法律智慧，敏锐地发现遗嘱中的奥妙，公正审判了这起遗产案。原来，沛地有家富户，家财多达二十余万。可是，他与前妻所生的女儿不贤惠，与后妻所生的儿子又很年幼，他仅有这两个孩子。重病期间，他让族人替自己立了份遗嘱，内容是："悉以财属女，但遗一剑与儿，年十五以还付之。"可是，到了他儿子 15 岁时，他的姐姐不肯交剑给自己的弟弟，所以他不得不告到官府，要求得到此剑。何武看了这份遗嘱后认为，这个姐姐个性强暴，姐夫又十分贪婪，富翁生怕自己死后，这个女儿会害死自己的弟弟，故把所有财产都给了这个女儿，只剩下一把剑给儿子，在 15 岁前由其姐姐代管；而富翁的实际用意是等到儿子 15 岁以后，用剑来作财产的了断，因为剑就起决断的作用。经过这样的解读，何武最后判决："悉夺取财以与子。"这一判决得到公认的好评。"于是论者乃服。"[4]还有许多案件的审判也都渗透着司法官的法律智慧。比如，东汉时周相国语尸破疑案、[5]唐朝

〔1〕 杨正鸣、倪铁主编：《侦查学案解》，复旦大学出版社 2011 年版，第 150～152 页。

〔2〕 杨正鸣、倪铁主编：《侦查学案解》，复旦大学出版社 2011 年版，第 127～128 页。

〔3〕 杨正鸣、倪铁主编：《侦查学案解》，复旦大学出版社 2011 年版，第 141～143 页。

〔4〕 辛子牛主编：《中国历代名案集成》（上卷），复旦大学出版社 1997 年版，第 169～170 页。

〔5〕 辛子牛主编：《中国历代名案集成》（上卷），复旦大学出版社 1997 年版，第 195～196 页。

的李德裕模泥辨诬案、[1]宋朝的程颢翁字辨诈伪、[2]明朝的许进审释毒夫案[3]都是如此。

如今，我国的法官在自己的岗位上也用法律智慧审理各种案件，体现司法公正，维护司法权威，为缔造一个社会主义法治社会、和谐社会勤奋工作，功不可没。北京海淀区人民法院的宋鱼水法官在办案过程中，用法律智慧审理了大量知识产权案件，不仅让胜诉方赢得明白，还让败诉方输得心服口服，达到了“辨法析理，胜败皆服”的境界，为大众所敬佩。她审理过的著名的知识产权案，件件都得到公正解决。其中，有中凯公司诉中搜公司侵犯电影《无极》著作权案、茅迪芳诉张继刚等舞蹈《千手观音》著作权案、神州数码公司诉神州通才公司“神州数码”驰名商标侵权案，还有关于《十送红军》、奥运口号等案件。[4]福建省南平市延平区人民法院的詹红荔法官在从事9年的少年庭审判工作中，用法律智慧创造性地总结了一套对失足少年“贴心贴肝”的“三不”工作原则：庭前三个不开庭、庭中三个不轻易、庭后三个不松手。多年来，她审结涉及未成年人刑事案件500多件，1140多人，无一发回重审、无一错案、无一投诉、无一上访。先后帮助315名失足少年重返课堂，帮助70多名刑满释放的新生少年找到工作，因此被亲切地喻为“法官妈妈”。[5]还有更多的法官默默无闻地在自己的审判岗位上，每天都用自己的法律智慧用心审判每个案件，守住了审判这一最后的救济屏障。

当然，对广大民众来说，取得法律智慧以后，还有更多的作用，比如为自己或他人维权、与违法行为作斗争、开展法律援助服务等，在此就不一一赘述了。

提升法律智慧所需开展的工作

当前，我国正在加快建设社会主义法治国家。如果我国公民都通过学习法律并从中获取法律智慧，都能守法，那么社会主义法治国家就会尽快到来。可见，人们获得这种法律智慧，不仅对自己有利，对国家和社会发展也有利。对此，国家、社会可以在帮助人们学习法律、取得法律智慧方面多做些工作。

---

〔1〕 辛子牛主编：《中国历代名案集成》（上卷），复旦大学出版社1997年版，第597～598页。
〔2〕 辛子牛主编：《中国历代名案集成》（中卷），复旦大学出版社1997年版，第89～90页。
〔3〕 辛子牛主编：《中国历代名案集成》（中卷），复旦大学出版社1997年版，第438～439页。
〔4〕 丁力辛：《捍卫天平荣耀彰显法治力量》，载《人民法院报》2011年12月5日。
〔5〕 张伟刚：《法官詹红荔获2011年度法治人物殊荣》，载《人民法院报》2011年12月5日。

1. 积极开展普法工作

普法使全民受惠。广大民众可以从中学到法律知识，增加自己的法律智慧。事实已经证明，自“一五”普法以来的20余年时间里，成绩斐然。这里以上海为例。上海对各种普法群体都采用了多种普法的方法。比如，对领导干部，采用了党校培训、法制讲座、结合工作实际等方法；对外来人员采取了建立学法业余学校、外来人员管理学校、外来人员法制教育中心等培训方法；对青少年使用了发放青少年法制教育课本、建立提升法制教育辅导员制度、成立青少年法制教育讲师团等方法。通过使用各种方法，使广大市民都接受了普法教育。据统计，在“一五”普法期间，上海市有接受能力的818.3万普法对象中，有757.2万人参加了普法，占应普法人数的93%。之后这一比例一直保持在高位，都在90%以上。[1]经过普法，上海市民的整体法律意识水平有了明显提升。具体表现为：法律认知状况有了明显改善；遵守法律的自觉性不断增强；法律运用意识和能力有明显提高；对现实的法律比较关注；对未来的法律的期待比较强烈；等等。[2]这些都十分有利于增长法律智慧，做到守法不违法。现在正在开展“六五”普法，国家和社会正积极推进这一普法，中央宣传部和司法部专门制定了《关于在公民中开展法制宣传教育的第六个五年规划（2011—2015年）》。[3]根据这一规划，“六五”普法的主要任务比以往更重点关注之处有：深入学习宣传中国特色社会主义法律体系和国家基本法律、深入开展社会主义法治理念教育、深入学习宣传保障和改善民生的法律法规、深入学习宣传社会管理的法律法规、加强反腐倡廉法制宣传教育和积极推进社会主义法治文化建设等。期待在“六五”普法中，相关部门认真落实规划中的任务，取得比以往普法更大的成就，使人们从中学到更多的法律知识，取得更多法律智慧，提高守法公民比率，为加快建成社会主义法治国家作出贡献。

2. 进一步营造良好的法治环境

营造良好的法治环境很重要，因为它可同化大量民众，使大家的行为渐渐趋同，即守法不违法。国家和社会可以动用掌握的社会资源，着力弘扬社会主

---

〔1〕 王立民：《普法：城市法治化的基石》，载《探索与争鸣》2010年第4期。

〔2〕 上海市行政法制研究所：《依法行政与法治政府》，法律出版社2006年版，第352页。

〔3〕 中央宣传部、司法部：《关于在公民中开展法制宣传教育的第六个五年规划（2011—2015年）》，载《法制日报》2011年7月28日。

义法律文化，营造良好的法治环境，使广大民众在这一环境中受到法治的熏陶，持续接纳法律知识，不断增长法律智慧，逐渐养成良好的行为方式。在法治的条件下，这一方式应是法治的行为方式，即符合法治要求的行为方式。其中，包括了学习方式、工作方式和生活方式等。根据以往的实践，媒体宣传和公正行政执法、司法对营造良好的法治环境尤其重要。现在的媒体已经种类繁多，影响力很大，其舆论作用不可小视。它对于营造良好的法制环境具有不可替代的作用。以上海为例。有调查表明，上海多数市民把认知法律首选和主要途径认定为媒体传播，其中主要是广播电视，选这项比例的人数占了50.9%。因此，要十分重视广播电视在营造良好法治环境中的作用，充分发挥其应有的作用。当然，媒体宣传法治的内容不仅要跟上我国法治建设的步伐，还要切合广大民众的需求，使其受到欢迎，收到实效。

事实上，上海市民对法治的需求不是一成不变的。据2000年里的一项课题显示，上海市民"最需获取和充实的法律知识"中，前4位的排列依次为：经济法占20.4%，劳动法占16.8%，民法占8.6%，婚姻法占7.9%。〔1〕两年以后，另一项课题也对这一问题作了研究，其排序就有变化。其中，选择民法的最多，占40.9%，其次是劳动法，占25.3%，然后才是宪法，占了14.1%。〔2〕因此，媒体的传播也要注意民众的这种需求，及时调整自己的工作方向，为提高人民的法律智慧也尽一份责任。

另外，行政执法和司法对良好法治环境的形成也至关重要。它们是实施法律，体现社会正义和公平、维护人权的必要手段，也是法治的表现，对养成人们的法治态度有很重要的作用。良好的行政执法、司法氛围，可以促成良好的法治环境，人们可以感受到法治的真实效用，从而敬畏法律、崇尚法律、遵守法律。反之，人们体会不到法律在维护社会正义和公平、维护人权的作用，就容易逐渐淡化对法治的信心，弱化法律的权威性。这样，不仅无法形成良好的法治环境，反而还会对人们学习法律和增长法律智慧产生负面影响。从这种意义上讲，就要求行政执法和司法机关及其工作人员克服各种困难，提高自己的法律修养，严格依法执法和司法，树立法律的权威，塑造出良好的法治形象，不断推进社会主义法治建设。全社会也应该积极支持和配合依法执法、司

〔1〕 上海市行政法制研究所：《依法行政与法治政府》，法律出版社2006年版，第353页。
〔2〕 杨雄主编：《法治进程与上海市民》，中国社会出版社2003年版，第157页。

法工作，用法治的舆论和行为来打造一种良好的法治环境。

3. 更加重视法学教育

如果说普法是一种法学知识的普及，那么法学教育便是一种法学知识的提高。也就是说，法学教育是一种通过法学专业知识的教育来提升法律智慧的教育。普及要与提高相结合，法学教育也就不可少了。通过这一教育，培养一大批具有法律智慧的法律专门人才，到各行各业去工作，发挥自己的法律智慧和才能，着力推进本单位的法治进程。

自改革开放并恢复法学教育以来，我国的法学教育已经有了史无前例的大发展，招生人数逐年增加。1977 年北京大学、吉林大学和湖北财经学院的法律系开始招收法学专业的本科生，招生数为 223 人。1979 年时，不仅招生学校增加了，招生人数也增加了，达到了 1974 人。到 1998 年，我国具有法学专业的学校增至 340 个，招生人数近 3 万人。进入 21 世纪以后，法学教育又有了更大发展。现在，全国具有法学专业的学校已超过 630 所，在校学生超过 70 万，其中硕士研究生有 8 万人，博士研究生 1 万人。[1]我国法学教育的规模已经很大，但教学水平参差不齐。国家和社会都要比以往更重视法学教育，不管是国立的大学还是私立大学，都更把注意力集中在提高教学水平和质量上，使毕业的学生能缩小差距，都能达到法学教育的理想水平。

当前，我国正在推进卓越法律人才培养计划，这十分必要。但是，这只是解决办学比较成功的部分法学院进一步明确定位、提高人才培养水平的问题，许多法学院暂时还不能进入这一计划。为此，还需采取其他一些措施，更加重视法学教育，进一步改善法学院教学水平和质量的状况。首先，继续深入开展法学专业的评估。通过评估，发现问题，及时整改。评估的内容可以包括教学方案和计划、经费投入和效益、师资和图书、考试和毕业论文、毕业实习和就业等。由于我国目前的法学院比较多，可以先从办此专业时间不长、教学情况不太理想的法学院开始，然后再扩展到其他法学院。评估的目标是缩小各法学院办学的差异，使相对较弱的法学院能知晓自己的不足，迎头赶上，使培养的学生都能站在同一起跑线上。

其次，继续加大实践的力度。当前的法学教育还是重教学环节、轻实践环

---

〔1〕 王立民：《中国法制与法学教育》，法律出版社 2011 年版，第 252～253 页。

节，以致学生掌握了法律文本的知识，缺少法律实践的法律智慧，走上工作岗位后，不能及时适应工作环境。法律的真谛在于运用，法律的智慧也集中体现在运用上，因此需要加大实践力度，使学生在读期间就有充分运用法律的机会，增长法律智慧。我国在培养的法学专业的学生中，只有很少一部分会在毕业后从事教学、研究工作，大部分学生都要从事实务工作，法律实践对他们十分重要，在校期间就应有充分的准备，养成足够的法律智慧。

最后，继续探索与实际部门联合培养学生的模式。有的学校曾经探索过与实际部门联合培养学生的模式，特别是在培养博士、博士后方面有过尝试。这种联合培养有明显的优越之处：学生既可以知道法律，又了解社会；既学习法律，又投身于实践；既有学校的资金投入，又有联合单位的经费投入；等等。在这种模式下培养的学生就会少些书生气，多些成熟度，法律智慧结构也比较完整，比较符合社会的需求。以后，不妨在本科生中也作些试点，取得经验，逐渐推广。特别是在一些办学经验丰富的法学院中，可以利用自己的优势，先行一步，开拓道路，为后续法学院提供可借鉴的经验。总之，在增长广大民众法律智慧的过程中，国家和社会都会有许多事情可做，可为加快建设社会主义法治国家添砖加瓦。

本文原载《东方法学》2013年第5期。

九、卓越法律人才的培养与诊所法律教育

诊所法律教育于2000年传入中国。这是一种在法学院教师的指导下，由法学专业的学生运用已学到的法律知识，自己动手办理一个真实案件的教学方式。由于学生在校内有专门的办公场地，还要接待当事人，帮助他们解决法律问题，有点像“诊所”，故而以其命名。中国于2011年推出卓越法律人才培养计划和基地建设，试图在众多的法学专业学生中，培养更多脱颖而出的卓越法律人才。卓越法律人才的培养与诊所法律教育关系密切，可当前对此研究还很不充分，本文作进一步探研。

卓越法律人才的培养需有诊所法律教育的支持

卓越法律人才的培养是当前法学教育改革的一项举措，需要得到诊所法律教育的一臂之力。

1. 中国需要更多的卓越法律人才

十一届三中全会以后，中国开始走上法治建设道路，法学教育也因而得到了恢复。此后的30余年来，中国的法学教育得到了大发展，招收的学生也快速增多，特别是在大学扩招以后。据统计，1979年的法学专业在校生数为3008人，1980年增加到5565人，1988年增长到28,778人。[1]大学扩招以后，法学教育发展更快，在校的法学专业人数成倍递增。2001年的在校法学专业学生数为236,551人，2003年增至364,322人，

〔1〕 霍宪丹：《中国法学教育的发展与转型》，法律出版社2004年版，第326页。

2005 年上升到 449,295 人。[1]到 2011 年时,中国的法学院、系超过 600 所,各类在校法学类学生数突破 70 万人,其增长速度惊人。[2]

随着中国法学教育的大发展,大量的法律人才走上工作岗位,为中国建设社会主义法治国家创造了良好的人才条件。中国的各行各业都有法律人才的身影,国家机关、企事业单位、军队等都是如此。他们在本单位的工作中,注重依法办事,从不同角度营造了法治氛围,推进了中国的法治进程,功不可没。可以想象,如果没有大批法律人才的参与和努力,中国的法治不可能发展到当前的程度,中国的经济、政治、文化、社会也不能达到现在的状况。从这种意义上说,这 30 余年来的法学教育与法律人才的贡献值得充分肯定。

然而,中国的法学教育还存在一些突出问题。这些问题不同程度地阻碍着中国法学教育的进一步健康发展,不利于大批卓越法律人才脱颖而出,也与中国法治建设的需求有距离。这些问题包括:法学教育的体量已经很大,但法学院、系的教育质量参差不齐,职业道德教育滞后,学生的实践能力不尽如人意,高端人才太少,毕业生的就业率偏低,还成了就业难的"红牌"专业。其主要原因在于教育质量,即"目前我们培养的法学人才还达不到社会对法律人才的要求,人才培养质量仍然有待提高"。[3]现在,解决这些问题已刻不容缓,而解决的一条路径便是改革中国的法学教育,培养更多的卓越法律人才。

2. 卓越法律人才培养计划应运而生

为了进一步推进中国法学教育的改革,提高法学教育的质量,培养更多的卓越法律人才,切实解决当前法学教育存在的突出问题,教育部与中央政法委于 2011 年正式启动了卓越法律人才教育培养计划,还专门颁发了《关于实施卓越法律人才教育培养计划的若干意见》(教高〔2011〕10 号)。[4]该计划被认为是"法学高等教育领域改进人才培养模式、提升人才培养质量的重要措施,受到社会各界的广泛关注"。[5]

根据卓越法律人才培养计划,2012 年在全国设立了卓越法律人才的培养基地,专门承担培养卓越法律人才的任务。基地根据对卓越法律人才的不同

〔1〕 朱景文主编:《中国法律发展报告》,中国人民大学出版社 2007 年版,第 523 页。
〔2〕 唐波等:《法学专业标准研究》,上海人民出版社 2014 年版,第 3 页。
〔3〕 唐波等:《法学专业标准研究》,上海人民出版社 2014 年版,第 4 页。
〔4〕 唐波等:《法学专业标准研究》,上海人民出版社 2014 年版,第 1 页。
〔5〕 唐波等:《法学专业标准研究》,上海人民出版社 2014 年版,第 2 页。

需求，分为应用型与复合型法律人才教育培养基地、涉外法律人才教育培养基地、西部基层法律人才教育培养基地3种类型。这3种基地进行分类培养，以适应不同领域、地区对卓越法律人才的需求。其中，应用型、复合型法律人才培养基地是实施卓越法律人才教育培养计划的重点，是为了适应多样化法律职业要求，坚持厚基础、宽口径，强化法律职业伦理教育和法律实务技能培养，提高学生运用法学与其他专业知识方法来解决法律实践的能力，促进法学教育与法律职业的深度与强度。涉外法律人才培养基地是为了适应世界多极化、经济全球化深入发展和国家对外开放的需求，培养一批具有国际视野、通晓国际规则，能够参与国际法律事务和维护国家利益的涉外法律人才。西部基层法律人才教育培养基地则是为了适应西部跨越式发展和长治久安的需要，结合政法人才培养体制改革，面向基层政法机关，培养一批具有奉献精神、较强实践能力，能够"下得去、用得上、留得住"的基层法律人才。全国共设立了90余个卓越法律人才培养基地，上海的复旦大学、交通大学、同济大学、上海财经大学与华东政法大学榜上有名，目前正在运作之中。

与全国的卓越法律人才培养计划相呼应，上海也于2012年正式启动了上海自己的卓越法学教育计划。考虑到上海的实际情况，在上海设立了两类卓越法律人才培养基地，分别是卓越法律人才培养基地和涉外卓越法律人才培养基地。同时，还拟定了上海卓越法律人才培养的通用标准。这一标准分为"基础素养""专业素养"和"职业素养"。"基础素养"的要求是：具有较高的人文、社会科学素养；现代社会信息处理和分析能力；较强的沟通、交流能力和公共关系处理能力；掌握一门以上外语，具备国际视野和国际交流能力。"专业素养"包括具备扎实的法学知识；法律实务工作技能；较强的法律思维和法学研究能力；运用法学专业知识解决复杂理论和实际问题的能力。"职业素养"则要求具有坚定的社会主义法治信念和社会责任感；经济、管理等相关学科复合知识结构；良好的法律职业道德。上海首批设立了15个卓越法律人才培养基地，分布在复旦大学、交通大学、同济大学、华东理工大学、上海财经大学、上海外国语大学、华东政法大学、上海海事大学、上海政法学院、上海对外贸易大学等大学。上海的这一培养计划也正在实施之中。

无论是在全国还是在上海的卓越法律人才培养基地工作计划中，都提出要开展诊所法律教育，把其作为这一计划的组成部分，发挥其在卓越法律人才培养中的支持作用。

3. 诊所法律教育支持卓越法律人才的培养

诊所法律教育产生于20世纪20年代的美国，是法学院开设的一门课程，其实质是理论联系实际。到了20世纪60年代，这种教育方式得到了广泛的传播，许多美国的法学院纷纷建立了自己的法律诊所，开展诊所法律教育。现在美国的绝大多数法学院都在进行这种教育，设有自己的法律诊所。[1]2000年这一教育被引入中国，先在北京大学、清华大学、中国人民大学、复旦大学、武汉大学、中山大学、四川大学、中南财经政法大学、华东政法学院（现为华东政法大学）、西北政法学院（现为西北政法大学）10所高校的法学教育中进行尝试。[2]之后，又有一些高校开展这种教育。推出卓越法律人才培养计划以后，具有培养基地的高校凡还未开展这一教育的，也都纷纷走上开办之路。

美国的法学院开设诊所法律教育这门课程，采用这种理论联系实际的教学方式，与其法学教育安排有关。在美国，学习法学第一位（J.D）的学制为3年，第1学年以学必修课为主，第2、3学年则集中学习选修课。其中，没有安排专门进行教学实习必修课学分。也就是说，法学专业的学生有可能在3年的学习中，没有专门的实习机会。为了弥补这一不足，给学生创造一个理论联系实际、亲自动手办案的机会，法学院就开设了诊所法律教育这门选修课，使一部分对法律实践特别感兴趣的学生选这门课，自己动手办理一个真实的案件。作为一门选修课，诊所法律教育课一般开设在第2、3学年。当然，也有学生不选这门课而选其他课程，学习其他知识。可见，诊所法律教育就是一种突出理论结合实际的教育，其实践性、应用性十分明显。中国进行卓越法律人才的培养，就需加强这种实践性与应用性，使培养的法律人才在实践中不断提高自己的职业道德水平、巩固已学的法学知识，学到学校里无法学到的知识，增强自己的法律能力，向卓越法律人才目标迈进。诊所法律教育可以支持卓越法律人才的培养，所以在各校的卓越法律人才培养计划中，也就少不了引入诊所法律教育了。

---

〔1〕 王立民、牟逍媛：《诊所法律教育研究》，上海交通大学出版社2004年版，第1页。

〔2〕 ［印］梅隆主编：《诊所式法律教育》，彭锡华等译，法律出版社2002年版，第3页。

诊所法律教育在卓越法律人才培养中的作用

诊所法律教育可以支持卓越法律人才的培养，是因为其可以充分发挥在这一培养中的作用。

1. 有提高法律职业道德水平的作用

法律职业道德是卓越法律人才应具备的基本素质之一。他们的法律职业道德不仅需通过课堂教学、学习书本知识来培养，更需要在法律实践中来养成。在这种实践中，他们经过思想斗争、意志磨炼、艰苦抉择，最后才能使自己的法律职业道德得到升华。诊所法律教育是一种实践性、应用性很强的教学方式，十分有利于法律人法律职业道德水平的提高。这在美国、中国都是如此。美国乔治敦大学一位从事诊所法律教育的教授认为，他指导的学生是办理移民案件的学生，办案的过程也就是提高他们法律职业道德水平的过程；当学生在办理将被驱逐的外国人提出要在美国政治避难的诉讼而设法留在美国的案件中，如果发现没有任何证据足以证明其符合政治避难的要求时，该学生就会启动一个程序并导致这个外国人被驱逐出境；在依法启动这个程序前，这个学生通常会经过激烈的思想斗争，决定如何为其辩护，并作出艰苦的抉择，这正是一个磨炼其意志，提高法律职业道德水平的过程。[1]中国的诊所法律教育同样可以提高学生的法律职业道德。一位同学在结束了诊所法律教育课后说："一名好的代理律师在为当事人处理代理事务的过程中，应该始终保持着高涨的热情，高度的责任感，尽量为当事人拿取其应得的利益，切不可利用其优势地位做出任何有损当事人利益，欺骗隐瞒当事人的事情。"[2]这位学生在办案中形成的体会和做法就是在实践中提高自己的法律职业道德水平的一种表现。其他接受过诊所法律教育的学生也在不同程度上有这样的收获。难怪有人说："法律诊所应当说是培养卓越法律人才法律职业道德的理想场所。"[3]

2. 有巩固课堂上所学法学知识的作用

卓越法律人才应掌握扎实的法学知识，这样才能实现卓越法律人才培养

---

〔1〕 华东政法学院思想理论研究会：《法律教育与人才培养》，上海人民出版社 2003 年版，第 35 页。

〔2〕 祝林森、何勤华主编：《法学教育与司法改革》，上海社会科学院出版社 2003 年版，第 150 页。

〔3〕 岳彩中、盛学军主编：《卓越法律人才教育培养研究》，法律出版社 2012 年版，第 264 页。

计划设定的目标，满足中国社会对卓越法律人才的需求。法学知识的取得离不开课堂教学，其是法学专业学生获得这类知识的主要阵地之一。然而，只有理解了才能巩固所学知识。法学的实践性和应用性决定了法律实践是理解从而巩固课堂上所学到的法学知识的最佳途径之一。理论不与实践相结合，不在实践中应用已学到的法学知识，课堂上学到的法学知识便得不到充分理解，也无法扎实掌握。诊所法律教育就是一个理论与实践相结合的平台。在这个平台上，法学专业的学生可以理解、应用自己在课堂上所学的知识，巩固这些知识。实际情况也是如此。许多学生在诊所法律教育过程中，也确实通过理解而巩固了课堂上所学的法学知识并深有体会。他们认为，只有在实践中尤其是在诊所式环境中遇到某一领域法律（程序的或实体的）后，才能获得对这一法律的理解。〔1〕

3. 有学到在学校里无法学到知识的作用

卓越法律人才不仅需要掌握法学知识，还需把握与法学相关其他各种知识。在学校里可以学到很多知识，但还有更多知识在学校里无法学到，需要到社会上去学习。学校是个小社会，其各种关系及相关情况都与大社会有所不同。卓越法律人才要在大社会中去工作、锤炼，光靠学校里学到的知识显然不够。诊所法律教育向他们提供了一个面向社会的机会，使在校学生在就读期间就可以走向社会，在社会中锻炼并学到学校里所无法学到的知识，使他们的知识结构更为完善。事实证明，诊所法律教育能够使学生学到在学校里所无法学到的知识，这种知识的面比较广，包括与法律相关的其他知识，如办案技巧等。一位学生在学完诊所法律教育课程后写的总结里，就谈到自己在这一教育中学到了一些法律技巧、技能知识，而这些知识又是在学校所没有系统学到的。“在法律诊所中学到的这些技巧、技能，是很难系统地、完全地在其他法学教育课程中学到的，而这些又是我们以后走上工作岗位所必需的。”〔2〕

4. 有增强法律能力的作用

作为卓越法律人才，不仅需要具备扎实的法学知识，还需要具有较强的法律能力，进行法学知识的应用，解决各种法律问题。缺乏法律能力，法学知识就会束之高阁，无法在社会中得到实现，失去其应有的价值。从这种意义上

〔1〕 杨欣欣主编：《法学教育与诊所式教学方法》，法律出版社 2002 年版，第 320～321 页。
〔2〕 甄贞主编：《诊所法律教育在中国》，法律出版社 2002 年版，第 353 页。

讲，法律能力同样十分重要，不可或缺。在课堂上、校园里往往无法有效增强法律能力，而需要通过法律实践去增强。法律能力越强，实施法律就越理想，所产生的法律效果就会越好。诊所法律教育是一种蕴含了很强的实践、应用性的教学方法，学生要在教师指导下，自己动手办案，是个增强法律能力的很好舞台。一些经过诊所法律教育的学生从不同角度来讲自己的这种收获，其中的一位同学从与当事人的沟通交流中，体会到这种沟通交流能力的重要性。他说："要做好与当事人的沟通交流工作，只有这样才能建立起双方的互相信任感，才能了解到更多的细节，更好地为当事人服务。"[1]

诊所法律的这些作用从不同侧面助力卓越法律人才的培养，支持了卓越法律人才的培养计划。

卓越法律人才培养中诊所法律教育与中国现有法学教育的衔接

卓越法律人才的培养脱离不了中国现有的法学教育，是这种教育的升华。诊所法律教育是一种外来的教学方式，要嵌入中国现有的法学教育中，为培养卓越法律人才发挥支持作用，必须与其衔接，否则还是不能有效发挥其应有的作用。

1. 法律伦理课程与诊所法律教育的衔接

法律伦理学（又称法伦理学）是中国一些法学院、系开设的一门法律职业道德课程，多为选修课。它是一门阐述法律人在法律活动中的职业道德准则的课程。这门课程的内容主要可为两大部分。一部分为法律伦理学的一般理论，包括它的课程性质、研究对象和意义、研究方法、价值取向等。另一部分是法律伦理学的特殊理论，包括立法、司法、人民警察、检察官、律师、公证员的伦理规范等。[2]法学专业的学生学习了这门课程以后，可以了解有关法律伦理的一些基本知识，知晓法律伦理学的理论体系，这对于他们来说是重要的。可是要深刻理解和运用这些知识，还需经过法律实践。诊所法律教育就是一种法律实践，而且还是一个办理真实案件的全过程法律实践，从与当事人谈话、接纳案件开始，直到案件办完、材料归档为止。在这个过程中，自始至终贯穿着法律伦理，是对法律伦理理论应用的过程，也是法律职业道德逐渐养成

---

〔1〕 王立民、牟道媛主编：《诊所法律教育的理论与实务》，法律出版社2009年版，第275页。
〔2〕 余其营、吴云才：《法律伦理学研究》，西安交通大学出版社2009年版，第1～3页。

的过程。这门课程能够与诊所法律教育很好地衔接，即先上法律伦理课程，然后再进行诊所法律教育。先学习法律伦理的一般知识，再在诊所法律教育中运用这些知识，以使学生正确理解、牢固掌握其中的内容。

2. 法律实务课程与诊所法律教育的衔接

目前，中国的许多法学院、系都为学生开设了法律实务课程，聘请一些有丰富实践经验的法律实务部门人员走进学校、课堂，为学生讲课。这些授课人员来自不同的法律实务部门，有公安局、检察院、法院，也有律师事务所、企业法务部门等。他们讲授的内容是自己的工作体会、经验，大量的是自己办过的真实案件，内容鲜活，往往为本校教师所没有讲过的内容，可以弥补课堂法学教学的不足。法学院、系的许多法学课程的教师以课堂、科学研究为主，一般不是职业的法律实务人员，即使有些教师也是兼职律师，但其充任的角色也较为单一，思维也较为固定。实务课程的授课人员则不然。他们来自不同的法律实务部门，每人都是专职的法律实务人员，每天都在自己法律实务部门工作，接触、处理鲜活的法律事务。他们取得、积累的法律实务经验十分感性，是法学专业学生在学校、课堂上所没法感受到的。由于他们来自不同的法律实务部门，讲课的内容丰富多彩，学生便可从中感受到不同的法律实务体会和经验，以弥补本校教师授课的不足。开设这样的法律实务课程十分有必要，也深受学生的欢迎，还应继续下去。这就出现了一个其与诊所法律教育的衔接问题。为了充分发挥它们的各自作用，又不相互冲突，可以采用先上法律实务课程，后再进行诊所法律教授的衔接办法。法律实务课程可以安排在第 2 学年，使学生既接受本校教师上的法学理论课程，又配以法律实务课程，为以后进行诊所法律教育打下基础。诊所法律教育则安排在第 3 学年，在上完法学理论和法律实务课程后，有了一定铺垫，再自己去办案，准备得充分一些，上手也会更快一些。

3. 教学实习与诊所法律教育的衔接

在中国法学教育的方案设计和教学计划中，都有教学实习的安排，设有专门的学分，是一门必修课。完不成这一学分，学生不能毕业。这是一个理论联系实际的教学环节，法学教育中不能没有这一环节，否则法学专业的学生就无法具备一个法学专业毕业生所应具备的知识、能力，更不用说卓越了。诊所法律教育也是一种理论联系实际的教学方式，引入了中国以后，就有一个与中国原有教学实习的衔接问题，因为它们有诸多的不同。这种不同主要表现在实践地点、带教教师、对案件的影响、办案数量、服务性质等一些方面。[1]具体可见下表。

序号	内容	教学实习	诊所法律教育
1	实践地点	多元化。不同的实习单位就是不同的实践地点。一般在校外，不在校内。	单一化。法律诊所设在学校，学生要依托这一诊所办案。必要时才外出收集证据、开庭等。
2	带教教师	多元化。实习单位的人员就是带教教师，在其指导下实习。	单一化。本校教师就是带领教师，在其指导下办案。
3	对案件的影响	对案件的影响不大，带教教师负主要责任。	对案件的影响较大，学生要对案件负主要责任。
4	办案数量	较多。带教教师办多少案件，学生也跟着办多少案件。	很少，一个案件。从头到尾，需办完一个完整的案件。
5	服务性质	往往是有偿服务。有些实习单位往往会收取当事人一定的费用。	免费服务。不收取当事人任何费用。

教学实习与诊所法律教育的这些不同，决定了它们必须有一个很好的衔接，才能充分发挥各自的作用，共同为培养卓越法律人才发力。一个可取的衔接方法是，诊所法律教育安排在第3学年，教学实习安排在第4学年，两者互不冲突。法学专业的学生可以在诊所法律教育中充当一个律师的角色，而在教学实习中则可以充当见习法官、检察官、公证员、企业法务人员等角色，体验不同的实践角色，接受不同的实践岗位，拓宽自己的实践领域，加大实践力度，互为补充，完善知识结构。这正是卓越法律人才所期望和需要的。

4. 法律援助与诊所法律教育的衔接

法律援助已成为中国许多法学院、系开展的一项有意义的工作，有些学校还设立了法律援助中心等一些专门机构，其主体主要是在校学生。法学专业的学生通过法律援助把学到的书本知识与社会实际结合起来，也是一种法律实践。可以认为，法律援助是大学为社会服务的一个组成部分，也是法学教育的一种必要延伸。中国社会现在仍然需要大力推进法律援助，有许多人需

---

〔1〕 王立民、牟道媛：《诊所法律教育研究》，上海交通大学出版社2004年版，第100～102页。

要这种援助，实施法律援助的案件有上升趋势。据统计，2011年办理的这类案件为84万件，[1]2012年已上升至100万件，[2]2013年达到115万件，[3]法学专业的学生可以在法律援助中有所作为，用所学的法学知识为需要这种援助的当事人服务。同时，也可以把其作为一种法律实践，把法学理论与其结合起来，可谓一举两得。这也成为中国的法学院、系青睐法律援助的一个重要原因。诊所法律教育也是一种法律实践，这两种法律实践完全可以衔接。一方面，它们可以同时推进。法学专业的学生可以选择法律援助，也可以选择诊所法律教育，两者取一。法学专业的学生也可以同时选择两者，因为它们并不矛盾。法律援助作为一种课外的法律实践，不设学分；诊所法律教育是一种课程，设有学分。两者结合起来，便可产生叠加效应。另一方面，法律援助中心可以向接受诊所法律教育的学生提供案源，他们可办理一些来自于法律援助中心的案件，两者融为一体，共同受益。北京大学法学院等一些法学院都有过这样的经验。[4]只要衔接得好，法律援助与诊所法律教育就可相得益彰，事半功倍。

可见，只要安排妥当，衔接得当，诊所法律教育就可在卓越法律人才的培养中，发挥独特的积极作用，助其一臂之力，而不仅仅是锦上添花。

本文原载《探索与争鸣》2014年第11期。

---

〔1〕 中国法学会:《中国法治建设年度报告(2011)》，载《法制日报》2012年7月18日。
〔2〕 中国法学会:《中国法治建设年度报告(2012)》，载《法制日报》2013年6月26日。
〔3〕 中国法学会:《中国法治建设年度报告(2013)》，载《法制日报》2014年6月18日。
〔4〕 甄贞主编:《诊所法律教育在中国》，法律出版社2002年版，第293页。

附录　2011年至2016年王立民公开发表的主要论文一览表

序号	论文名称	发表之处
1	论唐律的补充条款	《现代法学》2011年第1期(CSSCI)
2	完善中国特色社会主义法律体系任务艰巨	《探索与争鸣》2011年第4期(CSSCI)
3	上海的澳门路与公共租界的现代法制	《澳门研究》2011年第1期
4	中国城市中的租界法与华界法 ——以近代上海为中心	《比较法研究》2011年第5期(CSSCI)
5	中国的转型与法治建设	《企业经济》2011年第5期(CSSCI扩展版)
6	论上海租界法制的差异	《法学》2011年第7期(CSSCI)
7	唐律与《贞观政要》的吏治	《政法论坛》2011年第5期(CSSCI)
8	辛亥革命与中国现代法制	《东方法学》2011年第5期
9	论古代东方的财产刑	《社会科学家》2011年第12期(CSSCI)
10	略论中国古代的法律伦理	《法制与社会发展》2012年第3期(CSSCI)
11	中国租界法制研究的检视与思考	《当代法学》2012年第4期(CSSCI)
12	《唐律疏议》与犯罪学	《犯罪研究》2012年第3期
13	上海律师公会与中国近代法制	《探索与争鸣》2012年第11期(CSSCI)
14	辛亥革命时期上海华界立法探析	《史林》2012年第6期(CSSCI)
15	试论中国租界法制的传播与普及 ——以上海租界法制的传播与普及为中心	《政治与法律》2013年第4期(CSSCI)
16	中国近代法制自主性诸问题研究	《华东师范大学学报》(哲学社会科学版)2013年第3期(CSSCI)

续表

序号	论文名称	发表之处
17	司法公开：提高司法公信力的前提	《探索与争鸣》2013 年第 7 期（CSSCI）
18	论法律智慧	《东方法学》2013 年第 5 期
19	会审公廨是中国的审判机关异议	《学术月刊》2013 年第 10 期（CSSCI）
20	中国地方法制史研究的前世与今生	《中外法学》2013 年第 5 期（CSSCI）
21	漫谈中国古代的司法公正与不公	《中国审判》2013 年第 6 期
22	倾心教书　悉心育人	《历史教学问题》2013 年第 6 期（CSSCI）
23	法制不统一：中国近代法制的一个特点	汪世荣等主编：《中国边疆法律治理的历史经验》（下），法律出版社 2014 年版
24	论上海法制近代化中的区域治理	《法学》2014 年第 1 期（CSSCI）
25	上海高校第一个听证规则的诞生、运行效应与前瞻	中国上海市教卫党史办公室编：《上海教育卫生改革创新亲历记（2002—2012）》，上海浦江教育出版社 2014 年版
26	中国犬类管理规定探析	《法治研究》2014 年第 2 期
27	论群众工作的法治路径	《检查风云》（社会治理理论版）2014 年第 1 期
28	上海租界的现代公共卫生立法探析	《历史教学问题》2014 年第 2 期（CSSCI 扩展版）
29	《唐律疏议》的刑事附带离婚制度研究	《法学杂志》2014 年第 7 期（CSSCI）
30	抵触与接受：华人对中国租界法制的态度——以上海租界的两个法制事例为出发点	《政治与法律》2014 年第 9 期（CSSCI）
31	卓越法律人才的培养与诊所法律教育	《探索与争鸣》2014 年第 11 期（CSSCI）
32	中国唐律研究三十年	《法学研究》2014 年第 5 期（CSSCI）
33	中国古代的道德建设立法及其启示	《浙江社会科学》2014 年第 11 期（CSSCI）
34	中国古代的律文解释与近代的刑法法条解释之比较——以《唐律疏议》与《中华民国新刑法判解汇编》为例	《现代法学》2014 年第 5 期（CSSCI）
35	中国传统法典条标的设置与现今立法的借鉴	《法学》2015 年第 1 期（CSSCI）

续表

序号	论文名称	发表之处
36	上海近代区域法制诸问题研究——以上海租界区域法制为中心	公丕祥主编:《法制现代化研究》2014 年卷,法律出版社 2015 年版
37	百年中国租界的法制变迁——以上海租界法制变迁为中心	《政法论坛》2015 年第 1 期(CSSCI)
38	中国租界法制与中国法制现代化历程	《社会科学》2015 年第 2 期(CSSCI)
39	中国在依法治国中实现跨越的法治意义	《学术月刊》2015 年第 9 期(CSSCI)
40	也谈中国法制史学史	《法学家茶座》2015 年第 2 期
41	甲午战争后中国区域法制的变迁	《中外法学》2016 年第 1 期(CSSCI)
42	唐律涉外犯罪之研究	《政治与法律》2016 年第 3 期(CSSCI)
43	中国传统律学研究方法论纲——以唐律律文的研究方法为例	《法学》2016 年第 4 期(CSSCI)
44	三大战争与中国近代区域法制变迁	《探索与争鸣》2016 年第 6 期(CSSCI)
45	中国租界的法学教育与中国法制现代化——以上海租界的东吴、震旦大学法学教育为例	《法学杂志》2016 年第 7 期(CSSCI)
46	中国法制史学史三十五年	《浙江学刊》2016 年第 4 期(CSSCI)
47	略论古代东方刑法的三个问题	《东方法学》2016 年第 5 期(CSSCI 扩展版)

后　记

2011年1月我正式从管理岗位上退下来，成了一位全职教师，有较为充裕的时间从事教学与科研，特别是科研。于是，我便抓紧宝贵时间，把过去想写又没有时间写的内容以论文形式撰写并公开发表。粗算一下，2011年至2016年的6年中，共公开发表主要论文47篇，其中在CSSCI期刊上发表的有36篇，占了77%。其中，包括了《法学研究》、《中外法学》、《政法论坛》、《现代法学》、《比较法研究》、《法制与社会发展》、《法学》、《政治与法律》、《法学杂志》、《东方法学》和《学术月刊》、《浙江学刊》、《探索与争鸣》、《华东师范大学学报》(哲学社会科学版)、《史林》等。这些发表的论文中，有的还被《新华文摘》(数字版)、人大复印资料《法理学法史学》和《中国近代史》、《红旗文摘》等转载、转摘。我又一次体会到功夫不负有心人的真谛。

2016年我出版了《唐律新探》(第五版)和《中国租界法制初探》两本个人著作，收录了2011年至2016年公开发表的关于唐律、中国租界法制研究的论文，这些论文就不再编入本文集。编入此文集的是这6年中公开发表的其他论文。考虑在2011年前的个别论文还有些学术价值，又没编入过自己文集，这次也一并收录。尽管如此，这本文集的主体仍为近6年中已公开发表过的论文，其他成果只是"配角"，所占篇幅也很少。

此文集来之不易，凝聚着许多人的关心、鼓励、支持和帮助。原校科研处副处长韩强教授多次关心、鼓励我编好此本文集，还主动提供相关帮助；法律出版社的韩向臣编辑负责此文集的具体出版事宜，给予了许多帮助；我们法律史研究中心的孙晓鸣秘书多年来帮助我打印论文；我的硕士研究生黄毛毛、王哲华、宋伟哲等也承担过论文的打印任务；太太陈瑞君与女儿王胤颖长年来支持我的科研工作。在此，我对于大家的关心、鼓励、支持和帮助表示最为衷心的感谢！

这本文集虽已完稿，但难免存在错误与不足，还望读者、同人不吝赐正。

王立民

2017 年 2 月于华东政法大学

图书在版编目（CIP）数据

法律史与法治建设 / 王立民著 .—北京：法律出版社，2017
（华东政法大学65周年校庆文丛）
ISBN 978-7-5197-1476-5

Ⅰ.①法… Ⅱ.①王… Ⅲ.①法制史—研究—中国②社会主义法制—建设—研究—中国 Ⅳ.①D929 ②D920.0

中国版本图书馆CIP数据核字（2017）第249824号

法律史与法治建设
FALÜSHI YU FAZHI JIANSHE

王立民 著

策划编辑 高 山
责任编辑 韩向臣
装帧设计 汪奇峰

出版 法律出版社
总发行 中国法律图书有限公司
经销 新华书店
印刷 固安华明印业有限公司
责任印制 陶 松

编辑统筹 学术·对外出版分社
开本 720毫米×960毫米 1/16
印张 23.75
字数 366千
版本 2017年10月第1版
印次 2017年10月第1次印刷

法律出版社 / 北京市丰台区莲花池西里7号（100073）
网址 / www.lawpress.com.cn
投稿邮箱 / info@lawpress.com.cn
举报维权邮箱 / jbwq@lawpress.com.cn
销售热线 / 010-63939792
咨询电话 / 010-63939796

中国法律图书有限公司 / 北京市丰台区莲花池西里7号（100073）
全国各地中法图分、子公司销售电话：
统一销售客服 / 400-660-6393
第一法律书店 / 010-63939781/9782
西安分公司 / 029-85330678
重庆分公司 / 023-67453036
上海分公司 / 021-62071639/1636
深圳分公司 / 0755-83072995

书号： ISBN 978-7-5197-1476-5
定价： 65.00元